旅游城市

每个城市都包括城市解读、旅游片区、旅游资源三大板块。

旅游片区

每个城市划分为若干旅游片区，全面介绍。同时突出重要旅游点。

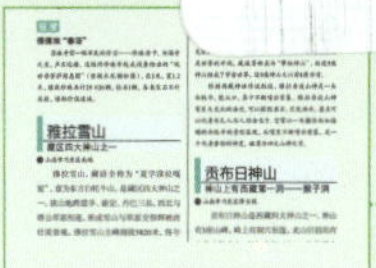

旅游景点

每个旅游景点包括介绍、攻略、链接等板块。力求景点收录全面。

旅游资讯

每个城市旅游资讯板块，包括住宿、就餐、购物、娱乐等内容。

如何使用本书

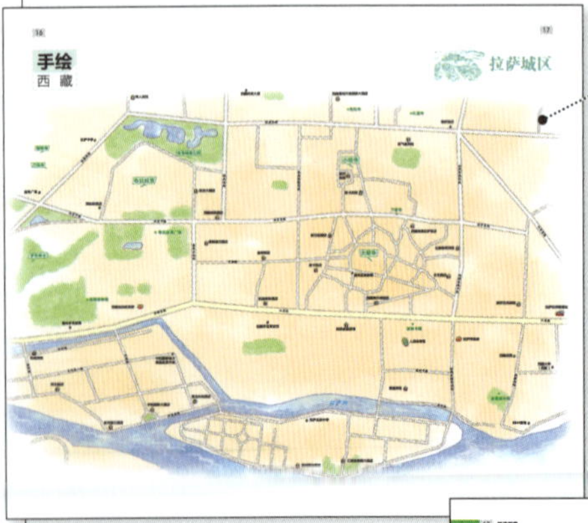

1 多角度解读

全书从地理、历史、文化等多个角度解读西藏。包括主题地图、分类景观、精美图片等，力图给读者呈现出一个更直观、丰富的西藏。

主题地图 精美而实用的地图，是了解西藏的最好窗口。书中还有大量的区域旅游地图、景区导览图。

分色标签 每个城市都有一个特定的检索色，便于翻阅。

2 专题知识

对于认识西藏具有重要意义的关键词条，书中特设专题，图文并茂，让读者迅速读懂词条。

3 精华景点

三维立体图深度引导读者鉴赏那些特别重要的与必游的景点。

4 攻略

大部分景点配有位置、交通、门票、链接等丰富的实用攻略。

5 资讯

每个城市都包括交通、美食、住宿、购物、娱乐等资讯。

发现者旅行指南

西藏（第2版）

北京·旅游教育出版社

目录

CONTENTS

地图目录

专题目录

手绘 西藏

▶ 羌塘大草原

占西藏面积的2/3，由一系列浑沌而平坦的荒漠和湖泊组成，有大片无人区，是野生动植物的天堂。

▶ 冈仁波齐峰

冈底斯山脉主峰，中国最美的、令人震撼的十大名山之一。山顶高度海拔6656米，是冈底斯山脉第二高峰，也是多个宗教的神山。

▶ 玛旁雍错

西藏三大圣湖之一，中国透明度最大的淡水湖。它是四水之源，即东面马泉河，南面孔雀河，西面象泉河，北面狮泉河。鬼湖拉昂错与其相偎依。

▶ 希夏邦马峰

唯一的一座完全在中国境内的8000米级山峰。

▶ 珠穆朗玛峰

是喜马拉雅山脉的主峰，全球最高峰，海拔8844.43米。它身边还有四座海拔8000以上的山峰。现建有珠峰自然保护区。

西藏的山水

▶ **当惹雍错**

西藏最古老的雍仲本教崇拜的最大圣湖，也是西藏第三大湖。

▶ **纳木错**

是西藏第二大湖泊，中国第三大咸水湖，也是世界上海拔最高的大湖，西藏三大圣湖之一。

▶ **尼洋河**

发源于西藏米拉山西侧的错木梁拉，在巴宜区的则们附近汇入雅鲁藏布江。

▶ **米堆冰川**

是西藏最重要的海洋性冰川，也是我国境内海拔最低的冰川，常年雪光闪耀，景色神奇迷人。

▶ **横断山区**

位于青藏高原东南部，通常为四川、云南两省西部和西藏东部南北走向山脉的总称。面积60余万平方千米，是中国最宽和最典型的南北向山系。

▶ **然乌湖**

是雅鲁藏布江支流帕隆藏布的主要源头，也是帕隆大峡谷的起源，西藏东部最大的湖泊。

▶ **羊卓雍错**

西藏三大圣湖之一，喜马拉雅山北麓最大的内陆湖泊。

▶ **雅鲁藏布江**

是世界上海拔最高的大河，中国第五长河，西藏第一大河，水能极其丰富。流入印度后叫布拉马普特拉河。雅鲁藏布大峡谷是世界第一大峡谷。

手绘西藏

▶ **狮泉河镇**

海拔4255米，为阿里地区行政公署驻地，现已成为西藏西部的交通枢纽、经济文化中心和边境贸易中心。

▶ **双湖**

双湖县地处羌塘高原湖盆地带，境内主要有昆仑山、唐古拉山、可可西里山、冬布勒山等山脉。

▶ **札达**

因曾经是古格王朝的都城而闻名，这里还有壮美的札达土林。

▶ **日喀则**

西藏第二大城市，后藏的中心，班禅驻锡地。日喀则是国家历史文化名城，有著名的扎什伦布寺，市区人口10余万。

▶ **帮兴**

位于吉隆县。中国历史文化名村。

▶ **普兰**

与尼泊尔、印度两国接壤。普兰口岸是西藏重要边境口岸。境内的神山圣湖让这里吸引着世界信徒。

▶ **樟木**

中国通往尼泊尔的重要口岸。

▶ **萨迦**

西藏著名古城。因藏传佛教萨迦派祖寺萨迦寺在此而得名。

▶ **亚东**

与印度、不丹两国接壤，是中印贸易的主要通道。

西藏的城镇

▶ 那曲

那曲是藏北中心，青藏铁路经过这里。

▶ 拉萨

著名古城，西藏的行政和文化中心，西藏最大的城市，有布达拉宫和大昭寺。

▶ 八一镇

是林芝市的中心，尼洋河畔的一座新兴的现代化小镇。

▶ 昌都

位于澜沧江畔的昌都镇是藏东的中心城镇。

▶ 泽当镇和昌珠镇

乃东区泽当镇是山南市的中心，人口约3万。附近的昌珠镇是中国历史文化名镇。

▶ 鲁朗

川藏南路上一个秀美的小镇，主要景点有鲁朗林海等。

▶ 邦达

滇藏线和川藏线的交会地，有邦达机场。

▶ 江孜

西藏著名古城。城内的宗山是著名的抗英遗迹。此外还有众多古迹。

▶ 吞达

藏文鼻祖之乡、水磨藏香之源。中国历史文化名村。

▶ 墨脱

中国最后一个通公路的县，宛如仙境神秘。居民以门巴族和珞巴族为主。

▶ 察隅

位于中印缅三国交界处，被称为“雪域小江南”。是僜人的主要分布区。

手绘 西藏

▶ 楚布寺

藏传佛教噶举派在西藏的主寺，是活佛转世制度的发源地。每年举办跳神节。

▶ 哲蚌寺和色拉寺

哲蚌寺是西藏最大的寺院，雪顿节期间最值得前往一观。色拉寺仅次于哲蚌寺，这里的辩经非常出名。

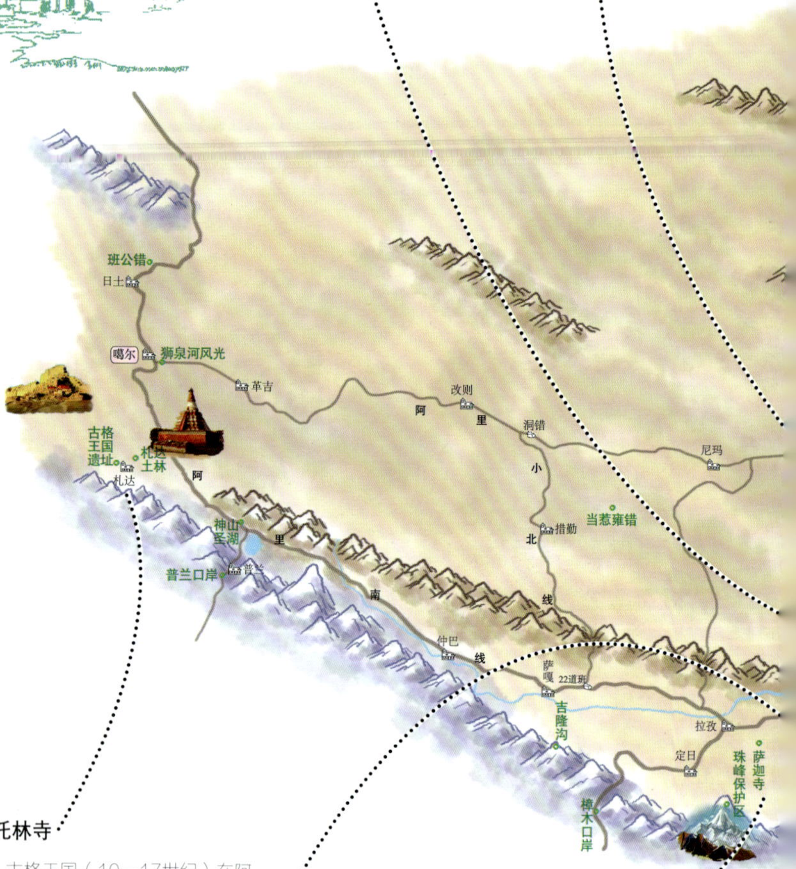

▶ 托林寺

古格王国（10—17世纪）在阿里地区建造的第一座佛寺，中世纪西藏名寺。

▶ 扎什伦布寺

日喀则最大的寺庙，格鲁派六大寺庙之一。

▶ 萨迦寺

一座藏传佛教萨迦派寺院，也是萨迦派的主寺。被誉为“第二敦煌”，建筑规模宏伟。

西藏寺庙

▶ 大昭寺

建于唐代，是藏族同胞信徒心中的金色圣殿，供奉有释迦牟尼12岁等身镀金铜像。

▶ 甘丹寺

由宗喀巴大师亲自筹建，存有纯金汁书写的全套《甘珠尔》和藏文大藏经《丹珠尔》。

▶ 孜珠寺

昌都最大的本教寺院，也是西藏规模最大、教徒最多、仪轨保留较完整的本教寺院之一。

▶ 噶玛寺

噶举派高僧都松钦巴于1185年创建，是噶举派的祖寺。

▶ 强巴林寺

藏东第一大寺，主供强巴大佛，寺内的神舞值得一看。寺外是汹涌澎湃的澜沧江。

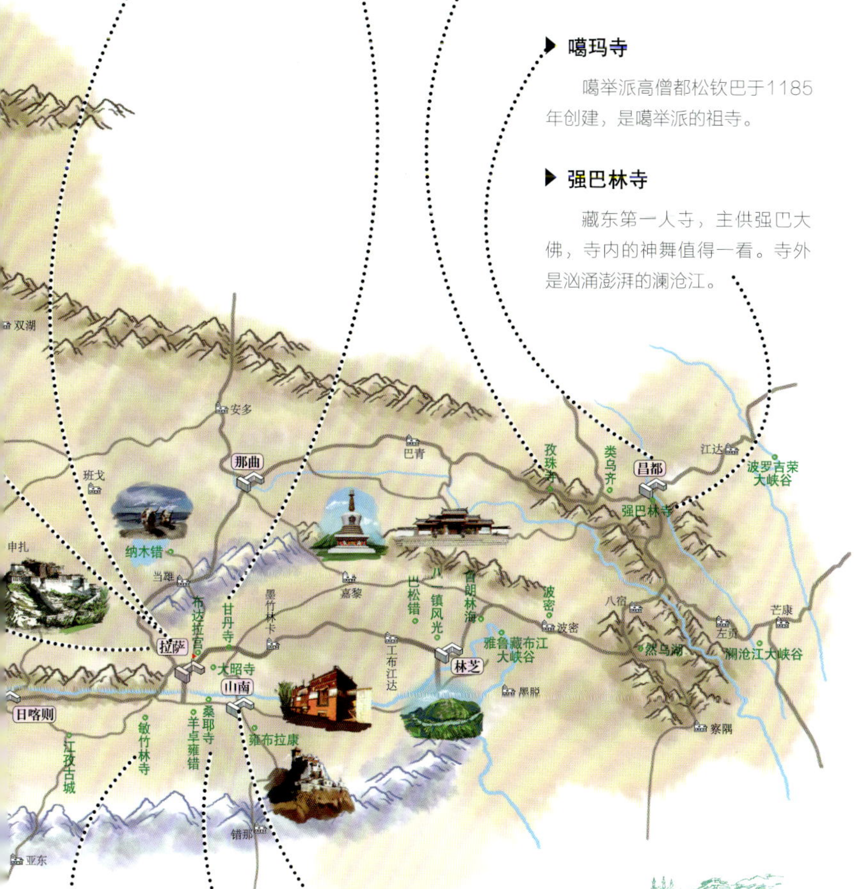

▶ 敏竹林寺

西藏地区中部现存最大、最重要的宁玛派寺庙，以片石砌筑的墙体在西藏极为有名。

▶ 桑耶寺

藏传佛教第一座佛法僧俱全的寺庙，始建于8世纪中叶。

▶ 昌珠寺

西藏历史上的第一座佛殿，文成公主进藏初期曾居此。

手绘 西藏

▶ 川藏南线

为318国道川藏段，被誉为中国的景观大道，由四川成都、雅安、康定、巴塘，西藏芒康、左贡、邦达、林芝、工布江达、墨竹工卡至拉萨，全长2146千米。

川藏公路

川藏公路东起四川省省会成都市，西至西藏自治区首府拉萨市，多被称为川藏线，有南北线之分。有着“最美最险的天路”之称的川藏公路，一直以来都是游客热衷的旅游地。

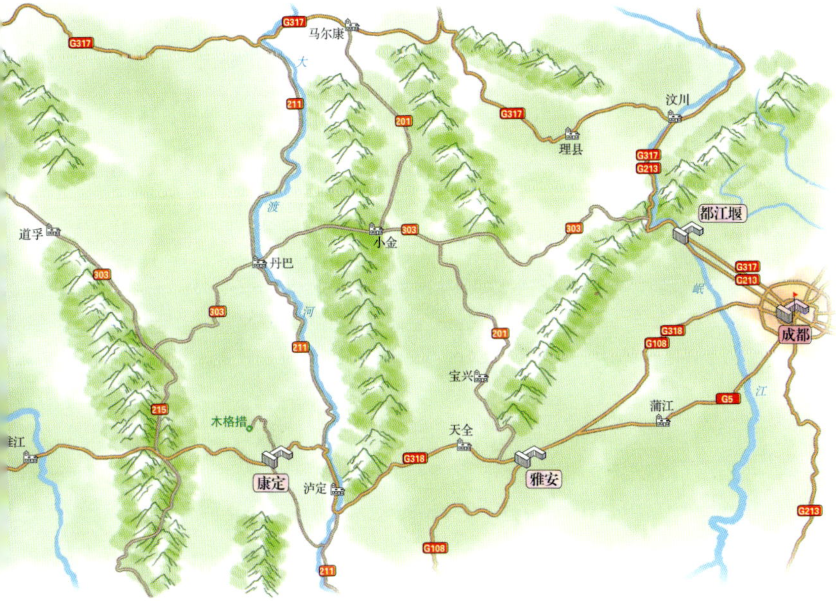

▶ 川藏北线

由成都至东俄洛与南线重合，再由东俄洛与南线分开北上，经四川干宁、甘孜、德格，西藏江达、昌都至邦达又与南线重合，直抵拉萨，全长2414千米。

手绘 西藏

▶ 狮泉河

印度河上源，西藏西部主要大河之一。

▶ 当惹雍错

西藏最古老的雍仲本教崇拜的最大的圣湖，也是西藏第三大湖。

▶ 象雄王国遗址

象雄都城所在地，建于山腰的石头建筑，规模宏大，距今约1800余年。

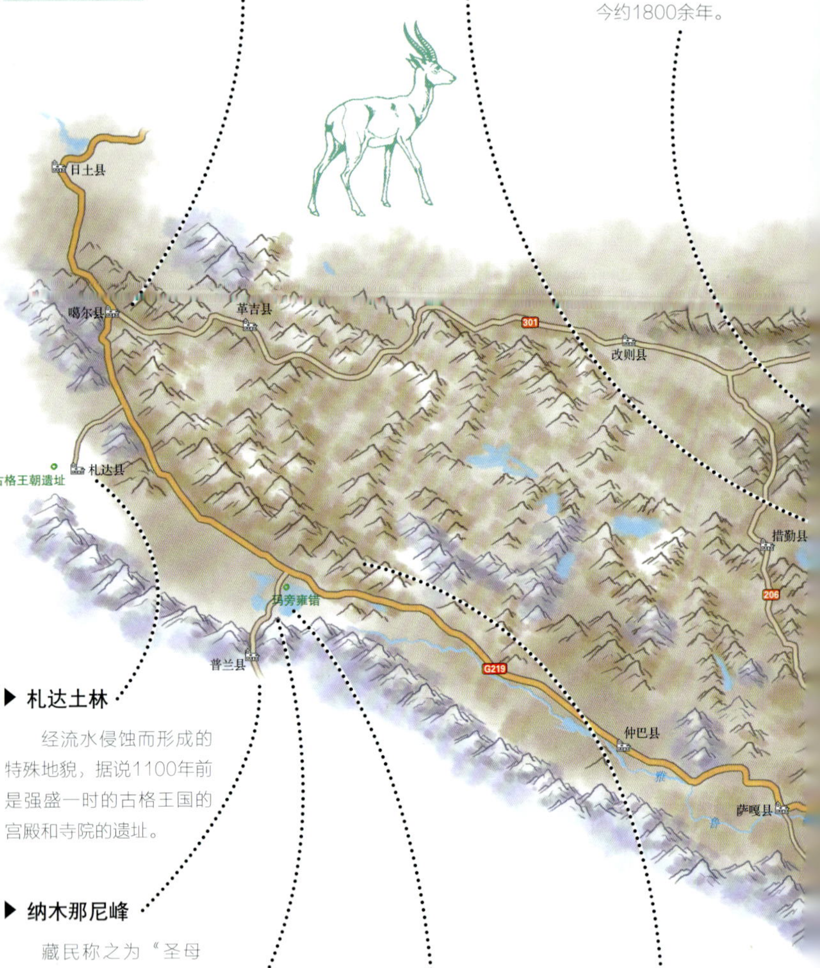

▶ 札达土林

经流水侵蚀而形成的特殊地貌，据说1100年前是强盛一时的古格王国的宫殿和寺院的遗址。

▶ 纳木那尼峰

藏民称之为“圣母之山”或“神女峰”，方圆约200平方千米，主要有6条山脊。

▶ 拉昂错

人称鬼湖，藏语意为“有毒的黑湖”，为微咸水湖，其湖水人畜皆不能饮用。

▶ 玛旁雍错

佛教信徒把它看作是圣地“世界中心”，是中国湖水透明度最大的淡水湖，藏地三大神湖之一。

▶ 冈仁波齐

冈底斯山脉主峰，中国最美的、令人震撼的十大名山之一，是多个宗教的神山。

阿里环线

阿里地处青藏高原西北部，既是喜马拉雅山脉、冈底斯山和昆仑山脉相会聚之地，又是雅鲁藏布江、印度河、恒河的发源地，故而被称为“万山之祖”“百川之源”。这里山峦连绵起伏，湖泊星罗棋布，原野辽远无际，是近年来西藏旅游中最热门、最新潮的一程。阿里环线包括南线、小北线、大北线等部分。

▶ 申扎黑颈鹤自然保护区

这里是鸟的乐园，聚居的鸟类有120多种，是我国最高、最大的黑颈鹤保护区和繁殖地。

▶ 色林错

近来水域面积大涨，超越纳木错成为西藏第一大湖，夏季湖中小岛上栖息着多种候鸟。

▶ 珠穆朗玛峰

海拔8844.43米，是世界第一高峰。

▶ 扎什伦布寺

班禅驻锡地，日喀则最大的寺庙。

▶ 羊卓雍错

西藏三大圣湖之一，简称“羊湖”，是喜马拉雅山北麓最大的内陆湖泊，湖光山色之美，冠绝藏南。

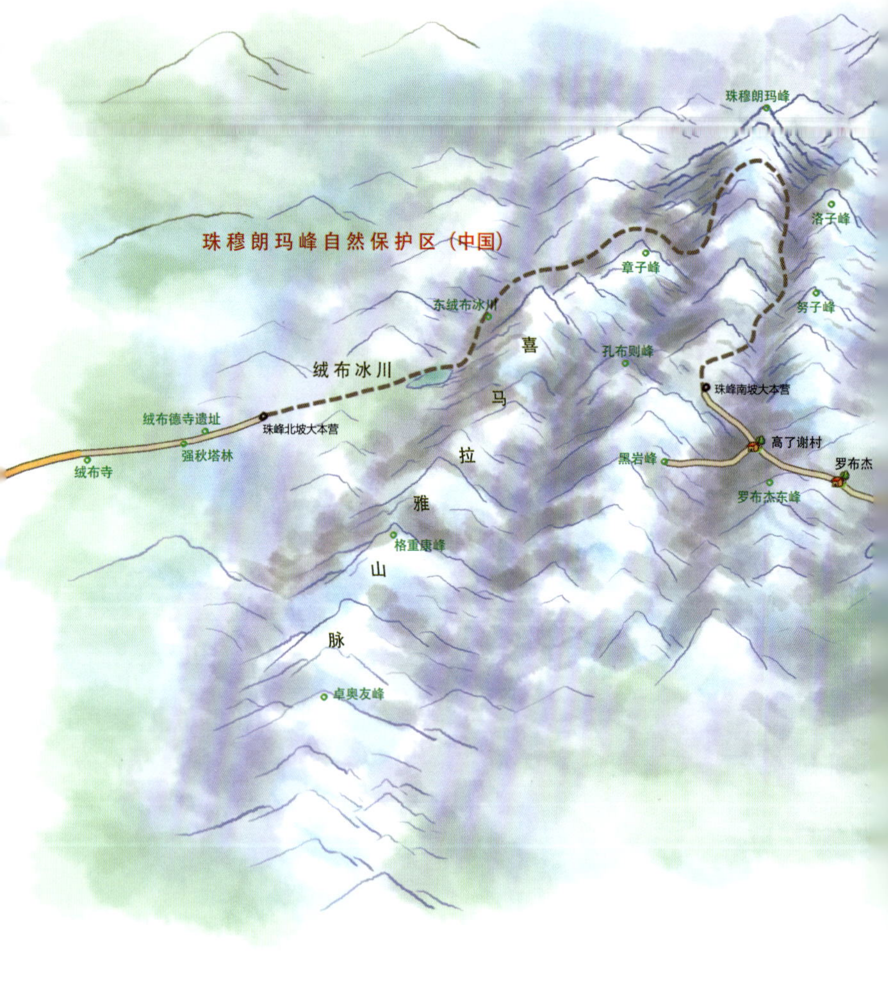
珠穆朗玛峰
洛子峰
珠穆朗玛峰自然保护区（中国）
章子峰
东绒布冰川
努子峰
喜
孔布则峰
绒布冰川
珠峰南坡大本营
马
绒布德寺遗址
珠峰北坡大本营
高了谢村
强秋塔林
拉
黑岩峰
罗布杰
绒布寺
罗布杰东峰
雅
格重唐峰
山
脉
卓奥友峰

珠穆朗玛峰

珠穆朗玛峰简称珠峰，藏语意为“第三女神”，海拔8844.43米，是世界最高峰。珠穆朗玛峰高大巍峨的形象在世界范围内有着巨大影响，早在19世纪就成为世界登山家和科学家向往的地方。直到1953年才由新西兰登山运动员埃德蒙·希拉里创下登顶纪录。

珠峰气势磅礴，周围群峰林立如众星拱月，风景绝美。天晴时峰顶烟云缭绕，形似旗帜，有“世界上最高的风向标”之称。

手绘西藏

帝人宾馆
西藏经贸大厦
林廓北路
拉萨中学
哲蚌寺
乃琼寺
林廓西路
宗角禄康公园
布达拉宫
金珠广场
航空大酒店
泽加杂货店
北京中路
西藏邮政酒店
北京中路
北京东路
布达拉宫广场
黄鹤假日酒店
罗布林卡
康昂多南路
金谷饭店
宇拓路
西藏博物馆
凯捷商务酒店
西藏自治区政府
金珠东路
江苏路
雪林多吉颇章
西藏军区军史馆
北环路
伦成宾馆
阳岛路
中和国际城小商品批发市场
太阳岛一路
河北饭店
雪龙休闲酒店
宇拓国际大酒店
环岛南路
圣河假日酒店

拉萨城区

西藏雪域天堂国际大酒店
色拉寺
扎基寺
银桥饭店
新气象宾馆
小昭寺
欧丹宾馆
欧卡宾馆
林廓东路北段
下密寺
北京东路
江苏东路
西藏刚坚拉萨饭店
香巴拉酒店
达娜格希宾馆
大昭寺
唐卡酒店
城关区旅游局
古艺酒店
林廓东路中段
西藏廓尔喀饭店
原野日光宾馆
拉萨东郊客运站
江苏路
阿果家庭旅馆
波林卡园
人民体育场
拉萨市政府
西藏庄园
西藏大学（西区）
波林卡路
雪莲宾馆
金星游乐园
拉萨河
滨河路
8844客栈
拉萨北京中学
江苏生态园大酒店
西域营地客栈

拉萨的虔诚和悠闲

不论你是历经如何的艰难万险，总归平安到达了拉萨。闲散游荡在这装着众多古老寺庙的雪域圣城，隔着墨镜享受阳光最热烈的欢迎，不正是你最想要得到的生活吗？

藏南风景赛江南

正是江南好风景的三四月，可别忘了“雪域江南”的林芝。温暖多雨的林芝，此时已经是满眼尽绿。南迦巴瓦峰仍遥望远方，幽蓝清澈的尼洋河水，葱绿茂密的鲁朗林海也踏春而至，俨然一幅“不在江南赛江南”的画卷。

无人阿里

魅力无限

这里的天空更加蔚蓝，这里的草原更加宽广，这里的湖光山色更加陶醉迷人，这里的历史遗迹更加厚重悠长，这里就是阿里。成群的藏羚羊才是这里的主人，而人类，早已成为了俊秀壮美景色的粉丝。

珠穆朗玛的神秘诱惑

西藏是世界顶级山峰的聚居地，在这片群峰荟萃的区域里，珠穆朗玛峰脱颖而出，成为距离天际最近的诸峰之王。慕名前来的访客络绎不绝，一路的艰险依然不能阻挡人们朝圣的脚步，因为他们相信，当风开云散的那一刻，眼前会出现最纯净的颜色。

雅鲁藏布江换了方向

自西向东一路奔腾的雅鲁藏布江，开始转换了方向。回想起从日喀则一路走到林芝的这段路，得感谢高原上每一滴水的相汇支持。也会忆起从身旁朝着新鲜未知走去的年轻驴友，一切都在前进，拐弯过后，自然又是一番新征程。

未曾相逢过的圣湖

若说西藏的圣湖应只是天上有的话，一点都不为过，因为西藏就在天上，这里的点点湖泊就是落在她身上的神圣泪滴。不惜长途跋涉，前往转湖的信徒，则让圣湖充满着宁静之光。

印象西藏

文化符号

布达拉宫

没去过西藏的人也早在无数影像和文字中熟悉了它，不过真正见到时感受完全不同。

雪山

雪域高原上高峰林立，山舞银蛇，蔚为壮观。雪山终年积雪，冰川广布，在云雾相伴下显得庄严而神圣。

青藏铁路

世界上海拔最高、线路最长的高原铁路，是中国新世纪四大工程之一。

格萨尔王

传奇的格萨尔王半神半人，凝聚着藏人对英雄的所有想象。再没有哪本书可以取代《格萨尔王传》在藏文化史上的地位了。

阳光

因为离天空最近，西藏是最受阳光眷顾的地方，全年日照时间长达3000小时以上。

大昭寺

对藏人和藏传佛教教徒来说，大昭寺就是世界上最神圣的地方，这里也是来拉萨朝圣的终极圣地。

印象西藏

藏传佛教

玛尼堆

刻有六字真言的石块，各种佛像的泥模置于其上，再插上经幡，遂成为过往行人巡礼的“神之路标”。

唐卡

唐卡即藏语卷轴画之意。唐卡是供奉的圣物，绘制完工后要经由开光、加持，使之具有灵气，才算完成。

喇嘛

身着红衣，很好辨认，至少在表面上看来，他们和普通人没有什么区别，还特别爱养花。

转经筒

藏族人用转经筒来代替念经，除了寺庙里的大经筒，最常见的就是手摇小经筒，游客最爱买的礼物之一。

风马旗

僧俗信众精神世界与神灵交流的一种媒介物，最初的风马旗是直接将羊毛系挂于树枝草丛，如今在玛尼堆上仍可看到牛羊头颅等物。

六字真言

藏传佛教著名的“唵、嘛、呢、叭、咪、吽”六字真言，就是如来佛把孙悟空压在五行山下那六个字。

印象西藏

藏民生活

磕长头

口诵六字真言、三步一拜、每拜必五体投地的伏身叩拜者在西藏随处可见。他们的虔诚让人感受到了信仰的力量。

献哈达

尽管蒙古族也献哈达，但远远没有藏族人用得那么普遍。藏人出门总要随身带上几条以备不时之需。

转山转湖

朝圣者最常采用的方式，很多藏族人一生中都会有几次转山、转湖的经历。

看藏戏

起源于8世纪藏族的宗教艺术——藏戏，唱腔高亢雄浑，因人定曲，剧目内容多是佛经中的神话故事。

穿氆氇

氆氇用羊毛做成，可以用来做男人的藏袍、女人的邦典(围裙)。

养藏獒

藏獒排名世界猛犬之首，以它为主角的《藏獒》成了畅销书，赋闲后的马俊仁则靠养藏獒发了财。

印象
西 藏

西藏物产

藏羚羊

北京奥运会吉祥物“迎迎”的原型，主要分布于中国以羌塘为中心的青藏高原地区。

青稞

主要产自中国西藏、青海、四川、云南等地，是藏族人民的主要粮食，也是糌粑的主要原料。

糌粑

青稞晒干、炒熟后磨成粉状就成了糌粑，是藏族人的主要食粮。吃糌粑少不了酥油茶。

酥油茶

中国西藏的特色饮料。多作为主食与糌粑一起食用，有御寒提神醒脑、生津止渴的作用。

雪莲

在西藏，雪莲太常见了，晒干的雪莲灰扑扑的，几块钱一棵。看武侠小说长大的人难免失望。

藏红花

不是红色的，而是蓝色的。来自西亚和南欧的它进入西藏后成为驰名中外的“藏药”。

自驾西藏

线路 1

川藏南线之旅

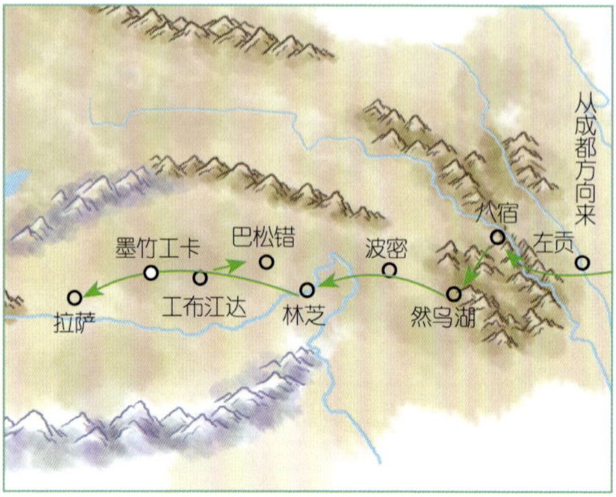

澜沧江峡谷 左贡

然乌湖 八宿

米堆冰川 波密

巴松错 工布江达

邦杰塘草原 墨竹工卡

高原并非只有雪山冰川和严寒险峻，藏南的林芝就有着“西藏小江南”的美誉。这里的山水与西藏别处差异很大，每当春天时，往往是漫山青翠和远处的雪山交融在一起，给人以强烈的视觉震撼。另外，在这条线路上还能充分感受藏族、珞巴族等少数民族风情。

第一天至第三天 从成都沿川藏南路行驶至泸定、康定、理塘、巴塘等地，沿途游览新都桥、塔公草原、理塘寺、毛垭草原、措普沟和康宁寺等景点。

第四天 从巴塘县沿 G318 行驶至芒康县参观维色寺，之后至八宿县途经怒江七十二湾，晚上泡美玉温泉。

第五天 经邦达至然乌湖游览，沿 G318 行驶至波密县参观扎木古镇，途中可参观米堆冰川，夜宿波密县。

第六天 从波密县沿 G318 行驶至巴宜区，沿途可参观通麦天险、鲁朗林海、色拉季、巨柏林等美景，夜宿巴宜区。

第七天 上午参观林芝自然博物馆，之后沿 G318 向西一路参观秀巴古堡、尼洋河风光和巴松错。

第八天 从巴松错沿 G318 行驶至工布江达附近的太昭古城参观，沿途可参观阿沛民俗文化村，夜宿太昭村或工布江达县。

第九天 继续向西经邦杰塘草原和甘丹寺到达拉萨。

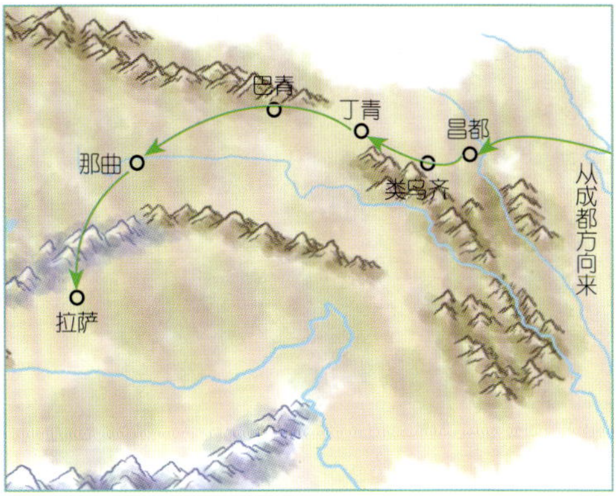

线路 2

川藏北线之旅

昌都 波罗吉荣大峡谷

昌都 强巴林寺

类乌齐 查杰玛大殿

巴青 孜珠寺

那曲 孝登寺

这是一条充分领略佛教文化的线路，沿途有众多著名的佛教寺院，这些寺院不仅建筑美观大方，其厚重的佛教文化、丰富的历史及人文传说同样值得我们细细品味。此外，川藏北线公路一路所经多为牧区，相比于南线而言景色更为壮丽。

第一天至第四天 从成都沿川藏北路行驶至马尔康、色达、甘孜、德格等地，沿途游览卓克基土司官寨、五明佛学院、甘孜寺、竹庆寺、新路海、德格印经院和更庆寺等景点。

第五天 从德格县沿 G317 行驶至昌都参观昌庆街，沿途有波罗吉荣大峡谷可选择参观，夜宿昌都县。

第六天 游览昌都的卡若遗址、澜沧江广场、大脚印奇观和昌都清真寺，夜宿昌都县。

第七天 上午参观昌都市区的强巴林寺，之后从昌都沿 G214 行驶至类乌齐县参观查杰玛大殿、类乌齐寺和类乌齐自然保护区，夜宿类乌齐县。

第八天 沿 G318—G319 行驶至巴青县参观麦莫溶洞，沿途可选择参观乃查莫玛溶洞和孜珠寺，夜宿巴青县。

第九天 从巴青县沿 G317 行驶至那曲市参观孝登寺，之后继续沿 G109 到达拉萨。

自驾
西 藏

线路 3

青藏公路之旅

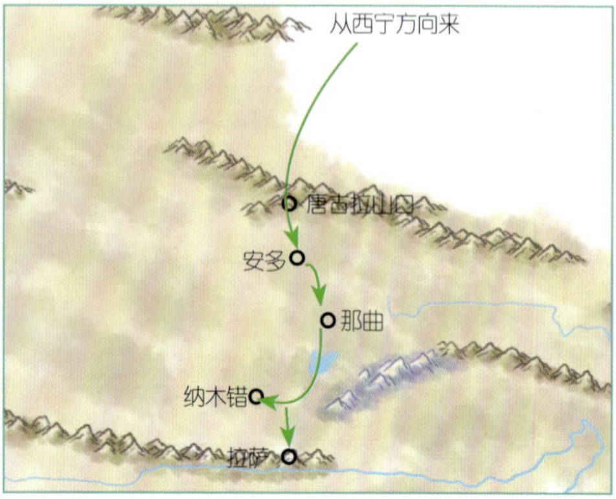

唐古拉山口
安多

错那湖
安多

冲钦卡多草原
那曲

纳木错
拉萨

羊八井
拉萨

青藏公路被誉为一条翻山越岭的巨龙，如今可以驾车沿着神奇的天路驶入这片美丽的土地。从景色诱人的青海湖到巍峨高耸的昆仑山，从雪山耸立的唐古拉山口到高原圣湖纳木错，天地壮阔、湖水湛蓝、高山雄伟，一路美景定让你惊叹不已。

第一天 从西宁市区沿 G6—湟西一级公路行驶至西海镇参观三角城景区和海北原子城，夜宿景区。

第二天 从海北原子城沿环湖东路—G109 行驶至青海湖，之后沿环湖西路—G109 行驶至茶卡镇，夜宿茶卡镇。

第三天 上午游览茶卡盐湖景区，之后沿 G6 行驶至都兰县香日德镇参观香日德寺，夜宿香日德镇。

第四天 从香日德镇沿 G109 行驶至诺木洪乡参观诺木洪遗址，之后继续沿 G109 行驶至格尔木市参观附近的格尔木水电站，夜宿格尔木市。

第五天 继续沿 G109 行驶至五道梁乡，沿途可参观昆仑桥、那赤清泉、玉珠峰和昆仑山口，夜宿五道梁乡。

第六天 从五道梁乡沿 G109 行驶至安多县参观附近的错那湖，沿途经过长江源和唐古拉山口，夜宿安多县。

第七天 从安多县继续沿 G109 南行至那曲市，沿途经过措那湖可参观，那曲市区附近有孝登寺、冲钦卡多草原和卓玛峡谷，夜宿那曲市。

第八天 从那曲市沿 G317 行驶至纳木错景区游玩，之后前往拉萨，沿途可到羊八井景区游览。

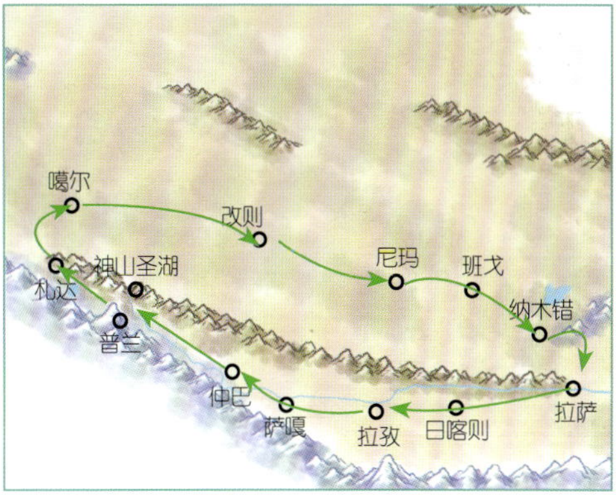

线路 4

阿里大环线之旅

拉萨 布达拉宫

拉孜 珠穆朗玛峰

普兰 玛旁雍错

噶尔 阿里草原

改则 当惹雍错

班戈 纳木错

神秘的阿里雪峰林立，百川奔腾，素来被称为“千山之巅、万川之源”。这条大环线是探寻阿里秘境的绝佳线路，一路景色神奇多彩，让人流连忘返。

第一段 拉萨—拉孜。这一段同中尼公路。

第二段 拉孜—仲巴。沿途可远眺珠穆朗玛峰，参观达吉岭寺，到达仲巴后先游览马泉河，之后前往帕羊草原。

第三段 仲巴—普兰。经公主错，前往圣湖玛旁雍错，之后经拉昂错、科迦寺到达普兰县。

第四段 普兰—札达。冈仁波齐转山是本线路的最大亮点。经门士到达札达，参观古格王朝遗址、札达土林和托林寺。

第五段 札达—噶尔。到达噶尔县狮泉河镇，在此饱览小镇风光，补充物资。

第六段 噶尔—改则。狮泉河镇出发至改则，沿途可参观阿里草原、麦隆达普岩洞、扎西曲林寺等景点。到达了改则后可以就餐、购物、住宿。

第七段 改则—班戈。沿途可以参观、当惹雍错、色林错等众多湖泊，还有高原生物。这里属于无人区。

第八段 班戈—纳木错。在班戈县先参观扎君寺，然后前往圣湖纳木错，沿途可眺望念青唐古拉山。

第九段 纳木错—拉萨。途经羊八井可以沐浴温泉，洗去一路疲乏，之后返回拉萨。

自驾西藏

线路 5

中尼公路之旅

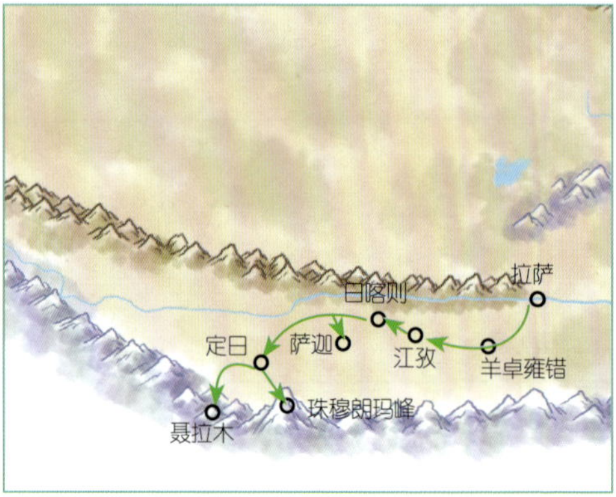

这是一条充满挑战和魅力的线路，圣洁的羊卓雍错、雄伟的珠穆朗玛峰、宗山的英雄故事以及萨迦的辉煌历史，还有那一路艰难，却不断前进至目的地的喜悦和自豪。

江孜 宗山城堡遗址

日喀则 扎什伦布寺

萨迦 萨迦寺

定日 珠穆朗玛峰

聂拉木 樟木口岸

第一天 从拉萨市沿 G318 行驶至曲水县参观卓玛拉康寺，之后沿 G318—S307 行驶至浪卡子县参观附近的羊卓雍错湖和桑丁寺，然后沿 S307 行驶至江孜县，夜宿江孜县。

第二天 参观江孜县附近的白居寺、宗山城堡遗址和帕拉庄园，夜宿江孜县。

第三天 从江孜县沿 S204 行驶至日喀则市参观扎什伦布寺、扎什伦布寺文化广场和喜格孜步行街，夜宿日喀则市。

第四天 上午参观日喀则市城西的德庆格桑颇章，然后从日喀则市沿 G318 行驶至萨迦县参观萨迦寺，参观完毕沿 G318 行驶至珠穆朗玛峰保护区，夜宿珠峰旅馆。

第五天 参观珠穆朗玛峰景区。

第六天 从珠穆朗玛峰沿珠峰行驶至聂拉木县参观希夏邦马峰，夜宿聂拉木县。

第七天 从聂拉木县城沿 G318 行驶至樟木镇参观樟木沟和樟木口岸。

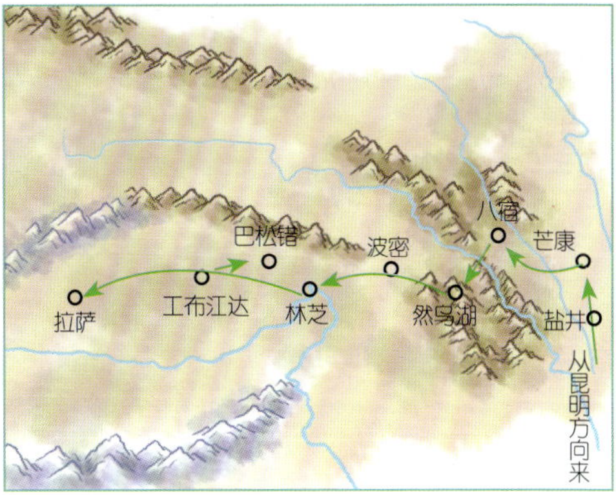

线路 6

滇藏公路之旅

盐井古镇 芒康

然乌湖 八宿

米堆冰川 波密

鲁朗林海 林芝

布达拉宫 拉萨

滇藏线古往今来都是一条繁忙的道路，曾经的茶马古道让这条路盛极一时，现在则是热门的自驾游路线。沿着“茶马古道”，穿越在天堂般的美景之中，森林、峡谷、雪山、草原、湖泊，尽入眼帘，甚为快意。

第一至五站 包括华丽的起点昆明、风花雪月的大理、浪漫的丽江古城、世外桃源般的香格里拉、神秘的神山梅里。一路走来，可细细感受滇西北的无穷魅力。

第六站 芒康。从飞来寺至芒康途经盐井，可以领略茶马古道上的晒盐景观，然后参观芒康维色寺。

第七站 左贡。从芒康至左贡，一路翻越拉乌山、跨越澜沧江，经过澜沧江峡谷，风景原始壮观，让人赞叹不已。

第八站 八宿。从左贡出发至八宿，一路可游览邦达草原、怒江七十二弯等景点，然后前往幽蓝深邃的然乌湖。

第九站 波密。然乌湖至波密沿途可游览米堆冰川。零距离触摸那从天而降的冰瀑布，赞叹大自然的造化，而后可以前往嘎朗湿地公园游览。

第十站 林芝。从波密经鲁朗林海、色季拉风景区到达林芝，之后可以参观巴松错和巨柏林等景点。

第十一站 拉萨。抵达拉萨后稍作休整，然后尽情畅游布达拉宫、大昭寺、罗布林卡、哲蚌寺等景点。

解读 西藏

地 理

白塔

一 面积和区划

西藏自治区简称藏，地处中国西南边陲，青藏高原西南部。它北临新疆维吾尔自治区，东北连接青海省，东连四川省，东南与云南省相连；南边和西部与缅甸、印度、不丹和克什米尔等国家及地区接壤，边境线全长4000余千米。西藏自治区面积约123万平方千米，居全国第二位。

西藏自治区设拉萨市、昌都市、林芝市、山南市、日喀则市、那曲市6个地级市，阿里1个地区，下辖8个市辖区、66个县，拥有拉萨市、日喀则市和江孜县3个国家历史文化名城。西藏自治区首府设在拉萨。

人口和民族

截至2018年年末，西藏自治区常住人口343万人，其中城镇人口107万人，占总人口的31.1%。

西藏自治区是藏族发源和聚居的地方，藏族人口最多，但分布很不均衡，多数人口集中在藏南谷地雅鲁藏布江及其支流流经的地方。西部及北部广大区域内人口极少。门巴族、珞巴族等自治区内独有少数民族主要分布在西藏的南部和东南部。

西藏通行藏语藏文，有很多人不会汉语。汉语汉文在西藏是作为官方语言通用的。

地形

西藏自治区地处世界上最大最高的青藏高原，为青藏高原的主体部分，平均海拔达约4000米，有着“世界屋脊”“地球第三极”之称。

西藏全境为喜马拉雅山山脉、昆仑山脉和唐古拉山脉所环

冈仁波齐

抱，地势由西北向东南倾斜。蜿蜒于西藏高原南部的喜马拉雅山，平均海拔在6000米以上。耸立在中尼边界上的珠穆朗玛峰海拔8844.43米，为世界第一高峰。

西藏地形复杂，大体可分为3个不同的自然区：北部是位于昆仑山、唐古拉山和冈底斯山、念青唐古拉山之间的藏北高原，占全自治区面积的2/3；在冈底斯山和喜马拉雅山之间，即雅鲁藏布江及其支流流经的地方，是藏南谷地；藏东是高山峡谷区，为一系列由东西走向逐渐转为南北走向的高山深谷，属横断山脉的一部分。全区地貌有冰缘地貌、岩溶地貌、风沙地貌、火山地貌等。

在西藏境内，流域面积大于1万平方千米的河流有20多条。著名的河流有金沙江、怒江、澜沧江和雅鲁藏布江。西藏的国际河流分布众多，亚洲著名的恒河、印度河、布拉马普特拉河、湄公河、萨尔温江、伊洛瓦底江等河流都源自这里。

广袤的西藏高原上点缀着大小湖泊1500多个，其中纳木错是世界上海拔最高的湖泊。另外，西藏的地热资源全国第一。拉萨市当雄县辖区内的羊八井地热田是目前中国最大的高温湿蒸汽热田，也是世界已开发利用的大型地热田之一。

气候

西藏的总体气候特征可概括为：空气稀薄，气压低，含氧量少；太阳辐射强，日照时间长，气温偏低，温差大；全年分为明显的干季和雨季；气候类型复杂，垂直变化大。

西藏高原复杂多样的地形地貌，形成了独特的高原气候。除呈现西北严寒干燥，东南温暖湿润的总趋向外，还有多种多样的区域气候和明显的垂直气候带。西藏高原每立方米空气中只含氧气150~170克，相当于平原地区的62%~65.4%。西藏是中国太阳辐射能最多的地方，比同纬度的平原地区多1倍或1/3。日照时数也是全国的高值中心，自治区首府拉萨市的年平均日照时数达3021小时，平均每天日照8个多小时。

西藏自治区各地降水的季节分配不均，总的分布趋势是东多西少、南多北少，迎风坡多于背风坡，东南湿润，西北干燥。6~9月雨量集中，占全年降水量的80%~90%。干季和雨季的分界非常明显，而且多夜雨天气。

总体来说，春季和秋季是西藏旅行的最佳季节。

神秘天堂，青藏高原

“是谁日夜遥望着蓝天，是谁渴望永久的梦幻，难道说还有赞美的歌，还是那仿佛不能改变的庄严……”每当这首熟悉的《青藏高原》旋律响起，那个远在西部的“世界屋脊”总会亦真亦幻地浮现在人们的脑海里。

青藏高原是世界上最年轻的高原。直到第三纪晚期（距今2330万年至164万年），这一地区的海拔还只有1000米，气候湿润炎热，一派热带森林和草原景观。只是在近300万年左右的时间内，才逐步上升到目前的高度，而且青藏高原的抬升至今仍未停止。

青藏高原是中国最大的高原，也是世界平均海拔最高的高原。它包括西藏自治区和青海省的全部、四川省西部、新疆维吾尔自治区南部，以及甘肃省、云南省的一部分。整个青藏高原还包括不丹、尼泊尔、印度、巴基斯坦、阿富汗、塔吉克斯坦、吉尔吉斯斯坦的部分，总面积250万平方千米，平均海拔4000～5000米，有“世界屋脊”和“地球第三极”之称。

青藏高原周围大山环绕，南有喜马拉雅山，北有昆仑山和祁连山，西为喀喇昆仑山，东为横断山脉。高原内还有唐古拉山、冈底斯山、念青唐古拉山等。这些山脉海拔大多超过6000米，还有不少山峰超过8000米。高原内部被山脉分隔成许多盆地、宽谷。湖泊众多，西藏境内的纳木错湖等都是内陆咸水湖，盛产食盐、硼砂、芒硝等。另外，高原还是亚洲许多大江大河的发源地。长江、黄河、澜沧江（下游为湄公河）、怒江（下游称萨尔温江）、狮泉河（下游为印度河）、雅鲁藏布江（下游称布拉马普特拉河）以及塔里木河等都发源于此，水力资源丰富。

链接

中国人攀登珠峰史

1960年5月25日凌晨，中国珠穆朗玛峰登山队在突击组长王富洲的率领下，首次从北坡中国境内登上了世界最高峰，登上顶峰的3名队员是王富洲、贡布（藏族）和屈银华，这是我国登山运动员从北坡首次成功地登上珠峰的胜利。

1975年5月27日下午2时30分，由汉、藏、回、蒙古、朝鲜、土、鄂温克等7个兄弟民族的队员组成的中国珠穆朗玛峰登山队，女队员潘多和8名男队员索南罗布、罗则、侯生福、桑珠、大平措、贡嘎巴桑、次仁多吉、阿布钦，从北坡登上了这个地球的最高点。这次集体登顶人数之多，科考成绩之大，在世界登山史上都是空前未有的。

2005年3月20日到6月20日，中国科学院、国家测绘局再次对青藏高原珠穆朗玛峰地区进行综合科学考察，并联合中国女子登山队员登上珠峰顶，用雷达的手段以及GPS定位方法重新测高，最终公布珠峰岩石面海拔高度为8844.43米，测量精度为±0.21米。我国于1975年公布的珠峰高程数据8848.13米停止使用。

2008年5月8日，在克服诸多艰难险阻之后，人类第一次在海拔8844.43米的世界最高峰——珠穆朗玛峰之巅燃起了奥运圣火。

珠穆朗玛

藏羚羊

藏羚羊，偶蹄目、牛科、藏羚属动物，又名长角羊、羚羊，被誉为“可可西里的骄傲”，是我国特有物种，国家一级保护动物，也是列入《濒危野生动植物种国际贸易公约》中严禁贸易的濒危动物。

成年雄性藏羚羊角长而笔直，乌黑发亮，角尖微内弯，雌性则无角。

成年藏羚羊一般体长约135厘米，身高75~85厘米。雄性较雌性更加高大。

藏羚羊鼻部宽阔略隆起，每个鼻孔内还有1个小囊，其作用是帮助藏羚羊在空气稀薄的高原上呼吸。成年雄性藏羚羊脸部呈黑色，眼眸乌黑发亮，十分精神。

藏羚羊四肢匀称，强健有力，十分适合在高原上奔跑。腿上有黑色标记，站立时，前腿笔直，后退弯曲，尾短。

藏羚羊背部呈红褐色，腹部为浅褐色或灰白色。全身除脸颊、四肢下部以及尾外，其余各处被毛丰厚绒密。

藏羚羊的艺术形象

2008年北京奥运会的吉祥物之中，福娃迎迎就是以藏羚羊为蓝本设计的。藏羚羊的物种习性非常符合奥运“更高、更快、更强”的精神，生态特点符合“绿色奥运、人文奥运、科技奥运”的理念。

保护藏羚羊的巨大努力

藏羚羊作为青藏高原动物区系的典型代表，具有难以估量的科学价值。中国政府十分重视藏羚羊保护，严格禁止一切贸易性出口藏羚羊及其产品的活动。1988年《中华人民共和国野生动物保护法》颁布后，将藏羚羊确定为中国国家一级保护野生动物。此外，中国政府还在藏羚羊重要分布区先后划建了青海可可西里国家级自然保护区、新疆阿尔金山国家级自然保护区、西藏羌塘自然保护区等多处自然保护区，成立了专门保护管理机构和执法队伍，定期进行巡山和对藏羚羊种群活动实施监测。

藏羚羊小档案

中文名：藏羚羊

别名：长角羊、藏羚

分布区域：中国的西藏、青海、新疆以及印度等地

生活习性：

食物：禾本科和莎草科植物

现存数量：约22万只

藏原羚

藏原羚又叫原羚、小羚羊、体形比藏羚羊瘦小，体长一般不超过1米。雄性有一对较细小的角，雌体无角。四肢纤细，脸、颈呈土褐色或灰褐色，不同于藏羚羊的“黑面”。

青藏高原正因为其独特的海拔高度和广袤土地上几乎无人烟的状态，加之特殊的气候条件限制，很多人都对青藏高原望而却步，因此青藏高原也愈发显得特别神秘。

冰雪之乡，喜马拉雅山

“喜马拉雅”由梵语hima（雪）和alaya（域）两个词汇所组成，古代印度朝圣者给这一雄伟的山系创造了喜马拉雅山这一梵语名字并伴随至今。而在藏语中，“喜马拉雅”是“冰雪之乡”的意思。

分布于青藏高原南缘的喜马拉雅山脉是世界海拔最高的山脉，它西起克什米尔地区的南迦—帕尔巴特峰（海拔8125米），东至雅鲁藏布江大拐弯处的南迦巴瓦峰（海拔7756米），全长2500千米。南北宽约200~300千米，由数条大致平行的支脉组成，主脉大喜马拉雅山大部分在中国境内，西端和南端支脉大多在巴基斯坦、印度、尼泊尔、不丹等邻国境内。

喜马拉雅山主脉平均海拔6000米以上，7000米以上的山峰有50余座，全球14座海拔8000米以上的高峰中就有10座分布于此。高山顶部终年积雪，现代冰川作用强盛，冰川规模较大。主峰珠穆朗玛峰稳居地球陆地第一，海拔高度8844.43米。

据地质考察证实，早在20亿年前，现在的喜马拉雅山脉的广大地区是一片汪洋大海，称古地中海，在经历了整个漫长的地质时期，一直持续到距今3000万年前的新生代早第三纪末期后，喜马拉雅地区的地壳连续下降，在下降过程中，海盆里堆积了厚达3万余米的海相沉积岩层。到早第三纪末期，地壳发生了一次强烈的造山运动，在地质上称为“喜马拉雅运动”，使这一地区逐渐隆起，形成了如今世界上最雄伟的山脉。经地质考察证明，喜马拉雅的构造运动至今尚未结束，仅在第四纪冰期（距今300万~1万年）之后，它又升高了1300~1500米。现在还在缓缓地上升之中。

喜马拉雅山的主峰珠穆朗玛峰是世界第一高峰，攀登珠峰，挑战自己也成为越来越多专业登山爱好者的选择。每年都有来自全世界各地的登山者集中在这一片区域向着心中的圣地出发。

藏文明摇篮，雅鲁藏布江

翻开西藏自治区地图，明显地可以看到西藏的城镇主要集中分布在西藏南部的一条大河沿线，这条大河便是雅鲁藏布江。

雅鲁藏布江发源于喜马拉雅山脉北麓仲巴县境内的杰马央宗冰川，上游称马泉河，自西向东横贯西藏南部，于墨脱县以北切穿喜马拉雅山，转而南流，形成雅鲁藏布大峡谷，于巴昔卡出境，在中国境内全长2057千米，出境后进入印度阿萨姆邦，改称布拉马普特拉河，又流经孟加拉国与恒河相汇，最后注入孟加拉湾，形成世界上最大的恒河三角洲。

链接

雅鲁藏布江大峡谷

雅鲁藏布江下游，江水绕行南迦巴瓦峰，峰回路转，作巨大马蹄形转弯，形成了一个巨大的峡谷。雅鲁藏布大峡谷的发现，被科学界称作是20世纪人类最重要的地理大发现之一。大峡谷处于印度板块和亚欧板块俯冲的东北犄角，地质现象多种多样，堪称“地质博物馆”。

1994年，中国科学家们对大峡谷进行了科学论证，以综合的指标确认雅鲁藏布干流上的这个大峡谷为世界第一大峡谷。这个大峡谷北起米林县的大渡卡村（海拔2880米），南到墨脱县巴措卡村（海拔115米），全长504.6千米，最深处6009米，平均深度2268米，是不容置疑的世界第一大峡谷。而美国科罗拉多大峡谷（深1800米）和秘鲁的科尔卡大峡谷（深3203米），与雅鲁藏布大峡谷相比逊色不少。

雅鲁藏布江峡谷

雅鲁藏布江为西藏境内第一大河，流域面积24万多平方千米，流域平均海拔4500米左右，是世界上海拔最高的大河。雅鲁藏布江大峡谷深达5382米，是地球上最深的峡谷。

雅鲁藏布江在藏民心中是极其神圣的，被藏族视为“摇篮”和“母亲河”，是西藏文明的摇篮。繁衍生息于此的藏族人民，创造出绚丽灿烂的藏族文化。

雅鲁藏布江孕育出的古代文化源远流长，新石器时代文化以林芝、墨脱为代表。林芝市巴宜区曾采集到石器、陶片等遗物。墨脱县雅鲁藏布江西岸河谷阶地的6个地点，收集到的磨制工具有斧、锛、凿等种类。新石器时代晚期，西藏各地形成了许多部落。活动于雅鲁藏布江中游的雅砻部落，由于自然条件优越，社会经济迅速发展起来，私有制破土而出，逐步迈向文明。可以说雅鲁藏布江孕育了百万藏胞的祖先，成为西藏文明历史的发源地。

西藏的自然景观

国家自然保护区

- 雅鲁藏布江中游河谷黑颈鹤国家级自然保护区
- 芒康滇金丝猴国家级自然保护区
- 珠穆朗玛峰国家级自然保护区
- 色林错国家级自然保护区
- 羌塘国家级自然保护区
- 雅鲁藏布大峡谷国家级自然保护区
- 察隅慈巴沟国家级自然保护区
- 拉鲁湿地国家级自然保护区
- 类乌齐马鹿国家级自然保护区
- 麦地卡湿地国家级自然保护区
- 玛旁雍错湿地国家级自然保护区

国家地质公园

- 易贡国家地质公园
- 札达土林国家地质公园
- 羊八井国家地质公园

国家森林公园

- 巴松湖国家森林公园
- 色季拉国家森林公园
- 玛旁雍错国家森林公园
- 班公湖国家森林公园
- 比日神山国家森林公园
- 然乌湖国家森林公园
- 热振国家森林公园
- 姐德秀国家森林公园
- 尼木国家森林公园

雅鲁藏布江峡谷

历　史

松赞干布塑像

吐蕃王朝，开辟藏族历史新纪元

7世纪初，在中原地区，唐朝建立起强大的统一政权，结束了魏晋南北朝300余年的混乱分裂局面。与此同时，在西藏高原，藏族历史上著名的英雄人物松赞干布继承其父朗日伦赞的遗愿，以卓越的政治远见和军事才能，实现和巩固了西藏高原的统一事业。

父亲被人投毒暗杀后，松赞干布于贞观三年（629年）继承赞普王位。他依靠中小贵族和部分忠于赞普的大臣的力量，迅速平息叛乱，稳定了内部。在此基础上，松赞干布将政治中心从偏于南部一隅的琼结迁往拉萨，降服苏毗，亲征羊同，终于完成了统一西藏高原的大业，建立了西藏历史上的第一个统一的政权——吐蕃王朝，带领雅砻部落开辟了藏族历史的新纪元。

为巩固新生的王朝，松赞干布采取了一系列重大措施，如划分行政区域，健全职官制度；加强吐蕃历史上沿用已久的仪事会盟制度，强化赞普权力；减轻赋税，与民生息，发展生产，繁荣经济；创制藏文，发展文化等。

在积极推进吐蕃奴隶制政治制度建设和经济、文化发展的同时，松赞干布十分重视吐蕃同唐朝的往来，吸取唐朝的先进生产技术和政治文化成果。松赞干布在位时期，正是唐朝贞观年间。松赞干布先后两次派遣大臣赴唐朝请婚，迎娶了唐太宗李世民的宗女文成公主。松赞干布还从唐朝引进造酒、碾磨、纸墨生产技术，遣贵族子弟到长安学习诗书，聘汉族文人入蕃代典表疏。

长安四年（704年），赤德祖赞（尺带珠丹，松赞干布玄孙）即位，祖母没禄氏听政，多次派遣官员到长安为赞普请婚。景云元年（710年），唐金城公主携带绣花锦缎数万匹、工技书籍多种和一应使用器物入蕃，随行的还有工匠、音乐、杂技等专业人员。金城公主与赤德祖赞的联姻，是继文成公主与松赞干布联姻之后汉藏友好史上的又一重大事件。

历史大事记

远古时期

在西藏的洪荒年代，藏族的先民们就居住在雅鲁藏布江中游两岸，创造了绚丽灿烂的藏族文化。在林芝、墨脱等地都曾出土新石器时代的文物。

吐蕃王朝

公元7世纪初期，西藏王统第三十世藏王——松赞干布统一了青藏高原的各部落，创立法制，建立了武力强大的“吐蕃”政权，定都逻些（今拉萨）。西藏的政治、经济、文化开始进入了一个繁荣期，这一事件成为西藏历史的界碑。佛教也在这个时候开始传入。

到了8世纪中叶，吐蕃社会内部的各种矛盾日趋激烈。在各种矛盾的冲击下，吐蕃王朝由极盛转向衰落。处于衰落之中的吐蕃王朝，为了巩固王室的统治，急欲与唐朝建立新的友好关系。长庆元年（821年），赞普赤热巴巾接连三次派遣官员到长安请求会盟。次年，唐朝派刘元鼎等人到吐蕃寻盟，结盟于今拉萨东郊，史称“长庆会盟”。记载这次会盟内容的“唐蕃会盟碑”共有3块，其中1块立于拉萨大昭寺前。

吐蕃王朝崩溃之后，西藏长期处于分裂内战局面。建隆元年（960年）北宋统一后，吐蕃部落首领确斯罗被宋封为宁远大将军，在西宁建立过地方政权。

元明清，中央创新区域管辖

西藏吐蕃政权瓦解后，一部分吐蕃王室后裔在吐蕃西部阿里地方建立了古格王朝地方政权，王朝最盛时期统一今阿里地区全境。但总体来说，广袤的吐蕃大地在10世纪至13世纪前半期的300余年间一直处于分裂中。300年间，西藏社会逐步完成了由奴隶制向封建制的过渡，形成了政教合一的政治体制。

在此过程中，佛教在西藏再度兴起，形成宁玛（红教）、萨迦（花教）、噶举（白教）、格鲁（黄教）等众多教派。各地的世俗封建势力分别与不同教派结合在一起，相互间进行了长期的战争，给西藏人民带来了巨大的苦难。西藏人民迫切希望结束战乱，实现内部统一。但当时西藏各教派和世俗封建势力均没有力量统一西藏。宝祐元年（1253年），元宪宗蒙哥派军队入藏，给予实力较强的萨迦派以积极支持，结束了西藏的混乱局面，实现了西藏的统一。待元朝完成全国统一后，西藏正式成为中国领土的一部分。

元朝统一吐蕃地区，扶植萨迦派建立地方政权，同时在青藏高原设立了一系列的军政机构。元朝在中央设总制院（后改宣政院），管辖全国宗教事务和藏区行政事务。总制院的地位与枢密院、中书省、御史台并列，为元朝中央四大机构之一，可直接向皇帝上书，可直接任命官员。另外，在藏区分设3个宣慰司都元帅府，同时，颁行藏区刑法，派兵驻守战略要地，并保留了古格地方势力。

洪武元年（1368年）明朝建立后，明朝对藏族地区基本上承袭元朝旧制。明朝支持帕竹噶举派成为西藏大部分地区的统治者，明朝廷先后设置了乌思藏、朵甘二都指挥使司和俄力思军民元帅府，分别管理前后藏、昌都（包括四川、青海、甘肃部分藏区）及阿里地

吐蕃王朝

唐贞观十五年（公元641年），吐蕃王朝松赞干布与唐文成公主联姻，奠定了吐蕃与唐朝“同为一家”的亲密关系。唐景云元年（公元710年），唐中宗以金城公主与吐蕃再次联姻，更好地促进了藏、汉两族的经济文化交流。

后吐蕃时代

会昌二年（842年），吐蕃王室因内讧和部族之间的混战而分裂瓦解，处于分裂中的西藏社会逐步完成了由奴隶制向封建制的过渡。在此过程中，佛教在西藏再度兴起，形成宁玛、噶当、噶举、萨迦等众多教派。教派纷争，战乱频繁，政教合一的封建体制开始形成。10世纪中叶至17世纪初，雄踞青藏高原最西部的古格王国，弘扬佛教，抵御外侮，在西藏吐蕃王朝以后的历史舞台上扮演了重要的角色。

藏王墓群

区（包括拉达克）的军政事务。后将乌思藏、朵甘两个卫指挥使司升格为行都指挥使司。明朝中央除贡赐方式外，还大力发展历史上从宋朝就已经开始的茶马互市关系，加强了中央同藏区的交流。

到了清朝，清廷扶持藏传佛教格鲁派（黄教）。清顺治十年（1653年），清廷颁赐金册、金印，敕封五世达赖，从此正式确定了达赖喇嘛的封号。康熙十八年（1679年），五世达赖喇嘛直接委托桑结嘉措为第五任第巴，管理西藏政务。康熙五十二年（1713年），清廷遣使册封五世班禅罗桑益西为“班禅额尔德尼”，确定了班禅在西藏的政教地位。雍正五年（1727年）清廷始设驻藏大臣，代表中央政府会同达赖监理西藏地方事务。乾隆五十七年（1792年），设置金瓶掣签制度认定藏传佛教活佛达赖和班禅转世灵童。

元明清三朝中央政权对西藏的有效管辖和治理，使得中央朝廷和西藏的关系一直没有因历史和地域的关系而中断，西藏一直是祖国大家庭的一部分。

松赞干布

松赞干布是西藏第三十三代藏王、吐蕃王朝的缔建者。他在位期间（629—650年），平定吐蕃内乱、创制藏文、推广佛教、确立了吐蕃的政治、军事、经济及法律等制度，修建了布达拉宫，是西藏家喻户晓的民族英雄，像佛祖和高僧大德一样为藏族人民世代供奉。

人物档案

中文名：松赞干布
别名：弃宗弄赞、器宗弄赞、弃苏农赞
出生地：拉萨市墨竹工卡县
出生日期：617年
逝世日期：650年
陵墓：山南市松赞干布墓
职业：吐蕃赞普

子嗣

松赞干布和文成公主、尺尊公主没有后代。其独子贡日贡赞逝于父亲之前，所以松赞干布歿后由贡日贡赞之子芒松芒赞继任赞普。

元朝

南宋宝祐元年（1253年），元宪宗蒙哥派军队入藏，结束了西藏的混乱局面，西藏正式纳入中国版图。

明朝

明洪武元年（1368年），明廷对藏族地区基本上承袭元朝旧制。先后设置了乌思藏、朵甘两个卫指挥使司和俄力思军民元帅府进行管理，并发展茶马互市关系。

清朝

清顺治十年（1653年），顺治帝颁赐金册、金印，敕封五世达赖。

清康熙五十二年（1713年），康熙帝遣使册封五世班禅罗桑益西为“班禅额尔德尼”，确定了班禅在西藏的政教地位。

清雍正五年（1727年）清廷始设驻藏大臣，代表中央政府会同达赖监理西藏地方事务。驻藏大臣一直到宣统三年（1911年）清廷灭亡为止。

大事年表

617年

松赞干布诞生于甲玛赤康的强巴敏久林宫，父亲是吐蕃第32代赞普朗日松赞。

629年

朗日松赞被人毒死，松赞干布继承父位，经过3年征战平定叛乱，再次统一吐蕃。

632年

松赞干布率部众渡过雅鲁藏布江，把都城由泽当迁至逻些（今拉萨），始建布达拉宫。

638年

松赞干布率军攻击唐朝松州，兵败，率部退出党项、白兰羌及青海地区，遣使谢罪。唐太宗将文成公主嫁给松赞干布。

641年

16岁的文成公主入藏，松赞干布亲率禁卫军出迎。

650年

松赞干布病逝。

文成公主

文成公主(625—680)，唐朝宗室女，吐蕃尊称甲木萨。唐贞观十五年(641年)远嫁吐蕃，成为松赞干布的王后。唐蕃自此结为姻亲之好，两百年间，凡新赞普即位，必请唐天子“册命”。

公主嫁妆

文成公主入吐蕃携带了大批丝织品、手工艺品，还有史书、营造与工技著作60种，医方100种，诊断法5种，医疗器械6种，医学论著4种。又带了耐寒抗旱的芜菁种子和其他谷种。还带着通晓所带书籍的文士和各类工匠以及乳娘、宫女、乐队等。

步辇图

《步辇图》是唐朝画家阎立本名作，中国十大传世名画之一。作品设色典雅绚丽，构图错落富有变化，为唐代绘画的代表性作品。《步辇图》内容反映的是松赞干布迎娶文成公主入藏的事。它是汉藏兄弟民族友好情谊的历史见证，具有珍贵的历史和艺术价值。

近代

鸦片战争后，清政府无暇西顾，1904年英军入侵西藏，西藏各地民军和僧兵集结江孜县，与英军展开激烈争夺战。历经3个月，终告失败。十三世喇嘛土登嘉措出逃，拉萨落入英军之手。同年9月7日，西藏地方政府被迫在布达拉宫与英国签订了不平等的《拉萨条约》。

1906年前后，清朝官员张荫棠和驻藏大臣联豫等提出了一系列革除西藏弊政的主张，终因各种原因，改革宣告失败。

现当代

1959年，中央在西藏实行民主改革，废除政教合一的西藏农奴制，建立人民民主政权。

1965年9月1日，中央正式设立西藏自治区，西藏迎来崭新的发展。

十 乘着火车去拉萨

1300多年前，美丽的文成公主西出长安，沿唐蕃古道抵达拉萨，用了近3年时间。车队长长的车辙印在辽阔苍茫的冰冻大地上。悠悠高原，茫茫雪域，在大多数人心中，西藏一直都是极其神秘的一个地方，因其交通不便，阻止了绝大多数人前往的梦想，正因如此，西藏得以一直维持着神秘，让好奇者愈加好奇，让向往者更加向往。

便捷的航空旅行因价位较高，并不是每个人都能承受得了，而公路交通基本是货车运输路线，且消耗时间太长。那有没有那么一条铁路可以通往西藏呢？很多年前，在孙中山先生的《建国方略》“实业计划”中，就有了这一计划的初步想法。中华人民共和国成立后，1955年，铁道部西北设计分局派出第一支考察队，迈出了考察进藏铁路的第一步。1984年青藏铁路西宁至格尔木段艰难建成。2001年6月29日全面开工建设格尔木至拉萨段。

但是要建设这样一条铁路谈何容易。青藏高原是世界上海拔最高、冻土区最长的高原。冻土纬度低，日照强烈，加上地质构造运动频繁，其复杂性和独特性举世无双。在青藏高原上建设铁路，面临多年冻土、高寒缺氧、生态脆弱“三大难题”的严峻挑战，工程极为艰巨。

青藏铁路参建人员历时4年多时间，深入研究探索，运用多种措施攻克了“三大难题”。青藏高原是世界巨川大河发源地，生态环境原始、独特而脆弱。所以在建设之时，中央指示要爱护青藏铁路沿线的一草一

青藏铁路

现当代

1977年9月，羊八井地热电站建成，目前它仍是中国最大的地热能发电站。
1979年，中央首次提出援助西藏工作计划，如今仍在实行当中。

1995年，西藏拉萨布达拉宫正式列入《世界文化遗产名录》。

1995年11月29日，中国政府经过金瓶掣签，最终认定坚赞诺布为第十世班禅额尔德尼的转世灵童。

2006年7月1日，青藏铁路全线通车，这条世界海拔最高、线路最长的高原铁路，解决了诸多施工难题，创造了众多国内外“第一”。
2014年8月，拉日铁路通车。

木。在自然保护区内，铁路线路遵循“能避绕就避绕”的原则进行规划，施工场地、便道、砂石料场的选址都经反复踏勘确定，尽量避免破坏植被。为保障野生动物的正常生活、迁徙和繁衍，青藏铁路全线建立了33个野生动物通道，特别是对谨慎胆小，有着“高原天使”之称的藏羚羊，让它们都能安心地穿越铁路。

2006年7月1日，青藏铁路全线贯通，西藏也由此结束了没有铁路的历史。坐着火车顺着天路去拉萨，美丽神秘的西藏将会在更多人面前展示它的美丽，西藏不再遥远。

西藏历史名人

西藏名人各行各业分布广泛。有政治家松赞干布、第巴·桑结嘉措、阿沛·阿旺晋美，藏文创造者吞弥·桑布扎，藏医学家玉妥·云登贡布，佛教高僧、藏学家东嘎·洛桑赤列，以及诗人六世达赖仓央嘉措，还有新时期的著名登山家贡布、藏族女高音歌唱家才旦卓玛等。

松赞干布（约617—650）：穷哇达则（今西藏山南市琼结县）人，出生于今拉萨墨竹工卡的甲玛岗，吐蕃王朝缔造者。雄才大略的松赞干布统一了高原上的各个藏族部落，建立了西藏历史上具有里程碑地位的吐蕃王朝。开创吐蕃王朝后，令御前大臣之子吞弥·桑布扎创制了藏族的母语文字藏文。另外，他与唐朝文成公主的联姻有力地促进了藏汉经济、文化交流。

松赞干布雕像

吞弥·桑布扎（具体生卒年份不详）：今西藏山南市隆子县（另说今拉萨市尼木县）人，藏文创造者。其父亲吞弥阿鲁，是吐蕃赞普松赞干布的御前大臣。他在松赞干布的派遣下带领团队赴天竺（今印度）学习梵文和天竺文字。学成回归吐蕃后，遵照松赞干布的意愿，制定出4个母音字及30个子音字的藏文，对藏文明的传承做出了极大贡献。

玉妥·云登贡布（708—833）：出身于拉萨西郊堆龙吉纳一个藏医世家，后成长为吐蕃王朝最杰出的医学家，吐蕃赞普赤松德赞的御医。他走遍西藏各地，搜集整理研究民间医方，多次到内地及印度、尼泊尔等地求学，编著了著名的《四部医典》，从而形成了独特的藏医学理论体系，对藏医学的发展做出了重大贡献。据史载，玉妥·云登贡布享年125岁。

桑吉坚赞（1452—1507）：明代著名的藏族文学作家，是以修习为主的瑜伽行者。自幼崇敬喇嘛教噶举派僧人米拉日巴，并以米拉日巴为楷模，隐迹山林，潜心苦修。成名后，遍游西藏各地，广收徒众，宣扬佛法。其著作《米拉日巴传》极富文采，为当时和后世所传诵，是藏族传记文学的代表作之一，是研究藏族社会、宗教以及文学的重要典籍之一。

第巴·桑结嘉措（1653—1705）：拉萨

布达拉宫

人，藏族政治家、学者。1679年桑结嘉措任第五世第巴，管理西藏地方政务。在任期内，他动员全西藏的人力、物力营修红宫部分，于1693年完成举世闻名的布达拉宫扩建工程。另外，桑结嘉措是一位学术造诣颇深的著名学者。留有《五世达赖喇嘛传》《六世达赖仓央嘉措传》《黄教史》《法典明鉴》等著作。

仓央嘉措（1683—1706）：门隅地区（今林芝市）门巴人，第六世达赖喇嘛。当时控制西藏的蒙古族拉藏汗灭桑结嘉措后，仓央嘉措旋遭废黜，作为上层统治阶级争权夺利牺牲品的仓央嘉措，开始了自己的流浪生活。康熙四十五年（1706年）解送北京，11月北上途中被杀于青海湖附近公噶瑙尔。留有民间广泛流传的《仓央嘉措情歌》。

阿沛·阿旺晋美（1910—2009）：西藏拉萨人，出身于一个有蒙古族血统的贵族家庭，我国民族工作的杰出领导人，著名的社会活动家。从小学习文法、诗学、历史和哲学。中华人民共和国成立后，他反对西藏独立，主张和平解放西藏。1951年任西藏地方政府赴北京谈判的首席代表，同中央人民政府代表签订了关于和平解放西藏办法的协议。

东嘎·洛桑赤列（1927—1997）：西藏林芝人，藏传佛教高僧、藏学家。幼时在扎西曲林寺学经。1937年10岁时入拉萨色拉寺麦扎仓学经，1947年获藏传佛教格鲁派的最高学位“拉然巴格西”。随后进拉萨上密院学习密宗，并到寺外拜师学习文法和诗学。后调到西藏大学担任教授。有《汉藏历史词典》《论西藏的政教合一制度》《诗学明鉴》等论著。

阿沛·阿旺晋美雕像

西藏的人文景观

世界文化遗产

布达拉宫（含大昭寺、罗布林卡）

全国重点文物保护单位

拉萨市：大昭寺、布达拉宫、噶丹寺、哲蚌寺、色拉寺、罗布林卡、小昭寺、聂塘卓玛拉康、拉让宁巴、邦达仓、桑珠颇章、冲赛康、拉鲁颇章、喜德寺、门孜康、中央人民政府驻藏代表办公处旧址

山南市：昌珠寺、藏王墓、桑耶寺、扎塘寺、拉加里王宫遗址、吉堆吐蕃墓群、朗色林庄园、色喀古托寺、吉如拉康、松卡石塔、敏竹林寺、康松桑卡林、仲嘎曲德寺、拉隆寺、贡噶曲德寺、达杰林寺

日喀则市：江孜宗山抗英遗址、萨迦寺、扎什伦布寺、夏鲁寺、白居寺、曲德寺、卓玛拉康、大唐天竺使出铭、查木钦墓群、平措林寺、帕巴寺、帕拉庄园

阿里地区：古格王国遗址、托林寺、科迦寺、皮央和东嘎遗址

昌都市：卡若遗址、查杰玛大殿、小恩达遗址、贡嘎强巴林寺、芒康县盐井古盐田

那曲市：邦纳寺、其多山洞穴岩画

林芝市：烈山墓地、扎木中心县委红楼

国家历史文化名城

拉萨、日喀则、江孜

中国历史文化名镇

日喀则市·萨迦镇　　贡嘎县杰德秀镇
山南市乃东区·昌珠镇　札达县托林镇

文 化

色拉寺

藏传佛教

在西藏行走，绛红色是一种极易见到的颜色，那是藏传佛教的专用色。

早在唐代，文成公主入藏后，佛教逐渐在藏区流传。吐蕃辉煌的三四百年间，佛教在西藏得到很好的传播，吐蕃崩溃之后分裂割据了三四百年，这段时间内，西藏各派宗教纷争不断。元代将西藏纳入版图，以藏传佛教萨迦派为核心的“政教合一”模式开始成形；明代实行“多封众建”策略，实际扶持帕竹噶举派，以一种政治上的宽容政策来维持中央与西藏的隶属关系；清廷扶持藏传佛教格鲁派，强化了西藏的“政教合一”制度。

藏传佛教为我国佛教三大分支之一，流传广泛，历代高僧辈出，是我国文化的重要组成部分。藏传佛教的流派众多，其中影响力较大的有五派。

噶当派。噶当，意为用佛的教诲来指导凡人接受佛教道理。噶当派创建于北宋嘉祐元年（1056年），奠基人是古格时期从天竺（今印度）迎请进藏的著名佛教大师阿底峡。热振寺是噶当派的主寺。15世纪格鲁派兴起之后，噶当派在藏区基本湮灭。

宁玛派。宁玛藏语意为古、旧。因该派僧人戴红色僧帽又称红教。宁玛派形成于11世纪，是藏传佛教中最早产生的一个教派。如今，宁玛派不仅在中国藏区传播，在印度、尼泊尔以及欧美等国也有分布。

萨迦派。藏语意为白土，创始于北宋熙宁六年（1073年），创始人昆贡觉杰布。因该派主寺萨迦寺所在地土色灰白，故得名。又因该派寺院围墙涂有象征文殊、观音和金刚手菩萨的红、白、黑三色花条，故俗称花教。13世纪中叶，萨迦派发展成为具有强大政治势力的教派。该教派准许教徒娶妻生子，政治权力父子相传，宗教权力则叔侄相传。

噶举派。噶举，藏语意为佛语传承。因该派僧人穿白色僧衣，俗称白教。分香巴噶举和帕竹噶举两个系统，二者在印度同源。现在说到的噶举派，一般指的是帕竹噶举，实力雄厚、影响极大的帕竹噶举在明朝扶持下甚至曾直接控制过西藏地方政权。

格鲁派。格鲁，藏语意为善律，因该派倡导僧人应严守戒律而得名，是藏传佛教中形成最晚的一个教派，创建于北宋皇祐元年（1409年），创始人宗喀巴。因该派僧人戴黄色僧帽，故俗称黄教。哲蚌寺、色拉寺、拉什伦布寺、塔尔寺、拉卜楞寺以及甘丹寺一起并称为格鲁派六大寺院。此外，格鲁派还创建了达赖、班禅两个最大的活佛转世系统。

转经筒

转经筒是藏传佛教的主要法器之一，筒上通常都刻有藏传佛教的六字真言，筒内装有佛教经文，佛教徒认为，持颂六字真言越多，就越能表达对佛祖的虔诚。转经筒主要分两类，除了人们手拿摇动的小转经筒之外，多数寺院里还会有一些体积硕大的转经筒。

手执式转经筒

手执式转经筒是藏区最常见的转经筒，多为木材或金属制的圆柱状容器，里面装有密密麻麻地印上大明六字真言的卷状经页，下面配有木棒或金属棒，只需用极微的力度便可让经轮转动不息。

大型转经筒

大型转经筒多见于寺庙内，结构与手摇转经筒大致相同，只是更为巨大，多安置在寺庙神殿周围的长廊通道上，人们一边行走，一边用手推动旋转。此外，还有以风力、水力、热力推动的大型转经筒。

使用方法

转经筒时要平缓地转，不能很急，经筒中的经文不能装反。握住转经筒时，大拇指不能冲上握着握柄，而是要平放，与其余四指握在一起。否则是对佛和菩萨的不敬。

世界最大转经筒

香格里拉龟山公园山顶上建成的大经轮是世界上目前最大的转经筒，高21米，总重60吨，筒身为纯铜镀金，筒壁上雕文殊，普贤，观音，地藏四大菩萨。下层为佛家八宝（法螺，法轮，宝伞，百盖，莲花，宝瓶，金鱼，盘长），筒内藏有经咒、六字真言124万条和多种佛宝。转经者可抓握大环，或推或拉顺时针转动经筒。每转一周，相当念佛号124万声。

链接

转经轮

在西藏，藏族民众最常见的佛教文化表现形式便是转经轮。

转经轮，也叫转经筒，是藏传佛教祈祷用的法物之一。经筒为圆柱形，上下固定，中间有轴，在外力作用下可以不断转动。经筒一般内装经文纸，外刻六字真言。按照佛家的说法，转经轮具有无量功德，与念诵经同功。转经轮有大有小，小的可以拿在手上，藏传佛教信徒几乎人手一个，老年人尤为喜爱。

转经轮

西藏卷轴

《格萨尔王传》：是研究古代藏族社会的一部百科全书，为藏族人民集体智慧的结晶，也是世界上迄今发现的史诗中演唱篇幅最长的英雄史诗。

梅·戈尔斯坦（美）《喇嘛王国的覆灭》：集西方藏学研究之大成的权威著作，如果你一生中仅仅只愿读一本关于西藏的书，那么，这本不能错过。

索甲仁波切《西藏生死书》：如何认识生命的真义，如何接受死亡，以及如何帮助临终者和亡者？答案就在书里。

何马《藏地密码》：作为一本架构宏大的畅销小说，那么请开始出发，开始一场穿越生死禁地的探险之旅吧！

江觉迟《酥油》：这是一部小说，可书中的梅朵怎么看都像是作者。请静下心来，因为“我要说一个迷香一样的故事，让你慢慢来听”。

藏獒

藏獒又名獒犬、番狗，原产于青藏高原，其独特神武的外形、高贵的王者气质，是举世公认的最古老、最稀有的大型犬种，被誉为“东方神犬”。在西藏农奴主社会里，只有那些国王和寺庙住持才有资格饲养，被藏民视为神犬、天狗、活佛的坐骑。

头部

藏獒头部宽阔突出，有着宽大的后头骨，眼睛深邃微斜、呈杏仁状。成熟的狗从眼部上方至嘴角有皱褶，口鼻宽且整洁，方方正正。

被毛

藏獒被毛丰厚浓密，分底绒和针毛两层，颈部、肩部及背部有更长更粗的毛。基本色是铁包金，还有红色、金黄色、黑色、白色等颜色。

牙齿

藏獒牙齿呈剪刀状排列，犬齿发达，犹如匕首，非常便于撕咬猎物和搏斗。藏獒上下颌最大咬合力可达300千克，齿峰锐利，十分坚硬。

颈部

藏獒颈部肌肉结实，有中等弧度的垂肉，特别是公狗的颈部会有厚厚直立的鬃毛覆盖。

前躯

藏獒前躯双肩平落，骨干肌肉发达。前腿直而粗壮，直立时轻度朝内倾斜。背部挺直宽阔，整体稍略下蹲。胸部下垂并低于上肘部，躯干长度略大于高度。

后躯

藏獒后躯强壮有力，肌肉发达，所有部分都有棱角。从后面看，后腿和膝盖平行。跗关节自然下垂与足垂直。脚盘较大，对称，脚趾间有毛，类似猫科动物的爪。

世界著名猛犬

比特犬：起源于19世纪的美国，一般身高50厘米左右、头部呈石板状，两颚有力，肌肉结实，咬合力强，耐力、毅力惊人。

高加索犬：属超大型犬，身高约80厘米，体重可达80多千克，原产地俄罗斯境内的车臣和高加索山脉一带。此犬外表强而有力，肌肉组织强壮，性情勇猛，忠顺于主人。

杜高：原产自阿根廷，是主要用来猎杀大型野兽的凶悍犬种。其外观优雅，肌肉形状健美，曲线光滑，平衡能力甚佳，可以冲破阻挠直取猎物。

中华獒王

嘉玛出生于青海，以其雄狮般的体魄、咄咄逼人的气势和威武漂亮的外形，多次获得中华獒王称号。嘉玛头颅中间的那根藏獒的标志性獒骨粗壮而明显，如今它已经满9周岁，相当于人类的中年。

克隆藏獒

2014年9月24日，中国首例纯种藏獒在山东威海成功克隆。提供其体细胞的是中华藏獒王嘉玛，克隆成功的三只纯种藏獒分别取名“嘉博”“嘉雅”“嘉秀”。

藏区的宗教与民间艺术

藏区大地景观艺术——五色风马旋

行走在藏区，随处可见印有经文的风马旗，或插于山顶、房顶、门前、江岸湖边、路口，或悬挂于佛塔、玛尼堆、山谷箐口、溪流两岸，五颜六色，迎风飘扬。这种旗子叫作风马旗，因为有五种颜色，在藏区，又叫五色风马。

风马旗在藏语中被称作“隆达”。藏族原始宗教认为，山神是地方保护神，它无时无刻不在注视着本地区众生的安全，山神常骑马巡视辖区，保护一方水土和人畜平安。有的还认为“隆达”有下情上达的作用，它可将子民的意愿转达给上苍神灵以求得神灵的护佑。为报答山神和上苍神灵，每到祭日，人们便虔诚地举行煨桑仪式，献上“隆达”。

风马中的5种动物象征人类的5种组成部分，即鹏象征生命力、虎象征身体、龙象征繁荣、狮象征命运、马象征灵魂（或吉祥）。另外，风马旗的颜色也各有表示，蓝色表示蓝天，红色表示火焰，白色表示白云，绿色表示江河，黄色表示大地。

五色风马

藏区户外石刻艺术——玛尼堆

玛尼堆，藏语称之为“多崩”，意为“十万经石”。它起源于西藏的原始宗教——本教，是一种自然崇拜的表现形式。玛尼石一般是刻有佛像或六字真言的石块。“六字真言”又叫“六字大明”，它源于梵文，通用的汉语音译为唵（ong）、嘛（ma）、呢（ni）、叭（ba）、咪（mei）、吽（hong）。在藏区，六字真言被反复念诵，无处不在。很多玛尼堆上都刻有这6个字，它们按不同的形状垒成尖锥形堆放在路边、桥梁、山上、河边、墓地。

玛尼堆有大有小，另外还有些呈圆锥、金字塔等外形。另外，不同的地方堆放的形状和雕刻手法有所不同。在藏区旅行，特别要注意的是，藏民非常忌讳人翻动玛尼堆，所以千万不得随手翻动玛尼堆上的石块。它凝结着藏族工匠、人民群众的聪明才智和辛勤汗水。可以说，玛尼堆就是一堆不动的经文。

藏族宗教卷轴画——唐卡

唐卡是9世纪前后兴起的藏族文化中一种独具特色的绘画艺术形式，题材内容涉及藏族的历史、政治、文化和社会生活等诸多领域，堪称藏民族的百科全书。

西藏影像

《盗马贼》（1988年）：田壮壮导演的成熟电影作品，讲述的是中华人民共和国成立前，藏族贫苦牧民罗尔布为生活所迫，以盗马为生的故事，引发人的反思和对与宗教等观念对人的影响的思考。

《红河谷》（1996年）：冯小宁执导的“战争与和平三部曲”的第一部，演绎了一段汉藏儿女生死相依的爱情故事和并肩抗战的英雄传奇。是一部融思想性、艺术性、观赏性为一体的鸿篇巨制。

《静静的嘛呢石》（2006年）：这是中国电影史上第一部由藏族导演执导的本土电影，也是第一部反映藏族当代现实生活的故事影片，电影中跳动着的每一帧节都是原汁原味的西藏。

《西藏一年》（2008年）：作为一部由BBC摄制的纪录片，以春夏秋冬为时间线，从人类学的客观视角，讲述了八个西藏普通人的生活、信仰和困惑的普通故事，受到了观众的认可与欢迎。

转山

转山是一种盛行于西藏等地区的宗教活动，每年都会有很多虔诚的信徒参加，特别是每当藏历马年的时候，冈仁波齐转山的人数相当庞大。据说这是因为佛祖释迦牟尼属马，马年转山一圈相当于其他年份转山13圈，所以一般信徒是不会错过这个转山的机会。

转山意义

信徒们相信人要承受六道轮回之苦，只有两个办法可以免除，其一修成活佛，其二转山。他们相信绕神山转可以洗清罪孽，在轮回中免遭堕入无间地狱，甚至脱离六道轮回来世成佛，因此转山朝圣者总是年年不断。

转山的路线

冈仁波齐转山道分两条：外线是以冈仁波齐为核心的大环山线路，内线是以冈仁波齐南侧的因揭陀山为核心的小环山线路。外线以塔尔钦为起点，一路经拉曲峡谷、卓玛拉山口、松楚寺等地，总长约53千米，徒步需3天工夫，磕长头则需15~20天。每逢藏历马年，转山的朝圣者最多，相传马年转山最为灵验和积长功德。

转山注意事项

转山的路途较长，相当耗费体力，而且地处海拔较高，极易缺氧而产生高原反应，所以转山的信徒要做好预防高原反应的准备，放慢节奏。

西藏的神山圣湖

西藏很多神山，这些神山大多终年积雪，一般都有圣湖相伴。

神山冈仁波齐峰
圣湖玛旁雍错

神山念青唐古拉峰
圣湖纳木错

西藏天籁

《青藏高原》：这一经典曲目曾为电视剧《天路》的片头曲及《雪域情》的片尾曲，后又被韩红、谭维维、vitas等众多歌手所演唱。

《正月十五那一天》：又名《唉马林吉》（“喂，听一听”之意），是一首史诗性的颂歌，描述了文成公主进藏时的盛况及藏族人民的高度热情，这首民歌一直广为传唱。

《阿姐鼓》：音乐人朱哲琴作品，第一张全球发行的中文唱片。作为发烧友手中的发烧天碟，其创意、制作以西藏为出发点，颂扬天地的精神，有深刻的意境和独有的特色。

《悲智双运》：王菲的一张佛经诵唱专辑，天后纯净的嗓音与佛经融合出的绝美天籁让人心生宁静。

唐卡是藏语，意为“用彩缎织物装裱成的卷轴画”。唐卡画派大致出现过“门当”和“青孜”两个不同的派别，后来前藏（拉萨以东）、后藏（拉萨以西）和康巴地区（藏东、川西、云南西北以及青海南部一带）各有特点的画派相继形成，此外，还有模仿尼泊尔画风的尼风画派。西藏唐卡主要内容以反映宗教主题为主。

唐卡绝大部分都以一尊佛像为中心，然后在周边顺时针画上一圈一段故事的不同场景。画师们使用的颜料多是矿物或植物根茎等加工而成，并加入少量胆汁防腐，因而得以长时间保存而不变色。有些唐卡画甚至用名贵的纯金粉或宝石粉调色，价格不菲。

神奇独特的传统藏医药学

藏医藏药历史悠久，已有两千多年的历史，为世界四大传统医学之一。

远古时代，生活在青藏高原上的居民就逐渐认识到一些动植物的药理作用。在西藏，最早流行的一种医学叫“本医”，主要靠放血、火疗、涂抹三种疗法医治各种疾病。另外还有热酥油止血、青稞酒糟治疗外伤等原始简单的治疗方法。

随着文成公主和金城公主的入藏，汉族的很多医学书籍被译成藏文，对藏医药的发展起了重大作用。吐蕃王朝时期，著名御医玉妥·云登贡布留下了藏医经典之作《四部医典》，形成了藏医独特的理论体系。15世纪以后，藏医逐渐形成了以强巴·南杰查桑为代表的北派和以舒卡·年姆尼多吉为代表的南派。18世纪以后，著名医学家第玛·旦增平措编著了《晶珠本草》，广泛收藏了大量藏区医药标本。

传统藏医药学自7世纪开始，受到尼泊尔、印度等国家和地区的关注；近代，藏医药的国际迁徙，大约从18世纪开始传播到欧洲，并在全球范围内掀起了研究热潮。在俄

枸杞

罗斯，出现了《四部医典》中《总则本》的俄文本。在欧美一些国家，很多关于藏医药学的讲座陆续开展。在亚洲，以色列拥有当今世界上最大的传统藏药研究机构——天然药物研究中心。1998年11月，第一届国际藏医药学术研讨会在美国华盛顿召开。交流讨论了传统藏医药的现状和实践、临床验证、文献研究、精神疗法的应用、资源的保护及利用等方面的学术课题。

利用藏区丰富的天然药物资源，根据藏医理论按传统而独特的工艺制成的藏医药品种多达2000多种，除了植物、动物之外，甚至采用矿物、金属入药。藏医在为病人看病时，多采用数药合成，很少使用单方。

藏医药的独特理论体系既不同于中国传统意义上的中药，也不同于西方医学。世界医学界一直保持着对藏医药的高度关注。直至现在，仍有很多没有合理解释的疗法在研究中，称得上是世界传统医学中的一朵奇葩。

藏文化活化石——藏戏

藏戏是藏族戏剧的泛称，它在藏语中被称为“阿吉拉姆”，是“仙女大姐”的意思。藏戏已经有600多年的历史，比京剧还早400多年，被誉为藏文化的“活化石”。

藏戏是一个非常庞大的剧种系统，由于青藏高原各地自然条件、生活习俗、文化传统、方言语音的不同，它拥有众多的艺术

品种和流派。西藏藏戏是藏戏艺术的母体，它通过来卫藏宗寺深造的僧侣和朝圣的群众远播青海、甘肃、四川、云南四省的藏语地区，形成青海的黄南藏戏、甘肃的甘南藏戏、四川的色达藏戏等分支。印度、不丹等国的藏族聚居地也有藏戏流传。

藏戏唱腔高亢雄浑，每句唱腔都有人声帮和。伴奏的乐器为一鼓一钹。演出一般分为3个部分：第一部分为“顿”，主要是开场表演祭神歌舞；第二部分为“雄”，主要表演正戏传奇；第三部分称为“扎西”，意为祝福迎祥。经常上演的藏戏传统剧目有《文成公主》《诺桑法王》《卓娃桑姆》《朗萨雯蚌》《白玛文巴》《顿月顿珠》《智美更登》《苏吉尼玛》八大剧目。大部分包含佛教内容。藏戏的服装从头到尾只有一套，演员不化妆，主要是戴面具表演。藏戏种类繁多，但主流的是蓝面具藏戏，包括觉木隆藏戏、迥巴藏戏、香巴藏戏、江嘎尔藏戏四大流派。

1959年8月，西藏成立了拉萨市藏剧队。国庆节以剧目《文成公主》参加了庆祝中华人民共和国成立10周年专业文艺团体献礼演出活动。1960年西藏歌舞团成立，藏戏团成为其中3个演出团体之一。1962年，西藏藏剧团成立。藏剧团陆续上演了除《文成公主》等传统藏戏之外，还创作了《解放军的恩情》《幸福证》《农牧交换》《英雄占堆》《血肉情谊》等一批中小型现代戏剧

藏戏

目。新时期，藏戏《朵雄的春天》2009年6月获得文化部最高荣誉奖。2011年，为庆祝西藏和平解放60周年，西藏藏剧团又推出了现实题材藏戏《金色的家园》作为献礼剧目，展示了新时期的西藏社会文化。

十 藏民的崇高礼品——哈达

去西藏旅行，去藏民家做客，热情的藏民经常会献上他们最崇高的礼品——哈达。

“哈达”（hǎdá），藏语为“礼巾”之意，它是藏传佛教的礼敬用品，现在已成为藏族人民生活中最普遍而崇高的礼品。“哈达”是用丝绸或绢纱做成的长带，有粗细三等，按质料分为一般棉纱织品称作“素希”。中级为丝织品，称“阿希”。高级织品称“浪翠”，一般是敬献给政治、宗教的领导人物，或有卓越战功的英雄。

“哈达”长短不等，一般为70~160厘米，也有更长一些的，它们普遍都采用白色织物。藏族人民认为白颜色象征着纯洁，可以带来吉祥，标志着崇敬之情。当然也有黄色和蓝色的，但比较少，除了敬献活佛，平常不多用。此外，还有五彩哈达，颜色为蓝、白、黄、绿、红。蓝色表示蓝天，白色是白云，绿色是江河水，红色是空间护法神，黄色象征大地。五彩哈达是献给菩萨和最尊敬的人用的，是最珍贵的礼物。佛教教义解释五彩哈达是菩萨的服装。所以，五彩哈达只在特定的情况下才用。

如今在藏族聚集地区和蒙古族聚集地区，献哈达都已成为他们比较固定的迎客方式。至于蒙古族为什么也有这样一种习俗，这主要是由于元朝中央和西藏地方关系的极其密切，藏传佛教传入元朝蒙古地区后所产生的。所以在今天的藏族和蒙古族地区，献哈达是一种既普遍而又崇高的礼节。无论节日、婚礼迎送贵宾，还是敬献活佛或丧葬祭祀时均有献哈达的习惯。

献“哈达”的动作因人而异，一般来说，要用双手捧哈达，举与肩平，然后再平伸向前，弯腰给对方，这时，哈达正与头顶平，表示对对方的尊敬和最大的祝福。对方以恭敬的姿态用双手平接。对尊者、长辈献哈达时要双手举过头，身体略向前倾，将哈达捧到座前或足下；对平辈或下属，则可以系在他们的颈上。

献哈达是藏族人民优良的传统习惯，世世代代藏民都把献哈达看成是至高无上的礼仪。

独具特色的西藏饮食文化

高原饮料——酥油茶

到藏族朋友家做客，每每都能喝上美味的酥油茶，就如同在内地，朋友家来了客人，总是泡上一杯香茶招待一样。

在西藏，在每个藏胞家庭，随时随地都可以见到酥油。酥油是每个藏族人每日不可缺少的食品。酥油是从牛、羊奶中提炼出来的。一般来说，一头母牛每天可产四五斤奶，每百斤奶可提取五六斤酥油。制作酥油茶时，先将茶叶或砖茶用水久熬成浓汁，再把茶水倒入“董莫”（酥油茶桶），再放入酥油和食盐，用力将“甲洛”上下来回抽几十下，搅得油茶交融，然后倒进锅里加热，便成了喷香可口的酥油茶了。

藏族常用酥油茶待客。当客人被让座到藏式方桌边时，主人便拿过一只木碗（或茶杯）放到客人面前。接着主人（或主妇）提起酥油茶壶（现在常用热水瓶代替），摇晃几下，给客人倒上满碗酥油茶。刚倒下的酥油茶，客人不马上喝，先和主人聊天。等主人再次提过酥油茶壶站到客人跟前时，客人便可以端起碗来，呷上一口，并赞美。客人把碗放回桌上，主人再给添满。就这样，边喝边添，热情的主人，总是要将客人的茶碗添满；假如你不想再喝，就不要动它；假如喝

酥油茶

了一半，不想再喝了，主人把碗添满，你就摆着；客人准备告辞时，可以连着多喝几口，但不能喝干，碗里要留点漂油花的茶底。这样，才符合藏族的习惯和礼貌。

高原佳酿——青稞酒

青稞酒，藏语叫做“纳然”或“羌”，顾名思义，它是用西藏本地出产的一种主要粮食——青稞制成的。它是藏族人民最喜欢喝的酒，逢年过节、结婚、生孩子、迎送亲友，必不可少。

据史载，7世纪，唐文成公主从长安远嫁吐蕃，给吐蕃带来了众多先进的汉文化及技术，这其中便包括汉地先进的酿酒技术。将汉地先进的酿酒技术与藏地独特的粮食作物青稞相结合，于是，具有独特魅力的青稞酒面世了。

如今在藏区，几乎家家户户都能制酒。藏族人民在敬酒、喝酒时也有不少规矩。在逢年过节等喜庆日子饮酒时，如有条件，应采用银制的酒壶、酒杯。此外应在壶嘴上和杯口边上蘸一小点酥油，这叫“嘎尔坚”，意思是洁白的装饰。主人向客人敬酒时，客人应端起杯子，用右手无名指尖蘸上一点青稞酒，对空弹酒。同样的动作做完三下之后，连续喝三口酒，每喝一口，主人就给你添上一次酒，当添完第三次酒时客人就要把这杯酒喝干。

另外，主人招待完饭菜之后，要给每个客人敬一大碗酒，只要是能喝酒的客人都不能谢绝喝这碗酒。

藏民主食——糌粑

糌粑是藏族的主食，它实际上就是青稞炒面。藏族人一日三餐都有糌粑。

吃糌粑时，碗里放上一些酥油，冲入茶水，添上炒面，用手搅拌。拌时，先用中指将炒面向碗底轻捣，以免茶水溢出碗外；然后转动着碗，并用手指紧贴碗边把炒面压入茶水中；待炒面、茶水和酥油拌匀，能用手捏成团，就可以进食了。食时用手不断在碗里搅捏，糅合成团，用手往嘴里送。藏族群众吃饭，一般不用筷子、勺子，只用手抓。

由于糌粑吃法简单，携带方便，很适合游牧生活。牧民们出远门时腰间总要挂一个糌粑口袋，饿了，就从口袋里抓把糌粑吃。有时，他们边吃糌粑，边喝酥油茶。

糌粑的营养价值不低于其他谷类的营养。糌粑现在已经成为游客必尝的西藏美食之一了。

在宗教节日中藏族人民要抛撒糌粑，以示祝福；在举行盛大煨桑（藏族一种祭拜形式）时，人们不但要往火里洒点水，还要投入糌粑等。

西藏的文化景观

▼ 国家级非物质文化遗产

民间文学： 格萨（斯）尔（西藏自治区）、珞巴族始祖传说（米林）、民间故事（嘉黎）

传统音乐： 直孔噶举派音乐（墨竹工卡）、藏族民歌（班戈）、那曲拉伊（那曲）、雄色寺绝鲁（曲水）

传统舞蹈： 弦子舞（芒康）、热巴（丁青、比如）、羌姆（日喀则、洛扎、墨竹工卡、贡嘎、扎囊、错那、林芝）、昌果卓舞（山南）、锅庄舞（昌都）、宣舞（札达、墨竹工卡、阿里）、囊玛（拉萨）、堆谐（拉孜）、谐钦（拉萨城关区、南木林、班戈）、阿谐（比如）、嘎尔（西藏自治区）、三弦舞（芒康）、洛谐（定日）、旦嘎甲谐（萨嘎）、廓孜（曲水）、协荣仲孜（曲水）、普兰果尔孜（阿里）、陈塘夏尔巴歌舞（定结）、琼结久河卓舞（琼结）

传统美术： 藏族唐卡（西藏自治区、昌都、墨竹工卡）、强巴林寺酥油花（昌都）、彩砂坛城绘制（日喀则）、尼赤（西藏自治区）

传统戏剧： 藏戏（拉萨、日喀则、琼结、尼木）、门巴戏（山南）

传统技艺： 藏族邦典、卡垫织造技艺（山南、江孜）、甲米水磨坊制作技艺（拉萨）、藏族造纸技艺（西藏自治区）、风筝制作技艺（拉萨）、藏族金属锻造技艺（南木林、拉孜、日喀则）、藏香制作技艺（尼木、墨竹工卡）、晒盐技艺（芒康）、藏族雕版印刷技艺（江达）、藏族矿植物颜料制作技艺（拉萨）、扎念琴制作技艺（拉孜）

传统医药： 藏医药（西藏自治区、西藏自治区藏医学院、西藏自治区藏药厂、山南市藏医院、西藏自治区雄巴拉曲神水藏药厂）、山南藏医药浴法和藏医放血疗法（山南）

民俗： 雪顿节（西藏自治区）、达玛节（江孜）、珞巴族服饰（隆子、米林）、藏族服饰（措美、林芝、普兰、安多、申扎）、藏族天文历算（西藏自治区）、藏历年（拉萨）、望果节（西藏自治区）

传统体育、游艺与杂技： 当吉仁赛马会（拉萨）

行走西藏

带什么

水壶手套

特殊装备：户外运动早准备

手套：护手有必要

去整体气候恶劣的西藏旅行，是否拥有一双手套，可能会直接影响到户外活动的安全。

采用GORE-TEX防水透气面料制成的手套是首选，能够始终保持手套表里的干爽。你的手套掌部应该全衬能增加摩擦力和附着力的防滑胶粒革材料或者真皮材料，腕部应有弹性收紧设计和使用专业防水拉链，若是腕部设计有扣件和挂绳，当然更好啦。

防晒霜：避免脱皮必用

高原空气稀薄，太阳直射，防晒霜可以避免被晒得脱皮，另外准备一副好的太阳镜和一顶帽子也十分必要。

旅行水壶：生命之源

西藏的水很纯净，可直接饮用。高原上往往几十千米无人烟，经常有上顿没下顿，所以随身带个水壶很有用。

地图指南针：护身符

万一迷路，它能指引前进方向。

罐装氧气：标准配置

高原反应的基本成因就是缺氧，还是带上两罐罐装氧气保险。

骑行西藏

行李：高原着装有区别

服装：越暖越好

西藏气温低，昼夜温差大，羽绒服和保暖绒衣必不可少，尤其到珠峰、阿里地区、藏北地区，更是一年四季必备羽绒服。如果去西藏徒步或登山，应准备一套排汗内衣。在野外，汗会迅速带走身上的热量，十分危险。

七八月的西藏多雨，此时的装备应注重防水。对于背包自助游的人来说，冲锋衣、防雨衣裤、速干内衣，都是必不可少的。

鞋：首选登山鞋

符合中量级标准的高帮鞋是理想选择，不容易进沙石，过泥泞地不易脱落，隔水和保暖也比较好。不要选择低帮，同样，一双沉重的功能齐全的鞋，往往并不适用。同时建议带一双拖鞋，在浴室里用。

与脚有关的还有线袜，冬季则要准备羊毛袜。若是能够携带一罐足底清爽喷雾（屈臣氏有售），对足底杀菌除臭很有帮助。

背包：越“少”越好

在够用的前提下，在西藏旅行携带的行李背包越少越好。一般45升以下的背包就足以应付，如果参与一些野外徒步野营活动的，那么一大一小两个背包也就足够。

洗漱用品：生活必须

毛巾、牙膏、牙刷、香皂、护肤霜、洗发水、梳子、剃须刀、手纸等，西藏生活条件艰苦，应多备些湿纸巾。

药品：以防万一

常规旅游准备一些感冒药品、胃肠类药品和一些去热止痛的药品就可以了，如：感冒片剂、感冒冲剂、泻痢停、复方阿司匹林、扑尔敏、抗生素。若对高原反应没有信心，可以准备一些抗高原反应的药品：高原红景天（至少提前10天服用）、百服宁（控制高原反应引起的头痛）、高原安（抵西藏后服用）、西洋参含片。

对于完全背包客、徒步、探险之类的自助旅游，建议还要备一些药品。

西藏公路风光

常备药物：牛黄解毒片、黄连素、牙周宁、息斯敏、乘晕宁。

抗高原反应药：诺迪康胶囊、西洋参（对缓解极度疲劳很有用）、速效救心丸。

外用药：云南白药、万花油、创可贴、清凉油、风油精、伤湿止痛膏、眼药水和药棉、纱布、绷带、白胶布。

维生素类：金施尔康、善存片、其他维生素片。

食品：不再考虑美味

为了防止饮食不习惯或被堵在半路上，可以带上巧克力、牛肉干、水果糖、榨菜、饼干及其他喜欢的食品，高热量的为首选。还可以带一些口香糖，因为嚼口香糖可以缓解耳鸣头痛，注意不要咀嚼过密，否则会引起口干。如果是自助旅行，有可能会去到无人区，补给不便，建议带上压缩饼干，有时还能起到救命的作用。

纯净水、红牛、功能饮料视消耗情况，随时补充储量。方便食品如方便面、榨菜、辣酱等，以备误过饭点或怀疑饭馆不洁净时食用，因此带把手的铁饭盒就很有必要；各种风味小食品，在行车过程中，有娱乐及提神之用。

摄影器材：摘取回忆

旅游和摄影向来是不分家的。特别是前往西藏这样美丽而又神秘的地方，相机是一件必不可少的装备。镜头中带上一支超广角镜头（拍壮阔美景）和一支中焦变焦镜头（拍人像特写）基本满足需要，一个轻便的三脚架也十分有必要。若是能带上一台拍立得，会收获不少纯真的笑容哦。到了西藏，几乎见到什么你都想拍，那么多带几颗电池和几张容量大点的SD卡是明智之选，此外的偏振镜、UV镜、清洁套装、防尘防御塑料袋等设备也十分有用。

其他用品：表，打火机，蜡烛，地图，通讯簿，一次性雨衣，一寸及两寸照片，强光手

相机

电，头灯，给当地人的小礼物（如糖果、饼干、本子、笔）等。

相关证件

边境通行证：在西藏，有许多旅游区属于我国边境或非完全开放区域，我国公民（包括港澳同胞）必须办理边境证才能进入。对于持有有效护照，且此护照办理过出境签证，可免办边境通行证。边境通行证需凭个人身份证到户籍所在地的派出所办理，可能部分派出所没有办过而不予办理，可先到西藏旅游局联络处开具旅游证明，以省掉一些不必要的麻烦。

具体办理流程：在单位开证明，说明因旅游到某某（需要多少写多少）边境地方，证明你是该单位的人并盖章，然后到户口所在地派出所办理即可。在西藏可以办理但非常麻烦，手续复杂，而且费用相当高。由于是政策规定须在原籍办理，所以在西藏有可能无法办理的情况发生，建议还是在原籍办理妥当，方便快捷不收任何费用。为保险起见，在前往边境地区名一栏最好能够详细到县，如：前往珠峰的，填上“定日县”；前往神山圣湖的，填上“普兰县”。

到西藏需办理边境证的地区：

日喀则市：仲巴县、萨嘎县、聂拉木县（樟木）、定日县、康马县、亚东县、岗巴县、定结县、吉隆县。

山南市：错那县、隆子县、洛扎县、浪卡子县。

林芝市：米林县、朗县、察隅县、墨脱县。

阿里地区：普兰县、札达县、日土县、噶尔县。

入藏确认函：外宾进藏旅游须有组织，即必须有接待单位，须在西藏旅游局办事处办理入藏确认函，凭此确认函方可到航空公司购买进藏机位票。华侨、台胞与外宾一样需要办理入藏确认函，港澳同胞凭有效的回乡证，可以与内地游客一样在西藏旅游，不需办理入藏确认函。外宾、华侨、台胞可以凭有效的护照（复印件）、签证（复印件）及个人工作职务证明到西藏旅游局办事处或委托旅行社即可办理，一般一周内办理，加急2~3天。

尼泊尔签证：尼泊尔在中国仅有的两个大使馆，分别位于北京和拉萨。如果想直接从西藏进尼泊尔，可在拉萨办理，但签证官上班不固定，需在拉萨多预留几天时间，且一到拉萨就先办好签证，比较保险。

学生证：寒暑假期间，进出西藏的航班对于学生可以打6折，相对于基本没有淡旺季的往来西藏的机票而言，优惠力度已相当的大了，而且很多景区门票都有学生优惠价。

身份证：2012年3月1日起，凡进藏人员，必须携带本人身份证方可进藏。不过身份证在国内旅行可以说是必备的，无论是订火车票、飞机票，还是入住酒店、宾馆等都需要。

登山证：凡到西藏境内登山探险的所有团体和个人，都需要向西藏自治区登山协会提出申请报告，内容应包括：攀登山峰名称、攀登时间、攀登路线、人数以及进出路线。

其他证件：驾照、行驶证、养路费税费凭证等；摄影协会的会员证或记者证。

登山

何时去

南迦巴瓦雪山桃花

西藏全区大部分处于高原，辐射强、日照多、气温低是其最显著的特点。西藏地域广，景点非常地分散，不同的景点由于地势、气候原因又有不同的最佳旅游季。总体上来说，每年的5~7月和9~10月是去西藏的最佳时间。这段时间进藏旅游的游客很多，也是西藏景色最美的季节。7~9月是雨季，对交通有不利影响。

拉萨基础建设较好，景区也主要以人文景观为主，所以受季节影响最少，一年中任何时候都可以前往，随着进藏交通便捷化的发展，冬天去拉萨的游客也越来越多。冬季还有景区门票、机票、酒店优惠的便利条件。

适合一年四季前往的还有“西藏小江南”之称的林芝，春秋两季大，主要可观赏森林湖泊等自然风光，春季4~5月，林芝绿草如茵、野花遍地、高山上杜鹃盛开、湖水清幽碧绿伴且有雪山相伴。秋季10~11月的林芝满眼的色彩斑斓、令人目不暇接。

珠峰在12月到次年1月间有时会出现积雪封路的情况，不能通行。从3~11月都可以前往珠峰，但最佳时机是4~6月和9~10月，这两个季节属干季，丽日高照，云淡风轻，神女峰非常愿意展露出她的美丽面容。

另外，4~11月要前往阿里，任何时间前往都会带给你视觉上的震撼，只是8月的雨季有可能造成山路塌方，一定要注意安全。

月份	节日
1月	驱鬼节
2月	藏历年、祈愿大法会、摆花节
3月	送魔节、亮宝会、充曲
4月	世轮金刚节
5月	萨葛达瓦节、浴佛节
6月	桑吉曼拉节、林卡节、智达得钦节
7月	丹伊得钦
8月	雪顿节、那曲赛马节
9月	望果节、娘古拉苏节
10月	降神节
11月	仙女节
12月	燃灯节

吃什么

古突

西藏的传统饮食是藏餐，旅游者到西藏，自然要领略品尝一番。

糌粑

藏族人民的传统主食之一，是用青稞制成的炒面。吃糌粑时，碗里放上一些酥油，冲入茶水，加入适量的糌粑面，搅拌成团状后，用手捏成形状后直接进嘴吃。

酥油茶

藏族人每日不可缺少的饮品。酥油和浓茶倒在一起，用木柄反复捣拌“打”制而成。奶味浓郁，醇香可口，具有极高的热量。

青稞酒

用青稞酿成的低度酒，是藏族同胞最喜欢喝的酒，为喜庆过节必备饮料。青稞酒具有不上头、醒酒快的特点，男女皆宜。

风干肉

一种极具西藏特色的食品。将牛、羊肉切成条状，抹上佐料，冰冻风干而成。不仅肉质松脆，口味也很独特，食后回味无穷。

炸灌肺

羊肺配以酥油、面粉等原料，先煮后炸而成，外酥脆里柔软。

蒸牛舌

以牛舌肉为主料，经煮蒸而成。入口软嫩，味道鲜美而带椒香。

糌粑

住哪儿

藏族民居大门

西藏的住宿条件差异很大，像拉萨、日喀则、江孜等地区，不仅各类宾馆、客栈众多，还拥有一定规模的星级酒店；在偏远的地区或许只能寄宿藏民家中，若是前不着村后不着店，那就只能露营将就一下了。

星级酒店

主要分布在拉萨、日喀则、林芝、昌都等较大的城市和地区，西藏星级酒店的服务设施十分完善，与内地相比，并无多大差异，游客可根据需求，放心选择入住。

快捷连锁酒店

如家、7天、汉庭等酒店基本集中在拉萨城区，其他城市几乎没有分布，游客在选择住宿时应适时安排。

普通宾馆及客栈

西藏的各大城市及各个县城广有宾馆分布，除去旅游旺季，一般价格都较合理，但住宿条件有所不同，拉萨、日喀则等地的宾馆及客栈不仅数量较多，而且住宿条件较好，拥有独立卫生间或提供洗浴的场所，其他区域则因地而异。

藏民家中

藏民家都可以住宿，像在其他少数民族地区旅游一样，当地的人家都很欢迎客人的到来，他们有时会像招待贵宾一样招待您。在藏民家食宿，请尊重藏族的风俗习惯，建议您在离开的时候，留下一点小礼物，以示对主人的感谢。

野外露营

高原露营，危险较多，需经验十足、装备精良方可。西藏通常风较大，特别是青藏线、藏北草原、阿里等地方，冬季晚上室外温度-20℃以下。室内如果没有火炉，也要到-5℃~10℃，像这种情况普通的睡袋和帐篷根本起不到任何作用，建议带上能抗-15℃的羽绒睡袋和双层防风雨的高山帐篷。

珠峰大本营

怎么走

自驾车

前往西藏的交通方式有多种，每一种交通方式选择的背后，向我们所展现的西藏风貌也有所不同，带给我们的人生体验与感受也大不相同。

乘坐火车进藏最安全，青藏铁路是唯一的进藏铁路。

航空方面，西藏现有5个民用机场，可供游客进出西藏，主要客流还是集中在拉萨的贡嘎机场。

乘坐汽车或自驾进藏，有青藏线、川藏线、滇藏线、新藏线4条国内公路和中尼公路1条国际公路可供选择，自治区内部的线路则比较复杂。

若是骑行西藏，前提是您有足够的骑行经验。骑行西藏共有青藏线、川藏北线、川藏南线、滇藏线、新藏线5条线路，比较经典的是前三条。青藏线的路况较好，且沿途有5个保护站可提供帮助，风景可能少许单一些；川藏南北两条线路（分别为318国道和317国道）景色各有千秋，北线可能更偏重人文一些，但夏季时，这两条线多受气候影响，路况较差。

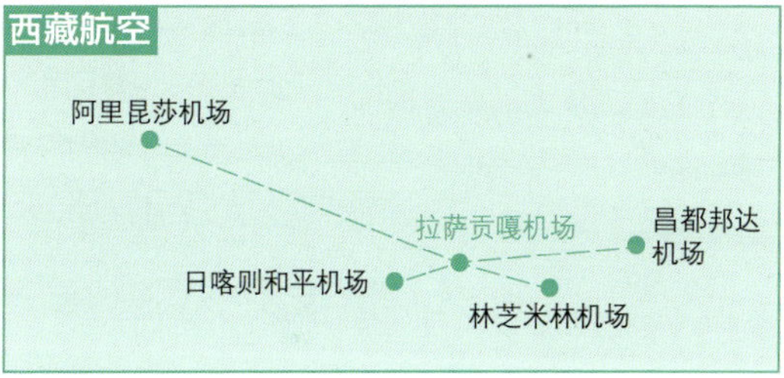

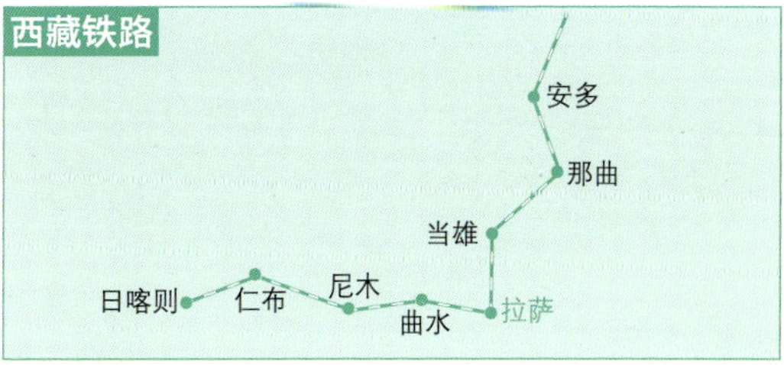

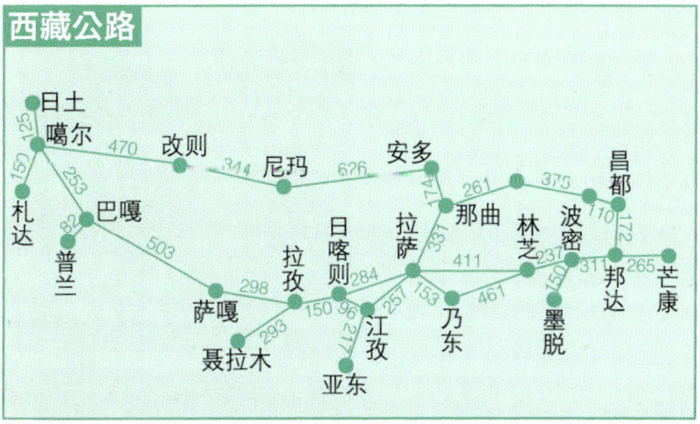

有用信息

旅游通信

藏语十句

藏语	汉语
吐吉其	谢谢
敏度	没有（主要用于有乞讨者时）
毛兹敏度	没有零钱
冠达	对不起
咕叽咕叽	求求你
嘎地	辛苦了
阿代彼敏度	我不舒服
安木期才热囊	帮我找个医生
切让叠呢捏呢永古度枚?	可以在你这里借宿吗?
扎西德勒	吉祥如意（常用于见面，双手合十，点头致意）

通信

拉萨和一些主要城镇，青藏线、川藏线、中尼国道沿线城镇基本上都通手机，信号受天气影响较大，有时不是很好。三大运营商中以移动的信号最为稳定，但在偏远地区，三家的信号都不太好。游客若打算进行登山、徒步等极限旅行活动，务必配上一部卫星电话。

银行

西藏自治区的大城市如拉萨、日喀则等地，商业银行设施齐全，工行、农行、建行、中行、邮储均设有分行，一般持具有银联标志的银行卡即可使用。但银行周六和周日休息不上班，周一至周五上班时间为：9：00~12：30，15：30~18：00。其他偏远地区银行数量稀少，建议消费前预先备足现金。值得一提的是西藏人不喜欢硬币。

藏族舞蹈

节约技巧

（1）选择入住品牌连锁酒店时，除了订房网站外，不妨到团购网站和酒店官网看看，往往有更多惊喜；前往拉萨的客栈住宿，也是物美价廉的选择。

（2）不选择门票昂贵的景点，不重复游览同类景点，如西藏的众多佛教寺庙。

（3）合理安排行程，不仅可节省时间，又能减少交通费用，可参考第一步等网站的行程攻略。

（4）在拉萨、日喀则等地游玩时，尽量选择公共交通，前往较为偏远的地区时可拼车同行。

（5）淡季出行是省钱的撒手锏。淡季不仅门票价格减半，避开众多的游人，也可以欣赏到不一样的景色，冬天的拉萨甚至比北方许多的地方都暖和。

（6）在西藏购买旅行纪念品，大可不必非去商业街区的各种店铺，因为外地人在此开店的不少。建议多去当地人开的店铺或是出售工艺品的街边藏民那里购买，不仅能买到理想的纪念品，而且对当地人的生活有实际的帮助。

风俗禁忌

（1）献哈达是藏族待客规格最高的一种礼仪，当好客的藏族主人向客人敬献哈达时，客人应躬腰接受。

（2）喝青稞酒时，主人会向客人敬"三口一杯"酒，客人应先用右手无名指蘸点酒，向空中、半空、地上各弹一下，然后小喝一口，主人会把杯子倒满，再喝一口，主人又会把杯子倒满，这样喝完三次，最后把杯中的酒喝完。

（3）喝酥油茶时，主人倒茶，客人要待主人双手捧到面前时，才能接过来喝；续杯时，客人须用双手把茶碗向前倾出，以表敬意。

（4）藏族人伸舌头是一种礼让和尊敬对方的行为，而不是对他人的不敬。双手合十暗示对客人的祝福。

（5）转经朝佛参观，遇到寺院、玛尼堆、佛塔等宗教设施时，应按顺时针方向行走；本教寺院（很少见）则相反，应逆时针；游客不得跨越法器、火盆，经筒和经轮不得逆转；在寺庙佛殿之内，不许高声鼓噪和随意触摸佛像，在没有许可的情形下，更不能在佛殿内进行录像、摄影等。

（6）西藏地区有句谚语，"即使寺庙失火，也不要让吃了大蒜的人进入寺庙"，因此游客前往寺庙参观之前，饮食应该有所选择，更不要食用大蒜。

突发状况

在西藏感冒后：在西藏一旦有感冒征兆，自己服用一些常用感冒药品，一般1~2天症状即可消失。即使没有感冒也要每天服用感冒冲剂加强抵抗力。万一感冒加重，要及时就医，避免转为其他高原病。西藏地区部分医疗机构联系方式见下表：

被藏獒或野狗咬后：藏区多藏獒和野狗，如果不小心被咬伤，要做如下急救：①用净水冲洗伤处，不要在伤处涂擦任何零售软膏或其他类似物。②在伤处置一干净软垫并包扎。呼叫医疗救助或将伤者送至医院进行检查并注射抗毒素或服抗感染药。狂犬疫苗必须要在24小时以内接种，否则有很大的可能性会得狂犬病，狂犬病发病后的死亡率是100%。

产生高原雪盲后：在高原强烈的阳光和紫外线下如出现了雪盲，应以眼药水清洗眼睛，到黑暗处或以眼罩蒙住眼睛用冷毛巾冰

大昭寺

西藏医疗机构	地址	电话
西藏军区总医院	拉萨市娘热路	0891-6253029
西藏自治区藏医院	拉萨市娘热路14号	0891-6323428
西藏自治区第二人民医院	拉萨市金珠东路8号	0891-6324883
拉萨市人民医院	拉萨市北京中路1号	0891-6323212
西藏自治区人民医院	拉萨市林廓北路18号	0891-6371322
昌都人民医院	昌都市南路人门70号	0895-4822283
山南市藏医院	乃东区泽当镇格桑路4号	0893-7820271
那曲地区人民医院	那曲市色尼区浙江中路95号	0896-3822344
日喀则市人民医院	日喀则市	0892-8821687
阿里地区人民医院	噶尔县	0892-2821452
林芝市藏医院	巴宜区八一新村建设路3号	13989940583

镇，减少用眼，尽量休息。良好的休息和舒缓的环境能及时缓解雪盲的症状，但完全恢复通常需5~7天。

户外皮肤晒伤后：皮肤若出现晒伤后切不可急着用冷敷，这样做会损伤皮肤。正确的方法是，使用清水（矿泉水最佳）冲洗皮肤，让肌肤轻柔地补充水分。水中的矿物质可以起到舒缓、镇静皮肤的作用，但须注意一定要待晒伤的肌肤冷却后，再行冲洗，否则会因热胀冷缩温差太剧烈，使肌肤出现过敏症状，而产生二次伤害。

自驾抛锚后：车友如上了保险，首先拨打自己保险公司的电话寻求帮助；无保险的车友可拨打西藏自治区交通厅电话0891-6822290咨询或拨打114查询最近的修理厂。

请呵护纯净的西藏

西藏的生态环境十分脆弱，我们前往西藏获得了旅行带来的快乐，也有义务承担带去的影响。每个人都应做到不随便破坏当地的动植物资源，旅途中尽量减少垃圾的产生，更不能乱丢垃圾，尤其是在偏远地区，应将其带回拉萨、日喀则等城市中，进行回收处理。纯净的西藏应当被我们每个人所呵护。

神山、圣湖、牦牛

高原反应

每一位心向西藏的人有可能都会担心高原反应，前往西藏的游客也将面临高原病症状的潜在风险，故前往西藏这片雪域高原，面对高原反应要做到心中有数。

高原反应及主要症状

高原反应：是人到达一定海拔高度后，身体为适应因海拔高度而造成的气压差、含氧量少、空气干燥等的变化，而产生的自然生理反应。高原病一般分为三种综合征：急性高山病（AMS）、高原肺水肿（HAPE）和高原脑水肿（HACE）。

主要症状：海拔高度一般达到2700米左右时，就会有高原反应。高原反应的症状一般表现为：头痛、气短、胸闷、厌食、微烧、头昏、乏力等。部分人因含氧量少而出现嘴唇和指尖发紫、嗜睡、精神亢奋、睡不着觉等不同的表现。部分人因空气干燥而出现皮肤粗糙、嘴唇干裂、鼻孔出血或积血块等。

如何应对高原反应

进入高原之前的准备：

（1）进入高原前，可向有高原生活经历的人咨询注意事项，做到心中有数，避免无谓紧张。

（2）进入高原之前，禁止烟酒，防止上呼吸道感染。避免过于劳累，要养精蓄锐充分休息好。适当服西洋参等，以增强机体的抗缺氧能力。如有呼吸道感染，应治愈后再进入高原。

（3）良好的心理素质是克服和战胜高原反应的灵丹妙药。大量事例证明，保持豁达乐观的情绪，树立坚强的自信心，能够减弱高原反应带来的身体不适。反之，忧心忡忡、思虑过度，反而会加大脑组织的耗氧量，从而使身体不适加剧，使自愈时间延长。

（4）如果你从未进过高原，在进入高原之前，一定要进行严格的体格检查。严重贫血或高血压病人，切勿盲目进入高原。

（5）通过制氧机等工具补充氧气。

进入高原途中注意事项：

（1）应尽可能预备氧气和硝苯吡啶、氨茶碱等防治急性高原病的药物，以防万一。

（2）准备足够的御寒衣服，以防受凉感冒。寒冷和呼吸道感染都有可能促发急性高原病。

（3）在进入高原的途中若出现比较严重的高山反应症状，应立即服用氨茶碱等相关药物（进藏前应咨询专业人士，采购必备药品）。严重时应吸氧。若出现严重的胸闷、剧烈咳嗽、呼吸困难、咳粉红色泡沫痰，或反应迟钝、神志淡漠，甚至昏迷，除作上述处理外，应尽快到附近医院进行抢救，或尽快转往海拔较低的地区，以便治疗恢复。

（4）由于乘车进入高原所需时间长，途中住宿条件差，体力消耗大，因此除要准备以上各种物品外，还应该准备水或饮料以及可口易消化的食物，以便及时补充机体必需的水和热量。

产生高原反应后的应对：

（1）西藏一般宾馆或有一定规模的城镇都有医院或卫生院，轻微的高原反应建议通过自我调节来适应，严重的可以看医生。

（2）严重的高原反应，比如出现浮肿、肺水肿、重感冒等症状，建议一定到医院输液、吸氧等治疗，并尽快离开高原，在拉萨比较方便，每天都有进出拉萨的航班，可乘航班离开，一般高原反应一进飞机或一到平原便消失得无影无踪，且无后遗症。

应对高原反应药物

上高原前准备好相应药品：高原红景天（至少提前10天服用）等，对于高原适应力强的人，一般高原反应症状在1~2天内可以消除，适应力弱的需3~7天。此外，如果能适应酥油茶的味道，也可多喝一些，对缓解高原反应有一定作用。

发现者旅行指南

拉萨

概览

♡ 亮点

布达拉宫

当今世界上海拔最高、规模最大的宫堡式建筑群，距今已有1300多年历史。整个建筑气势宏大，是拉萨的必游之地。

纳木错

西藏三大圣湖之一，景色极美。湖水蓝色，却能呈万种变化，还可观赏到旁边高耸入云的念青唐古拉峰，景致非凡。

哲蚌寺

明朝永乐年间(1403—1424年)建立，现为藏区最大的寺院。雪顿节期间最值得前往一观。

大昭寺

始建于唐代，西藏最辉煌最重要的一座寺院，藏族同胞信徒心中的金色圣殿。供奉有释迦牟尼12尊等身镀金铜像。

必逛街道

●**八廓街**：位于拉萨中心，集西藏宗教、经济、文化、民族手工艺和典型风土人情于一身。

●**北京中路**：为拉萨市区中心街道。道路两边有很多当地特色茶馆、餐馆酒吧、客栈。

●**太阳岛**：拉萨市区美食街之一，同时也是西藏地区最大的藏獒交易中心。

线路

拉萨市区经典一日游

初次来拉萨的游客，行程不要太赶，抵达当日尽量多休息。西藏面积大，去拉萨周边各景点比较费时。时间紧的话，可安排城内一日游。

上午先游览布达拉宫，下午游览大昭寺，逛逛八廓街。

拉萨市区经典二日游

第一天上午游览布达拉宫和药王山，下午游览西藏博物馆和罗布林卡，晚上住八廓街。

第二天上午游览哲蚌寺或色拉寺，下午朝拜大昭寺，在八廓街享受惬意的下午时光。

纳木错二日游

第一天早上从拉萨市区出发先去楚布寺，中午在附近就餐。午后前往羊八井温泉，在高原上泡温泉，别有一番滋味。夜宿羊八井。

第二天早餐后前往纳木错，无比真实的云彩蔓延在青绿色的湖水上，内心感觉一片宁静。风中的经幡寄托着藏民对于天神的虔诚，飞扬中绘出神圣的美。一旁的巨石耸立，像极了千年不动的神灵俯瞰大地。

为何去

雪域圣城拉萨是全国人乃至全球人都向往的地方，纯净的高原阳光，色彩绚丽的藏式建筑，灿烂的文化，独特的习俗等都足以让你深深陶醉，忘却归去。布达拉宫是拉萨的象征，大昭寺是藏传佛教的中心，纳木错则是西藏最大的圣湖，它们以独特的魅力吸引着世界各地的信客和游人前往。

何时去

拉萨的最佳旅游时间是5~10月。这时气候温暖而湿润，不似冬春的干燥多风。

夏秋季节去拉萨，白天可以参观宫殿庙宇，感受神秘的宗教气氛；入夜后可以泡藏式酒吧，体验与众不同的藏族风情。虽然这个时节正是雨季，但大多夜深时才下，并不影响白天的行程。如果恰逢藏历七月一日（阳历8月）的拉萨雪顿节，不仅可以欣赏藏戏会演，而且有机会亲临哲蚌寺晒佛现场，一睹其辉煌壮观的场面。

冬春季节去拉萨，不仅可以享受到淡季的门票优惠，而且正是体验高原温泉（冬季），尝试攀登雪山（春季）的最佳时机。冬季泡温泉，除了远眺雪山之外，还有机会目睹漫天飞雪的美丽景象，感觉说不出的浪漫惬意。

区域解读

区号：0891

面积：29518km²

人口：约90.25万人

主要少数民族：藏族

地理 GEOGRAPHY

区划

拉萨辖3区（城关区、堆龙德庆区、达孜区），5县（当雄、曲水、墨竹工卡、尼木、林周）。

地形

拉萨位于青藏高原的中部，市区海拔3650米，是世界上海拔最高的城市之一。

拉萨地势北高南低。西北部是高耸的念青唐古拉山脉，主峰海拔7162米，山脉北侧的纳木错大部分区域位于拉萨境内。东南部为拉萨河及其众多支流形成的河谷平原，地势相对平坦，但山峰依然随处可见。

气候

拉萨属高原温带半干旱季风气候区。空气稀薄，气温低，日温差大，冬春干燥，多大风。

拉萨夏季无高温，是避暑胜地，冬季偏冷，1月平均气温-10℃。干湿季明显，雨季降水集中，多为昼晴夜雨的天气。拉萨年日照时数3000小时以上，故有“日光城”之称。

拉萨的水质和空气非常干净，是中国污染最少、环境最好的城市。这座高原古城以湛蓝的天空、清澈的河水、新鲜的空气吸引着八方来客。

拉萨的母亲河——拉萨河

拉萨河是雅鲁藏布江五大支流之一，世界上最高的河流之一，藏语称“吉曲”，意为欢乐幸福之波。它发源于念青唐古拉山南麓嘉黎里彭措拉孔马沟，自东北向西南贯穿拉萨全境，在拉萨市区南郊蜿蜒而过，在曲水县汇入雅鲁藏布江。此河属于融雪和降雨类型，水量的大小随着温度的高低、降水量的多少而变化。

看到拉萨河时，你或许更能体会拉萨的悠闲与安静。生活在那片土地上的人们虽不富足，却很惬意。这片神奇的土地，这条静静的拉萨河，这群让人感慨的人，每天还在继续着，循环往复，世世代代……

链接

拉萨河大桥

拉萨河大桥距青藏铁路终点拉萨火车站约2千米，距拉萨市中心约5千米，横跨拉萨河上，总长940.85米，主跨108米，是世界首条海拔最高、线路最长、地质情况最复杂的高原铁路——青藏铁路的标志性工程。拉萨河大桥和布达拉宫日夜凝望，三柱白色的拱形拉面，如同藏族人民在此向远方客人奉献出的哈达，美丽又热情。

拉萨全景

纳木错风光

历史 HISTORY

历史大事记

● 远古时期

位于拉萨北郊5千米河谷边缘的曲贡新石器遗址距今约5000~4000年，该遗址出土了1万多件文化遗物和大量兽骨，说明在新石器时代拉萨河谷已有人类活动。

● 吐蕃王朝

7世纪初期，松赞干布统一了青藏高原的各部落，创立法制，建立了武力强大的“吐蕃”政权，定都逻些（今拉萨）。西藏的政治、经济、文化开始进入了一个繁荣期。大昭寺、小昭寺以及布达拉宫的前身（红山宫）等相继建成。“神佛之地”拉萨也正式得名。

9世纪，历史在大昭寺前见证了吐蕃王朝瓦解。拉萨自此沉寂数百年。

● 元明清时期

11世纪，西藏佛教再次兴盛，拉萨成为众多高僧弘教之地。

13世纪，元朝将西藏纳入版图，西藏政治中心转移至萨迦和山南，拉萨逐渐隐退。

15世纪，宗喀巴重修大昭寺，并与其弟子在拉萨近郊建起了色拉寺、甘丹寺、哲蚌寺三大寺后，拉萨的宗教中心地位得以恢复。

17世纪，五世达赖罗桑嘉措受清朝皇帝册封，建立政教合一的封建农奴制政权，并迁都拉萨，建造布达拉宫。

18世纪，七世达赖格桑嘉措执政，建罗布林卡，逐步形成以布达拉宫为中心，辐射八廓街、罗布林卡周围约3平方千米的拉萨古城。

● 近现代

1951年5月23日，西藏和平解放，拉萨进入了新的时代。

1965年9月1日，中央正式设立西藏自治区，拉萨作为首府，迎来崭新的发展。

1977年9月，羊八井地热电站建成，该地热电站目前仍是中国最大的地热能发电站。

1982年，拉萨成为国务院首批公布的24座国家历史文化名城之一。

1995年，布达拉宫正式列入《世界遗产名录》，后扩展包括大昭寺、罗布林卡。

2006年7月1日，青藏铁路通至拉萨段，结束了西藏地区没有铁路的历史。

拉萨城的诞生

“拉”，藏语意为神、佛，“萨”意为土地，拉萨即是“神圣之地”的意思。

1300年前，大昭寺周边为荒芜的沼泽

之地，被称为吉雪卧塘。在藏语中，“卧塘”发音为“惹萨”。当时的汉译把“惹萨”译成“逻些”，从此在汉语中“逻些”成为拉萨当时的称呼。

公元七世纪，吐蕃王朝第三十三代藏王松赞干布统一了西藏，并迁都至逻些。后又从大唐迎娶文成公主，从尼泊尔迎娶尺尊公主。两位公主在传播先进文化的同时，还带来两尊至尊至圣的释迦牟尼佛像。松赞干布为这两尊佛像修建两座寺庙，这就是如今的大昭寺、小昭寺。千余年来藏民族把这两尊佛像所在的寺庙当成神圣的地方，远道慕名而来进行朝拜，把供奉两尊佛像的地方称作“拉萨”，即神佛所在的地方，于是有了“先有大昭寺，后有拉萨城”一说。

名单 拉萨历史名人

吐蕃王朝缔造者 松赞干布

著名藏医学家 玉妥·云登贡布

藏族著名学者 第巴·桑结嘉措

著名社会活动家 阿沛·阿旺晋美

文化 CULTURE

藏文化的集中体现——藏历新年

藏族人民有自己的新年，他们是按照藏历来确定每年的新年。

藏历年的正式使用是从1027年开始的，是藏族人民一年中最为隆重的传统节日。从藏历元月一日开始，到十五日结束，持续15天。在这个全民信仰佛教的地方，藏历新年渗透着浓厚的宗教氛围，成为娱神和娱人、庆祝和祈祷兼具的民族节日。

从前一年的藏历十二月初开始，购置年货的工作就开始了。家家会制作一个名为“切玛”的五谷斗，并准备青稞麦苗，用来供奉神案，祈求丰收。同时还要准备青稞酒、制酥油奶糕、炸“卡赛”等油果。十二月二十九日是除夕，要给窗门换上新布帘，在房顶插上簇新的经幡，门前、房梁和厨房也要用白粉画上十字符号等吉祥图案。入夜，全家坐在一起吃“古突”，晚上举行“骨朵甲”仪式。十二月三十日午前，各户把垃圾运到各自田间，于大年初一早晨点燃。

农历初一是藏历新年第一天，各家会到河边背回新年第一桶吉祥水。初二开始走亲访友。初三举行更新经幡的“脱索”活动，并炜桑（祭天地诸神）。期间一直有新年娱乐活动，直到元月十五日下午，有一种叫“扎西杰”的特别锅庄，预示着新年的结束。

藏历新年期间，除了热闹的锅庄、[illegible]舞等民族娱乐活动，还有各地寺院的宗教活

和气四瑞：在藏传佛教中，有一幅常见的有趣构图：一头大象立于大树旁，象背上顶着一猿猴，猴背顶着一兔，兔背上又有一鸟。这张构图称为“和气四瑞”或“和合四兽”，表示敬老及和睦共处。

哲蚌寺晒佛：这幅长40米、宽37米的佛祖释迦牟尼像巨型唐卡，由近200名喇嘛肩扛，于7点钟出发前往晒佛场地。大佛展开后，等待已久的信徒将洁白的哈达抛向大佛，祈求佛带给自己福音。晒大佛于下午3点钟结束。

动，节日气氛浓厚。

藏历新年集西藏民俗文化、古代文化、宗教文化等于一身，于2011年6月入选第三批“国家非物质文化遗产保护名录”。

藏戏的盛会 —— 雪顿节

每年藏历七月一日开始，是一年一度的雪顿节。雪顿节，藏语意为“吃酸奶的节日”，是拉萨仅次于藏历新年的又一盛大传统节日，历史悠久。后来由于雪顿节的活动内容逐渐演变为以藏戏会演为主，所以雪顿节也叫“藏戏节”“展佛节”。

雪顿节起源于11世纪中叶，最早是一种纯宗教节日活动。那时按照佛教的法规戒律，喇嘛们夏天有好几十天在寺内，禁止出门，要行三事，即长净、夏安居和解制。在开禁的日子，他们纷纷出寺下山，这时百姓都要准备酸奶子进行施舍。喇嘛们除了喝酸奶子

藏历新年的宗教习俗

新年“古恰”。用糌粑画上表示吉祥的宝伞、金鱼、宝瓶、妙莲、右旋海螺、吉祥结、胜利幢、金轮等八吉祥图。

酥油彩羊头——“隆过”。用酥油雕成的一个彩色羊头，藏语称为“隆过”。它一般摆设在佛龛前面所贡之品的中央，是因为人们认为羊为吉祥之物，同时也祈盼五谷丰登，六畜兴旺。

面疙瘩——“古突”。“古突”是面疙瘩里分别包进石头、羊毛、辣椒、木炭、硬币等物品。谁吃到这些东西必须当众吐出来，测试此人新的一年里的命运。

驱鬼。藏历十二月二十九日晚上，男主人点着火把在屋内转一圈，嘴里不停地喊着“滚出去，滚出去……”然后将火把与事先准备好的鬼食一起丢到路口，以示将一年的不顺或晦气全赶出家门。

请狗赴宴。驱完了鬼，家家户户请狗吃饭。他们把过年的食物，端端正正地摆在盘里，或放在长长的木板上，然后请狗赴宴。

抢水。“抢水”是藏历新年初一的第一节目。深更半夜，许多地方的藏胞们要到河边或井边，等待破晓时分。习俗认为谁舀到第一桶水，就意味着能够获得最好的运气。

祭丰收女神。背回新年第一桶水，倒进佛像前的净水碗里，再用它拌糌粑做成供果，兑好青稞酒。带上这些供品来到自家最好的一块庄稼地里，祭祀丰收女神。

折嘎艺人的呼喊。“折嘎艺人”意为“白发苍苍的老人”。每逢大年初一破晓时分，当他发出吉祥欢乐的一喊，家家户户都敞开大门，把他当作贵客迎进庭院，献哈达、敬青稞酒，在他身上撒雪白的糌粑和预祝丰收的青稞。

树经幡。人们清晨就在房顶或山顶之上插起新的经幡，以祈求新的一年风调雨顺、人丁兴旺，全家平安。

朝佛。大年初一清晨就赶到大昭寺点酥油灯，绕着八廓街转经，整个八廓街响彻着“唵嘛呢叭咪吽”六字真言的声音，气势宏大，甚为壮观！

拜年。老百姓初一一早端着青稞、糌粑、酥油花和五彩麦穗做成的吉祥斗“切玛”和青稞酒走出家门，相互拜年。

油炸面供品——“德嘎”。由各种形状的油炸面做成，垒成数层，供在藏柜中央，它是藏历新年最重要的供品。

酥油花——“孜珠”。酥油花，藏语称为“孜珠”，是由酥油制成，图案各异，图案内容多以猴子、寿星、鹿、大象、鱼、太阳、月亮、莲花等图形为主，以表祥瑞。

开犁。藏历正月初五，插上祈福幡，赶着牛，围绕白石耕出5条畦子。每一畦撒一种作物，大家会聚一处，一边喝酒，一边唱歌。

卡赛。一种用酥油和面粉制作的油果子。类似麻花、油条之类。分为耳朵形、蝴蝶形、条形、方形、圆形等各种形状，涂以颜料，裹以砂糖。既是装饰神案的艺术品，又是款待客人的佳肴。“卡赛”的品种花色常常成为女主人勤劳、智慧和热情的象征，在节日里分外引人注目。

外，还可尽情地欢乐玩耍，这就是“雪顿”的来源。

17世纪中叶，清朝正式册封五世达赖和四世班禅，“政教合一”的制度得到加强。在雪顿节期间，开始演出藏戏，把宗教活动和文娱活动结合起来。初时以哲蚌寺为活动中心，后来，五世达赖把活动中心从哲蚌寺移到布达拉宫。18世纪初，罗布林卡建成后，成为达赖夏宫，于是雪顿节的活动又从布达拉宫移到罗布林卡。

1959年以后，雪顿节成为广大人民群众欢乐的节日。节日期间，那些身着“氆麦裙”（盛夏藏族妇女们穿的无袖长袍）的妇女，脚蹬高筒皮靴的男子，他们带着小孩，像潮水般涌进罗布林卡内，观赏藏戏会演和各种文艺演出。所以雪顿节基本上就成了一个表演藏戏的盛会。

新时期的雪顿节除包括以展佛、藏戏展演、非物质文化遗产展示为主的传统节庆活动外，还有传统马术表演、赛牦牛、抱石头、藏式拔河等体育竞技活动。另外还有文娱休闲活动、学术交流活动、商贸洽谈活动等。

藏民的信仰生活——供养

供养，又称供施、供给。供，是对佛、法、僧三宝进行心物两方面的供奉而予以资养的行为，是佛具或供物的基本行为。

西藏的寺院很少设功德箱，如果喜欢供佛，可直接把现金放在佛像前，它们会被用在香油、寺院用途上。藏地寺院里往往供奉很多尊佛像，譬如大昭寺就有过百尊。如果希望每尊都供养，需要备足零钱。寺院大殿一般都有一个角落提供换零钱服务。朝圣者可在欲供养的配殿或佛像前恭敬地放置一角或一元等。如果佛前无玻璃，可直接放于佛像膝盖或脚下；有玻璃的可放前面或从玻璃上的缝隙塞进去。

酥油灯

如果想供养寺院整体，可在主殿角落值班僧人处或寺院厨房办理。知客僧会询问施主姓名，以便铭记功德、记录账目。供养交接完成后，知会僧会赠送哈达，施主应躬身接受。

佛经中说：供灯有多种功德，肉眼不坏、生大智慧、得大福报、命终不堕恶趣、速证涅槃。如果供养灯数不多，可在供灯房付款后亲自点燃。此时应虔诚地为自己和众生祈祷，并诵念供灯文：我以虔诚所设之明灯，供养一切佛法僧三宝，以此功德来世智如炬，灭除众生垢暗尽无余。除点灯外，朝拜者亦可购买酥油直接倾倒于寺院油灯内，此时也可念诵上述四句供灯祈祷文而虔诚发愿。

写满了故事——玛吉阿米

从八廓街漫步至东南角那巨大的经幡前，一幢黄色的小楼便会映入你的眼帘，这就是蜚声中外的“玛吉阿米”，当地人习惯称它为“黄房子”。在西藏，红黄二色是宗教专色，如此尊贵的颜色为何会出现在宗教之外的地方？“黄房子”有段美丽的故事不得不说。

大约在几百年前的某个星月之下，坐落在古城拉萨八廓街东南角的一幢藏式酒馆里，来了一位神秘人。他看似普通，却是一个不寻常的人。恰巧这时一位月亮般纯美的少女也不期而至，她那美丽的容颜和神情深深地印在了这位神秘人的心里和梦里。

从此，他常常光顾这家酒馆，期待着与这位月亮姑娘的重逢。遗憾的是，这位月亮少女再也没有出现过。那位神秘人物为追忆月亮少女而写下了这首在西藏人人都能吟诵的《在那东山顶上》："在那东方高高的山尖，每当升起那明月皎颜，玛吉阿米醉人的笑脸，会冉冉浮现在我心田。"从此，便有了"玛吉阿米"的名字，而那个神秘人便是六世达赖仓央嘉措。

仓央嘉措是个充满悲情色彩的人物。他虽贵为六世达赖，但是作为上层统治阶级争权夺利的牺牲品，没有实权的他在很年轻时便开始了自己的流浪生涯。但是，这个青年以自己的浪漫诗歌成为西藏历史上有名的浪漫诗人，闻名一世。关于玛吉阿米，他还留有一首著名的情歌诗作："曾虑多情损梵行，入山又恐别倾城。世间安得双全法，不负如来不负卿。"这首诗出自六世达赖喇嘛的传世之作《仓央嘉措情歌》，是其中最经典的一段，在三大藏区都有不同版本的传唱，是所有作家文学中，最具有民间亲和力的一首。而歌词中的"玛吉阿米"这个文学词汇属于作者本人的独创，是藏族文学史上空前绝后的文学词汇。

传说"黄房子"是六世达赖和月亮女神之间美丽故事的发生地，正因为圣人曾经驻足于此，所以墙面被染成了黄色。玛吉阿米在藏文中意为圣洁的母亲、纯洁的少女或可引申为美丽的遗梦。钟情藏族文化的藏族青年泽郎王清借女神之名"玛吉阿米"作为店名，并改作了餐吧。泽郎王清的餐吧通过餐饮来传播西藏文化，也成为人们了解西藏的一个温馨窗口。如今的玛吉阿米是藏族餐饮业最著名的品牌，同时也是率先进入内地市场的藏餐连锁企业，某种意义上已经成为藏餐文化的象征和表率。

了解了玛吉阿米这个文化品牌的历史渊源后，如果您来到拉萨，八廓街的玛吉阿米餐厅您一定不要错过。玛吉阿米餐厅有本留言册，要知道，十几年来写满的留言册竟有近3万本，很多人都在这里记录下了自己的浪漫心情，当然，如果乐意，您也不例外……

八廓街玛吉阿米餐厅

景点推荐

布达拉宫 AAAAA

屹立在拉萨市玛布日山西北红山上的布达拉宫，俗称“第二普陀山”，是当今世界上海拔最高、规模最大的宫堡式建筑群。整个建筑规模宏大、气势雄伟，建筑面积13万平方米，住楼高达117米，共13层，大小房间2000余间。布达拉宫的主体建筑是白宫和红宫，另有一些附属建筑，包括山上的朗杰札仓、僧官学校、僧舍、东西庭院和山下的雪老城及原西藏地方政府的马基康、雪巴列空、印经院以及监狱、马厩和布达拉宫后园龙王潭等。

布达拉宫整体为石木结构，宫墙厚达2至5米，墙身全部用花岗岩砌筑，宫殿外墙基直入岩层。据传，布达拉宫的主体外墙为双层石壁，高达数十米，每隔一段距离，中间灌注铁汁，由顶层直灌到岩石层，不仅使墙壁坚固稳定，同时也提高了抗震能力。虽然已经历1300多年，至今仍完整无损，充分证明了古代藏族建筑技术之高超。

与之相呼应的是那令人叹为观止的建筑装饰艺术——壁画、彩画、浮雕等。布达拉宫的壁画、彩画闻名于世，相当值得一提的是西侧的寂圆满大殿。这是布达拉宫最大的殿堂，壁画总面积达280平方米。其中绘有五世达赖生平、文成公主进藏、西藏古代建筑形象以及大量佛像金刚等，堪称巨型绘画艺术长廊。

宫内藏有数量极其庞大的文物珍宝，各式唐卡近万幅，金质、银质、玉石、木雕、泥塑的各类佛像数以万计，还有历代达赖喇嘛的灵塔。布达拉宫特有的政治宗教地位意味着这里还有极为庞大的珍贵宗教典籍和历史资料，例如金汁书写的《甘珠尔》《丹珠尔贝叶经》《时轮注疏》、释迦牟尼指骨舍利、清朝皇帝御赐的金册金印等都属稀世珍宝，价值连城。宫内更藏有明清皇帝的敕书、印玺，各界赠送的印鉴、礼品、匾额和经卷，宫中自用的典籍、法器和供器等。

拉萨市城关区北京中路35号

乘8路公交车在药王山农贸市场站下车可达；若从北京东路出发可步行前往

9：00~12：00，15：30~16：30（节假日及重大活动除外） 旺季200元，淡季100元 6339615

玩家 攻略

门票：布达拉宫旺季时会控制旅游人数，因此需提前一天到西门凭身份证领取预约券，第二天根据预约券所标的时间（提前20分钟）由正门（南门）进入买票参观，每天限票2300张。旺季时，可能会遇上预约券被发放完毕的情况，这时可选择参加市内一日游的团队。

身份证：请随身携带身份证，无论散客或者团队游客，进入布达拉宫时都需接受安检，核对身份证号，否则不能进入。

打车：拉萨市区出租车不打表，市内一律10元，出城需面议。建议乘坐出租车从后山到达布达拉宫的顶部，然后从顶部沿布达拉宫走下来，车费10元左右。

参观注意事项：进入布达拉宫前，需要在大门内进行安全检查。不可随身携带液体和打火机。进入殿内参观，需遵循藏传佛教的禁忌，不能戴帽、不能踩踏门槛等，进入宫殿后不能拍照。宫殿较高，上下慢行；殿内阴冷，即便夏季也最好准备外套。

厕所：布达拉宫有两个厕所，一个在白宫广场右侧，一个在布达拉宫后门。后者值得一提。其建于悬崖峭壁上，蹲坑前建有形似摩托车把的扶手，如厕滋味别具一格。

摄影：龙王潭公园可拍摄倒影。

美食：布达拉宫正门西侧的"雪神宫"提供正宗藏菜，大昭寺广场是最好的小吃街，都值得一走。

酥油灯

玩家 解说

7世纪，松赞干布当政。为迎接唐朝和亲的文成公主，松赞干布在红山建立9层楼宇1000间宫殿，取名布达拉宫。这一时期的布达拉宫是当时吐蕃王朝的政治中心，而后随着吐蕃王朝的解体而遭受战火侵袭，大部分宫殿被毁。直至明朝末年，五世达赖在蒙古外援的支持下建立了葛丹颇章王朝，并于顺至二年（1645年）重建布达拉宫。自此之后历代喇嘛都居于此，布达拉宫也因此成为历代西藏政教合一的统治中心。直到1959年，布达拉宫才在真正意义上与政治彻底剥离。

布达拉宫

雪城

布达拉宫脚下的博物馆

免费开放。雪城位于布达拉宫内，需凭布达拉宫门票预约券进入布达拉宫第一道门后才可参观

"雪"意为下方，专指山上城堡正下方的村镇。雪城，是布达拉宫下方建筑的总称。雪城是布达拉宫总体建筑群的有机组成部分，东西长317米，南北宽170米，占地面积5万平方米。

雪城内分布着原西藏政府噶厦的办事机构，如法院、印经院、藏军司令部等。此外如作坊、马厩、供水处、仓库、监狱等宫廷辅助设施也都设在这里。现存古建筑22处，开辟了多处展览，成了展示西藏历史文化的新窗口。

五座院

五座院建筑总面积1020平方米，是五座

小型连体建筑的统称。分别是贵族平措热旦府邸、那洛院（官员住宅）、噶尔本宁巴院（宫廷乐队负责人住宅）、贡塘达热（马厩管马员住宅）和尼热那院（农奴居所）。现将此处大部辟为唐卡、金属加工、毛纺织和布艺等传统手工艺技法演示点，展示西藏独特而丰富的非物质文化遗产和民间艺术文化。

印经院

雪城印经院建于17世纪，建筑面积760平方米。因为面积不大，使用不久便改作他用，主体建筑仍保存原有风貌。设“西藏书法艺术展”“藏文书法用具展”，滚动播放藏纸制作工艺电视短片，演示刻板、印刷和装订的全过程并提供互动服务。

同波宅

因旧西藏地方政府僧官同波—堪绕旺秋居住于此而得名，建筑面积510平方米。同波宅具有典型的藏式建筑风格，现设有“西藏建筑专题展”。

红宫

供佛和举行宗教仪式的地方

红宫因其外墙的红色，所以被称为“红宫”。宫殿采用了曼陀罗布局，围绕着历代达赖的灵塔殿建造了许多经堂、佛殿。

红宫主要是达赖喇嘛的灵塔殿和各类佛殿。灵塔殿共5座，分别是五世、七世、八世、九世和十三世的。各殿结构相同，但大小规模不等。灵塔外部均包有金皮、镶嵌大量珠宝，塔内安放着历世达赖喇嘛的肉身。

西有寂圆满大殿（一层）

是五世达赖喇嘛灵塔殿的享堂，是布达拉宫最大的殿堂，也是历世达赖喇嘛举行坐床、亲政大典等重要活动的场所。大殿面积达725平方米，内有44根柱子。大殿西端设达赖喇嘛宝座，上方高悬清乾隆皇帝御书“涌莲初地”匾额。殿堂四周满绘壁画，有佛传故事、一世达赖喇嘛图和众多佛像图。

布达拉宫全景

布达拉宫广场

布达拉宫

红宫

因外墙为红色而得名。主要是达赖喇嘛的灵塔殿和各类佛殿。天气晴朗时，站在殿顶上俯瞰近处的市区和远处的山谷，风景无与伦比。

东庭院

东庭院：是白宫正门前面平坦而广阔的平台，面积为1500多平方米，是布达拉宫内最大的一座庭院。东庭院的南北两侧建有回廊及宿舍，东侧为僧官学校，西侧为白宫三排梯。

白宫

白宫在红宫的东侧，与红宫连成一体。因外墙为白色而得名，是达赖喇嘛生活和办公的地方，也曾是原西藏地方政府办事机构所在地，高7层。

玩家解说

红丘之上的布达拉宫主体共有13层，下有呈"之"字形盘旋廊道，上有金顶和经幡作帽饰，显得异常的宏大和庄严。

向上游览布达拉宫的路其实并不整齐，有一点类似古城丽江的街面，全由不太规则的圆滑小石头铺成，自内而外散发着古老气息。布达拉宫的选材极为多元化，比如选石垒筑墙，极厚，有2~5米；再比如选夯土为地板，看上去有点像汉族的水磨石地板。布达拉宫的主体建筑其实只有两部分，视觉效果上很好区分。东侧是白宫，整座宫殿的围墙都是白色，是达赖的住所。西侧则是红宫，宫殿围墙都为红色，乃是佛堂和历代达赖的灵堂。白宫的东面有个小广场，广场以南是僧侣宿舍，以北是书院。东北角则是旅友们经常提及的世界上海拔最高的厕所。

转至宫内，通道曲折反复，佛像和灵堂占据了布达拉宫的绝大部分空间，以至于佛事和生活空间便显得相当狭小。在宫内左拐右拐难以分辨东西；藏民对布达拉宫的敬仰极高，烟火鼎盛得出人意料。等爬到布达拉宫最高处，举目远望四方的城区似乎都差不多大小，一眼都能看得到边。城里没有高楼大厦能够遮挡视线，都是五六层以下的楼房。

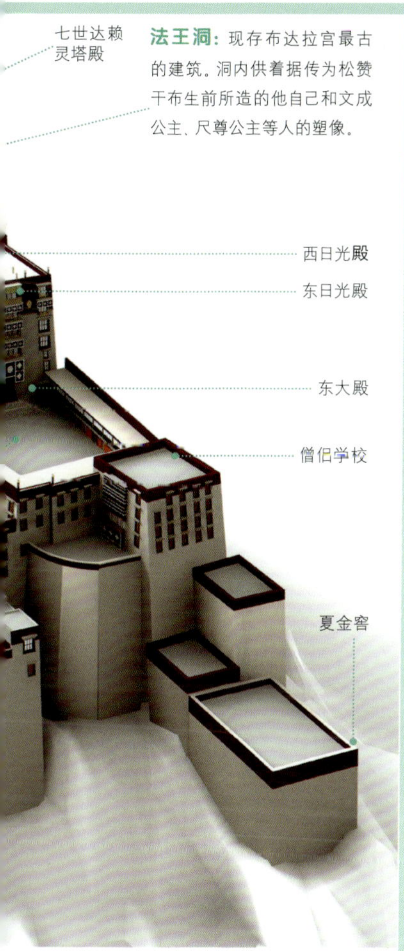

五世达赖喇嘛灵塔殿（一层）

建于1690年。殿堂高3层，内有16根柱，是布达拉宫最大的灵塔殿。殿中央供奉五世达赖喇嘛灵塔。灵塔通高12.6米，外裹金皮（耗黄金3721克），镶嵌各类珠宝15 000余颗。塔内安葬有五世达赖的法体，还陪葬有众多珍贵文物。灵塔左侧为金皮包裹的十世达赖喇嘛灵塔，右侧为十二世达赖喇嘛灵塔。北侧依次排列纯银质的神降塔、合离塔、涅槃塔和菩提塔，南侧依次排列纯银质的吉祥塔、神变塔、尊胜塔和积莲塔。

红宫二回廊（二层）

红宫二层回廊四周满绘壁画，面积达170平方米，是布达拉宫壁画的重要组成部分，有画廊之称。

响铜殿（三层）

位于红宫第三层北侧东端，分为东西并列而又互相连通的两间，主供响铜（ 合金）质释迦牟尼塑像，殿内东、西两间所供奉的各种质地塑像有3000余尊。

时轮殿（三层）

位于红宫第三层东侧，中央置铜质镏金时轮坛城一座，是按照密宗曼陀罗的形式建造的，中央为象征须弥山的层楼叠阁，四面

布达拉宫珍宝馆

布达拉宫珍宝馆2009年开放，面积2000多平方米，原为西藏贵族旧宅，白墙红木，是具有浓厚藏民族特色的土石结构建筑。珍宝馆主要展示有明、清两朝的典章文物、罕见的藏族经典。文物分“史海钩沉”和“宫藏珍品”两部分。整个展览以文物为主，辅助以图片、局部复原场景为展示手段。展厅分为三层，珍宝馆内所陈列的文物均为真品。

大厅陈列的“八瓣莲花喜金刚坛城像”建于14世纪，高81.4厘米，为密宗供奉像。莲瓣中央为喜金刚像，每片莲瓣上均有四尊密宗本尊携眷像，是典型的明永乐年中原宫廷造像风格，工艺十分精湛。这座“八瓣莲花喜金刚坛城像”堪称镇馆之宝。

馆内年代最悠久的文物是5至6世纪北魏时期的释迦牟尼说法像。质地为合金，高30厘米，底径13.5厘米。金刚亥母像，质地为铜镀金，产于15世纪，高41厘米，底径23厘米。另外，馆内还藏有9世纪的贝叶经、17世纪的桃形玛瑙杯、17世纪的乾隆御笔佛塔唐卡和18世纪的鼻烟壶。

链接

五世达赖喇嘛

五世达赖喇嘛罗桑嘉措，是西藏历史上一位功勋卓著、业绩辉煌的人物。五世达赖喇嘛时期，是公藏封建农奴制社会的发展繁荣时期。顺治九年（1652年），他赴京觐见顺治皇帝，被册封为"西天大善自在佛掌领，天下释教菩提瓦赤拉拉旦达赖喇嘛"，并赐满汉蒙藏四体合璧的金册和金印，达赖喇嘛这一活佛转世系统的地位，从此因受到清朝中央正式册封和大力扶持而得以确立和隆升；他还是才华横溢、著书颇丰的学者，佛学精深、备受推崇的大德。五世达赖喇嘛晚年专心著作，1682年圆寂。了解这些历史，奉之以最高的灵塔、最大的殿堂，就不难理解了。

布达拉宫金顶装饰

为象征四大部洲、八小部洲和日、月的塔殿。殿内还供奉有各种质地的佛、菩萨、上师塑像400余尊。

殊胜三界殿（四层）

殿内供奉清康熙皇帝的大臣延信扈赠送给七世达赖喇嘛的一块用藏、汉、满、蒙四种文字书写的"当今皇帝万岁万万岁"的牌位。牌位上方张挂清乾隆皇帝肖像。殿内西南侧有十三世达赖喇嘛用万两白银铸造的11面观音像。周围有各种塑像和佛塔2000余尊。

七世达赖喇嘛灵塔殿（四层）

位于红宫第四层西侧北隅，坐西朝东，七世达赖喇嘛灵塔供奉在殿堂中央，灵塔南西侧、北侧和东北侧分别供奉4尊七世达赖喇嘛格桑嘉措塑像。灵塔前置有尊胜塔、涅槃塔、大威德金刚坛城和曼陀罗。

十三世达赖喇嘛灵塔殿（四层）

位于布达拉宫红宫最西端，五世达赖喇嘛灵塔殿西侧，此殿主供十三世达赖喇嘛灵塔，殿内还供奉十三世达赖喇嘛土登嘉措塑像。殿内陈设着各种法器、祭器。

金顶区

金顶位于红宫顶层，布达拉宫最高处，由五世、七世、八世、九世、十三世达赖喇嘛灵塔殿金顶及圣观音殿、上师殿金顶共7座金顶组成。金顶为单檐庑殿式，金顶正脊的中部及两端立有3座宝塔，四翘角饰以镏金摩羯鱼首。

白宫

达赖办公和生活的场所

白宫因外墙为白色而得名。白宫曾是达赖喇嘛的冬宫，也曾是原西藏地区政府的办事机构所在地。

白宫高7层，顶层是达赖的寝宫"日光殿"，分为东日光殿和西日光殿。第六层和第五层是生活和办公用房。第四层是白宫最大的殿宇东大殿——被设为布达拉宫重大活动的举行地，如达赖坐床典礼、亲政典礼等。

白宫外部有"之"字形的上山蹬道，东侧半山腰有被称为德央厦（东庭院）的广场。该广场的南北两侧建有僧官学校等。

西日光殿

西日光殿是早期修筑的达赖喇嘛的起居宫，位于白宫顶层。由福地妙旋宫、福足欲聚宫、喜足绝顶宫、寝宫和护法殿组成。

东日光殿

东日光殿是十三世达赖喇嘛晚年扩建的

起居宫，位于白宫顶层。由喜足光明宫、永固福德宫、护法殿、长寿尊胜宫和寝宫组成。

东大殿

东大殿又称为“措钦厦”，殿长27.8米，宽25.8米，内设达赖宝座，上悬同治帝书写的“振锡绥疆”匾额。布达拉宫的重大活动如达赖坐床典礼、亲政典礼等都在此举行。

布达拉宫广场

世界海拔最高的城市广场

布达拉宫广场是世界海拔最高的城市广场，也是布达拉宫的重要组成部分，是一座融休闲、文化、集会等多功能为一体的现代化广场。广场东西长600米，南北宽400米，可容纳4万人举行大型集会活动。从整体布局看，广场平坦而开阔，南面是西藏劳动人民文化宫，北侧是布达拉宫。

广场南面，矗立着西藏和平解放纪念碑，这座2001年建成的纪念碑，南以远山绿树为背景，北与巍峨壮丽的布达拉宫相距350米，主体呈灰白色，总高37米，碑体南面铭文上端设5条金带，代表西藏和平解放50周年。碑身造型是抽象化的珠穆朗玛峰，表现出纪念碑高耸入云的气势和与天地同在的永恒。

布达拉宫的阶梯

宗角禄康公园

布达拉宫的后花园和倒影地

宗角禄康公园又称龙王潭公园，位于布达拉宫山后。据传它初建于六世达赖仓央嘉措时期，后经数代达赖喇嘛修缮，现在是拉萨著名园林之一。宗角禄康公园中有一片长方形潭水，东西长207米，南北宽约112米。据传六世达赖仓央嘉措曾从墨竹工卡迎请墨竹赛钦和八龙供奉于北潭水中，因此得名龙王潭。

潭中有一不规则圆形的孤岛，建有小庙，供奉佛祖释迦牟尼和龙王像，每年的四月十五日举行“萨嘎达瓦节”祭祀活动。

药王山

拍摄布达拉宫的最佳位置

拉萨市城关区北京中路，布达拉宫南侧

30元

药王山的藏名是夹波日，意为“山角之山”，位于布达拉宫右侧，海拔3725米。山的东侧现存有一座拉萨地区罕见的石窟寺庙，名为查拉鲁普寺，至今已有1000多年的历史。石窟呈不规则长方形，面积27平方米，洞口有一中心柱，中心柱与洞壁之间是狭窄的转经廊道。庙供有蓝宝石的药王佛像等70多尊佛像。山上四处崖壁均刻有形态各异的佛像和神灵雕像以及六字真言。

玩家 攻略

1.药王山的半山腰是拍摄布达拉宫的最佳角度所在。很多摄影爱好者会选择在此拍摄清晨第一缕光线照亮布达拉宫的瞬间。

2.上山的小路在布达拉宫右侧对面马路，即白塔后面。

3.查拉鲁普寺需另购门票，门票10元，淡季往往无须买票。庙内光线幽暗，建议带上手电或者头灯。

4.药王山的附近有很多刻玛尼石的藏族同胞，如果有兴趣的话，不妨沿着布达拉宫广场西面的一条小路朝南走走看。

玩家 解说

药王山得名于山上曾有的药王庙，据传为17世纪末期的第巴·桑结嘉措所建。当年为发展藏医，他在山上修建门巴扎仓（医药院），从各寺选拔喇嘛学习医药知识。庙中曾供有蓝宝石的药王佛像。药王山也因药王庙而得名。数百年的风雨并不容情，当年的门巴扎仓如今已然成为废墟。

链接

查拉鲁普寺的由来

传说这个造型奇特的石窟寺庙开凿于松赞干布时代。藏王松赞干布的木雅妃如雍在查拉普普山崖上雕刻大梵天神像，用当时西藏很紧俏的盐作为工匠的报酬，掘崖粉一升，给盐一升。顶上的山崖是文成公主思念家乡时向东方朝拜的地方。

西藏革命展览馆

西藏最大的公共展览馆

拉萨市城关区，布达拉宫前东侧

市中心可步行前往，乘坐三轮车约4元

9:00~12:00，14:30~17:30

西藏革命展览馆建于1965年。整个展馆的陈列面积达4500多平方米，地处布达拉宫的东侧。展馆规模很大，含有中央大厅和9个展览室，馆内藏有照片、图表、模型、塑像、实物展品等数万件，多数与当年西藏革命有关，具有极好的历史意义，很能体现革命前后西藏的各个层面的对比。

磨盘山关帝庙

历史悠久的格萨尔神庙遗址

拉萨市城关区布达拉宫西侧的巴玛日（磨盘山）上

磨盘山关帝庙是清朝格萨尔神庙的遗址，建于乾隆五十八年（1793年）。庙内藏有当时竖立的石碑及乾隆帝所赐的匾额等重要文物。乾隆时期为了纪念满、蒙、汉、藏等各个民族共同奋战获得全面胜利而修建的寺庙，是古代汉式建筑中的精品。

玩家 解说

1793年，清朝大将军福康安率军入藏顺利击退入侵者。班师拉萨后，在磨盘山顶上修筑文殊庙，以示对大清乾隆皇帝的敬仰与感恩；在磨盘山腰上修建关帝庙，以感谢武圣关羽相助战胜敌人。两座建筑均为汉式建筑风格，且在关公塑像前还放有抽签盒，是西藏地区少有的古代汉式建筑中的精品。

值得一提的是，山下还有由摄政王达擦·济咙八世丹白贡布主持的新建寺院。该寺落成后由当时的十五皇子永琰即后来的嘉庆皇帝赐名"卫藏永安寺"（藏语为公德林寺）。从此成为历代达擦活佛的驻锡寺。

200多年来这座神庙遗址为拉萨人所信奉，很多信徒香客到关帝像前抽签占卜吉凶，决断疑难。人们还把母鸡带到关帝庙前来放生，寺庙周围常常出现鸡群争食的景象。

链接

格萨尔王

格萨尔王，在藏族的传说里是神子推巴噶瓦的化身，一生戎马，扬善抑恶，弘扬佛法，传播文化，成为藏族人民引以为自豪的旷世英雄。他生于宝元元年（1038年），名叫觉如。16岁时。岭国英雄云集，赛马争夺王位。觉如力战群雄，得胜称王，娶妻珠姆，尊号为格萨尔。统一了大小150多个部落，岭国领土始归一统，被称为是莲花生大师的化身。

格萨尔王金像

景点推荐 大昭寺和八廓街

大昭寺 AAAAA

西藏佛教徒心中的金色圣殿

拉萨市城关区八廓北街

85元，大殿内摄影许可90元/张（有些殿内禁止拍摄）；讲解50元/次

乘9、10、11路等公交车在市妇幼保健院站下车可达步行即可到达；乘23、25、28路等公交车在措美林站下车可达或从八廓街步行可达

6323129　7：00~11：30对信教群众开放，11：30~17：30对游客开放

大昭寺，建于吐蕃时期，寺庙经历代扩建，目前面积已达25 100余平方米。寺内珍品古迹无数，主殿奉有释迦牟尼12岁等身镀金铜像，珍贵无比，在拉萨人的心目中有极高地位。

大昭寺坐东向西，是西藏最早的木构建筑，原为两层船形神庙，四周增设了回廊、院落。寺内的佛殿主要有释迦牟尼殿、宗喀巴大师殿、松赞干布殿、班旦拉姆殿（格鲁派的护法神）、神羊热姆杰姆殿、藏王殿等。释迦牟尼殿前保留着7世纪的檀木柱，一共8根，覆有极其精美的雕刻，属传世国宝。1400多年的风风雨雨后，这些木柱已经硬如铁石，手指轻敲下会传来金属声。

大昭寺殿高4层，上覆金顶，内有奇珍异宝数不胜数。寺殿内有长达千米的藏式壁画——文成公主进藏图和大昭寺修建图。

玩家解说

大昭寺供奉的觉阿佛，即当年文成公主从长安带来的释迦牟尼12岁等身像，在佛教界具有至高无上的地位。

因为这珍贵的佛像，大昭寺在西藏人民心中的地位极高。拉萨有3条著名的转经道，拉萨主要的转经活动都是以大昭寺的释迦牟尼佛为中心而进行的。内圈，即沿千佛廊绕“觉康”佛殿转一圈“囊廓”方为圆满。除内圈外围绕大昭寺则为中圈即“八廓”，也就是古老而热闹的商业街——八廓街；围绕大昭寺、药王山、布达拉宫、小昭寺为外圈，即“林廓”，已绕拉萨城大半。

大昭寺中心佛殿

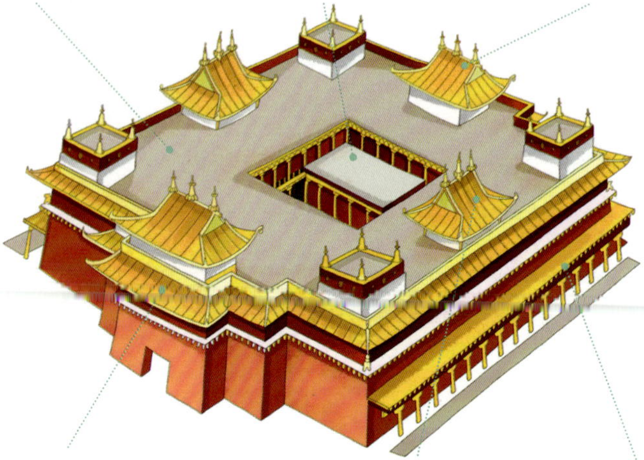

链接

大昭寺由来

大昭寺是西藏最辉煌最重要的一座寺院。相传7世纪中期，为与鼎盛时期的吐蕃王朝联盟，尼泊尔尺尊公主携明久多吉佛像入藏，嫁与当时的藏王松赞干布。这尊明久多吉佛像非常尊贵，是释迦牟尼8岁等身像。为了供奉他，松赞干布耗时3年修建了一座大型寺院，初名“惹萨”，后改为“大昭寺”——意为供奉大佛的神殿。明久多吉佛像于8世纪前叶被迎至小昭寺供奉，大昭寺转而供奉当年文成公主带来的觉阿像（释迦牟尼12岁等身像）。这便是大昭寺的由来。

唐蕃会盟碑

在进入大昭寺之前，首先会在正门之外看见两块石碑，南边一块就是著名的唐蕃会盟碑，于唐长庆三年（823年）用藏汉两种文字刻写。现在碑身已有风化，但大多数碑文仍清晰可辨。碑的旁边有一棵柳树，据传由文成公主亲手种植，当地人称为公主柳。

觉康佛殿

大昭寺的主体，正中位置是释迦牟尼佛堂，也是大昭寺的核心，这里是朝圣者最终的向往。此殿供奉的释迦牟尼像是文成公主所带的12岁释迦牟尼等身像。

世上只有3尊释迦牟尼等身佛像。佛教创始人释迦牟尼在世时反对偶像崇拜，不立寺供像。在他临终时释迦牟尼只同意以自己三个不同年龄时的模样塑像，并亲自为塑像绘图。这3尊佛像中，以12岁时释迦牟尼身为皇子的镏金铜像最为精美与尊贵。该佛像后从古印度流入中国，又经唐代文成公主带入西藏，原供于小昭寺，后转至大昭寺供奉至今。它足以让世人了解2500多年以前佛祖的真颜，弥足珍贵。

八廓街

拉萨保存最完整的古老街道

拉萨市城关区大昭寺周围

八廓街，实为“帕廓街”，位于古城拉萨的中心。这条长约千米的街道以大昭寺为中心，是西藏宗教、经济、文化、民族手工艺和典型风土人情的集结地，也是拉萨保存最完整的古老街道。

八廓街主要店铺有夏帽嘎布、玛吉阿米酒馆、雪域唐卡手工艺店、邦达昌等；街内遗存的名胜古迹众多，有下密院、印经院、席德寺废墟、仓姑尼庵、小清真寺等寺庙和拉康12座，有松赞干布行宫曲结颇章，格鲁派创始人宗喀巴的佛学辩论场松曲热遗址，藏文创始人吞弥•桑布扎的宅邸，曾派驻过84任驻藏大臣的驻藏大臣衙门，原拉萨市治安机构及监狱朗子厦等。另外，早晚间信徒绕大昭寺按顺时针方向转经也成为重要的民俗文化景观。

玩家 攻略

八廓街是拉萨最中心的转经道。傍晚时分，有众多信徒来此转经。在街上行走时，要注意和藏族同胞一样以顺时针方向行走。

八廓街中的建筑各异，是拉萨的商品集散地，能买到不少新鲜的藏式小物。也有古玩店林立一旁，但仿物较多。

八角北街24号院子叫"曲结颇章"，就是赫赫有名的"法王宫"，是四大宫殿中的第一座，也是八廓街的第一座房子。"法王宫"是修建大昭寺之前，松赞干布为自己建造的一个简朴行宫。

链接

八廓街的著名景点

公主柳：相传文成公主亲手所栽。

冲赛康老房：是清朝大臣早期住处。驻藏大臣傅清和拉布敦二人处决郡王珠儿墨特那木扎勒也在此处。

四大塔钦：围绕八廓街竖立着4根巨型经柱，是大昭寺的灵魂经柱，为全体信教群众祈福而立。

"拉让宁巴"古大院：松赞干布时期吐蕃最有名望的重臣吞弥•桑布扎的府邸。15世纪西藏著名的宗教改革家、格鲁派创始人宗喀巴大师曾在此居住。到17世纪，五世达赖喇嘛将此作为寝宫，之后在大昭寺顶楼新修寝宫搬出，原来的寝宫被称为"拉让宁巴"（拉让：活佛的寝宫；宁巴：旧），属拉萨市最早的古建筑之一。

桑珠颇章：相传17世纪蒙古和硕特部头领固始汗曾经住在这里。18世纪成为七世达赖喇嘛家眷的住宿。

木如宁巴：主殿建于第三世达赖喇嘛时期，寺内赞巴拉康（财神殿）为吐蕃赞布赤仁布青所建。

八廓街

由八廓东街、八廓西街、八廓南街和八廓北街组成多边形街道环。

街道周长约1000余米，街内岔道较多，有街巷35个。

街道保留了拉萨古城的原有风貌，由手工打磨的石块铺成，旁边保留有老式藏房建筑。

街道两侧店铺林立，有120余家手工艺品商店和200多个售货摊点。

街上主要店铺有夏帽嘎布、玛吉阿米酒馆、雪域唐卡手工艺店、邦达昌等。

景点推荐

罗布林卡 AAAA

拉萨的城内城外有很多园林，藏语称园林为林卡，大都是过去僧俗贵族官员夏日休闲游乐的地方。位于拉萨西郊布达拉宫西侧约1000米的罗布林卡，藏语意为“宝贝公园”，是历代达赖喇嘛夏秋两季的办公地，也被称为“达赖夏宫”。

罗布林卡始建于18世纪40年代（达赖七世时期），后来历经200多年的扩建，全园面积达到36万平方米，这里的建筑以格桑颇章、金色颇章、新宫为主体，有房374间，是西藏园林中规模最大、风景最佳、古迹最多的园林。罗布林卡现在已被辟为人民公园，每天11：00都有藏戏表演。每逢佳节，罗布林卡便会聚集很多前来野餐和郊游的藏民。

拉萨市城关区罗布林卡南路21号

旺季80元；淡季60元

乘坐2、14路等公交车在罗布林卡南站下车即达

9：00~18：00

玩家解说

罗布林卡四面都有门，东面是正门。康松思轮是正面最醒目的一座阁楼，它原是座汉式小木亭，后改修为观戏楼，东边又加修了一片便于演出的开阔场地，专供达赖喇嘛看藏戏用。它旁边就是夏布甸拉康，是进行宗教礼仪的场所。它的北侧设有噶厦的办公室和会议室。每到夏日，布达拉宫内的许多政府机构，都要随着达赖喇嘛转移到罗布林卡办公。

18世纪40年代以前，罗布林卡还是一片野兽出没，杂草、矮柳丛生的荒地。后来，由于七世达赖喜欢这里且常来，当时的清朝驻藏大臣就特别修筑了一座乌尧颇章（凉亭宫）。1751年，七世达赖在乌尧颇章东侧又建了一座以自己名字命名的3层宫殿——格桑颇章（贤杰宫），内设佛堂、卧室、阅览室及护法神殿等，被历代达赖用为夏天办公和接见西藏僧俗官员的地方。而后，历世达赖在此基础上不断扩兴土木，使罗布林卡发展为今天的规模。

格桑颇章

罗布林卡最早的建筑

格桑颇章是罗布林卡最早的建筑，因是七世达赖格桑嘉措修建而得名，从清朝开始，罗布林卡逐渐由疗养地演变为处理政教事务的夏宫，以后的历代达赖均在每年的藏历三月十八日从布达拉宫移居罗布林卡，至藏历九十月之交再返回布达拉宫。

格桑颇章的主殿设有七世达赖喇嘛的宝座，这里挂满了珍贵的度母唐卡像和护法神像，有近百幅之多。二楼上供奉的是释迦牟尼佛像，两侧分别有16尊罗汉像，墙上壁画记载了松赞干布等吐蕃藏王的故事。

玩家 解说

格桑颇章的第一层为经堂，第二层为罗汉殿、护法殿以及达赖的阅经室，第三层为达赖接见僧人和官员的地方。在颇章的第二层有4幅壁画，非常引人注目，内容为儿童玩耍的场面，名为“婴戏图”。画面生动活泼，极富世俗气息，在西藏壁画中很少见。

罗布林卡

湖心宫

古木参天，芳草遍地

从格桑颇章向北，是八世达赖修建的龙王庙和湖心宫，这里古木参天，芳草遍地，宫殿、凉亭、水榭、回廊布设紧凑，水池、草坪、林木、房舍相得益彰，亭台楼阁几乎完全是汉族的建筑风格，走进这里，仿佛走进了苏州园林。

湖心宫南侧有一个小岛孤立于池中，岛上种植一些树木以保持其自然生长的野趣，这与北京颐和园有些类似，因此罗布林卡也被人们称为“拉萨的颐和园”。

罗布林卡

措吉颇章是一座飞檐翘角的古典建筑风格，坐落于方形塔基之上，周围有高大乔木环绕，景色清幽。

一栋单檐盔顶式建筑，耸立于措吉颇章之后，上方的宝顶装饰异常华丽。

一株盘根错节的古树立于一方平台之上，台基向下延伸五层。

湖心岛以围栏圈成，中间设有一方形正门，以此通往内部。

岛周围密林叠翠，景色清幽，是贴近自然，感受文化信仰的好去处。

罗布林卡

新宫

达赖办公和休息的地方

新宫是十四世达赖于1954年起兴建的。进入新宫的院门，就像进入了花的海洋。新宫的主体建筑叫达旦明久颇章，也称为永恒不变宫。这里是达赖喇嘛办公和休息的地方。

新宫内以栩栩如生的壁画最为引人注目。在北殿西侧经堂内有一张菩提树下的释迦牟尼与八大弟子图，是一幅不可多得的精彩作品。新宫南殿的壁画，是用连环画的形式记录了西藏简史，内容包括藏族起源、吐蕃王朝兴亡、西藏佛教后弘及噶当、噶举、萨加、格鲁等教派的陆续兴起等历史，画面生动活泼，色彩和谐，具有独特的民族风格。

金色林卡

十三世达赖主持修建

金色林卡位于罗布林卡的最西面，是十三世达赖于1922年主持修建的，金色林卡最有名的建筑是金色颇章。进入金色颇章后是一个铺满石块的院落，院子西面走廊下有两台原来达赖喇嘛用过的汽车，据说当年是拆散了从印度运过喜马拉雅山的。颇章内有朝拜殿、堪布室、讲经堂、库房等，其外表风格和内部布局与西藏其他宫殿寺庙并无两样。

金色林卡的东边和南边有大片草地，面积约2.9公顷。南边草地的北侧建有一座看台，四周种植松柏，这是以前达赖喇嘛观看赛马、放风筝的地方。每逢巧秀节，这里的台座上都会搭起华美的帐篷，达赖喇嘛与僧俗官员一起游乐，西藏最大的护法神也要到这里跳神。

雪顿节的乐园——罗布林卡

每年雪顿节，罗布林卡就迎来了如织的游人。拉萨城内几乎全部的居民都涌入了罗布林卡，他们身穿节日的盛装，或骑车，或集队步行。一年当中最盛大的藏戏会演就在这里拉开帷幕。

每一出藏戏外面都被游客们围了个水泄不通，圈内戴着各式面具的表演者正在卖力地演出。各类演出剧目都不相同：有单纯的歌舞表演，有表现格萨尔王故事的剧目，也有诸如祭神的传统剧目。近几年来，藏戏表演得到了大力的支持，西藏觉木隆藏戏、江嘎尔藏戏、湘巴藏戏、迥巴藏戏、扎西雪巴藏戏、宾顿藏戏等六大派别的藏戏被列入"国家级非物质文化遗产代表性项目名录"。

公园中随处可见色彩斑斓的帐篷，人们在里面铺上卡垫、地毯，摆上果酒、菜肴，喝着青稞酒。近几年来，啤酒的身影也经常能在罗布林卡见到。下午的时候各家开始串门，主人向客人敬三口一杯的"松准聂塔"酒，在劝酒时，唱起不同曲调的酒歌，各帐篷内，相互敬酒，十分热闹。

七月三日至六日，罗布林卡露天戏台上，有一整天的传统剧目表演，由迥巴、江嘎尔、香巴、觉木隆这后期新派蓝面具四大团体轮流奉上。迥巴演《顿月顿珠》，江嘎尔演《诺桑王子》，香巴演《文成公主》或《智美更登》，觉木隆演《卓娃桑姆》或《苏吉尼玛》或《白玛文巴》。七月七日，扎西雪巴这一早期面具派藏戏的表演团体上台表演。演一段《诺桑王子》正戏片段，主要表演白面具派的开场仪式"甲鲁温巴"和"扎西"结束仪式，表示"扎西丹增"，即对雪顿节主要的中心活动圆满结束，进行欢庆祝福，祈赐吉祥。

景点推荐

拉萨市区景点

小昭寺 ⓧ

与大昭寺连称“拉萨二昭”

拉萨市城关区小昭寺路　20元

乘坐21路或29路公交在热木齐站下，步行即可到达

7：00~18：00，周二不开放

小昭寺始建于唐代，占地4000平方米，被列为格鲁派上密院的修法之地。前为庭院，后为神殿及门楼，据说由文成公主主持建造以寄托思乡之情。寺内供有释迦牟尼8岁等身赤金像及众多的佛像和唐卡等。寺内香火绵延已逾千年，别有特色。

小昭寺坐西朝东，与大昭寺相距千米。传言，小昭寺与大昭寺同时开工，同时竣工，同时开光。据说当年因文成公主悲思汉唐而修建，整个格局仿汉唐，建筑风格为汉藏合璧，由庭院、神殿、门楼和内外转经回廊等组成，极为精美壮观。经历数度火焚与修复后，现存的小昭寺实为晚期作品，只有底层神殿是早期建筑。殿内的10根十六棱形柱依稀可见吐蕃遗风：上面镂刻着莲花，并雕有花草、卷云以及珠宝、六字真言。小昭寺主楼3层，底层分门庭、经堂、佛殿3部分，周围是转经廊道，廊壁上遍绘无量寿佛像。3层楼上过去是达赖喇嘛下榻的地方。小昭寺的金顶也是汉地的歇山式样，以斗拱承托。

玩家 攻略

小昭寺路属步行街，机动车辆和三轮车在9：00~18：00期间禁入；可搭乘交通工具到南边或者北边路口，再步行进入。

参观注意事项：如购票后需要讲解员，寺内喇嘛每次讲解的费用为50元；主殿佛祖前的经坛，常有几十名喇嘛集体诵经，场面壮观；独自朝圣时，切忌转偶数圈。

小昭寺西南方向的侧门林寺规模不小，不收门票，值得看看。

玩家 解说

小昭寺内藏有文物众多，较为珍贵的是铜菩

萨、莲花生铜像和仕女铜像。铜菩萨通高2米，菩萨身高1.32米，戴宝冠，饰璎珞，斜披帛，结跏趺坐于方台上。座高0.68米，座下方刻有“大清乾隆庚寅年敬造”字样；莲花生铜像：通高1.55米，座高0.03米、宽0.14米，披袈裟，双手持法器，结跏趺坐于莲花座上；仕女铜像：通高1.33米。座为半圆形，座高0.17米。双手捧堆花瓷瓶，披帛至脚，上着短衣，下着长裙。

因供奉着明久多吉佛像的缘故，明、清两朝皇帝亦对该寺十分重视，乾隆帝曾御赐“耆阇真镜”的匾额。

链接

格鲁派

格鲁派属中国藏传佛教。藏语中的格鲁意为善律。该派强调严守戒律，头戴黄色僧帽，故又被称为黄教。格鲁派的创始人是宗喀巴大师。格鲁派的著名六大寺中，甘丹寺、哲蚌寺、色拉寺位于拉萨附近，合称拉萨三大寺，此外，还有位于后藏的日喀则的扎什伦布寺，位于青海省西宁市的塔尔寺和位于甘肃省夏河县的拉卜楞寺。

色拉寺 ㊈

格鲁派六大寺院之一

拉萨市城关区色拉寺路最北端　　50元

乘6、16、24路等公交车在色拉寺站下车可达

9：00~18：30，个别佛殿16：00关闭

色拉寺始建于15世纪初，由宗喀巴的弟子“大慈法王”释迦耶歇建造，是藏传佛教格鲁派六大寺院之一。寺内藏有世界上第一部用藏文书写的佛经，更有诸多珍奇异宝。

色拉寺规模宏大，依山而建，占地11.5万平方米，以措钦（集会）大殿、麦巴扎仓、吉巴扎仓、阿巴扎仓等为主体建筑，错落间有数十座康村（僧侣村落）。所有屋舍均为石木结构，屋顶覆阿嘎土，白色外墙的上部装饰紫黑色贝玛草，具有浓郁的藏式风格。全寺分为吉巴、麦巴、阿巴三大扎仓（经学院）。

色拉寺

玩家 攻略

色拉寺并非常规旅游景点，其最大的看点是每周三下午的喇嘛辩经。一般三点开始，持续两三个小时。喇嘛们手舞足蹈，互相辩论、证悟佛法，甚为热闹。另一看点是雪顿节的展佛活动。许多信众于凌晨先到哲蚌寺展佛，然后到色拉寺展佛。

玩家 解说

寺内颇多宝藏，最重要的是一套用朱砂汁书写的藏汉文对照《甘珠尔》，乃明成祖馈赠绛钦却杰之物。这是世界上第一部用藏文书写的佛经版本，在藏传佛教界和版本学领域内都具有非凡的价值。此外如金泥书写的《大般若经》、白檀木雕刻的16尊者像、金汁绘就的释迦牟尼转法轮唐卡和大慈法王缂丝像等也都是弥足珍贵之物。

西藏博物馆 AAAA

西藏第一座现代化博物馆

拉萨市罗布林卡（夏宫）东门外附近

市内乘17路公交车可到达　　免费

夏季10：00~17：30，冬季10：00~16：30（周一闭馆）

西藏博物馆是西藏第一座具有现代化功能的博物馆，于1999年10月落成开馆，占地面积53 000多平方米。主体建筑分为三层，一层是旅游纪念品商店，二层是西藏历史展览，三层是动植物、玉石等专项展览和临时展览。

玩家 解说

西藏博物馆的馆藏甚多，最知名的有双体陶罐、五世达赖金印、贝叶经和青花缠枝莲纹花觚。

双体陶罐是镇馆之宝，出土于昌都卡若遗址。陶罐整体造型洗练优美、饱满丰盈、构思巧妙，制作工艺纯熟，代表了卡若文化的制陶水平和卡若先民高超的器物造型能力，是新石器时代西藏陶器的代表和点睛之作。

五世达赖金印为纯金铸就，重达8.5千克，印文为汉、藏、满、蒙四种文字篆刻“西天大善自在佛所领天下释教普通瓦赤拉呾喇达赖喇嘛之印”，为当年顺治皇帝册封五世达赖的印信。自

西藏博物馆

此，历代达赖喇嘛均由中央政府认定。

贝叶经是早期古印度人用生长于南亚的贝多罗树的树叶制成的梵文经书。因制作时采用了很多独特的药物处理方法，因而贝叶经不干裂、不卷曲、不虫蛀、不霉变，是保存完好的稀世珍宝，更是研究早期佛教史和佛教文化难得的第一手资料。

青花缠枝莲纹花觚属佛龛供案上的五供之一，是清朝乾隆年间的作品，成对保存，十分珍贵。西藏博物馆馆藏的这对青花缠枝莲纹花觚造型高大精美，青花纹饰秀丽流畅，由督窑官唐英监制。

乃琼寺

西藏著名的佛教高等学府

拉萨市城关区西北，去哲蚌寺的途中

20元

市内乘16路公交可达

乃琼寺又被称作"乃琼护法神殿"，是哲蚌寺的属寺，属于宁玛教派。乃琼寺因寺内色彩浓艳、内容复杂的壁画长廊闻名。壁画绘于17世纪中叶，是古格王朝壁画、白居寺壁画之外的又一经典古典壁画杰作。它吸收了汉族文化、印度、尼泊尔、克什米尔等地文化的元素，是不可多得的艺术珍宝，值得一观。

在藏语中乃琼寺意思就是哲蚌寺下的一个"小地方"，一个小的不引人注目的地方。但这乃琼寺，却是历史上西藏著名的佛教高等学府，每年考中格西学位的喇嘛多出于此，现在仍是西藏的佛学院。

现在的乃琼寺建于村居之间，仅仅是个小小的四方院落，院门东开。传说中是于公元8世纪莲花生大师将凶恶的乃琼多吉札丹降伏，将其变为藏传佛教的护法神。因此乃琼寺里有西藏最神奇的一种巫师，也就是法力无边的乃琼神汉，同时也保存下来一种降神的宗教仪式。

哲蚌寺 ㊫

藏区最大的寺院

拉萨市西郊的根培乌孜山上 50元

乘24、25路公交车到哲蚌寺站下，然后沿当巴路徒步上山 9:00~17:00，下午多数佛殿不开门

哲蚌寺建于明永乐十四年（1416年），建筑面积约20万平方米，是世界上最大的寺庙之一。哲蚌寺建筑群落主要由措钦大殿、四大扎仓和甘丹颇章等几部分组成。

哲蚌寺在西藏众多寺庙中很与众不同，

哲蚌寺

从外边看来整座寺庙给人苍凉、大气、古朴的感觉，然而从各个大殿内堂看，又显得奢华、沉重。寺庙沿着山势逐层而建，建筑结构相当严密，每个建筑单位基本都分为三个地平层次，即落院、经堂和佛殿，形成由大门到佛殿逐渐升高的格局，以突出佛殿的尊贵地位。

玩家 解说

哲蚌寺全名为吉祥米聚十方尊胜洲，是藏区最大的寺院。当年宗喀巴的门徒绛央却杰为弘传佛法，兴建此寺。

哲蚌寺除藏有宗喀巴亲赐地右旋法螺，还存有二到四世达赖喇嘛的灵塔、《甘珠尔》经、强巴佛8岁等身像。此外，还收藏着数以万计的文物古籍和佛教典籍。

玩家 攻略

1.哲蚌寺建在沙石荒山之下，注意穿舒适轻便的鞋。

2.哲蚌寺每日有两次辩经时间，14：30~16：30和20：00~22：00。

3.进寺参观建议多备零钱。无论去哪座寺庙、哪座殿堂，必须顺时针前行。

4.每年雪顿节的哲蚌寺晒佛最值得一看。

链接

雪顿节哲蚌寺晒佛

哲蚌寺的晒佛，是拉萨雪顿节的序幕。这一天，天不亮的时候，人们就纷纷从四面八方聚集到哲蚌寺所在地——根培乌孜山麓。晒佛的仪式就在这里举行。山上山下人群汇集成海，信徒和观光客累计可达20万人左右。

哲蚌寺晒的唐卡是丝织强巴佛像，长宽约30米，略呈正方形。唐卡中间为佛祖释迦牟尼，左手托钵，右手作降魔指地印，周围有菩萨、保护神等。巨幅唐卡平日深藏于寺院，人们只能在一年一度的雪顿节上，才有缘观瞻。

临近展佛时，近百名僧从哲蚌寺措钦大殿缓缓抬出宛若长龙的巨幅唐卡，移向哲蚌寺西侧的专用晒佛平台。一旁有宗教乐队伴奏，法号声响彻山谷。全场都开始沸腾。唐卡由上而下徐徐伸展，释迦牟尼脸上盖有幕布，等待清晨第一缕的阳光。信徒们相信，当第一缕阳光与缓缓下垂的挂毯重叠的那一刻就是佛祖显灵的时刻。

佛像展出两个小时后，有人将其收起，次年的雪顿节才能再见真颜。

甘丹颇章

甘丹颇章是历史悠久的极乐宫，建于1530年，为二世达赖喇嘛主持修建，这里一度是西藏地区的政治权力中心，在门前的小佛殿里还供奉着五世达赖喇嘛的衣服。

甘丹颇章分前、中、后三幢建筑，庭院里有五世达赖在迁至布宫之前亲自手植的一棵松柏。达赖喇嘛的生活起居主要在七楼，这里设有经堂、卧室、讲经堂、客厅等。七楼还有卓玛殿和护法神殿两个殿，殿里供奉有一

唐卡

唐卡是用彩缎装裱的一种宗教卷轴画，是藏族文化中一种独特的绘画艺术形式，题材内容涉及藏族的历史、政治、文化和社会生活等诸多领域，堪称藏民族的百科全书。

西藏的各大名寺都收藏有数百年历史的唐卡，因其特殊的颜料加上西藏高原干燥的气候，这些唐卡即使经数百年依然色泽鲜艳，犹如新绘。2006年，藏族唐卡和“热贡艺术”被列入首批“国家级非物质文化遗产代表性项目名录”。

根据制作材料的不同可将唐卡分为两大类——用丝绢制成的国唐和用颜料绘制的止唐。

唐卡之国唐

根据丝绢材料的不同，国唐更可分为五小类，分别为：绣像国唐、丝面国唐、丝贴国唐、手织国唐和版印国唐。

绣像国唐：用各种不同的丝线经手工刺绣而成的唐卡。

丝面国唐：先将各色的丝绢切成各种形状的布块，再将布块拼成画面用针缝接而成的唐卡。

丝贴国唐：与丝面国唐相似，只不过不是用针缝接各种彩色布块，而是用胶粘在画布上。

手织国唐：用丝线经手编织而成的唐卡。

版印国唐：用墨或朱砂作颜料用套版直接印在丝绢上的国唐。套版主要用木版，偶然也用铜版或铁版。

唐卡之止唐

正宗的止唐用矿物色甚至纯金粉或者宝石粉调色，可以收藏数百年而不褪色。和国唐一样，止唐也有五大类别，以画背景时所用颜料的不同色彩来区分：彩唐、金唐、朱红唐、黑唐和版印止唐。

彩唐：用各色颜料画成背景的唐卡。

金唐：用金色颜料画背景的唐卡。

朱红唐：用朱红色颜料画背景的唐卡。

黑唐：仅用墨色画背景的唐卡。

版印止唐：制作方法与版印国唐相同。唯一的区别是，国唐以丝绢画布为材料，止唐以棉布画布为材料。

著名唐卡

(1) 明朝的刺绣红夜魔唐卡——现存世界最大的一幅西藏刺绣唐卡。

(2) 元代的时轮坛城唐卡。

(3) 明朝的多吉丹佛塔唐卡。

(4) 清朝的松赞干布像唐卡。

绘制唐卡

具少女干尸。

措钦大殿

措钦大殿为整个哲蚌寺的中心，大殿内供奉着文殊像以及哲蚌寺的主要信仰物——白法螺。在大殿三层有当年宗喀巴亲子开光的强巴佛殿，这是整座寺庙内最为雄伟壮观的建筑，据说可以同时容纳8000人诵经。

措钦大殿是全寺僧众聚集的大经堂，大经堂里面有183根立柱，每根柱子上除了雕刻着精美的图案，还用经幡、挂幡等装饰着。在殿内还保存着三世达赖喇嘛的肉身灵塔、四世达赖喇嘛的肉身灵塔、释迦牟尼的百行转图、人间形成图、生死轮回图等。

四大扎仓

哲蚌寺扩建时有7个扎仓，后来逐步合并为四大扎仓，分别为果芒、洛色林、德央和阿巴扎仓。

洛色林扎仓的规模最大，主经堂由108根圆木柱组成，面积达到1000多平方米，可容纳5000名僧人同时诵经，后殿为强巴拉康，主供强巴佛。果芒扎仓和德央扎仓位于哲蚌寺的最右面，是两个相对较小的扎仓。阿巴扎仓位于整个寺院的左上角，是密宗学院，这里供奉的是9头34臂的胜魔怖畏金刚像，据说该佛像是大法王宗喀巴亲手塑建的。

每个扎仓都有辩经场，辩经场一般有一级一级的辩经台，辩经的时候喇嘛依次就座，理论上全寺喇嘛都可登台辩经，但实际上能够登上辩经台的，必须有足够广博的佛学知识。

链接

哲蚌寺辩经

每天下午的辩经是哲蚌寺的一大看点，几百人集聚在一起，一对一辩论，攻方用夸张的肢体语言配合急速的语调发问，居高临下滔滔不绝，守方端坐地上以不变应万变，言简意赅的回答，像一个太极推手。即使不懂一句藏语，看看那场面也足够过瘾。

辩经有效锻炼和提高了僧侣们的思辨能力，是藏传佛教一种温习功课的方式。在扎仓和全院性的大辩论中胜出的喇嘛，可以得到藏传佛教的最高荣誉学位——“格西”。

西藏农牧林区民宅

它以西藏各地独具风格的藏式建筑为蓝本，如林芝木屋、藏式农家院，牧区帐篷等。全面展示藏区百姓的日常生活习俗。

林卡娱乐区

此区内娘热乡村的民间歌舞及藏戏表演在拉萨地方非常有名。在娘热民俗风情园内您可以欣赏到地道的各种藏戏段子、神舞、朗玛、堆谐、卡尔以及民间对歌等；可聆听法号、民乐、电子乐等各种音乐形式，同时举办登山、骑马、射响箭、篝火晚会、藏式婚俗等多样可参与的活动。

民族手工艺品展销区

该区现场展示唐卡、陶器、藏宣纸、氆氇、卡垫等民族手工艺品的制作工艺，并销售纯手工制旅游纪念品。

饮食文化区

在这里可以参观御膳糌粑水磨房、原始榨油坊、配有野生调味品的土制烧烤以及古老传统的酥油茶、青稞酒、牦牛乳酸奶等乡村绿色饮食。

文化精品展示区

它位于现行藏文创始之地——帕邦喀寺脚下的两座具有浓郁古典藏式建筑风格的展厅内，向中外学者和游客系统地展示藏民族文字书法艺术的发展、演变过程和唐卡绘画艺术为主的西藏民间文化艺术精品，并

哲蚌寺俯瞰拉萨

举办文化艺术交流和展销活动，使了解藏文化的理想去处。

帕邦喀

帕邦喀于7世纪建造，是吐蕃时期重要的政治与佛事活动场所。吞弥·桑普扎创始藏文及松赞干布初学藏文，并颁布第一个藏文政令亦在此处。寺庙西面有一色埔修行洞，历史记载松赞干布曾在此修行。

曲桑日追·格日寺

曲桑日追由仲麦巴旦桑-第巴·赤列嘉措（摄政王）于17世纪主持修建，五世达赖喇嘛亲临此地后赐予“曲桑”之名。

格日寺在13世纪由帕唐巴桑杰创建，现为格鲁派。寺庙周围绿草茵茵，沟内溪水流畅，环境十分幽雅。

贡桑孜日追

贡桑孜日追于18世纪由第八世达赖喇嘛阿旺曲扎创建，属格鲁派。第十一世达赖喇嘛凯珠嘉措和第十二世达赖喇嘛成列嘉措正式坐床前住在该寺。寺庙周围栽满果树，山坡上长满绿草，小庙环境舒适幽雅。附近山上有许多修行洞，密宗修行常年在此闭关修行。

更多本旅游区景点

千佛摩崖刻石及石雕甘珠尔佛塔：千佛摩崖刻石源自14世纪，东侧则是花纹石雕《甘珠尔》佛塔，由本·土巴大师刻甘珠尔经于花纹石上。药王山西侧

拉鲁湿地自然保护区：是世界稀有的、国内最大的城市湿地。其中，野生植物植被主要以芦苇群落和中生型莎草科植物为主，是天然的加湿器，被誉为拉萨的大氧吧。拉萨市西北角

木如寺：藏王赤仁布青时由吐蕃王朝最著名的三大法王之一赤热巴巾赞普创建。木如寺曾经盛极一时，现为佛协印经院。每年藏历十二月二十三日至二十九日，木如寺均举行隆重的年祭跳神舞木如古朵。拉萨市城关区北京中路

下密院：建于15世纪，与小昭寺共称“天上日月为一对，地上密院成一双”。下密院是下部地区弘传密法之所，属藏传佛教格鲁派密院最高学府之一。拉萨市城区北京东路

拉萨烈士陵园：建于1955年，由纪念碑、广场、纪念亭、照壁等建筑物组成。陵园内安葬着孔繁森等为了西藏社会主义建设事业英勇牺牲的830位烈士。拉萨市西部

阿尼仓姑寺：是拉萨老城区内唯一的一座尼姑寺，寺名由当年松赞干布闭关修行的修行洞而得名。仓姑寺是格鲁派的一个尼姑庵，现在有150多名比丘尼在此修行。拉萨市林廓南路

宇妥桥：又名琉璃桥，建于乾隆年间。据藏史记载，因驻藏大臣衙门与布达拉宫之间有条小河，人畜来往不便，清政府拨专款修建此桥。桥顶采用绿色琉璃瓦盖成，在高原阳光的照射下，桥顶犹如碧玉流光，分外妖娆。大昭寺西藏医院对面

拉萨清真寺：呈东西走向，沿中轴线前后设有三进院落，始建于18世纪中叶。建筑群由牌楼、礼拜堂、邦克楼、浴室、林卡等组成。拉萨市城关区江苏路河坝林回族聚居区

策满林：策满林藏语中意为长寿寺。策满林始建于1777年，由乾隆年间的阿旺楚臣主持修建。主要建筑为两座杜康大殿，均为三层。大昭寺以北

次角林寺：又名次角林桑日寺，建于1789年。当年，廓尔喀侵略军入侵时，为收容吉仲县桑丹林寺的逃难僧人，八世达赖喇嘛经师嘎钦·益西坚赞创建了次角林寺，属格鲁教派。拉萨河南岸

景点推荐

纳木错

纳木错是西藏三大圣湖之一，海拔4718米，是世界海拔最高的大湖。从湖东岸到西岸全长70多千米，由南岸到北岸宽30多千米，总面积为1920多平方千米，是西藏第一大咸水湖，也是我国的第二大咸水湖。

纳木错藏语为“天湖”之意，蒙古语称“腾格里海”。纳木错的湖水靠着念青唐古拉山的冰雪融化后补给，沿湖有不少大小溪流注入。湖水清澈透明，湖面呈天蓝色，水天相融，浑然一体，闲游湖畔，似有身临仙境之感。

纳木错中有5个小岛和5个半岛（扎西半岛最大），有斑头雁、赤麻鸭等栖息。扎西半岛上还有古代洞穴岩壁画，大部分在山洞的内壁上，计有画像250余幅。合掌石、善恶洞、迎宾石是纳木错标志性景点。

拉萨市当雄县纳木湖乡

从拉萨包车前往 120元

玩家解说

纳木错是第三纪末和第四纪初，喜马拉雅山运动凹陷而形成的巨大湖盆，后因西藏高原气候逐渐干燥，纳木错面积大为缩减，现存的古湖岩线有三道，最高一道距现在的湖面约80余米，湖滨平原牧草良好，是天然的牧场。

在12世纪末，藏传佛教达隆嘎举派创始人达隆塘巴扎西贝等高僧，曾到湖上修习密宗要法，并认为是胜乐金刚的道场，始创羊年环绕纳木灵湖之举。所以每到羊年僧俗信徒不惜长途跋涉，前往转湖一次就感到心满意足，得到了莫大的安慰和幸福，这一活动，每到藏历羊年的四月十五达到高潮，届时僧俗聚集，先后历时数月。

这时纳木错附近的恰催寺、扎西多切寺、谷穹寺和多加寺会变得香火缭绕、热闹异常，转经人群像一条流动的河，滔滔不息。由于湖面太大，湖边地形复杂，转一圈常要20~30天，最壮的小伙子也得跑10天，所以大家都用转扎西半岛来代替。据说，围着扎西半岛转7圈就等于转湖一周。

玩家攻略

1.在适于旅游的雨季，拉萨市多有旅行社为散客开设往返于拉萨和纳木错的旅游车。一般行程是，早晨7~8时从拉萨出发，中午到达纳木错，当天或次日15~16时启程返回拉萨。

2.住宿：纳木错扎西半岛有很多宾馆和客栈，另外每到旅游旺季，纳木错附近的当地村民就会在扎西半岛搭起帐篷，为游客提供富有民族特色的帐篷宾馆住宿，别有一番趣味。但由于纳木错海拔较高，如果还没有完全适应西藏的高原反应，建议最好不要在此住宿。当雄是纳木错的门户，县城里有很多宾馆，条件都还可以，如念青唐古拉宾馆、金珠宾馆、当雄县招待所等。

3.美食：纳木错扎西半岛上有很多餐馆，可以为游客提供各种口味的饮食，川味、重庆味以及藏味美食应有尽有，富有特色的餐馆有老成都饭馆、川渝宾馆、扎西岛白玛饭馆等，由于这里位置偏远，所以饭菜的价格相对都比较贵。当雄县城的餐馆以川菜馆和藏式菜馆为主，这里的蘑菇个大肉肥，是当地一绝，值得品尝。

4.特别注意：下雨或者下雪的时候，不要去纳木错。那里山口可能有大雪，纳木错湖边的路容易陷车，容易被困。

链接

纳木错标志景点

迎宾石：也被称为是纳木错的门神。传说纳木错是一位女神，她掌管着藏北草原的财富，所以当商贩外出做生意时，必先来到此地得到门神的同意，朝拜纳木错，以保生意兴隆。

合掌石：也称“父母石”，传说它是父亲念青唐古拉山峰和母亲纳木错女神的化身，象征他们忠贞不渝的爱情。此掌为芷传宁玛教派创始人莲花生大师修行时合掌祈福万物的显像。

善恶洞：藏传佛教认为人无论做善事或恶事，上天是一定能知道的。就像钻善恶洞一样，无论高、矮、胖、瘦，只要你行得正走得直便能从洞中通过。反之就应当反省一下自己的过错。善恶洞只是佛祖给世人敲的警钟而已。

扎西半岛
纳木错最大半岛

扎西半岛，也叫吉祥爱情岛，是纳木错最大的半岛，也是游览纳木错最重要的景点。

扎西半岛在拉萨市当雄县，纳木错湖的东南端，向北延伸到湖中，是个由石灰岩构成的约10平方千米的半岛。中间是几十米高的小山，最北端纷杂林立着无数石柱和奇异的石峰，峰林之间还有自然连接的石桥。由于曾长期被天湖水侵蚀，因此，岛上分布着许多幽静的岩洞，洞里布满了钟乳石，形成了独特的喀斯特地貌。

扎西半岛上如此奇异多彩、巧夺天工的

纳木错

地貌，实属奇观。扎西半岛是纳木错宗教活动最为集中的地方，半岛上有扎西寺（扎西，藏语意为吉祥的意思），至今仍香烟缭绕，暮鼓晨钟。半岛的转经路旁，有一个很大的山洞，称之为莲花生洞，据说洞里有自然生成的莲花生灵塔。

玩家 攻略

扎西半岛有很多宾馆、客栈，每到旅游旺季，纳木错附近的村民便会在扎西半岛搭帐篷，为游客提供富有民族特色的帐篷宾馆。半岛上的纳木错神湖客栈房间简单干净，藏族风情浓郁，有时还会举行篝火晚会。

多恰寺

纳木错湖边最大寺庙

沿着湖岸线向北行进，经过德庆乡就到达多恰寺。多恰寺尽管僧人不多，只有15个，但它是纳木错湖边最大的寺庙。寺庙建在湖边的岛上，有很多山洞，是个修行的好地方。多恰寺有个神奇的不解之谜：每到晚上，在岛上及寺内都可听到凿刻玛尼石的声音，但一旦人走近想看个究竟，声音便停了，走开后，声音又再响起。

念青唐古拉峰

藏区著名神山

念青唐古拉峰是念青唐古拉山脉的主峰，藏语中意为“灵应草原神”。山形尖峭，山顶最高处海拔7162米，终年白雪皑皑，云雾缭绕，雷电交加，神秘莫测。旁边还聚集着30多座海拔6000米以上的雪峰。其东南侧为羊八井一当雄深大断裂，相对高差2000米以上，使山体越发显得挺拔。念青唐古拉峰和北侧的纳木错是藏族同胞心中的一对神山圣湖，吸引着众多的信徒、旅游者前来观瞻朝拜。

链接

神山圣湖的爱情传说

在藏族同胞的民间传说中，有一个念青唐古拉峰和纳木错的缠绵爱情故事。传说纳木错是天湖女神，是英武之神念青唐古拉的明妃。两人深深相爱，彼此相依。当念青唐古拉变成一座山后，纳木错为了与亲爱的人生死相随，也化身为湖，依伏在念青唐古拉山脚下，至今他们相伴彼此已有7000万年。沧海桑田，时至今日，念青唐古拉因纳木错的衬托而显得更加英俊挺拔，纳木错因为念青唐古拉的倒映而愈加绮丽动人。

相传纳木错的水源是天宫御厨里的琼浆玉液，这里的湖水蓝得叫人心神荡漾，整个灵魂都仿佛被纯净的湖水洗涤干净。

念青唐古拉峰和纳木错

景点推荐

拉萨周边景点

楚布寺

西藏的噶举派主寺

拉萨市堆龙德庆区古荣乡　　40元

9：00~14：00　　大昭寺西侧花园南行200米的胡同内，每天早上7：00~8：00有班车前往

楚布寺是藏传佛教噶举派在西藏的主寺，开山至今已有800年的历史，是活佛转世制度的发源地，如今噶举派已传至第十七世噶玛巴活佛。

楚布寺规模庞大，分为上寺和下寺，寺内拥有大量稀世文物，位于楚布寺大殿内的建寺碑上刻有古藏文，对研究吐蕃时期政治、经济、宗教等有重要的史料价值，此外玛恰噶拉石刻塑像、米拉日巴曾用过的钵、都松钦巴的僧帽等都是楚布寺弥足珍贵的宝物。

玩家解说

因传承的宗教历史悠久，楚布寺所藏宝物甚多，经传无数。其中十六世噶玛巴舍利子极为有名。十六世噶玛巴1981年于国外圆寂后火化而得舍利子，其中腿骨舍利子由珠本仁波切活佛带回楚布寺。该舍利子几年后自现1/4厘米高的佛像。

链接

活佛转世制度

当年迈的噶举派第一世噶玛巴都松钦巴在楚布亲手把预言自己转世的信交付给弟子卓衮德千的那一刻，就是他开创西藏活佛转世制度的时刻。

1204年，第二世噶玛巴噶玛巴西出世并被认证为第一世噶玛巴都松钦巴的转世之后，西藏活佛的转世制度便正式确立，并渐渐为藏传佛教的其他教派所采用。如今，已经连续十七世尤有间断的沿袭转世，噶玛巴的法脉传承也因此得到了纯净无瑕的“黄金传承”之美誉。这表明每一位转世而来的噶玛巴，都有着如同黄金念珠一般珍贵、纯粹、完美的证悟成就。活佛转世制度也正是楚布寺对整个藏传佛教和西藏文化做出的最意义非凡的贡献。

卓玛拉康
度母神庙

拉萨市曲水县聂当乡　¥ 20元

卓玛拉康始建于1054年，是由印度高僧阿底峡的弟子修建的寺庙。卓玛拉康规模不大，朴素整洁，供奉阿底峡从印度带来的度母佛像，也被称为度母神庙。藏传佛教后弘期著名祖师阿底峡，在这里收徒传法9年，并圆寂于此处。附近有阿底峡骨灰佛塔和高达9米的石刻——聂塘大佛。

卓玛拉康正殿分为3个佛殿：中间为卓玛拉康殿（度母殿），主供衣着、颜色、形象各异、秀丽而端庄的21尊度母，还有阿底峡生前用过的法螺、化缘钵和哲美曲登（是阿底峡一生形影不离的白檀香木塔）。

卓玛拉康殿北部为朗杰拉康殿（尊胜殿），主供尊胜塔和几座铜塔，其中那若巴灵塔内藏有那若巴头骨的一部分。卓玛拉康殿南部有次巴拉康殿（长寿殿），主供长寿3尊佛，据说这是卓玛拉康殿最早的一个佛殿，为阿底峡所建。

链接

阿底峡入藏振兴佛教

阿底峡是王族后代，出生于今孟加拉国首都达卡附近，是著名的佛教大师。842年，西藏末代赞普朗达玛王灭佛后，藏区各地割裂，被称为“黑暗时代”，此时西藏地方的戒律传承、口传教诫及修行的教诫等几乎完全中断，佛法在讲学修习上也常常是各凭己意，妄自揣测。于是一些有识之士便派人前往印度请来了阿底峡大师，他入藏后不断四处奔走，翻译佛法经典，逐渐将藏区杂乱的教派相统一，后来阿底峡在西藏圆寂，人们为了纪念他而修建了卓玛拉康寺。

尼木国家森林公园
保存着丰富的藏民族文化遗产

拉萨市尼木县

尼木国家森林公园地处雅鲁藏布江中游北岸，总面积达6192公顷，森林资源丰富，拥有完整的自然生态系统，此外还保存着丰富的藏民族文化遗产和人文景观。

尼木国家森林公园由4个部分组成：第一部分是海拔3850米、尼木最大的咸水湖——如巴湖。如巴湖保持了良好的生态环境，是鸟禽等野生动物栖息的天堂；第

尼木县风光

二部分是尼木日错湿地。这里风光旖旎，山水如画，湿地周围植被葱郁、物种繁多，湿地附近还有一个小湖，湖上鱼跃鹭飞，水天一色；第三部分是吞巴乡林区。林区内古树参天，枝繁叶茂，柳树、柏树等树龄达数百年的古树群笼罩着整个林区；第四部分是尼木县吞巴乡藏文创始人吞弥·桑布扎故居及水磨长廊。

羊八井温泉和羊井寺

海拔最高的地热温泉

拉萨市当雄县羊八井镇 在拉萨乘班车可到

30元，温泉98元

羊八井温泉是拉萨附近著名的温泉地，面积超过7000平方米。这里有着罕见的爆炸泉、间歇泉和全国水温最高的泉，冬日到此可以感受泡在温泉看漫天飞雪的情景。另外，附近还有地热发电站和连绵雪山。

正在建设中的羊八井国家地质公园，公园南起拉萨河，北至念青唐古拉山南麓，是以地热地质、高原地质为主题，以高原自然风光与宗教人文景观为特色的综合性地质公园。

羊井寺距离羊八井温泉很近，它由红帽系四世活佛曲扎益西于1503年创建，属噶举派。寺内主供土巴佛，具有代表性的活佛是红帽四世曲扎益西，历史鼎盛时期有僧人400多名。

玩家 攻略

羊八井最美的时候是每日的清晨时分，地热田产生的巨大蒸汽团从湖面冒起，这一带将弥漫着白色雾气，宛如人间仙境。运气好的时候，碰上热水井喷发，更可一睹沸腾的温泉由泉眼直冲云霄的场面。

寒冷高原上有沸腾的温泉是一大奇景，而泡在温泉里看漫天飞雪则是一场奇遇。高原地区氧气消耗量大，泡温泉时不要做太剧烈的运动，以免上岸后体力不支。

泳衣最好自带，当地购买价格不菲。

玩家 解说

羊八井温泉区处于羊八井地热区，面积十分巨大，是微量元素含量最多的地热温泉。它含有多种微量元素，具有很高的医疗价值。沐浴后有明显的消除疲劳、美容、消炎、杀菌功效，对很多困扰人体的慢性疾病如风湿性关节炎、偏头痛、皮肤病也有显著的疗效。

约在100万年前，羊八井地热区出现过一次大规模的强烈地质构造活动，形成了一个大的断裂层。这里岩石破碎，形成通道，地下的岩浆和热量能够涌向地面。加上唐古拉山有大量积雪，于是这些丰富的水流渗入地下，和地下岩浆体结合成为高温热水，地下热水和热气再通过断裂地层涌出地球表面，羊八井地热区就这样形成了。

热振寺

西藏著名古寺之一

拉萨市林周县唐古乡 30元

在拉萨东郊车站乘坐去热振寺的班车即可

热振寺始建于北宋嘉祐元年（1056年），属噶当派寺院。因有噶当派创始人仲敦巴在此设教立派，热振寺一度曾是噶当派的第一座寺院。

热振寺占地面积1667平方米，坐北朝南。主体建筑有错钦大殿、热振喇章等。寺周围号称有108泉和108塔。每年藏历四月十五日的“迎鸟节”和七月十五日的“帕邦当廓节”，成为农牧民进行各类商品交换，开展文娱活动的综合性节日。

链接

帕邦当廓节

帕邦当廓节最初只是宗教性的转经活动，之

甘丹寺

后逐渐发展成为现在的综合性节日。每年藏历七月十五日，是帕邦当廓节最精彩隆重的一天。上午的赛马和枪青吸引着长长的围观队伍。中午12点半，是传说密集空行母荼吉尼为首的10万女神设坛“热振帕邦”座的时刻，开始举行祭礼侍奉上师吟经活动。热振寺的喇嘛们在帐篷内念诵着《上师供》经。帐外的人群焦急地等待着分享到哪怕是一点点供品，便可吉祥如意。

下午则是节日的高潮“羌姆”，即跳神。跳神是西藏传统民族文化中十分古老，又独具特色的艺术。那奇妙的想象、动人的故事情节，吸引着世世代代的僧俗民众。热振寺跳神属于噶当派四供之一的外供，是瑜伽师“阿密强久仁青”的创举。

热振寺的跳神地点背靠镶有石刻的玛尼墙，面向一片很大的斜坡。跳神队伍全由热振寺的年轻喇嘛组成，随着法号和鼓乐声的起伏，每组跳神仪式都有声有色，人们从各种舞姿、面具、鬼神形态可以领悟出真、善、美的情感及驱魔、降妖、弘扬佛法的美好祝愿。

甘丹寺 ⓧ

藏传佛教格鲁教派的祖寺

拉萨市达孜区　45元　9：00~16：00
大昭寺广场乘班车前往，车程2小时

甘丹寺始建于1409年，由藏传佛教格鲁派创始人宗喀巴亲自筹建。甘丹是藏语，意为“兜率天”——未来佛弥勒所教化的世界。寺庙傍山而立，寺院建筑巍峨、群楼重叠，极为巍峨壮观。

甘丹寺寺院主要由措钦大殿、宗喀巴寝殿、宗喀巴灵塔祀殿、夏孜扎仓及23个康村、20个米村组成。寺内文物众多，存有宗喀巴静坐的禅床及纯金汁书写的全套《甘珠尔》和《丹珠尔》藏文大藏经，并有保存宗喀巴和历代甘丹赤巴遗体的灵塔90多座。

玩家 解说

甘丹寺对于藏族同胞而言是很神圣的地方。这次我们去的时候比较特别——带我们去僧人的课堂上旁听。大约中午12点的光景，我们等在措钦大殿的外面，看着整个寺院的僧人穿戴整齐地从各个角落涌出，鱼贯进入措钦大殿。当他们在大殿内各自找位置坐好后，坐在正中的老师就开始唱起经文，整个大殿都响起了诵读经文声。声音颇整齐，听起来很有一种震撼心灵的感觉。突然，像是接收到了某个暗号，小僧人们全从座位上跳起来，跑了开去，又过了一会的工夫，小僧人们每人手里提着一个大茶壶回来了。殿内唱经的僧人们一个一个掏出了碗。小僧人是取酥油茶去了，这里的习惯是念完经，僧人们可以喝着酥油茶吃糌粑，吃完再继续念。

直贡梯寺

直贡噶举派的中心寺院

拉萨市墨竹工卡县扎雪乡　在大昭寺广场乘坐前往贡梯寺的班车即可　45元

直贡梯寺始建于1179年，气宇轩昂地立于悬崖陡坎之间，蔚为壮观。

直贡梯寺内建筑主要由经堂、藏经楼、坛城、护法神殿和修禅密宗室组成。各殿均供奉各类佛像、灵塔，藏有经书无数，寺内现有僧人300多人。

玩家 攻略

1.大昭寺前面的广场有到直贡梯寺的直达班车，早7点左右发车，单程3个多小时；原车下午返回，车费40元。如果租车前往，费用在500元左右。

2.寺内住宿条件不好，只有简陋招待所。

玩家 解说

这里的修禅密室别具一格，散落在主体建筑的四周，只有一个小木门和一个小窗户，面积6平方米左右。寺里规定僧人在密室中修习时间需为3年3个月零3天，最短也需6个月。修满3年以上者，可得到仓巴（修禅者）称号。修习“拙火定”是噶举派的一种密法，也是该寺的一大特点。到目前为止，该寺修行拙火定的只有两人：巴穷仁布（1990年94岁圆寂）、丹增尼玛。

每年藏历十二月的十四、十五、十六三天，是直贡梯寺活佛灌顶的日子。届时，无数藏民蜂拥而至，请活佛以大悲水和酥油给自己灌顶。每个被灌顶的人，看上去都心满意足。灌顶之事对于藏民，比任何一味灵丹都来得有效。直贡梯寺噶举派在灵魂超度方面是全藏最为出名的，藏民都将其视为一件无比殊荣的事。

链接

噶举派

噶举派形成于藏传佛教“后弘期”，是由玛尔巴译师开创。噶举派是藏传佛教的重要宗派之一。藏语“噶举”中的“噶”字本意指佛语，而“举”字则意为传承。故“噶举”一词可理解为教授传承。

甲玛沟

松赞干布的出生地

拉萨市墨竹工卡县　自拉萨东郊客运站坐面包车前往

甲玛沟景区，又名甲玛景区，是吐蕃时期松赞干布的出生地。甲玛沟在藏语中意为“百里挑一的富地”，这里曾是吐蕃时第一重镇，也是当年王室大臣会盟、征战、兼并的活动中心。这里平均海拔4000米左右，包括松赞干布出生地纪念馆、古城墙及松赞拉康等在内的多个旅游景点。

玩家解说

松赞干布和他的父亲朗日松赞两代赞普曾在甲玛乡执政。在那之后的1000多年里，松赞干布的后代一直在这里繁衍生息。这里不仅有松赞干布的墓葬，他之后几个王朝的帝王也都安葬在这里。经过1000多年的漫长岁月，历史上曾经辉煌的藏王宫殿、贵族住宅、军队练兵场、寺庙、佛塔、城堡等建筑只留下一些残影。

松赞拉康

松赞拉康，建于唐朝贞观九年（635年）。传说寺中所供松赞干布法像系松赞干布生前自塑，于是数百年来一直香烟缭绕，拜客如云。现寺庙供奉松赞干布、文成公主、尺尊公主法像，其容貌栩栩如生，祥和而肃穆。

松赞神泉

历史上该泉称为“昌果泉眼”。该泉眼出水量大，味甜解渴，据当地群众讲：常饮该泉水具有明目、治胃病、保肝、健体等保健功能。据说松赞干布出生时从此泉眼中自然涌现出一尊佛像、两块石刻、一只时隐时现的白山羊，白山羊还开口说话。

直贡梯寺

强巴敏久林宫遗址

6世纪时，强巴敏久林宫由朗日松赞建立，他的儿子——著名的藩王领袖松赞干布就出生在这座王宫。明崇祯十三年（1640年）前后，西藏与蒙古兵戎相见，王宫的诸多古建筑遭到焚毁和破坏，仅存的城堡也相当古老，距今有700多年历史。城墙上有无数的射箭孔，城门外有一片片的陷马坑，使人联想起那硝烟弥漫的古战场。

仁青岗拉康

仁青岗拉康建于1119年，五世达赖时期改封格鲁派寺院。护法殿依坡而建，形成3层楼房，藏式平顶，土木石结构。一层为牛圈，二层为住房，三层为殿堂。殿堂门向东，主供“拉母桑喇嘛”护法神及阿底峡塑像，拉康内存有两件珍贵文物。

莲花生大师修行洞

修行洞位于甲玛乡塔龙沟，海拔4500米，溶洞深达50多米。传说吐蕃时期莲花生大师曾在这里降服魔女，把其化为溶洞，并在洞内长期进行修行。溶洞内至今还有世代修行者留下的痕迹，并清晰可见似魔女的五脏六腑的神气溶石。

赤康拉康

赤康拉康由卓贡桑杰翁创建于1119年，距今有800多年的历史。其建筑风格和大昭寺类似，有西藏古建筑寺庙的密壁特点。拉康内主要供有一座合金制成的高约3米的11面千手千眼观音菩萨像，另外还保存着镀金的释迦牟尼佛像、噶当教派佛塔和用黄金等多种珍宝材料手写的《甘珠尔》等佛经，经堂内现存许多珍贵的壁画。另传，松赞干布出生时，宫殿旁边神泉中曾出现刻有“六字真言”的自然石刻，现存于赤康拉康内。

松赞干布纪念馆

松赞干布纪念馆是景区的主体建筑，占地4000多平方米。该馆按照雅砻部落的崛起、一统高原、革新立法、唐蕃和亲等4个板块、12个展厅进行布展，展厅采用文物复原以及声、光、电等现代化手段展示吐蕃王朝的历史文化。

德忠温泉

世界闻名的千年温泉

拉萨市墨竹工卡县

德忠温泉距今已有1400多年的历史，温泉水含多种有益矿物质，可治疗多种疾病。春夏秋冬四季均可沐浴，来自世界各地的游客甚多。

德忠温泉水温恒定，长年维持在40℃左右，喷量充足，深浅适宜。泉水一般呈淡青色。此处百灵鸟、画眉、鹌鹑、马鸡、岩羊等成群结队，见人不惊，十分神奇。

玩家 解说

德忠温泉背靠白岩齿神峰，位于德忠山。山顶处可以朝拜莲花生大师的修行洞，留有不少遗迹。

经科学勘测该温泉水中含有硫黄、寒水石、石沥青、款冬花等多种对人体有益的矿物质，可以治疗胃溃疡、风湿性关节炎、躯体僵硬等多种疾病，还有疏通经络、调和气血、消除病症等疗效。

德中温泉

德忠寺

附有2座修行洞的建筑群

拉萨市墨竹工卡县门巴乡

德忠寺为藏传佛教噶举派寺院，由直贡梯寺第十任法师尼杰多吉杰布于1281年修建，是一座藏传佛教尼姑寺院。该寺大殿为两层高，气势不凡。门前一大块平台用石板铺成，十分平整光洁。平台西侧有个院子，是尼姑们的伙房，也是德忠寺管理委员会的办公处。

玩家 解说

德忠寺初始只是一座修行庙。庙名德顺岗日追，高 层，面积8柱，主供强巴佛 胜乐金刚；龙若寺高一层，面积6柱，主供莲花生、观世音、释迦牟尼等佛像。

经多次扩建后，德忠寺形成以德忠集会大殿为中心，附属62座修行洞的建筑群。大殿门向东，高两层，平顶，石木结构，供有莲花生泥塑像及金、银汁手抄般若经、壁画高僧人物像。据传，早在8世纪时，藏传佛教高僧莲花生大师便在此地后山的天然岩洞中修行。

更多本旅游区景点

雄巴拉曲神水度假村：在堆龙德庆区乃琼镇色玛村中央，内有著名的雄巴拉曲神水，又称“盆中圣水”。这里水草丰美，幽静秀丽。度假村内有鱼塘、苹果林，是以休闲度假、减压疗养为主题的温泉度假村。

邱桑温泉：在堆龙德庆区德庆乡邱桑村，距今有1500多年的历史，如今被打造成集沐浴、朝圣、旅游休闲为一体的综合型旅游度假区。据说温泉对治疗风湿性关节炎、痛风、胃病等症状以及治疗骨折、烫伤、烧伤等具有很好的疗效。

桑木民俗村：在堆龙德庆区东嘎镇，桑木村有着大片的农田，纵横交错的小溪，古式的藏式民居。桑木村为来藏游客提供一个深入民间、体验民俗风情的窗口。

热堆寺：在曲水县聂当乡。于3世纪

拉萨河

（约205年）由桑普林堆·待从如娃创建，藏传佛教格鲁派，寺内主供拉巴索巴佛，是前藏六大寺院之一，在信教群众中有很大影响力。

雄色寺：在曲水县才纳乡。始建于1181年，海拔4100米的寺庙非常雄伟壮丽。藏传佛教宁玛派的色尼多旦创立雄色寺，供奉莲花生佛。雄色寺从建成至今已有900多年历史，为曲水县最大的宁玛派尼姑寺。该寺也是曲水县仅存有活佛的寺庙。

俊巴村：在曲水县曲水镇茶巴朗村，西藏自治区仅有的一个世代以打鱼为生的渔村，家家户户以打鱼为主。村子的自然环境十分优美，风景迷人，具有浓郁的民族特色和民族风情。

南木乡江村：位于318国道旁的曲水县南木乡江村，是自治区的“小康示范村”。这里依山傍水，村内林木茂盛，自然条件优越，特别适合鱼类生长。“江村藏戏”历史悠久，南木乡江村藏戏团在当地颇有名气。

吞巴村：位于尼木县，被誉为“藏香第一村”。吞巴还是藏文字创始者吞弥·桑布扎的故乡，这位智者同时也是藏香的发明者。吞弥·桑布扎故居，建于1300多年前的吐蕃松赞干布时代，后遭受严重的人为破坏，内部设施所剩不多。

扎耶巴洞窟群：在拉萨市城关区，是吐蕃时期西藏四大静修地之一，以修禅的洞窟闻名全藏。这是一处由奇峰、怪石、溪涧、草地、洞窟和寺庙组成的藏传佛教圣地，不仅历史悠久，灵地众多，而且风景奇绝。

扎叶巴寺：在达孜帮堆乡叶巴村叶巴沟，建于7世纪，距今1500多年，是西藏历史上有名的寺庙之一。寺内主供弥勒佛，并建有很多修行洞。

嘎则寺：在墨竹工卡县工卡镇北，海拔3850米，创建于吐蕃王朝时期，属噶举派。寺庙建筑由大殿、26个修行室及僧舍组成。主供强巴佛、能舍金刚及松赞干布、赤松德赞塑像等。

聂热吐蕃古墓群：在墨竹工卡县扎雪乡聂热村。古墓群建于吐蕃时期，1998年为西藏文管会普查队发现。古墓群有30余座，坐北朝南，面向开阔的山川谷地。

伦布古墓群：分布在朗卡多尔热山坡东西两部，墓向坐南朝北偏西。墓群对研究该县历史以及吐蕃墓葬的结构，无疑提供了极其重要的史料。已发现的古墓有51座。

日多温泉山庄：在墨竹工卡县日多乡，被称为“圣泉”，为佛门传说中的“神门”外溢之圣液。山庄建有大型温泉医疗保健馆，形成集旅游、休闲娱乐、商贸为一体的综合性旅游风景区。

思金拉错：在墨竹工卡县日多乡东南边，思金拉错，藏语意为具有威力的神湖。思金拉错为天然神湖。地形犹如聚宝盆，周围山脉相连，气势峥嵘、风景如画。

宗则寺：在拉萨市墨竹工卡县尼玛江热乡下帮达村，海拔4000米。原有5层楼，寺庙“文革”时候被毁，由噶举派活佛白杰彭错于1983年重建。主供莲花生、释迦牟尼佛等泥塑像6尊。

夏拉康：在墨竹工卡县尼玛江热乡下帮达村。夏拉康，藏语意为帽神庙。夏拉康建于700年，主建者是娘·丁增桑波，曾是赤松德赞的祭祀处。寺内供奉大日如来佛像及诸多金刚，有吐蕃时期赤德松赞允诺的誓言石碑。

帕邦喀：在拉萨市城关区，北郊娘热山。帕邦喀，藏语意为“巨石宫”。帕邦喀巨石高出地面20米，顶部面积300平方米。北面筑有台阶直达宫堡大门。宫堡始建立于7世纪，原有9层，现仅存底层的墙体，共9间。

扎基寺：在拉萨市北郊的扎基路上，是全西藏唯一的一座财神庙。据说最初这个寺庙是专门为外来人求平安而设，但外来人中大多又是生意人，在扎基寺敬神后特别灵验。于是，这里逐渐成为了大家所称的财神庙。

羊日岗艾玛日寺：在墨竹工卡县尼玛江热乡境内羊日岗村。建于13世纪，殿内主供直贡噶举祖师觉巴·仁青巴铜像。大殿为木石结构，门向南，高2层，设回廊。寺内藏有大量的珍贵文物。

桑阿寺：在达孜老城区中心，创建于1419年，属藏传佛教格鲁派，隶属甘丹寺管辖。寺内供六臂怙主佛。传说“去了甘丹寺不去桑阿寺等于朝佛没有圆满”，也就是修行的路只走了一半。

巴嘎雪湿地：在达孜甘曲村。巴嘎雪湿地，藏语意为“天然形成的地方”。南部有大片湿地，是国家保护动物黑颈鹤、斑头雁、赤麻鸭等候鸟的栖息地；北部为良好植被覆盖的高山，海拔均在4000米以上。平缓地带为高原牧场，遍布牦牛群和羊群。

甘曲寺：在林周县甘曲镇甘曲村，又名康萨甘丹曲果寺，建于1100年，由详唐·益西久乃创建，属格鲁派。寺内主供益西久乃佛，具有代表性的活佛是阿旺丹增。

穷母岗日峰

攻略资讯

- 交通
- 住宿
- 美食
- 购物
- 娱乐

纳木错

交通

飞机

拉萨贡嘎机场位于拉萨以南58千米处的贡嘎县雅鲁藏布江旁。与北京、天津、太原、成都、重庆、昆明、贵阳、上海、南京、杭州、福州、厦门、广州、深圳、长沙、南宁、郑州、西安、西宁、玉树、格尔木等城市通航，与西藏的昌都、阿里、林芝等机场通航，还有一条飞往尼泊尔首都加德满都的国际航班。

每年5~10月的旅游旺季，往返拉萨的机票非常紧俏，建议提前购买。

市区与机场间有民航班车往返，车程约1小时，车费20元。出租车到机场约需120元。另外机场还有从泽当到拉萨的过路中巴。

拉萨民航售票处/娘热路

火车

拉萨火车站位于拉萨市西南郊，堆龙德庆区柳梧乡境内，距离布达拉宫近8千米（途经柳梧大桥）。拉萨火车站有发往上海、北京、广州、成都、重庆、西宁、兰州、日喀则等地的列车。在旅游旺季，内地散客通常很难买到前往拉萨的火车票，因为大部分被旅行社买去。

拉萨市区至火车站可乘1、10、15路公交车，乘出租车则约需30元。

贡嘎机场

汽车

进藏公路分别有青藏公路、川藏公路、新藏公路、滇藏公路和中尼藏公路。

拉萨有东郊、西郊、北郊和柳梧4个客运站，有发往周边主要城镇的班车。由于西藏面积广大，交通不便，因此并非所有县市都能与拉萨通班车，通班车的县市也往往会因为气候等要素而班次不固定。

住宿

拉萨是西藏的旅游中心。近年来大力发展的旅游业以及铁路的开通，使得拉萨的住宿条件大为改观，高档星级宾馆随处可见，主要集中布达拉宫和罗布林卡周边。

拉萨是背包客青睐之所在，市内的客栈、青年旅舍、家庭旅馆也很多，最为有名的是八廓街客栈群和仙足岛生态小区的家庭旅馆。

旺季时，拉萨的酒店存在供不应求的状况，建议提前预订住所。

八廓街周边

● 拉萨羌腾精品客栈

客栈位于拉萨市八廓街大昭寺区，出行方便，交通顺畅；客房素雅清新，设施完善。✉ 城关区八廓街大昭寺区域鲁固路17号 ☎ 13629626262

● 西藏唐卡酒店

西藏唐卡酒店是一座三星级酒店，距大昭寺山门百步之遥。酒店陈设体现了藏传文化的丰富内涵。拥有各类型的藏式客房，其中标间69间、单间26间、套房3间。酒店藏餐厅位于二楼，提供独具藏族特色的菜品雪域羊头、虫草炖牛舌、红景天炖乌鸡等；四楼为咖啡厅，提供数十种国内外知名品牌的现煮咖啡，如卡布奇罗咖啡、巴西咖啡、南山咖啡等。✉ 拉萨城关区宇拓路38号。☎ 6308866

● 东措国际青年旅馆

东措国际青年旅馆是全球首家藏式风格的青年旅舍。旅舍内设有标准间、单人间、三人间等48个房间；设有以川菜为主的陌生人

东措国际青年旅馆

推荐

八朗学旅馆

八朗学旅馆创办于1984年，因位于八朗学社区内而得名，现已成为拉萨市资历最老、名声最大的旅馆之一。从外观上看，这是一栋古旧的3层楼房，典型的藏族民居，黑色的窗框衬着灰白的墙壁，十分显眼。旅馆有标准间22间，普通间160间。卫生间每层一个，一楼有公共浴室，24小时开放。还提供行李寄存，免费洗衣，自行车出租，机动车停放及上网等服务。另外还附有藏餐馆、自行车维修点以及尼玛甜茶馆。

八郎学旅馆最吸引人的是它的留言板，这里贴满了四面八方来的游客的留言。因而这里已经是在拉萨的背包客们交互信息、发表感受、呼朋唤友的中心，一个亚文化圈子的核心。拉萨市城关区北京东路8号 6323829、6338040

拉萨平措康桑青年旅舍

平措康桑青年旅舍分为老店和新店，隔着一条马路。老店是传统的藏式四合院，处于闹市却不临街，闹中取静。新店安静舒适，更适合刚到达的驴友休息适应。两店拥有各类房间140余间，床位400余张。有普通标间、布达拉宫风景标间、三人标间、大床间、日式标间（拉萨仅有的）、多人间。每个房间和床位都含免费的早餐。旅舍还设立了旅游咨询部、餐吧、酒吧、咖啡吧、图书馆、电影放映区等。拉萨市城关区朵森格北路48号 6929789、6915222

仙足岛

餐吧、以韩式菜为主的阿里郎烧烤、以藏菜为主的福满多餐吧等；还有网吧、旅行社、茶坊、酒吧、自助洗衣、自助厨房等服务；除此之外，院内还有休闲草坪，以及一口约500年历史的古井，染坊遗址等藏式文化景观，在此能真正感受到藏文化的魅力。拉萨市城关区北京东路10号。6273388

● 拉萨瑞吉度假酒店

瑞吉度假酒店是西藏最具神秘气息和民族风情之一的度假胜地。酒店主楼高5层，附楼6层，拥有150间精美绝伦的宽敞客房及私人别墅，以及12间含总统套房在内的豪华套房。还有世界一流的餐厅，酒吧，独特的水疗，气势恢宏的大宴会厅以及设备一流的会议室，使其成为西藏第一家国际奢华品牌酒店。拉萨市城关区江苏路22号 6808888

● 西藏林仓精品酒店

林仓精品酒店是宗教圣人林仁波切（十三世达赖喇嘛的老师）的旧居，具有300多年的历史。酒店设施新且齐全，有藏式精品大床房。酒店周边有甜茶馆、饭馆和小市场。另外，酒店天台准备有太阳伞和桌椅，可以坐在上面喝喝甜茶，眺望一下大昭寺的金顶，欣赏一下日落。一楼有餐厅，可提供藏餐和西餐。拉萨城关区鲁固一巷38号 6899991

● 拉萨刚坚饭店

刚坚饭店为四星级酒店，较同类型酒店宽敞，设施相对更齐全更先进，采光效果良好，重要的是客房离街比较远，所以噪声干扰较小。酒店的布局或者管理模式上也多多少少地体现了宗教特色。像大厅中央的香鼎和佛台，酒店的巨型藏式大门和宗教壁画，还有楼道偶尔可见的藏式门和宗教装饰品。酒店提供免费早餐、洗衣服务。拉萨城关区北京东路83号 6305555

罗布林卡周边

● 拉萨饭店

拉萨饭店为四星级，南行100米即是罗布

林卡。一进大厅一幅长达数米的金碧辉煌的唐卡映入眼帘，大气又神秘。巴洛克风格的酒店点缀了西藏特有的味道，显现出一种独特的美。这是拉萨唯一一家园林式饭店，绿化面积超过了饭店总面积的40%。酒店有7个风格各异的餐厅，绿和红在这里整合得非常协调。拉萨城关区民族路1号 6832221

● 拉萨雅汀舍丽花园酒店

雅汀舍丽花园酒店为四星级，毗邻西藏博物馆。酒店设施新且齐全，在房间里还能看到窗外拉萨河的美景，视野很是宽阔。酒店房间有加湿器，还备有收费的氧气两瓶（30元）。另外自助晚餐味道不错，食物品种也多。西式早餐也很丰富，沙拉、烤面包、西点，还有麦圈可以和牛奶搭配。拉萨市城关区金珠西路60号 6936666

● 西藏宾馆

在客房内可看到周围的山、建筑等美景，酒店里还有个小花园。房间干净整洁，可以免费上网。酒店的早餐很不错，另外酒店外面就有很好吃的小餐馆，中餐和藏餐都很美味。酒店前楼有一个小咖啡馆，对面有很多小型商店，里面的商品都很便宜。拉萨市城关区北京中路64号 6834966

拉萨住宿

●拉萨味江土鲢鱼宾馆

拉萨味江土鲢鱼宾馆与关帝拉康（格萨尔王庙）仅一墙之隔，距火车站仅10分钟车程。该宾馆处于布达拉宫、大昭寺、罗布林卡等著名景点的中心，步行到任一景点也不过10分钟左右，适合自助旅游的游客。免费早餐可以送饭上门，门口餐厅食品的味道也很好，价格公道，酒水和饮料都与超市的价格差不多。宾馆服务很周到，院子里还有停车场。拉萨城关区雪新村口 6278888

仙足岛周边

● 拉萨央金客栈

客栈不大，但布置得很温馨。客栈的整体风格偏藏式，掌柜央金很热情。虽然说从火车站没有直接的公交车到小区，但是掌柜提供免费的接站服务。去布达拉宫、大昭寺、八廓街等地的交通也是非常方便，或步行20分钟，或乘1元钱的公交车，或骑着客栈的自行车，均很方便。拉萨市城关区仙足岛小区1区2排12号 13549065846

● 拉萨图南居

拉萨图南居位于仙足岛，环境颇好，静谧宽敞，停车极方便。交通也不错，每天走去大昭寺很方便，公交也很方便，打的起步价即可去布达拉宫。老板人很好，对有高原反应的朋友照顾有加，了解拉萨的吃喝玩乐，能给出不错的建议。拉萨市城关区仙足岛东区9号

● 西藏金哈达太阳岛大酒店

西藏金哈达太阳岛大酒店为四星级。酒店融商务、旅游、餐饮、娱乐为一体，现代设施一应俱全，内设贵宾楼、拉萨蓬莱阁酒楼、休闲会所、歌城、拉萨之浴会所等，充分体现欧式风格与藏民族文化的完美结合，豪

华、气派、典雅。✉ 拉萨城关区太阳岛，中和国际城八一桥南

更多住宿选择

酒店名称	位置	电话
速8酒店	夺底路19号	6272888
锦江之星	德吉南路15号	6808880
吉曲饭店	北京东路149号	6338824
西藏友谊宾馆	园林路18号	6829049
西藏圣天鹅宾馆	纳金路3巷3号	6326999
拉萨和长大厦	朵森格南路	6826770
西藏大厦	北京中路196号	6816666
西藏迎宾馆	宇拓路36号	6355555
大明旅馆	娘热路1号	6829024
拉萨航空酒店	康昂东路14号	6633888
雅鲁藏布大酒店	贡布塘路	6309999
拉萨大吉酒店	林廓东路30号	6337777
新世纪宾馆	北京东路155号	6333171

美食

拉萨是整个西藏饮食条件最好的地方，以藏餐和川菜为主，也有一些尼泊尔和印度餐馆，还有一些西餐馆。藏餐以肉食为主，而且烹调简单，很多游客可能会不太习惯。川菜已普及拉萨，即便不习惯吃藏餐也无须担心。德吉路和北京路上汇集了各地美食，还有不少酒吧。

传统藏食

传统藏式美食有生肉酱、灌血肠、炸羊排、藏包子、牛肉干、糌粑（见前文介绍）、酸奶、奶茶，饮品有酥油茶（见前文介绍）、青稞酒等。

●酸奶

拉萨的酸奶，白白嫩嫩、浓浓稠稠的，盛在漂亮的碗里。吃之前，要加入粗颗粒的白糖，然后用银色的勺子舀着放入嘴里。因为酸奶的冷和稠，白糖无法溶解。于是，酸奶的绵和酸、白糖的脆和甜在口腔里交织相融，让你的味蕾幸福地跳舞。拉萨的酸奶很纯正，非常好吃，不过，肠胃不好的人吃多了会拉肚子。推荐去北京东路和八廓街胡同里的小卖店，这里的酸奶以罐头瓶为单位，拌上白糖拿勺子舀着吃，够酸够甜够浓厚，这才叫地道。价格也极便宜，大概3元一瓶。

甘孜黄凉粉

推荐

甘孜黄凉粉

拉萨最受欢迎的小吃之一。凉粉切片，用酱油、醋、蒜汁和辣椒拌起来食用。大昭寺正门西南侧的小巷里有一家很小的甘孜黄凉粉店，口感地道，一小碗凉粉只需两元。里面的煮土豆和烤肠也值得一尝。

●风干肉

每年年底，当气温在零度以下时，藏民们将牛羊肉割成小条，挂在阴凉处，让其自然风干，到来年二三月份便可食用。经过风干之后，肉质松脆，口味非常独特，令食者回味无穷。吃时，用刀切下薄薄的一片，肥的雪白、瘦的通红透亮，有点像火腿那样漂亮，放在辣椒汁里蘸一下，送到嘴里一嚼，味道麻脆酥甘，酸香满口，咀嚼时无渣塞牙。推荐雪神宫藏式餐厅，这里的风干牛羊肉美味正宗。

凉拌牦牛肉

●凉拌牦牛肉

牦牛的肉经过盐卤，切成薄片，拌上辣椒不失为一道好的下酒菜。当然，酒要喝当地的青稞酒。牦牛产于松潘九寨沟一带的高原，肉香且带有一点野味。目前九寨沟已经有牦牛肉的加工厂，做成真空包装的熟食，游客购买起来也十分地方便，并能够带回家赠送朋友。

●马奶子

马奶子是牧民喜欢的饮料。马奶子味带咸酸，有轻微的酒香，饮之清凉可口，帮助消化，健胃益身，还能催眠。盛夏，在牧区草原上，饲养马匹的牧户，都能自制马奶子，它是将刚刚挤下来的鲜马奶装进牛皮缝制的皮桶中，再放入陈奶酒曲，经过几天发酵便可饮用。

风味小吃

●炸土豆

八廓街延伸进去的胡同边有很多炸土豆的小摊，松软香酥，撒点盐和辣椒面，味道原始得令人难忘，每份价格1~2元。

●藏面

藏面是拉萨特色小吃。藏面要事先压出来煮熟，然后晾干，吃时放入滚烫的牛肉汤中即可。吃藏面最大的享受是喝汤，清清淡淡的肉汤，加上少量的盐和葱花，就成了一碗难得的美味。喝进嘴里，又热又香，令人回味无穷。拉萨西郊的老名健康凉粉店里的藏面相当好吃。

玛吉阿米

玛吉阿米(makye　ame)是拉萨最有名气的一家餐馆，据说是六世达赖喇嘛会情人的地方。临窗而坐，除了室内色彩斑斓的装潢给你视觉享受，户外一览无余的八廓街景也同样带给你视觉盛宴，在这里，可以品尝到正宗的藏式美食，如酸奶、糌粑、青稞酒等。餐厅带有浓郁的藏式风格，二楼有藏族歌手在吧台旁献演节目，客人以外国游客为多，所以价格较贵。

拉萨市八廓街东南角

6328608　　人均50元

乘坐106路公交车北京东路站下车可到

推荐

玛吉阿米美食

1.草原生烤羊排：用秘制酱汁生烤出来的带骨鲜嫩小羊排，吃起来皮脆肉嫩，是肉食主义者的最爱。

2.酸萝卜炒牛肉：拉萨传统家常菜，用特殊方法腌制的酸萝卜丝与牛肉丝合炒，味道丰富，用薄饼卷着吃更是别具一番风味。

3.藏式烤天然蘑菇：新鲜幼嫩的蘑菇上撒各种藏式调料，在火上烤着吃，口感丰富而独特，值得细细品味。

4.酸奶人参果八宝沙拉：以西藏特产人参果为主的8种蔬菜水果丁合拌而成的沙拉，营养丰富，配上自酿天然纯酸奶做的沙拉酱更具特色。

5.巴拉巴尼：用菠菜酱与奶豆腐烧制而成，上用奶油书写佛教符号，是一道具有尼泊尔风味的绿色食品，备受素食者的推崇。

6.糌粑坨坨：蘸着藏式辣酱吃则更有滋味。

7.青稞鲜酿：用传统方法酿成的新鲜米酒。

8.酥油茶：藏族最具有代表性的特色茶饮。

●炸灌肺

炸灌肺藏语音“洛乍”，是以羊肺为主料配以酥油、面粉等先煮后炸而成的。其特点是色泽淡褐，外酥里软、味道鲜美。

美食去处

●雪神宫藏式餐厅

坐落在布达拉宫的脚下，号称是拉萨最正宗、最高档的藏餐厅，食品地道。这里的生牛肉可分拌汁和风干两种吃法，美味正宗。雪神宫因珍藏了太多行走者关于藏餐的初恋而散发出神秘的气息，至今吸引着游客络绎不绝地拜访。

拉萨市布达拉宫广场西侧

乘坐109路公交广场站下车可到　人均60元

●藏家宴

菜肴品种繁多，多数为改良菜。建议尝尝土豆包子，价格略高。据说老板的外公曾经是西藏贵族家的厨师，所以这里的菜肴保留着贵族的风味。特色菜是藏式手抓羊排、藏式火锅和窝窝头，这里的蔬菜丸子也很好吃。

团结新村东区75号　6362228

●天海夜市——烧烤一条街

天海是拉萨最著名的夜市和烧烤一条街，位于西郊的当热西路和天海路附近。在这里，集中了20家来自新疆、青海、宁夏回民的羊肉大排档。最有名的是“正宗格尔木烤肉”和“重庆眼镜烧烤”，主要经营烧烤和涮锅子，是打牌到后半夜肚子饿时的首选。

乘坐202路小循环公交车天海夜市站下车可到

链接

小吃的好去处

藏医院门口有家扎西小吃，推荐二楼的芝士蛋糕。

布达拉宫旁边有家酸奶坊，推荐冰激凌、酸奶。

阿尼仓姑寺的甜茶馆和山洞甜茶馆都是尝试藏族早餐的好去处。后者位于布达拉宫旁，由一个山洞改建而成，很有特色。

●更多餐厅推荐

餐馆名称	位置	电话
雪域餐厅	藏医院路4号	6337323
光明港琼甜茶馆	藏医院路雪域宾馆旁	6885357
冈拉梅朵	北京东路127号	6333657
前站牦牛酸奶坊	北京中路41号	6837131
拉萨厨房	藏医院东街3号	6348855

购物

拉萨有很多充满了乡土气息与民族风格的手工艺产品，各式的木碗、银碗、竹碗等藏族手工艺传统编织品；也有尼泊尔、印度等国商人批量加工的仿制品，如各种骨雕动物、经过仿旧处理的各色“古董”等。拉萨还能买到藏红花、冬虫夏草等藏药。

●藏刀

藏刀既可用来切肉、护身，也是一种装饰品。男式藏刀一般粗犷、锋利，女式藏刀则较秀气。无论地摊还是商店都不难买到，价钱几元至几百元不等。名气最大的藏刀，要数日喀则专区的“拉孜刀”和“谢通门刀”，精美的银饰刀鞘是主要特色，刻工之细致为别家所难模仿。

藏刀

藏刀作为西藏三宝之一，很受游客的欢迎。但是藏刀不能带上飞机，也不能办理托运。购买了藏刀的游客，只能通过邮寄的方式运输。步行街北邻的北京中路邮局是拉萨的邮政总局，可办理邮寄藏刀。

●姐德秀围裙

姐德秀围裙起源于贡嘎县内的姐德秀镇。镇内小店铺众多，每家每户都拥有一台或多台纺织机。西藏手工粗呢纺织业以该镇为最，所编的粗呢制品及氆氇等曾为历代供品。姐德秀镇所出产的手工邦典（围裙）色彩艳丽、经久不衰、耐磨耐洗，是西藏最有名的品种。

●藏香

祭祀的时候点藏香，这是藏族同胞的风俗习惯。藏香的原料是柏木，辅以土木香、地衣、白诃子、白檀香、藏红花等多种名贵药材。制作时，先捣碎原材料，加水，不断循环。加工5天左右，所有原料混合成一种新的物质后，操制香泥，然后把它一点一点地装在一种专门用来制香的塑料里。在一个非常干燥的地方，用手捏成细条。一直放到完全干为止。

藏红花

推荐

藏红花

藏红花是一味很名贵的藏药，深受广大女性朋友喜爱。藏红花可用于女士的美容保健，藏红花对于老年人的预防保健也有很大功效。藏红花还有其他药用效果，比如抗肿瘤、对肝胆、肾脏的保健治疗等。由于藏红花药源紧缺，价格昂贵，一些不法药商常常以假乱真，以次充好，市场上伪品甚多，因此建议游客到正规药店购买。

藏香有多种功效，能杀灭空气中的细菌，驱逐污浊之气，清洁空气，这对于预防感冒等流行性疾病是很有帮助的。此外，藏香还能促进人体新陈代谢、养神静心、增强免疫功能等。

●冬虫夏草

冬虫夏草简称虫草，是一种动植物兼名的名贵药物。它是冬虫夏草菌寄生在蝙蝠蛾幼虫上的子座与虫体，冬天为虫，夏天为草，下部是虫，上部是草。虫草味甘酸，性平，气香，是良好的强壮补药。对治疗肺结核、咳嗽、咯血、虚喘、盗汗、阳痿、遗精、腰膝酸痛、病后虚弱等均有良好疗效。

●购物去处

在拉萨购物，工艺品主要集中在八廓街，有各类藏饰、尼泊尔式的首饰、挂件、小工艺品、法器、地毯、挂毯、唐卡等。这里的商品良莠不齐，主要靠个人的眼力，用心淘可以淘到自己满意的好东西。八廓街的东西一般1/3的价格都可成交，不善于砍价的游客，建议到附近的民族旅游工艺品商场，价格较低，东西也大多有保证。

购买藏药、虫草、藏红花，需在西藏藏药厂、拉萨藏药厂或其门市部买，但不还价。

购买水果、蔬菜，可以到布达拉宫旁边的宗角禄康市场，那是拉萨最大的菜市场。

娱乐

雪顿节（藏戏节）是拉萨最热闹的节日之一，节日期间可以看藏戏，赏晒佛，看演出。

拉萨市内的娱乐活动休闲场所很多，不仅有电影院、卡拉OK、夜总会等，还有颇具当地特色的茶馆、藏式歌舞厅、藏式小酒吧等。

拉萨的酒吧

酒吧里不仅可以品尝藏式美食，还有机会欣赏到歌舞表演。其中最受驴友推崇的有旅行者酒吧、冈拉梅朵、八廓咖啡厅、香巴拉酒店、甘久甜茶馆、玛吉阿米和DUNYA酒吧等，这些酒吧大多就在北京路上，紧挨着八廓街。

阿吉朗萨·老巷酒吧：酒吧里有着西藏大叔的驻唱和当地特制的青稞酒。经济实惠，环境优雅。✉ 北京东路59号 ☎ 18393917157

冈拉梅朵：环境舒适，适合朋友小聚。这里的比萨不错。✉ 拉萨市城关区北京中路127号 ☎ 6333657

矮房子音乐酒吧：音乐和灯光的配合效果让人感觉舒适。可提供尼泊尔和印度音乐的有偿刻录。✉ 拉萨市城关区北京东路68号

桑喃阿康：位于丹杰林巷的隐蔽位置。酒吧很安静，除了游客外，也常有藏民光顾。旁边就是丹杰林寺和光明商店甜茶馆。✉ 拉萨市城关区藏医院路丹杰林巷（光明甜茶馆对面）

突击者营地酒吧：登山爱好者的大本营，是拉萨最具有户外文化特色的酒吧。酒吧主人是西藏登山学校的校长尼玛次仁。✉ 拉萨市城关区林廓东路10号，喜马拉雅饭店北侧

拉萨的茶馆

仙足岛无名茶馆：主要做小区居民生意。藏面里的牛肉不是一般的卤牛肉，是现炒的，有汁，香味浓郁，汤也是原味骨头汤，这是其他茶馆所不及的。甜茶味道一般。茶馆的炒面也做得不错。

老名健康凉粉分店：这是一家在当地人中名气比较大的茶馆，在拉萨饭店附近。虽说是以卖凉粉出名的，但是他的藏面、甜茶、酥油茶、酸奶做得更出色，还有比较少见的牛肉饼。小店是传统的藏式装修，平时人头涌动，客满为盈，有部分桌椅摆到店外。服务员也多，不过能讲流利汉语的不多，多数只会听一些简单的单词。

革命茶馆：此茶馆出名的是藏面，说是吃藏面必到的地方。找到这茶馆可不容易，革命的藏面确实不错，但甜茶就非常一般了。店里有许多快餐桌椅，整个茶馆很像快餐店。

八朗学茶馆：传统藏式小店，位于林廓

八廓街

东路中段，那一带靠近清真寺，许多老字号茶馆聚集在那里。八朗学是那一带的地名，名字来源自拉萨一个地神“巴朗雪”。茶馆风格传统而简陋，藏面、甜茶中规中矩。

光明港琼甜茶馆（新馆）：这家茶馆的甜茶名气不可谓不大，不少朋友初到西藏，第一次认识、品尝甜茶的地方就在这里。光明坐落在藏医院路上，这里是到大昭寺的主要通道，商业繁荣，人流量很大。茶馆面积很大，客人坐下之后，大家就把身上的“毛毛钱”都掏出来，放在桌面上，服务员就来倒茶，然后拿桌面上的钱，自行找赎，这是光明的特点。

光明港琼甜茶馆（旧馆）：离新馆不远，在丹杰林寺旁边的大院里面，来这儿的基本是当地藏族同胞，游客不多，但人气是很旺，在外面看不出来。老光明氛围比新光明更地道，一切都显得那么陈旧、那么传统，似乎数十年来什么都没改变过。这里的藏面甜茶和新光明的就没什么区别了，都是一家主人。

户外运动

拉萨远郊有雪山，适合入门级的初学者进行登山训练，如鲁孜峰、启孜峰等，终年积雪、线路清晰、冰川发育良好。每年的4~5月和9~10月是登山的最佳时间，体力好、勇气佳的驴友在教练的陪同下不妨一试。

如果高原反应不强烈的话，建议游客可以看看拉萨的温泉，特别是在冬日。拉萨的温泉大多属地热温泉。寒冷的高原、沸腾的热泉、漫天的飞雪、圣洁的雪山，使得在拉萨泡温泉成为最舒心惬意的体验，羊八井温泉、德仲温泉等都是不错的选择。

节庆

由于深受佛教影响，西藏民间传统节日都和佛教紧密相关，比如藏历新年和雪顿节（见前文）等，此外还有望果节、沐浴节、林卡节和一些法会节庆。

酥油花灯会

藏族长久以来都有酥油奉佛的习俗。每年藏历正月十五日，为了庆祝释迦牟尼与其他教派辩论的胜利，在藏区各大寺院都要举行油塑艺术展览，即用彩色酥油捏成的神仙、人物、花木、鸟兽的形象并点燃酥油灯进行祝福。酥油花是雕塑艺术的一种特殊形式。如今的拉萨，酥油花灯会时节最热闹的地方就是大昭寺和八廓街。灯会上还有木偶表演等多种活动。

萨嘎达瓦节

相传佛祖释迦牟尼于藏历铁猴年萨嘎达瓦月（四月）七日降生；木马年萨嘎达瓦月十五日成道；铁龙年萨嘎达瓦月十五日圆寂。故藏族人民把此月视为佛祖降生、成道、圆寂三天的诵经节，即萨嘎达瓦节。

节日的藏族姑娘

四月十五这天，藏族信徒要“转经”。拉萨的转经路有三条，内环线沿大昭寺中环绕主殿一周，长约500米；中环线沿八廓街围绕大昭寺一周，全长约1千米；外环线围绕拉萨老城区一周，全长达5千米。

而这一天也是行善的最高日。凌晨开始，藏族同胞就开始布施。这日只要遇到乞讨之人，无论僧侣或是乞丐，藏族同胞都会布施。

燃灯节

每年藏历十月二十五日，为了纪念格鲁派创始人宗喀巴大师，凡属该教派的各大寺庙、各村寨牧民都在寺庙内外深坛或者家中的经堂中点酥油灯，昼夜不灭，这也就是俗称的燃灯节，也被称为宗喀巴节。

林卡节

林卡节在藏语中也叫“逛林卡”，意为世界快乐日。林卡节是藏族群众根据高原的气候、环境和生活条件形成的一种民族习惯。每年藏历五月一日至十五日在西藏各地举行。过林卡是藏族人最普遍的休闲方式。在冬长夏短的高原，温暖明媚的时节是非常宝贵的，要珍惜大自然的恩赐；而且过林卡节恰逢农闲季节，正是人们享受、体验大自然无限美好的时节。

望果节

藏语中的望果节，可以翻译成“在田边转圈的日子”。每年藏历的七八月间（各村镇举行日期不同），青稞黄熟后、开镰收割的前两三天，藏族农民会举行望果节，感谢老天带来风调雨顺的好年成。传闻中，望果节已有1500年历史。随着时代的不同发展，节日的内容和形式也在不断变化。如今，农民用哈达包缠青稞，带上美酒美食做成丰收塔，喝着青稞酒，高歌敲锣，绕地转圈，后进行骑马、射箭、歌舞、藏戏表演等活动。

燃灯节

沐浴节

沐浴节于每年藏历七月六日至十二日起延续一周。这一周，藏族同胞纷纷到江河畔，在水中嬉戏，游泳，还携带帐篷和酥油茶、青稞酒、糌粑等藏族食品在河边享用。藏民认为这一周的拉萨河水特别圣洁，有八大功德：一甘，二凉，三软，四轻，五清，六不臭，七饮时不损喉，八喝下不伤腹。因此，这个习俗得以世代相传下去。

仙女节

又名“天母节”，是西藏传统民俗节日。每年藏历十月十五日，大昭寺内的吉祥威勐天母（白拉扎姆）像会从安放的宝座上被迎请出来至八廓街上，数以万计的藏族善信赶来排队朝佛，纷纷向天母敬献哈达。这一天，对女性来说还有一个特权，那就是可以向身边男士甚至是陌生男士索要礼物或红包，而男士们一般也会“识相”地慷慨解囊，表示对节日习俗的尊重。

发现者 旅行指南

山南

概览

亮点

雍布拉康

西藏历史上的第一座宫殿，以其别致的建筑风格而远近闻名，同时也是历代吐蕃赞普的王宫。

昌珠寺

始建于松赞干布时期，是西藏历史上第一座佛殿，最著名的是其镇寺至宝，一幅用2.9万多颗珍珠和各类宝石镶嵌而成的珍珠唐卡“观音憩息图”。

桑耶寺

藏传佛教第一座佛法俱全的寺庙。寺内殿塔林立，楼阁高阔，规模宏大，各类壁画题材广博，绘工精湛。寺内还珍藏众多木雕石刻、唐卡等文物瑰宝。

羊卓雍错

西藏三大圣湖之一，也是藏南一带最大的湖泊。湖中的鸟岛十分特别，湖光山色，冠绝藏南。

拉姆拉错圣母湖

西藏最具传奇色彩的湖泊，据说观湖能知道前生今世。西藏历代达赖喇嘛、班禅大师的转世灵童和活佛都是在圣母湖的启示下寻找的。

藏王墓

吐蕃时期保存最完整最大的藏王墓穴群，反映了1000余年前西藏的丧葬制度，同时也对吐蕃王朝的兴起、衰落，吐蕃文化与唐文化交流的研究具有重要价值。

线路

山南东部环线五日游

第一天到泽当，游览丹萨梯寺，拜谒卡玛当寺，然后去沃卡温泉，洗尽一天的奔波疲倦。第二和第三天徒步或者骑马至圣湖拉姆拉错。第四天早餐后游览拉姆拉错，到穷果杰寺拜佛，然后欣赏那玉河谷风光。第五天到达加查，访布扎仓寺，仰望拉加里王宫，参观巴朗却康，最后到恰嘎曲德寺拜佛祈福。

山南西部环线五日游

第一天到泽当，拜谒藏王墓，然后游览哲古湖和哲古草原，欣赏秀美风景。第二天游览措美、拉康。第三天依次拜佛拉康、色卡古托寺、卡久寺。第四天到洛扎，游普莫雍错，然后登临神山。第五天在桑丁寺参观，到达羊卓雍错观赏风景。

拉姆拉错

为何去

在山南旅游，除了欣赏美丽的自然风光，具有浓厚文化与悠远历史的桑耶寺、藏王墓、昌珠寺等人文景观可让游客随时感受其厚重深邃的民族文化内涵，领略其独特人文魅力。山南是藏民族文化的发祥地，这里有着很多第一：第一座宫殿、第一座佛堂、第一座寺庙。

山南寺庙

何时去

素有“西藏粮仓”美誉的山南市，位于西藏境内的冈底斯山和喜马拉雅山脉之间的河谷地带。这里降水丰沛，“冬无严寒，夏无酷热”，气候较为温和。

山南风光

气温最高时的6～8月也不过二十来度，凉爽怡人，是到山南旅游的最佳时间。

需要注意的是，高原多夜雨，山南市夜雨集中在每年的6～9月里，做好保暖准备并注意安全。

山南旅游示意图

区域解读

区号：0893

面积：79 699km²

人口：约36.81万人

主要少数民族：藏族、门巴族

地理 GEOGRAPHY

区划

山南市下辖1区（乃东区），雅江谷地6县（扎囊县、贡嘎县、桑日县、曲松县、加查县、浪卡子县），南部5县（琼结县、洛扎县、措美县、错那县、隆子县）。

地形

山南市位于冈底斯山至念青唐古拉山以南，雅鲁藏布江干流中下游地区。山南属于典型的藏南谷地，地势自西向东逐渐降低，平均海拔在3700米左右。

藏族人民的母亲河——雅鲁藏布江自西向东流经浪卡子、贡噶、扎囊、乃东、桑日、曲松、加查7个区县，境流长度424千米。

此外，山南市还有40余条河流终年流淌于藏南的高山峡谷之间。全市还有大小湖泊80多个，其中以富有神奇色彩的圣湖拉姆拉错，素有“碧玉湖”之称的羊卓雍错和“草原明珠”哲古湖最为著名。

气候

山南市属温带干旱性气候，南部边境地带属高原亚寒带半干旱气候。年均降水量不到430毫升，雨季多集中在6～9月，风期主要集中在12月至次年3月。

全市整体气候可以概括为：夏季短而凉爽，冬季漫长而干旱，风大且频，结冻时间长，早晚温差大。去山南旅游的最佳时间是6～8月。

历史 HISTORY

历史大事记

●原始社会

据文献记载和民间传说以及大量的考古发现证明，大约在400万年以前，藏族先民就繁衍生息于雅砻河流域。今泽当附近萨热村有片叫“索当”的土地，相传是西藏的第一块农田。

雅砻先民从蛮荒进入农耕时代以后，逐渐形成了部落。

●西汉时期

公元前2世纪初雅砻部落的首领聂赤赞普成为西藏第一位藏王，修建了西藏历史上第一座宫殿雍布拉康。到第三十二代赞普朗日松赞不断扩张领地，终使雅砻部落成为西藏最强大的部落。

●唐朝时期

7世纪中叶，第三十三代赞普松赞干布

桑顶寺

起兵于雅砻河谷，先后征服苏毗、羊同等部落，统一青藏高原，建立了吐蕃王朝，并将都城迁至拉萨。

●元朝时期

元宪宗蒙哥派兵进入西藏，统一西藏全域后，将当时的卫藏地区划分为13万户，山南市属当时13万户中颇有影响的帕竹、雅桑、羊卓、唐布切等万户的领地。其中的帕竹万户逐渐培植起了强大的势力。

至治二年（1322年），强曲坚赞就任帕竹万户长。他以丹萨梯寺为基地，励精图治，先后战胜雅桑万户、止贡万户、蔡巴万户等地方政权势力，于至正十四年（1354年）推翻萨迦地方政权，并受元朝赐封掌管全藏的大司徒之职，接管西藏地方政权事务。

●现当代

1951年，西藏和平解放，山南也同西藏的其他地区一样，走上了社会主义新时期的发展道路。

1965年9月西藏自治区成立，山南地区和全区一样，逐步完成了对农牧区生产资料的社会主义改造。

吐蕃王朝的起家之地

在吐蕃王朝之前，西藏第一个奴隶制政权“蕃”王朝便在山南地区建立。后来，“蕃”王朝在第三十三代赞普松赞干布的率领下，以山南为基地进而统一了西藏。可以说，山南便是吐蕃王朝的起家之地。

雅砻先民从蛮荒进入农耕以后，逐渐形成了部落。公元前2世纪初叶的西藏第一藏王聂赤赞普实际是早期雅砻部落的首领。他建立了“蕃”王国，确立了赞普的世袭制度，并修建了西藏历史上第一座宫殿雍布拉康。

第九代赞普布德贡杰统治期间，开始在雅砻地区组织民工兴修水渠，将山水引入平地，开垦出片片农田，并开始用木犁耕地。

6世纪左右，雅砻流域已能冶炼铁、铜、银并开始大规模地制造金属武器，为建立吐蕃王朝做好了物质准备。7世纪中叶，雄才大略的松赞干布完成了统一青藏高原的大业，建立了吐蕃王朝。随着吐蕃王朝定都拉萨，西藏的政治、军事中心随之北迁，但作为吐蕃王朝起家之本的山南仍保持着特殊的重要地位。

第一位藏王聂赤赞普

聂赤赞普是西藏传说中的第一位藏王，传说中西藏山南地区的悉补野部地方首领，于公元前127年即位。

传说聂赤赞普本是天神的儿子，后降临

到了山南境内的羌脱神山，被放牧者看见。这个小伙子的言语举止与本地土著不同，放牧的人们辨别不了是怎么回事，便派人回聚居点报告。长者派出12个聪明的教徒上山，盘问小伙子来自哪里，他用手指指天，这些人以为小伙子是“天神之子”，格外高兴，为首的伸长脖子，给这位“天神之子”当轿骑，前呼后拥地抬下山来。聚居在这里的人们纷纷前来拜见，公推他为部落首领，尊称他为“聂赤赞普”，意为“用脖子当宝座的英杰”。自此，历史上把藏王称为赞普，聂赤赞普是吐蕃部落的第一个首领。

根据《雍布拉康志》《迪乌宗教源流》等藏文史籍的记载，聂赤赞普出生在西藏波密，因相貌古怪、性格刚烈，被家庭放逐。当他游历到雅砻河谷时，结识了12名代表当地各部落利益的雍仲本教徒，并被推举为王。随后，聂赤赞普将周围小邦收归为属民，划分尊卑，宣扬雍仲本教。从那时开始，藏民族冲破以血缘结成的氏族障碍，开始以地域来划分属民，并逐渐发展壮大起来。

藏文创造者吞弥·桑布扎

吞弥·桑布扎，出生于618年，藏族社会早期的语言文字家和翻译家，藏文创造者。他是吐蕃王朝赞普松赞干布七贤臣之一，官至御前大臣。

7世纪时期，吞弥·桑布扎诞生于山南市的隆子县（也有说是出身于尼木县吞弥家族中）。父亲吞弥阿鲁，母亲名叫阿孥。他15岁时奉藏王松赞干布之命，前往天竺求学，受业于天智狮子和婆罗门利敬，学习古梵文和天竺文字。641年平安回到拉萨，在古喀尔玛如堡潜心研究三年后，传承原有象雄文化，借鉴古印度等国的文化之优点，完善和创造了现用的藏文字。吞弥·桑布扎一生翻译多部佛经，著书八部，现仅存两部。

文化 CULTURE

祀神祈福，望果节转田

望果节是藏族农民欢庆丰收的传统节日，山南市颇为流行。在藏语里，“望”意为田头，“果”意为转圈。望果节，就是绕田地转圈、期盼丰收的节日。藏族同胞们感谢大自然的方式都离不开一个“转”字，转山转湖转田转佛塔，如同转经。

相传望果节最开始是西藏原始宗教本教组织的祈福法会，最早起源于古代吐蕃王朝兴起的山南农区。早在1500多年前，5世纪末，即吐蕃王朝的第九代王布德贡杰时期，本教的教主就教导农人绕田地转圈，祈求并庆贺老天保佑丰收。后来的《唐书·吐蕃传》载：“其俗以麦熟为岁首。”由此，也可推测出从事农业的藏族文化中的年终节庆，就

望果节

藏族服饰

是现在麦熟时节蕴含着求祈和庆贺意义的望果节。但这个时期，“望果”还不是一个正式的节日，而是开镰收割前的一种祀神祈福活动。

当时望果节由手捧香炉、高举幡杆的人作前导，由高举缠绕哈达的木棒和羊右腿的本教教主领路，为集体的宗教仪式。后来由于人口的不断繁衍昌盛，所以权力逐渐下放到以村为单位，由普通巫师和德高望重的老者领头。

望果节没有固定的日子，西藏各地的时间都不一样，通常随各地农事季节的变化而变化，一般在青稞成熟以后、开镰收割的前两三天举行，历时也不定，一般是1~3天。所以，望果节的日程都以乡为单位，根据当地的农作物成熟情况由乡民们集体议定。

现在过望果节，人们打着各色彩旗，擎着青稞穗、麦穗。身着新装的农人抬着用青稞穗、麦穗搭成的“丰收塔”，举着标语，敲锣打鼓，唱着歌曲，绕田边转地头。一般来说，望果节第一天是娱神活动，村中的头人把男女巫师请上神坛，并向他们献哈达、献青稞酒，请他们降神作法。降神之后，巫师带领人们绕村子转3个圈，然后回到节日场地。节日的第二天，男女老少列队转地头。转过地头之后，人们钻进树林，用3块石头垒成灶，燃起野火，熬茶炒菜、做饭，举行野宴。有些地方在节日期间，还要主办赛毛驴、赛牦牛等活动。

如今的望果节已从宗教仪式为主的传统农耕文化节日演变为融赛马、歌舞、文艺、体育、商贸于一体的节日，极大地丰富了藏族农民的物质文化生活。每年8月份前后去藏南山南市，望果节一定可以让您大开眼界。

藏民服饰——围裙及氆氇

藏民服饰上有两样东西令人印象深刻：一样是藏族妇女围在身前的条纹围裙，另一样是藏袍。而与这两样东西紧密相连的是西藏的两样传统手工艺：围裙及氆氇编织。

藏族妇女的围裙跟我们内地常见的围裙是不一样的。藏族妇女的围裙是日常着装的一个重要组成部分，而且围裙的图案相对固定，大多以不同颜色的条纹为主。穿戴这样的围裙，一方面为了装饰，另一方面也是为了干活时遮土挡泥，相当实用。

氆氇（pǔlu）是藏语音译，也就是手工织成的毛呢之意。“氆氇”是藏族聚居区一种典型的针织品，用绵羊毛纺成的线织成，大多为24厘米宽的卷子，像布卷，只是短许多，厚重许多。颜色大多为灰白色，也有条纹氆氇、暗红氆氇和黑色氆氇。氆氇是加工藏袍及僧袍的基础材料。最上乘的氆氇为黑色，质地薄软、轻便，但价格昂贵，不是普通老百姓的消费之物，绝大多数被加工成了寺庙僧人的礼服，重大场合时才能被穿用。普通氆氇大多被加工成了藏袍、藏被、藏垫，或是藏式房屋内的装饰物。而条纹状的氆氇则成了许多藏族礼袍领边、袖口的最佳装点料。

西藏不产棉花，盛产羊毛，所以氆氇在人们日常生活中所占地位就如内地的棉布一样重要而又普及。氆氇生产几乎遍及农区、半农半牧区，以扎朗、浪卡子、江孜、芒康等地产的最为著名，相传有2000多年的历史。织氆氇用的是老式木梭织机。织好的氆氇是白色，宽24厘米左右，可以做男式服装。但一般都要染成黑色，也有染成红、绿等色的。黑色用于做衣服鞋帽，彩色氆氇一般做装饰。因氆氇是羊毛织品，结实耐用，保暖性能好，所以深受群众喜爱。在山南市，民族手工业较为发达的扎囊县，90%的群众从事氆氇和围裙生产，产品在区内外和邻国均享有盛誉。

虽然像拉萨这样的大城市里已经看不到那么多的藏式围裙和藏袍了，但深入藏区就能看到，这两样东西在藏族人民的生活里依然是不可或缺的，它是藏风浓厚的村镇人民穿戴的重要组成部分。

五彩斑斓的雅砻文化节

位于藏南雅砻河谷的西藏山南市，是藏民族繁衍生息的发祥地，神猴同罗刹女创造藏族人的美丽神话，就诞生在当地泽当镇的贡布日山。

在这块广袤、富饶的土地上创造了西藏文明史上的第一座宫殿雍布拉康，第一座佛堂昌珠寺，第一座寺院桑耶寺，第一块农田索当，第一部经书邦贡恰加，第一部藏戏巴噶布……藏民族的伟大祖先创造了极其灿烂的古代文化。诸如诗歌、民歌、舞蹈、绘画、戏剧、建筑、雕塑等，这些都是藏族先民留下的宝贵而丰富的文化遗产。为继承和弘扬这些优秀的民族文化遗产，举办雅砻文化节，无疑是较好的形式之一。1992年，在山南泽当镇举办了首届雅砻文化节。其目的不仅在于宣传山南文化，更重要的是宣传整个藏民族的文化。首届雅砻文化节自1992年与第十二届山南地区物资文化交易会同时举办以来，直到1996年才以独立的姿态展示于文化节的舞台上。而正是这次“独立”，也使得雅砻文化节的内涵和意义更加显现出来。从1996年直到现在，其间雅砻文化节由于1998年的抗洪和2001年的“西藏和平解放50周年大庆”而没有如期举行。2002年，雅砻文化节被首次纳入中国民间艺术游活动，成为西藏圣地活动的重要组成部分。

每当7月25日的节日庆典，您会感觉到自己落入了一个五彩斑斓的海洋。节日期间，有传统的藏戏、民族歌舞、民族服饰、经贸洽谈会、雅砻文化学术研讨会等活动。

雅砻河风光

景点推荐 泽当镇附近

雍布拉康

西藏最早建筑的宫殿

山南市乃东区泽当镇

60元

从泽当镇包车前往，把昌珠寺和藏王墓两个景点都包括在内，包一辆中巴车来回100元左右，可坐4人

雍布拉康建于2000多年前，是西藏的第一个宫殿，也是历代吐蕃赞普的王宫。

整个建筑依山而建，高耸于山顶，共有3层。碉楼前还有一幢多层建筑相连，从远处看十分别致，近处则更增伟岸。建筑风格匠心独运，十分独到，显示出当时西藏文化已经有所发展。

雍布拉康东北400余米的山沟里，有一眼泉水终年不涸，相传是松赞干布时重臣嘎尔东赞发现，现在人们仍称之为“嘎泉”。到雍布拉康礼拜的人无不到泉下一游，据说饮此泉水，可医百病。

玩家 攻略

雍布拉康距离泽当镇不远，道路平坦。游客若有闲情逸致，体力不错的情况下可以考虑骑自行车前往；包车时，最好包来回程，讲价时一定要先说好在雍布拉康附近待多久，时间上最好说宽裕一点（雍布拉康的参观大约1个小时便可游览全貌）。无论哪种包车方式，都只能到山脚下，上雍布拉康还得自己爬山，山脚处有马匹供体力不佳的人乘坐上山。

玩家 解说

用直白的语言来理解雍布拉康，便是“坐落在母鹿上的宫殿”。盖因地处的扎西次山形似母鹿而得名。

据史书记载，雍布拉康始建于公元前2世纪，是西藏历史上第一座宫殿。民间传说云：“宫殿莫早于雍布拉康、国王莫早于聂赤赞普、地方莫早于雅砻。”雍布拉康的所在原是雅砻部落首领的居住地，后来本教教徒在这地基为第一代藏王聂赤赞普建造了雍布拉康。其后，松赞干布在原来宫殿的两边修建了两层楼的殿堂。至此，雍布拉康由宫殿改作寺庙，并成为松赞干布和文成公主在山南的夏宫。后来历代都有扩修，五世达赖时在碉楼式建筑上加修了四角攒尖式金顶，并改为格鲁派寺院。

雍布拉康主供释迦牟尼佛像。宫殿内的壁画上生动地描绘了西藏的第一位国王，第一座建筑，第一块耕地的历史故事。

碉楼式建筑

雍布拉康的东端是传说中为聂赤赞普所建的最早建筑。建筑通高11米，上小下大。外观似为五层，内部实为三层。这座建筑墙壁厚重，内部狭小，最宽敞处也不过四平方米，不可能作为30余代赞普延续使用的宫殿，早期还应有较大面积的宫殿建筑，碉楼建筑极有可能是被保留下的晚期宫殿建筑的一部分遗迹。

殿堂

殿堂传为松赞干布所建，原有三层，现修复为两层。门外有平台，阶梯十数级门厅，原来的四根柱子，现修复为两柱。门厅内无佛像和其他陈设。佛堂东半部沿三面墙尚留有平面呈“凹”形的须弥座，原有塑像早已损毁不存。据原来寺里喇嘛回忆，佛殿南侧绘有二十度母，北壁有浮雕二十一孜达玛尼度母和八药王像。

二层是法王殿，修复后分两部分，前半部为三面环绕矮墙的平台，后半部为带天井的回廊。殿堂的南侧为僧房，一层门厅东南角有一门，出门后折阶西下，通向僧房，其中紧靠殿堂的二层楼为历代达赖礼拜时所居住的卧室，现已修复。

昌珠寺 文

山南三圣寺之一

山南市乃东区贡布日山南麓

包中巴车或乘出租车前往

35元

昌珠寺始建于松赞干布时期，建筑规模庞大，是西藏历史上的第一座佛殿，文成公主进藏初期曾居住于此。

昌珠寺布局形式新颖别致，和大昭寺大殿布局很相似，分前后两部分。前部是一个小庭院，周围一圈回廊，廊顶一层僧房；后部拉康大院是昌珠寺的建筑精华所在。措钦大殿面宽5间，深3间，其四周不用石墙封闭，而是梁柱成间，全为明堂，与早期建筑风格迥异，应是后增建部分。

大院前有高大的门廊，门廊两端与围绕在整个大殿外面的转经回廊相界。回廊南北西三面墙壁上均有壁画，南北壁绘佛传故事，西壁则绘五世达赖、固始汗、第巴桑结三像。院寺门道上部挂着一口闻名西藏的铜钟，上有藏文铭文两圈。

昌珠寺悠久的历史和宏伟的建筑，吸引着成千上万的香客络绎不绝前去转经朝佛。五世达赖以后的历代达赖每年还要定期来此添香礼佛。

玩家解说

昌珠寺中的“昌珠”是藏语中的“鹏与龙”。相传吐蕃王朝松赞干布时代，这里原是一片大水，内藏一条毒龙。松赞干布想泄水筑城，于是采用法师之计，以大鹏降龙，7日水干，筑基建寺。传说中莲花生大师和米拉日巴等藏传佛教史上有名的人物都曾在寺周围修行。

昌珠寺现存最早的建筑，是一座叫乃定拉康的小殿。乃定拉康东西长10.2米，南北宽7.3米，内有6柱。殿内后壁原供奉佛像甚多，本尊则为松赞干布。据说这幢早期建筑当年是用“贝玛”草堆砌起来的。

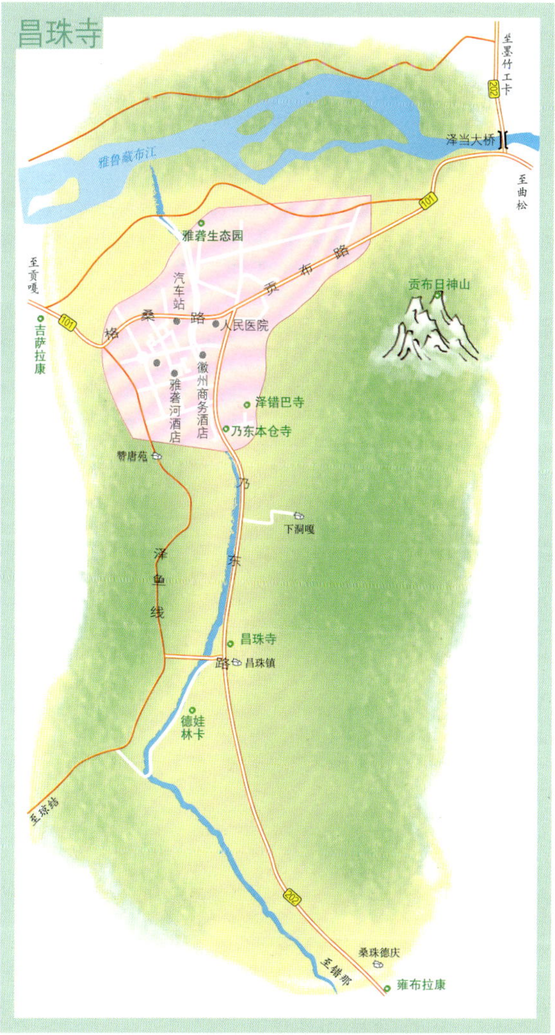

玩家攻略

参观完昌珠寺可以前往附近的雅砻民俗风情园游览。作为昌珠寺旅游区扩展的风情园，雅砻民俗风情园占地21公顷，是一个提供融观赏、娱乐和旅游服务为一体的休闲区，重在展现乃东的寻根文化。

链接

傈僳族"春浴"

昌珠寺有一幅罕见的珍宝——珍珠唐卡，为镇寺之宝，声名远播。这幅用珍珠串起成线条绘出的"观世音菩萨憩息图"（坚期木厄额松像），长2米，宽1.2米，镶嵌珍珠共计29 026颗，钻石1颗，各类宝石不计其数，堪称价值连城。

雅拉雪山

藏区四大神山之一

山南市乃东区南端

雅拉雪山，藏语全称为"夏学雅拉嘎波"，意为东方白牦牛山，是藏区四大神山之一。该山地跨道孚、康定、丹巴三县，西北与塔公草原相连，形成雪山与草原交相辉映的壮美景观。雅拉雪山主峰海拔5820米，终年积雪覆盖，盛夏时日，在如花似锦的塔公草原上观瞻雅拉雪峰，有如临仙界之感。

雅拉雪山

传说中该山与吐蕃早期赞普关系紧密，是他们下到凡间和升回天庭的地方。

链接

雪山传说

雅拉雪山被康巴藏民奉为至高无上的神山，又称雅拉香波神山，关于这座雪山的传说很多，流传较广的藏族传说是：世界之初是一片大海，有9座神山率先冒出水面，随后形成了陆地。这9座神山也就被认为是世界的开端，藏族尊称其为"肇始神山"，由这9座神山组成了宇宙世界，这9座神山又以前4座为首。

根据西藏神话传说叙述，雅拉香波山神是一头白牦牛，能从口、鼻中不断喷出雪暴。雅拉香波山神有巨大无比的法力，可以摧毁岩石、引发洪水，甚至可以化身为凡人与人结合生子。它常以一头躯体白如海螺的白牦牛的身形显现，从嘴里不断喷出雪暴，是一个化身兽形的神灵，被尊为四大山神之首。

贡布日神山

神山上有西藏第一洞——猴子洞

山南市乃东区泽当镇

贡布日神山是西藏四大神山之一，神山有3座山峰，峰上有洞穴相连。此山目前尚有大量寺院分布。每年的藏历吉日，信教群众从四面八方赶来转此山，特别是藏历四月十五日转山达到高潮。

神山的山腰上，有西藏第一洞——猴子洞，藏族猿猴变人的故事就发生在这里，作为藏民族的起源，已经记载在各类书籍之中。猴子洞海拔4060米，是一个天然形成的岩洞。在洞口有一裂缝，裂缝处有一猴子的头形。岩洞东南石壁上有一幅彩绘壁画，内容是泰然自得的猕猴手捧供品，坦然坐在莲花上。其近旁还彩绘有小猴画像，神态生动逼真，逗人喜爱。洞内洞外还有浅刻的石板佛像共6块，刻有六字真言的各种石刻和五彩经幡比比皆是，这是石洞香火旺盛的见证。如今的猴子洞成为一个重要的旅游景点，游人香客对此洞尊崇备至，不断来此添香礼佛，追寻藏民族先祖的历史足迹。

贡布日神山

链接

贡布日神山的传说

贡布日神山的圣名，因猴子变人的传说而起。在很久以前，西藏高原到处是一片黑暗，没有太阳、月亮、森林、花草，更没有人。后来天神用火做成了太阳，用水做成了月亮，从此青藏高原上有了光明和温暖，大地上长出了茂密的森林和花草，有了飞禽走兽，不过还是没有人。当时，有一只叫强久森巴的百年猕猴在一个石洞里日夜修行，靠采摘山洞附近的野果子和树叶维持生活。后来竹康孜上的菩萨做媒，猕猴与一位罗刹女结婚，生下了6只小猴。猕猴将孩子送到山下食物丰足的处所，让他们在那里尽情玩耍嬉戏。他们后来成了生活在西藏高原上的藏族祖先。猴子洞所在地的贡布日山便成了神山，成了具有神奇色彩的神地。

有关贡布日神山“猕猴变人”之说，各类藏史许多书籍中都有记载，如《西藏王统计》《贤者喜宴》《雍仲本教史》等。布达拉宫、罗布林卡等处更有各类相关壁画。1984年，泽当镇附近陆续发现新石器时代的石斧，有木炭及陶片残渣的灰坑，更印证了山南这一带是藏族文明发祥地的这一说法。

吉如拉康 ㊈

西藏现存最古老的建筑之一

📍 山南市乃东区格桑乡吉如村

吉如拉康始建于西藏吐蕃王朝的第五代赞普赤德祖丹时期(704—755年)，是西藏现存最古老的寺庙建筑之一。

整个吉如拉康规模不大，面积约980平方米。建筑坐西朝东，分南北两部分。南侧是寺院的主体部分，由释迦佛堂、佛堂前的集会堂及转经回廊组成，并沿中轴线对称布置；北侧有那姆纳拉康、嘎登曲工拉康。

寺内珍藏有雕刻、泥塑、唐卡、手抄经卷等珍贵遗物，为研究西藏历史、宗教、建筑提供了重要的实物资料。

玩家 解说

释迦牟尼佛堂是吉如拉康的主体建筑，位于寺院最南部。佛堂属藏式密梁平顶结构，殿内主供释迦牟尼佛像，左右两侧分立八大弟子、南北力士及供养人夫妇。主尊对面门南一侧是菩萨装供养人夫妇立像。八大弟子塑像中，以右列上首弟子形象最为完整。

纳拉康是寺院最早建筑，其后保留有部分夯筑土墙，为纳拉康最初建筑墙体残余部分。嘎登曲工拉康，也是寺院早期建筑，位于纳拉康北侧。据传藏传佛教后弘期僧人阿底峡传教时曾暂居于此。集会堂位于释迦牟尼佛堂前，其壁画内容均为宁玛派题材。

链接

吉如拉康的珍贵文物

吉如拉康收藏了许多吐蕃时期重要文物，主要有唐卡、贝叶经、手抄经卷等。

释迦牟尼佛堂的唐卡长80厘米，上部正中彩绘观音立像，观音立像下部有一小框，内绘男、女性供养人像，唐卡背面有梵语对音藏译文字54行又3字。

贝叶经：残长34厘米，宽4厘米，正面、背面各抄有经文5行和10行。

手抄经卷：寺藏手抄经卷约十几万页，其中不少属吐蕃时期，字体古朴，纸质较好，也有很多是16世纪遗物，是从吐蕃时期经书中辗转抄写而来。

曲德贡寺 ㊈

萨迦“祖拉康”镇肢寺之一

📍 山南市乃东区曲德贡乡

曲德贡寺亦称“上曲德寺”“达杰林寺”，建于11世纪，属格鲁派寺院建筑。这里最初是大译师热罗泽瓦的住宅，十三世达赖土登嘉措时扩建，形成现在的规模。寺庙主供有塔尔岭能言度母、能言法号和许多历史悠久的唐卡等珍贵文物。

每年藏历六月二十二日开始，那里举行为期7天的享誉全藏的打隆边贸会，吸引很多国内外商人。

链接

传奇的镇肢寺

传说中，文成公主曾在西藏镇魔，最先修建的两座镇魔寺便是布达拉宫和大昭寺。传说中女魔头向东脚向西仰卧，其心脏在拉萨。所以文成公主在布达拉红山上修建王宫，镇住女魔心骨，并以山羊驮土，修建了大昭寺，供奉神像。其后，吐蕃王朝又在四大重镇卫藏四茹分别修建四大镇寺，称为镇边四大寺，又称镇肢寺，最后修建四大镇翼寺，位于女魔左右掌心及左右足心处。

经过时代变迁，一些寺庙只能在文献里读到它们的名称，现今的具体位置及名称已很难考证。据传，曲德贡寺正是其中一座镇肢寺。

雅桑寺

雅桑噶举派的祖寺

山南市乃东区贡德贡乡

雅桑寺由著名佛学家雅桑·却吉门兰于1206年创建，是雅桑噶举派的祖寺。

寺庙依山而建，层层抬高，远望似六七排楼房。寺院殿堂顶部饰以辉煌的金顶，耀眼夺目。前有绕攀山寺的长“之”字形主道，

文成公主塑像

建筑规模宏大，因而也被称为“小布达拉宫”。雅桑寺内主供合金释迦牟尼佛像，比拉萨大昭寺里的释迦牟尼像还高20厘米。寺内还有极为珍贵的缎制无量寿佛唐卡，百年如新，一尘不染。

雅桑寺原主寺是布达拉宫的译仓，后来奉林家族的拉章为寺。周围建有雅桑历代师传喇嘛的功德殿，同时又为各个喇嘛修建了灵塔，现仅存一些破墙和个别殿堂。该寺珍藏的《雅桑噶寺史》，为研究该寺历史、雅桑噶举历史以及西藏史提供了重要的资料。

链接

雅桑·却吉门兰小传

雅桑·却吉门兰，藏族佛学家，雅桑噶举派的创始人。1169年生于藏协玛莫地方，属努氏家族。童年时他依止·堪布却敦出家为僧，取法名“却吉门兰”；后从轨范师听受《毗奈耶》和《甘丹法类》；18岁时，在嘉杜寺从亲教师鲁嘎、轨范师贡格瓦和梁·达玛思吉、屏教师麦恰等上师受比丘戒，精研《毗奈耶》，人称“鲁技律师”；25岁时在尼达寺任副法座；25岁时在尼达寺任副法座；28岁时先在夏相寺当管家，后从帕木竹巴大弟子萨热瓦·噶丹益西僧格学习《大手印心要》《耳传识面》和《那若六法》等；38岁时，他在山南的雅拉香波神山附近建了雅桑寺，进而创建了雅桑噶举派。

赞塘寺

雅砻三大圣地之一

山南市乃东区赞塘村

赞塘寺又名“玉意拉康”，主要建筑有大殿、小经堂等。大殿门内，临前檐平列八柱，殿内无柱，在四隅的上部，依壁架抹角梁、梁上乘假角梁后尾，假角梁后尾上再架井字平梁、平梁上铺天花板，天花除正中一方画双环字叠胜外，其余八方皆画四瓣莲花。

殿中主供三世佛，两侧塑有八大菩萨弟子，殿的前半部各塑一护法神像，各像背光皆为包铜镏金，除中间释迦牟尼像背光的中上方做翼狮衔草叶外，其余菩萨背光皆为火焰形。殿壁上绘像千尊。上边壁上绘三世佛，左边

山南烈士陵园

画仲敦巴、阿迪夏、那措依斯三像，六边画莲花生、赤松松赞、菩提萨埵三像。经堂的右壁绘西藏的历史传说猕猴变人的故事、学习耕植及第一代藏王聂赤赞普的故事。

寺后里许山脚下有一高塔，据传为松赞干布的衣冠冢。

玩家 解说

据传赞塘寺是松赞干布的另一王后昂琼贝克慕所建。寺的规模较小，后期曾有扩建，20世纪50年代初也曾大修过一次。作为吐蕃时期修建的早期佛殿之一，赞塘寺在历史上的地位不容忽视。其建筑当时是完全按汉地风格建造，琉璃墙体和歇山式琉璃屋顶反映了当时西藏工匠的高超技艺，为研究藏汉关系史及西藏建筑史具有特别重要的意义。

山南烈士陵园

西藏规模最大的革命烈士纪念建筑

山南市乃东区泽当镇西扎山东麓

在泽当镇坐公交车或乘三轮车均可到达

山南烈士陵园建于1965年，由大门、陈列馆、观赏池、纪念碑和墓区5个部分组成，是西藏自治区规模最大、资料最完整的革命烈士纪念建筑。目前陵园陈列馆总面积约5.5万平方米，共分3个部分，即纪念馆、纪念碑、陵墓群。馆中陈列着102位烈士的事迹和遗物，有照片96幅、雕塑11座、插画62幅和烈士遗物400余件。每逢清明节、五四青年节、八一建军节等节假日，驻军指战员、干部、工人、农牧民、青少年学生都要来到这里祭扫烈士陵墓，缅怀先烈们的丰功伟绩，学习先烈们的革命精神。

玩家 解说

庄重的陵园大门上有朱德同志题写的“烈士陵园”4个大字；纪念馆朱红大门上有邓小平同志题写的“烈士纪念馆”横匾。

纪念馆正堂右侧是第一陈列室，主要陈列在进军西藏、修筑公路、平息叛乱过程中光荣牺牲的一部分烈士遗物和事迹介绍。左侧是第二陈列室，主要陈列在中印边境自卫作战、建设新西藏中牺牲的一部分烈士的遗物和事迹介绍。

陵园内环境十分清幽，高大的纪念碑耸立在纪念馆后的平台上。纪念碑正面书写着“人民英雄永垂不朽”8个大字，背面是藏汉两种文字的碑文。碑后的照壁上题有“浩气长存”4个大字，字迹古朴苍劲。

泽当寺

以讲习显宗经论为主的格鲁派古寺

山南市乃东区泽当镇

泽当寺依山而建，又称为乃东寺，属格鲁派，以讲习显宗经论为主。泽当寺建于元至正十二年（1352年），第一世班扎法王绛曲坚赞下令依照祖寺南杰拉康为中心扩大兴建。第三世班扎法王时的泽当寺，已经被扩大成拥有108座分院的大寺庙。极盛时期，寺内僧众超万人，寺内存有许多明朝皇帝册封赏赐的传世珍品。

泽当寺

景点推荐 桑耶风景区

桑耶寺 AAAA 文

藏传佛教第一座佛法僧俱全的寺庙

山南市扎囊县桑耶镇　¥45元

在大昭寺广场前有直发桑耶寺的班车，50元/人；桑耶寺回拉萨的班车，会经停昌珠寺和雍布拉康，可以进去游览

桑耶寺是藏传佛教第一座佛法僧俱全的寺庙，始建于8世纪中叶。寺内建筑按佛教的宇宙观进行布局，中心乌孜大殿兼具藏族、汉族、印度3种风格，因此桑耶寺也被称作三样寺。寺内殿塔林立，楼阁高阔，规模宏大，各类壁画题材广博，技艺高超，绘工精湛。寺内还珍藏众多木雕石刻、唐卡等文物瑰宝。

玩家 解说

桑耶寺的建筑以古印度婆罗王朝在摩揭陀所建的欧丹达菩提寺为蓝本而建，虽然后世因为火灾多次重建，但建筑格局的根本未动，始终保持了初建时的风貌。整个寺院的布局应和佛经中的大千世界一说：寺中心乌孜大殿象征宇宙中心——须弥山；大殿四方各建一殿，象征四大部洲；四方各殿的附近，各有两座小殿，象征八小洲；主殿两旁又建两座小殿，象征日、月；主殿四角又建红、绿、黑、白四塔，塔周围遍架金刚杵，形成108座小塔，每杵下置一舍利，象征佛法坚不可摧，镇服一切凶神魔刹。

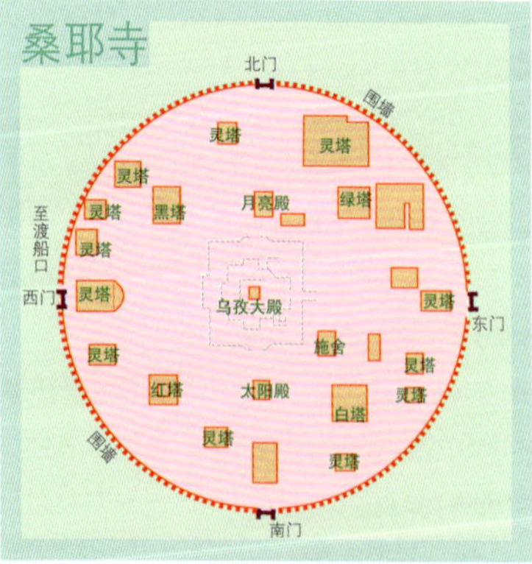

桑耶寺乌孜殿

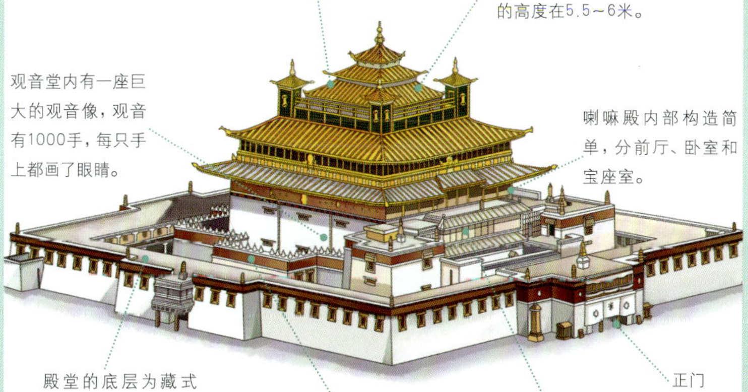

桑耶寺建成后，赤松德赞命在此剃度第一批藏人出家为僧，号称"七觉士"。桑耶寺自称为此西藏第一座佛、法、僧三宝齐全的佛教寺院。

链接

桑耶寺的历史

第五代赞普赤松德赞执政时期，为巩固政权，他大力弘扬佛法抑制本教。赤松德赞于公元762年开始兴建桑耶寺，莲花生大师主持桑耶寺的建设，赤松德赞亲自主持奠基。公元779年桑耶寺落成，赤松德赞遍邀各地高僧来此讲经弘法，并剃度7名贵族子弟出家为僧。此7人被后人奉为西藏藏传佛教的先驱，声名显赫，史称"桑耶七觉士"。

桑耶寺的名字有特别由来。据说，赤松德赞急于见到寺庙建好后的景象，莲花生大师为此施展神功，在自己的手心变幻出了寺院的幻影。赤松德赞惊呼一声"桑耶"（意为出乎意料），就此定下了桑耶寺的寺名。

扎玛止桑宫殿遗址

藏王赤松德赞的诞生地

山南市扎囊县桑耶镇　从桑耶镇乘车可至

扎玛止桑约建于8世纪初，是藏王赤祖德赞和金城公主的宫殿之一，也是赤松德赞的诞生地。据《西藏臣记》记载，赤祖德赞逝世后，赤松德赞年幼，奸臣们挟小王子制定法令来毁灭藏传佛教，扎玛止桑也在此时被毁。这里被视为圣迹，颇受崇拜。

松卡石塔 文

莲花生大师设计主持雕造

山南市扎囊县桑耶镇

松卡石塔与桑耶寺基本是同时期的石雕建筑，佛塔造型虽基本相同，但大小各异，对研究吐蕃时期佛塔的造型艺术和建筑风格有很高的价值。5座石塔均为整块巨石雕刻而成，自西向东第一座最大，为多边形底座方塔，塔顶雕成太阳和月亮。

据说这5座石塔是莲花生大师为证明自己的法力，从虚空中变幻出来的，充满神话色彩。在5座石塔附近有大量的摩崖造像，以无量寿佛为主题，对研究西藏宗教刻石艺术也有一定的参考价值。

青朴修行地

众多高僧活佛修行之地

山南市扎囊县桑耶镇纳瑞山

桑耶寺周末有车前往

青朴修行地紧邻著名的桑耶寺，山谷正南面敞开处正对着雅鲁藏布江的宽广河谷，景观气势非凡。

修行地身处大山深处，常年气候温和，风景极佳，吐蕃时期的著名历史名人和众多高僧活佛，如寂护、莲花生、赤松德赞等都曾在这里修行。14世纪初叶著名宁玛派喇嘛隆钦饶绛巴等人也在此雕刻了大量的摩崖造像，另有隆钦饶绛巴的灵塔以及相关石碑，如今尚能见到。故而青朴与桑耶寺共负盛名，朝拜者络绎不绝。

玩家 攻略

青朴修行地在山腰佛堂边修建了一个可以提供简单住宿的小招待所，只有6张床位。招待所旁是小卖部，可以在那儿买些饼干、方便面一类的食品携带，山上没有餐厅和饭店。

玩家 解说

据称在藏传佛教前弘期结束时，有许多经卷都被埋在了青朴修行地，后弘期早期不少掘藏师在此掘藏。传说青朴修行地有一条密道可以通往莲花生大师的诞生地——圣地乌金贝隆。乌金贝隆是人世间的秘境，非有缘人不可进入。至今，此地仍有不少远道而来的苦修者潜心修行，其规模相当于一个小村落。

哈布日山

西藏四大神山之一

山南市扎囊县桑耶镇，桑耶寺东面

哈布日山也叫海不日山，在桑耶寺东面高60余米，为西藏四大神山之一。传说莲花生大师曾此在设场作法。山东麓有多座灵塔。每天都有朝圣者爬上哈布日山转经。到达山顶以后，他们就一起放声歌唱，感激神灵护佑。

玩家 解说

据说莲花生大师于8世纪入藏传教，与吐蕃赞普赤松德赞、印度佛学家寂护共同创建桑耶寺。初建时藏地的群魔跑来捣乱，白天建好的寺院夜里又遭破坏。莲花生于是登上哈布日设坛行法，以巨石镇压众魔，保障了桑耶寺的顺利建造。这山小如沙丘，莲花生攀登时却气喘吁吁，所以得名“喘气”（哈布日）。哈布日山东麓，还有吐蕃时期三大译师的灵塔和名僧寂护的灵塔。

青朴修行地

景点推荐

雅江谷地景点

扎羊宗溶洞

修行溶洞

山南市扎囊县阿扎乡

扎羊宗溶洞在扎羊宗山半腰，溶洞有3个朝南的洞口，其中两洞相通，最大的东洞深约13米，面积约100平方米。洞内曾设佛堂和经堂，并遗有精美壁画。东洞以西位于峭壁之上的洞即为莲花生等的修行洞，有一通道与洞口相连。洞内有天然钟乳石等，状似佛灯，叩石有清脆的声响。再往西40余米是第三洞，洞深约55米，亦有钟乳石等。

玩家解说

东洞内有经堂和佛殿，主供莲花生、赤松德赞、拉玛群培及其灵塔，洞外建有四间僧舍，一间厨房，属宁玛派的多吉扎寺管理。洞壁上绘有25位王臣、16尊罗汉、观世音和桑耶寺建筑布局图等。在整个洞内还存有七八幅唐卡，从风格来看应不晚于后弘期。中洞洞口开在峭壁上，有一架几乎是与地面垂直的木梯相接，相当陡峭。洞内便是莲花生、白若扎那曾经修行过的地方。洞内通道很狭小，仅能容一人爬进。洞顶多层钟乳石，排列密集，各形各色皆有。此处洞连洞，洞套洞，大洞内有小洞，大洞之间又形成连环洞。西洞据说是由一个名叫多扎仁增的人开启的新修行洞。洞内极其开阔，最高处有10余米。

敏竹林寺 ㊂

西藏中部最重要的宁玛派寺庙

山南市扎囊县扎期乡

可以乘泽当到扎囊的客运班车在敏竹林寺下车，然后步行前往

敏竹林寺是西藏中部现存最大、最重要的宁玛派寺庙，由宁玛派高僧卢梅·楚臣西绕于10世纪末修建。1677年进行了重修和扩建，形成了如今的格局。

敏竹林寺规模较大，面积达10余万平方米，包括祖拉康在内的5个建筑群及附属建

敏竹林寺

筑。主殿供有高层德达林巴的塑像和铜制佛塔。主殿后佛堂有两层。一层有100尊精美无比的度母雕像，二层则布满风格各异的壁画，另供有一尊300多年历史的释迦牟尼像。祖拉康二层设有天井、小佛殿，还有一些僧舍。第三层拉康佛殿内绘有历代著名宁玛派喇嘛像。

敏竹林寺对研究宁玛派的历史、教义具有重要的意义，敏竹林寺以片石砌筑的墙体对研究西藏建筑艺术和建筑风格也有很高的价值。

玩家解说

敏竹林寺是后弘期南路弘法的主寺，是前藏宁玛派3个著名寺院之一，在西藏乃至国外都十分著名。10世纪末，这里被唤作巴林寺。藏传佛教后弘期僧人卢梅·楚臣西饶曾在此讲经说法。1677年五世达赖的文化教师德达林巴·久民多吉对巴林寺进行了重修和扩建，并改名敏竹林寺。18世纪初，准噶尔部侵扰西藏，拆毁了祖拉康一角，并毁坏了主要佛像，后由颇罗鼐出资修复。“文革”期间寺院再度被毁，使该寺建筑几乎成为废墟，1983年以后对寺院进行修复，今已部分恢复原貌。

措杰魂错

藏王妃益西措杰出生之地

山南市扎囊县措杰村

措杰魂错湖海拔3600米。湖旁有措杰殿，供有空行母益西措杰佛像。据传8世纪，益西措杰出生于此，原有的一湾小泉水随着益西措杰的长大而逐渐成为一个大型湖泊。在益西措杰出生后扔脐带的地方长有红白两株旃檀树，现在仍能拜见到叫奶汁的旃檀树枝。

链接

益西措杰

益西措杰生于鸡年猴月十日，相传出生时口念着藏文，伴有大地震动、雷声轰鸣、天降花雨等天动异象。益西措杰长大后非常美丽，且有慈悲心肠，前来求亲的人络绎不绝。吐蕃赞普赤松德赞听说后前来迎娶益西措杰为王妃。莲花生大师入藏后，益西措杰被献与莲花生大师，封为明妃。

此后，莲花生大师夫妇来到钦普，益西措杰在莲花生大师尊前出家，聆听三藏佛法。益西措杰亲见妙音仙女面，获得不忘总持，获得通慧，显示神通无碍，得到众人的信仰，称她为“空行母益西措杰”。

宗贡布溶洞

集自然、溶洞为一体的旅游景观

山南市扎囊县阿札乡

从扎囊县羊嘎渡口乘船横渡雅鲁藏布江到北岸，再坐车往北行20千米即可到达

宗贡布溶洞是融自然、溶洞为一体的旅游景观。此洞为早期形成的自然溶洞。洞内的奇观包罗万象，无奇不有，美不胜收。

扎塘寺

宗贡布溶洞洞口朝西，当地人通常将这个大洞口叫“卡钦”，洞口处原来有一座小拉康，内供莲花生塑像。从洞口扶梯而上是一个面积约60平方米的平台，洞顶和左右到处是大大小小的溶洞，成群的鸽子栖身其中。北洞的通道没有南洞那么平坦宽阔，有时需扶梯而下，有的地方还要过独木桥，有的地方只有脱鞋涉水才能通过。

在洞上部稍偏北处有一小修行洞，洞内相当宽敞，传说以前曾有人在此长期居住，在洞内南壁还有一个洞口，洞略小，黑暗潮湿，亦为修行处之一。

扎塘寺 ⓦ

西藏较早建筑之一

山南市扎囊县扎塘镇

扎塘寺建于1081年，是西藏较早的寺院建筑之一。寺院按照佛教密宗的曼陀罗布局建造，围墙原有3重，现仅存外围墙，呈椭圆形。围墙外还有壕沟一道，起防御功能。中围墙内有夏季诵经场、库房、伙房等建筑。

外围墙有几季拉康和大塔。大塔原有的砖和琉璃瓦还有部分保存至今，这些砖瓦均无文字或刻画符号，但这些砖瓦的瓦当、滴水上的动物、花纹图案却具有很高的艺术价值。

扎塘寺内壁画

链接

扎塘寺的壁画

扎塘寺内最为珍贵的是佛殿内的壁画，依照主题、内容、风格可分为两期。第一期壁画位于殿内南、北、西三面墙壁，属建寺时绘制，其题材主要是释迦牟尼像和各种男女半身形象，布局合理，色彩古旧，人物像间以花草为饰。

第二期壁画位于南、北两壁的最东端。每面自上而下各有3尊无量寿佛像，头戴五花宝冠，袒裸上身，下着长裙；有耳环、耳坠、项链为饰；手捏法印，结跏趺坐于仰莲座上。

这些别具风格的壁画是珍贵的历史文物，对研究西藏早期的壁画、外来影响、服饰等有极高的价值。

姐德秀国家森林公园

山南市最大的湿地保护区

山南市贡嘎县

姐德秀国家森林公园风光秀美，景色宜人，人与自然和谐相伴。丰富的自然、人文景观环绕周边，如同是戴在雅鲁藏布江的一条宝石项链。灌丛、湿地、河流等自然景观交相辉映，构成一幅浓淡相宜的风景画卷。

公园内地势平缓，草地如茵，拥有山南市最大的湿地保护区，江边湿地更是多种湿地鸟类的天堂，自设立保护区以来，吸引大量鸟类栖息。保护区鸟类主要有黑颈鹤、斑头雁、赤麻鸭等。

森林公园的周边区域，还有具有浓郁特色的民俗、村寨、宗教及文化景观，供游人参观游览，使公园旅游资源的组合更为合理。森林公园环境很好，造氧丰富，游客在这里可以缓解高原反应。

昌果沟
综合性高原旅游景区

山南市贡嘎县境内

昌果沟旅游景区是集自然、人文景观、田园风光，野生动植物于一身的综合性高原旅游景区。

昌果沟受独特的高原河谷小气候影响，年均降雨量较其他地区相对较多。景区内空气湿润清新，鸟语花香，如世外桃源，让人十分放松。

景区内的著名景观有多吉扎寺，新石器时期的壁画群和山南市最早的青稞碳化石。

玩家解说

多吉扎寺建于1610年，是藏传佛教宁玛派六大道场之一。寺庙面江背山，宛若天砌楼群，十分壮观。五世达赖和七世达赖时期曾多次重修扩建，寺庙规模相对比较大，僧人最多时达500多人。寺院分派寺庙分布很广，在西藏、青海、四川、云南，印度、尼泊尔、不丹等地均有分派寺庙。

雅江绿色长廊
西藏最大的沙化防护林

山南市雅鲁藏布江中游宽谷地带

雅江防护林长廊是西藏最大的沙化防护林，长约80千米，顺雅鲁藏布江流势向东延伸，分布在雅江南面的河床沙丘上。这是几十年来山南市的沙漠化防护工程的结晶，也是西藏唯一的人工林景区，景区集人工防护林和雅鲁藏布江景点于一体。

玩家解说

雅鲁藏布江在山南形成了宽谷地带，江水滔滔如巨龙飞天而啸，气势十分壮观，四季景色各异。雅江防护林就在河床边，随江势而布，天然景色绝美，是一个大型的自然氧吧，初到西藏的游客，在山南不会有太多的高原反应，就是因为这个缘故。

景区内有一个最大的人工防护林岛屿，叫作雍布岛。长年以来，由于岛屿的气候湿润，适宜各种植物和鸟的生存和繁殖。

桑日卡尔玛寺
觉域派的根本道场

山南市桑日县

桑日卡尔玛寺是由玛久拉仲亲自创建的

雅江防护林

拉加里王宫遗址——夏宫

寺院，也是觉域派之根本。寺院规模不大，只有上下2层，1层内供奉着释迦牟尼、宗喀巴师徒3人的雕像，以及藏文大藏经《甘珠尔》和《丹珠尔》等；2层作为经堂，主要供奉着以玛久拉仲为主尊的觉域派高僧大德的雕像。另外，大殿附近还有玛久拉仲当年的修行洞，里面供奉着她的雕像以及神鞋等供品，据说修行洞内有一个洞中之洞，被称为“十万欢乐大殿”，是玛久拉仲的秘密修行洞，是一个有108个柱子的大殿。

卡玛当寺
建于11世纪的古寺

山南市桑日县雪巴乡

卡玛当寺最初建于11世纪，为噶当派寺院，后数度更改教派，现为格鲁派寺院。寺庙建在山腰上，黄色建筑十分醒目。主殿坐西向东，院门西开。殿内柱饰以珠帘为主，柱栌上绘有莲花图案。整个建筑和装饰简练、朴实。现存建筑为1986年重建，主供莫吉洛吉卓玛塑像。

沃德贡杰雪山
雪域藏土最古老的山

山南市桑日县沃卡地区

沃德贡杰雪山海拔5926米，山上景色秀丽，环境优美。因为宗喀巴在创立格鲁派之前曾在山上修行和传法，所以沃德贡杰雪山也被视为神山。

山上有曲龙寺，传说系当年宗喀巴亲手所建，被认为是格鲁派最早的寺院。寺中还珍藏着留有宗喀巴手印和头部印的石头，以及宗喀巴所骑牦牛的一只脚等圣物。

玩家 解说

神山的西面和北面，是从沃德贡杰雪山流下来的沃卡河，河水终年喷珠吐玉，奔腾呼啸，雪浪飞翻。附近有宗喀巴大师最早建立的曲龙寺，还有耸立在岩峰之巅的沃卡城堡。沃卡周围，有7处著名的温泉。西藏许多历史名人，都有在沃卡温泉洗浴的记录。沿山路北上，可以到始建于10世纪的曾期寺。

神山的东面，是加查县境内的雪山森林地区，雪峰高耸，峡谷幽深，处处鲜花似锦，药草飘香。林间出没着松鸡、麋鹿、香獐、云豹等珍禽异兽，盛产贝母、虫草、黄连等珍贵药材，还有一些碧蓝的神秘小湖，镶嵌在深山雪谷中间。

拉加里王宫遗址 文
昔日拉加里王系宫殿

山南市曲松县曲松镇南侧

拉加里王宫曾是拉加里王系的宫殿，王宫的建筑分为早期建筑（旧宫扎西群宗）、中期建筑（新宫甘丹拉孜）和晚期建筑（夏宫）。宫殿的始建年代已难详考，从现存建筑遗存的诸多特点能推测这三期主要建筑的大致始建年代。

早期建筑：旧宫扎西群宗，约始建于13世纪，现存最高为12米的宫墙残段和南、北大门。

中期建筑：新宫甘丹拉孜，始建于15~18世纪，为拉加里王宫遗址现存的主体建筑，由王宫、拉康（宫殿）、广场、马厩等组成，尚残存部分壁画。

晚期建筑：夏宫，约始建于15世纪末，现存部分为一基本完整的院式宫殿。整个宫殿的建筑都融合进了汉族的建筑风格，其中一些小木作，尤其是门枋之上斗拱的使用，无疑是融合了汉地古建筑的风格，这在西藏王宫的建筑中十分少见，极具研究价值。

虽经数百年的风雨侵蚀，拉加里王宫已经辉煌不再，但其遗址却仍基本保留了原建筑的布局和结构，是研究西藏地方历史、建筑史的重要实物资料。

链接

拉加里王系

拉加里王系是西藏历史上一支独立的地方割据势力。其先祖为吐蕃王室后裔鄂松的嫡系。10世纪后，拉加里王系在现山南曲松一带逐渐发展起来，历经萨迦王朝和帕竹王朝后仍保持着相对独立的地方统治特权。直至1959年西藏进行民主改革之前，拉加里王系还统辖有拉加里、桑日、加查、隆子4个宗的广大地区。

拉姆拉错

旧宫扎西群宗

扎西群宗位于新宫甘丹拉孜西侧，位置稍低，占地总面积7000平方米。宫殿由石砌围墙环绕，现仅存东、南墙体及西墙残段。宫墙所用石块较规整，石块同以黄泥浆为黏合剂，外壁修抹整齐，最高处15米。

该建筑原在南、北两面辟有门道，北门已完全坍颓不存，南门尚存遗迹。

甘丹拉孜

甘丹拉孜是拉加里王宫遗址现存建筑的主体部分，由王宫、仓库、拉康等一系列建筑单元构成。甘丹拉孜位于整个建筑群的东北部，北临河谷，东侧是一条人工壕堑，占地面积近16万平方米。

夏宫

夏宫位于甘丹拉孜的东北方向，现仅存一个融汉藏风格和工艺为一体的小型宫院。宫院坐北朝南，北面正房一排3间，通面阔18米，东、西面各有厢房一间，中央为庭院。正、厢房前各设有石阶4级。门上垂檐及窗上窗楣均镂刻彩绘有牡丹、莲花、凤凰、卷草等图案，一派汉式风格。

拉姆拉错

西藏四大圣湖之一

山南市加查县崔久乡　50元

从加查县城到拉姆拉错可以租车，价格面议

拉姆拉错是西藏最具传奇色彩的湖泊，又名琼果杰圣湖，湖面海拔5000多米，是一个高山淡水湖。湖面形似椭圆，四面环山，景色秀美。湖面结冰期约7个月，夏天结冰后，会出现各类奇妙景象，如无风起浪等，有时会发出非常奇特的声响。

玩家攻略

体力好且有闲情逸致的游客可以考虑徒步加查峡谷，风景十分优美。途中会遇到几个藏族村庄。路上适合背包族游客扎营的地方不多，可以选择在到达圣湖之后原路返回，也可以继续徒步去桑日。

玩家 解说

拉姆拉错在藏传佛教中有着十分特别的地位，每当需要寻访西藏历代达赖喇嘛和班禅的转世灵童时，教中主持者便会前来拉姆拉错朝圣，观湖下相，以期确定寻访的方向和原则。也因为这个缘故，每年藏历四至六月，都有大量信徒前来，期望可以有缘看到湖水幻示的神谕，显示各种未来景象。

琼果杰寺

前往拉姆拉错圣湖的必经之地

山南市加查县崔久乡

琼果杰寺也称却柯杰寺、琼杰果寺。1509年二世达赖喇嘛根敦嘉措修建琼果杰寺，初时只有一座祖拉康，五世达赖时期进行了扩建，形成占地近4000平方米的建筑群。鼎盛时期的琼果杰寺曾有僧众500多人，目前建筑群仅存残垣断壁，不复当年热闹景象。

寺外立有三世达赖喇嘛时期的“琼果杰寺志”碑。

玩家 解说

琼果杰寺地处前往拉姆拉错圣湖的必经之地，可供游客借宿。从这里出发一早上路，徒步或骑马约四五个小时，就可到达拉姆拉错。

琼果杰寺曾被认为是一个胜迹迭出的地方。人们认为这里的地貌呈八瓣莲花之形，天现如意法轮之象，是一块福田妙地。还有说此处的草原曾盛开13种吉祥花朵，有3条圣河和4座神山在此相交。

加查碉楼

具有险峻地位的古碉楼遗址

山南市加查县

加查有座十分险峻的古碉楼遗址，一面靠山，一面临雅鲁藏布江，两面皆为悬崖峭壁，地势险峻。据考证这座碉楼在15世纪就已存在。

碉楼为木、石结构建筑，内部楼层采用木坊，圆木搭筑。其平面为圆角方形，西、北墙体平面为方形，南、东墙为内方外圆。根据残留的木坊分析，碉楼原为4层，每一层的四面墙体均辟有射孔，射孔的上面多架设横木用以铺设楼板，楼板采用未经研制的圆木铺成。在碉楼临江一面墙体的瞭望孔上方，以木枋出檐，上铺为板，可挡风遮雨。

碉楼外墙体有连接的护墙两道，并向西延伸至悬崖边缘。两道护墙现存高度在4~8米。碉楼北面有石砌台阶数级，可由此进入碉楼内部。

藏王墓 文

西藏有史可考的、最大规模的王陵

山南市琼结县琼结镇

藏王墓可与昌珠寺、雍布拉康从泽当镇一同包车游览，普通中巴往返约100元/辆，可坐4人

40元

藏王墓是7~9世纪时期吐蕃赞普的陵墓群，这是西藏保存下来有史可考的、最大规模的王陵。藏王墓反映了1000余年前西藏的丧葬制度，同时也对吐蕃王朝的兴起、衰落，吐蕃文化与唐文化交流的研究具有重要价值。

靠近河边有一座大墓，据传为松赞干布之墓。墓门朝西南开，面向释迦牟尼的故乡，以示对佛祖的虔诚。墓内共设5个神殿，殿内

藏王墓群

供有松赞干布、释迦牟尼和观世音的塑像，还有大量的金银、珍珠、玛瑙等随葬品。墓左面埋有他出征时穿的金盔甲，墓右面埋有用纯金做的骑士和战马，作为松赞干布死后的侍从。墓顶上建有佛堂钟木赞拉康，亦称红庙。

与松赞干布墓相邻的则是赤德松赞墓。墓碑通高7.18米，由碑盖、碑身、碑座3部分组成。碑顶为一巨大的莲座宝珠，碑盖平面呈方形，作四注式坡面顶，边缘向上微翘，四周边有流云升起的图案。碑盖底部四角浮雕出上身赤裸、彩带飘扬、姿态优美的飞天1个。此陵的墓碑是西藏唐碑中保存最完整者，其艺术价值较之拉萨大昭寺前的唐蕃会盟碑更为突出，现已经新修碑亭加以保护。

玩家解说

琼结县一带，古时曾是吐蕃王朝的都城。吐蕃第九代到第十四代赞普先后在琼结修建了达孜、桂孜、赤则崩都6座宫殿。虽然松赞干布统一西藏高原后将政治中心迁到拉萨，但是旧王族依然居住在琼结一带。据说松赞干布为了确保后世的赞普们不忘根本，所以下令吐蕃历代赞普死后埋在琼结。

记载中，这一吐蕃藏王陵墓群的修建年代约从7世纪开始，一直延续到9世纪末，历时300多年，是吐蕃第二十八代赞普拉托托日年赞至末代赞普朗达与及其王子沃松等共16位藏王及王子、王妃的墓葬群。现在明显可见的有9座，通认作墓主人的有松赞干布、赤德松赞、赤松德赞、赤德祖赞等。

藏王墓壁画

日乌德钦寺

经过不断扩建的大型建筑群

山南市琼结县

日乌德钦寺，海拔3850米，由堪钦·尼赤增巴白桑创建于14世纪。后经五世、七世、八世达赖时的不断扩建，日乌德钦寺逐渐形成一座大型建筑群。

强巴佛殿主供强巴佛铜像，佛像腹内存放有西藏母狮乳汁。罗汉殿高二层，上层为高僧活佛居室；下层为十八罗汉殿。殿内除供有十八罗汉外，还供有宗喀巴铜佛像，珍藏第七世达赖之父的酥油灯。佛堂位于罗汉殿旁，原是噶厦政府第一任摄政王为自己修建的宫殿，后献于日乌德钦寺，供奉第七世达赖铜像。

日乌德钦寺没有灵塔，但有葬存第五世达赖舍利塔；久九塔，高2米，系镏金，并盖有塔殿，面积为9柱。此外寺内藏有手抄本《甘珠尔》和《丹珠尔》各一套，以及医学、历算、哲学等方面的书与大量的佛经著作。

次仁炯寺

四代活佛转世传承

山南市琼结县琼果乡

次仁炯寺也叫东嘎尼姑庙，始建于18世纪，创建人为贡钦·晋美林巴。初建时，寺庙规模不大，仅有一座殿堂，主要供奉无量寿佛、强巴佛、莲花生泥塑像。该寺第三代活佛对寺庙进行了扩建，增修了伙房、僧舍和拉让，主供佛像增添了格夏日和宁玛派著名人物隆钦饶绛·次臣罗哲（著名佛学家）塑像，还有高1.6米的莲花生镏金铜像。

玩家解说

次仁炯寺第一代活佛贡钦·晋美林巴生于今琼结白日乡境内，幼年入白日寺为僧，受沙弥戒。成年后，晋美林巴前往各地学经。他在康区的德格、国外的不丹都建有寺庙，对当地佛教影响很大。晋美林巴晚年返回白日寺著书立说，编写了佛教经典《当木措》。

贡钦·晋美林巴在康区的弟子名声很大，如不丹国师顶果钦哲仁波切等。因此，次仁炯寺这座深藏于深山中的小庙也备受康区高僧大德的关注。康区最大的宁玛派寺庙德格竹庆寺的嘎嘎活佛曾亲临该寺，开光祝福。

白日寺

藏传佛教宁玛派三大主寺之一

山南市琼结县琼朵乡

白日寺由伏藏大师喜饶温色建于16世纪。初建时，寺庙占地1196平方米，为藏式平顶木石结构，主要建筑有大殿、拉让（私邸）、僧舍、伙房等。20世纪70年代，白日寺遭破坏，全部建筑被拆除，现已部分修复。

修复后的大殿为寺院主体建筑，坐北朝南，包括经堂、佛堂和喇嘛拉康等。殿内皆是壁画，为8部大论以及莲花生的生平故事等。经堂内东西两侧是经书架，主要有《丹珠尔》《甘珠尔》，还有历代高僧活佛所著宁玛派经典以及诗歌、医学、历算等典籍。佛堂有柱16根，供有该寺主尊宁玛派大师莲花生，另有大译师毗卢遮那佛像。此后，又供奉赤松德赞、康钦·普第沙达（印度人）的泥塑像。

玩家 解说

白日寺共传承五代活佛，依次为喜饶温色、仁增·敦觉多杰、仁增赤列朗杰、仁增·白玛旺杰、仁增措杰。1899年拉萨发生谋害十三世达赖事件，该寺受株连，被没收部分财产和土地，革除住持职务，规定以后不能转世，并设立了以堪布为首的最高寺权制度。

建叶寺

格鲁派千年古寺

山南市琼结县境内

建叶寺坐西朝东，由格西扎巴大师创建于11世纪，属格鲁派寺院。寺院曾遭大规模破坏，现存建筑主要包括佛堂、经堂、僧舍等。

白日寺

佛堂高3层，廊内两壁绘壁画，主要是千尊释迦像。佛堂底部呈正方形，殿壁正中设佛台，原供泥塑8岁时的等身强巴佛像，另有铜佛像释迦牟尼、八大药王等。经堂是清朝光绪年间由阿旺强巴增修。堂内左右两侧原有五世达赖阿旺·洛桑嘉措、四世班禅洛桑·确吉坚赞、十三世达赖土登嘉措等塑像。

经堂南侧建有供殿和强巴佛殿，供奉有格西扎巴、释迦牟尼、仁钦达哇、仲敦巴、绿度母以及噶举派高僧活佛泥塑像。强巴佛殿有柱4根，供有强巴12岁时的等身佛像和忿怒神各1尊。经架置于左侧，存有宗喀巴与二位主要弟子及江甲热白多吉的经著。

玩家 解说

“建叶”二字在藏语中是“右眼”的意思，据传佛圣桑结曲巴的弟子桑结大洞死后，他的右眼被埋在建叶寺的塔中，寺院也由此得名。

建叶寺的创建者格西扎巴，属于格西扎巴家族。早在吐蕃赤松德赞执政时期，格西扎巴的先祖钦·多杰哲穹就修建了桑耶寺的青塔及绛秋岭寺。格西扎巴在耶修两地修筑了很多寺庙，在其伯父香敦却坝去世后，更是建造了胜乐金刚和喜金刚像10万尊，授训了很多弟子。之后，格西扎巴继续修行，学得了希解派9神明灯法和《六支瑜伽教授》，从而获证大智。他也曾给拉布金氏灌顶，并修建了洁汝寺。

唐波且寺

千年格鲁派寺院

山南市琼结县下林乡

唐波且寺建于西藏佛教后弘期火蛇年

建叶寺的珍藏文物

●银碗

通高7.3厘米，敞口，莲足。花纹线条流畅，层次清晰，制作精细。腹部一周为草纹，稠密而不紊乱。足饰细长莲瓣。碗的整个造型超俗而新颖。属清代银器。

●银颅碗

通高17.5厘米。碗盖鼓起，顶端平面呈“十”字形，立面如金刚叉两端形状。足上部正中边沿有一桃形纹，其两边各竖一旗杆，上端是太阳和月亮，并有飘动的银带。足为三角形须弥座，上端有一道火焰形纹，紧临下部莲瓣排列。属清代作品。

●净水银瓶

通高37厘米，直口，短颈，广肩，鼓腹，莲座。瓶盖顶部为莲瓣，宝珠形；盖下部四组花纹为梅花边饰，里面套有八吉祥图案，每两梅花之间为树木，花纹精细。属清代作品。

●高足银碗

通高6.2厘米，敞口，下腹部硬折。腹部由4组八宝图案组成：1组为法轮和海螺；2组为石榴和宝瓶；3组为伞和花盖；4组为双鱼和盘肠。制作细致，属清代作品。

●高足瓷碗

白色，通高11.3厘米。碗心正中有蓝色卷草纹，纹饰外围有两道蓝色线圈，内线圈由双线组成，图案正中橘花鲜明，线条细腻流畅。釉色白中闪青。胎质细腻纯净，修胎规整。属清代瓷器。

●释迦牟尼缂丝唐卡

高1.35米，宽0.7米。四周为红、黄、棕三色边款，上下有轴。织底精细，丝面平整。中间系人物画面，主尊为释迦牟尼，其上为宗喀巴师徒3尊。围绕主尊有数十个释迦牟尼小佛，神态各异。属清代早期精品。

（1017年），现在看到的规模是1916年修复后的建筑，主要包括经堂、佛堂、经场、觉康。

主体建筑大殿共高3层，设有经堂和佛堂。大殿一层主供阿底峡师徒铜佛像3尊和莲花生、宗喀巴、五世达赖铜佛像。壁画有主尊画像以及各类菩萨和护法神像。经堂之后为佛堂，四柱。主供释迦牟尼，其左右为妙音、强巴佛，其后为十六罗汉、八大药王以及帕木竹巴等5个噶举派高僧的舍利塔。经堂南侧为护法神殿，主供马头明王、牛头金刚泥塑像等。

大殿2层为寺内议事办公而用。3层是妙音殿，供观音镀金铜像。另有阿底峡舍利塔和第一位堪布枯敦·尊追雍仲灵塔。

青瓦达孜宫遗址

唐波且寺早期信奉噶举派，到枯敦·尊追雍仲修复后改信格鲁派。

青瓦达孜宫

吐蕃兴建的第二大宫堡群落

山南市琼结县琼结镇的青瓦达孜山上

根据史料记载，从第九代赞普布迪坚到十五代赞普伊肖勒，曾先后在琼结兴建了6个宫殿，整个宫堡群落被称为青瓦达孜宫。

青瓦达孜宫修建的地势险要，犹如狮子腾空雄踞在青瓦达孜山上。六宫原由城墙相连，城墙上设有石砌碉堡，城墙碉堡相互衔接，既可守城，又可御敌，其功用与建筑特点和长城相似。此后，松赞干布这里指挥部落打败了吉曲和年楚河流域的苏毗部落，称雄全藏，建立了吐蕃统一强大的王朝。

宫前的石壁上至今还有两处摩崖古刻。

景点推荐

羊卓雍错周边

羊卓雍错

西藏三大圣湖之一

山南市浪卡子县境内

可以乘坐泽当—浪卡子的客运班车前往

羊卓雍错，简称羊湖，与纳木错、玛旁雍错并称西藏三大圣湖。羊卓雍错面积678平方千米，是喜马拉雅山北麓最大的内陆湖泊，湖光山色，冠绝藏南。

羊卓雍错状若纸扇，大致呈北西—南东方向延伸。南宽北窄，蜿蜒伸进群山之中。湖中山地突兀，湖内分布有21个小岛，各自独立水面，岛上野鸟成群。春末夏初，牧人便将牛羊用牛皮船运到湖中的各个小岛放牧。不同的小岛中还栖息着大量候鸟，有黄鸭、天鹅、鹭鸶、沙鸥等。成千上万只白色水鸟在湖面铺天盖地飞翔，十分壮观，这也将羊卓雍错造就成了西藏最大的水鸟栖息地。

湖中浮游生物很多，简直就是鱼类的天堂。每到夏季，鱼群便由深水区游到浅水区觅食、产卵，几乎徒手就可捞到。湖中盛产一种高原裸鲤，其肉极其细嫩鲜美。

玩家 攻略

从拉萨南行100千米可到羊卓雍错，约2小时行程，可包车或乘班车前往。如乘班车，可先坐到曲水县雅鲁藏布江大桥边，再乘出租车游览羊卓错。

羊湖景区已在建设，目前建有羊湖宾馆，并增添农牧民家庭帐篷旅馆可供住宿。

玩家 解说

羊卓雍错意为碧玉湖，被誉为世界上最美丽的水。羊湖其实是高原堰塞湖，大约亿年前因冰川泥石流堵塞河道而形成。羊湖在群山中蜿蜒达130多千米，无论哪个角度，都看不到羊湖的全貌。在高中处能见到羊湖犹如耳坠，镶嵌在山的耳轮之上。在当地藏人的心目中，也将羊湖比作神女散落的绿松石耳坠。

藏传佛教的信徒们十分相信羊卓雍错的圣湖之力。达赖圆寂后，由西藏上层僧俗组成寻找

羊卓雍错

转世灵童的僧众团体，先要请大活佛打卦、巫师降神，指出灵童所在的大方位；然后到羊卓雍错诵经祈祷，向湖中投哈达、宝瓶、药料等，最后，主持仪式的人会从湖中看出显影，指示转世灵童所在的更加具体的方位。

虔诚的佛教徒每年都要绕湖一圈，这等于他们到拉萨朝圣一次。

桑丁寺

藏区唯一由女活佛住持的寺庙

山南市浪卡子县浪卡子镇

桑丁寺始建于14世纪中叶，属博东教派，在藏传佛教各派寺庙中有特殊的地位。桑丁·多吉帕姆女活佛被认为是印度金刚亥母的肉身再现，备受信徒敬仰。其转世传承至今已有12世。

桑丁寺整个造型像拉萨布达拉宫，分红宫和白宫。寺内供有历辈多吉帕姆的肉身，主修金刚亥母密法和印度瑜伽密宗。此外，桑丁寺内还珍藏着一顶稀世珍宝——乌真宝真法冠。

普莫雍错

藏南最高的大湖

山南市浪卡子县

普莫雍错北部紧邻山地，东、西主要为洪积—冲积平原，南面为冰水平原。湖水主要依赖降水和冰雪融水径流补给，丰水年份仍有湖水外泄。普莫雍错呈东西走向，面积290平方千米，湖岸线长94千米，为藏南最高的大湖。湖中东北部有3个石质小岛，周围则是一望无际的草原和连绵的雪山。

浪卡子旅游交通示意图

岗巴拉

前藏与后藏的分界线

山南市浪卡子县与贡嘎县的交界处

海拔5374米的岗巴拉山是西藏著名雪山，也是前藏与后藏的习惯分界线。其山势高大险峻，如同屏障，呈北东—南西走向。北陡南缓，呈灌丛草原景观。从岗巴拉山山脚到山口，是一段蜿蜒曲折的盘山公路，长达25千米。海拔5030米的山口处，可以俯瞰羊卓雍错，碧绿无垠的湖水和绵绵的山川一起构成一幅瑶池的仙境图。

景点推荐

南部山区景点

吉堆吐蕃墓群 ⓧ

唐朝年间的古墓群

✉ 山南市洛扎县吉堆乡的南侧山腰

吉堆吐蕃墓群建于唐朝年间，共有墓葬48座和11个祭祀坑。墓群以1号大墓为中心，呈放射状分布。覆斗状封土，平面则为梯形，夹石夯筑封土。东西两侧，各有一处摩崖石刻和碑文，石刻内容与碑文一致，记录了吐蕃时期一位赞普和大臣德乌穷之间的誓文，对了解吐蕃王朝历史、洛扎地方史和吐蕃丧葬制度具有重要价值。

玩家解说

从墓群的形制、结构上看，吉堆吐蕃墓群是一处典型的吐蕃时代墓地。根据得乌琼、门塘两处摩崖石刻内容来看，墓群应为当时洛扎一带的名门洛朗之家族墓地。

像吉堆吐蕃墓群这类可以确定具体年代的古墓地，在西藏实属罕见，为吐蕃中期佛教传入西藏后的葬俗形式及其变化提供了十分可贵的实物材料。同时，它也为吐蕃扩张时期的结盟及其形式、内容提供了不可多得的证据。

色喀古托寺 ⓧ

西藏著名佛学大师创建的寺院

✉ 山南市洛扎县

🚌 可以乘坐泽当—洛扎的客运班车，从洛扎县可以租车前往色乡，价格面议

色喀古托寺为9层古碉堡式建筑，约于1080年前后修成。寺庙坐西向东，平面呈方形，外有围墙环绕。寺内主建筑是噶哇久尼大佛殿。寺内正中有九层高，达28米的碉楼。1、2层为地下室及储藏室；3~7层为原来的建筑，杜康大殿位于古堡西侧。

寺中珍藏有大量吐蕃时期手写经书和米拉日巴静修时戴在头顶上的石制酥油灯。

哲古湖

可近距离接触高原野生动物

山南市措美县哲古村

哲古湖海拔4100米，湖面大约70平方千米，湖形似弯月，哲古在藏语中的意思就是弯月。湖内生长着各种鱼类，湖面上鸟类聚集，远处是一望无际的广阔大草原和连绵起伏的雪山。这里随处可见成群结队的藏野驴、黄羊和岩羊追逐嬉戏。夏末秋初，哲古湖畔游人可与这些野生动物近距离接触。景区内还有多种国家级保护动物，有野驴、草狐狸等，极具观赏价值。

觉拉寺

寺规严格的噶举派古寺

山南市错那县

觉拉寺最初的觉拉寺由甲央·丹增扎巴活佛和游占赤列朗杰创建于1447年，属博东噶举派，现存的杜康大殿因当时用做粮库而幸免被毁。

大殿坐西朝东，由门廊、经堂、佛殿及护法神殿等组成。经堂内南、西、北三面绘有壁画。经堂北侧房为仓库，南侧为护法神殿贡康。经堂西壁正中辟门进入佛殿，平面呈长方形，其北、西、南三面设有佛坛，原供奉有释迦牟尼等佛像多尊。殿内遍绘壁画，内容包括该寺历代活佛肖像、度母像及护法神像。

勒布沟风景区

保存完整的自然生态旅游景区

山南市错那县境内

勒布沟风景区常年受印度洋暖湿气流的影响，景区内气候宜人、山川秀美、四季常青。区内发育着热带常绿雨林和半常绿雨林。茂密的森林蕴藏着丰富的林下资源，如黄连、天麻等珍贵药材和孟加拉虎、金钱豹、雪豹、小熊猫等国家一级保护动物，堪称天然药材宝库和野生动物乐园。

保护区内部分可通公路，峭壁悬崖、崇山峻岭、茫茫林海、串串瀑布，各色景致都有。五六月份的勒布沟则是杜鹃花的天下，各色花卉肆意张扬，争奇斗艳，充满灵气。

贡巴孜寺
门巴活佛创建

山南市错那县境内

贡巴孜寺始建于明永乐十八年（1420年），创寺人为门巴族活佛丹巴嘉措，前后传承十五代活佛。

贡巴孜寺原建筑面积达18 000平方米，规模宏大。构成寺庙主体的三组建筑群依山势起伏由南至北呈梯状伸展。外围有高大的院墙，用片石叠砌，平面呈不规则梯形，北窄南宽。屋檐部压盖边玛草，外涂红色，屋檐四角原有圆木雕狮各一尊，现仅存东北角一尊。

寺庙墙外西侧有一护法神殿，主供护法神仅有一眼，怒目圆睁，面相狰狞。殿内珍藏有一只野牛角，其上雕有龙、塔等精美图案，据传是甘丹·娘热巴活佛修渠引泉时所用之法器。

扎同寺
传承九代噶举活佛

山南市错那县境内

扎同寺建在洛曲岸的高阶地，海拔3700米。扎同寺的主体建筑由庭院和殿堂组成。庭院面积约600平方米，为寺庙举行重大宗教仪式或宗教节日跳神活动的场所。殿堂则主要由门廊、杜康、佛殿、贡康、拉康等组成，高5层。底层建筑由南至北有门廊、杜康、贡康、佛殿等。

玩家 解说

扎同寺全称扎西通麦寺。自1489年曲吉扎瓜活佛创建扎同寺至1959年，寺中共传承了9代活佛。

扎同寺属主巴噶举派寺庙，历史上较为独立，原有僧侣80~120人。藏历铁马年（1951年）大地震使寺庙受到一定程度的破坏，“文革”中亦被毁，仅存杜康大殿幸免。

杜康大殿是主殿，殿内壁画多为释迦牟尼传记。

杜康大殿北侧为佛殿，有4根立柱，立柱之上承十字斗拱，很有空间感。北壁设有须弥座式佛坛，东西两侧也设有佛坛，但佛像已然不存。四壁绘图精美，南侧绘有马头金刚，西壁绘有无量光佛及化佛小坐像，北壁绘有噶举派高僧玛尔巴、米拉日巴、塔布拉杰、帕木竹巴、林热·白玛多吉等活佛肖像；东壁为八大随弟子像。

千年古沙棘林
固沙植物的世界

山南市错那县

错那的千年古沙棘林属于野生柳叶沙棘林，当地人称为“拉辛”，藏语为神魂树，即魂魄依附的树。千年古沙棘林有53万多平方米，已有1000多年的历史。沙棘树最高约15米，树围最粗4.5米，十分壮观。

玩家 解说

沙棘树具有很强的分蘖能力，一年生的沙棘

可向四面延伸长出10余条水平根，根幅达数米以上，是最好的固沙植物之一。由于沙棘的分蘖和串根，一棵沙棘树就能够在3～5年内形成圆形的团状群落，群落的中央是最早生长的原生植株，也最高大，越到群落的边缘，植株越小，一般最外边是一年生的小苗。

康格多山

地处高峰聚集之地

山南市错那县境内

康格多山海拔7060米，地处喜马拉雅山脉中段转折东北方向的南麓，由南北两条主山脊和陡峭的东西坡台排而成，周围高峰林立，海拔7000米以上的高峰有两座，6000米以上的高峰更有30多座。

康格多主峰两旁还有南、北两个山头，与之相应的是南北两条山脊。南北山头又各向东西两侧伸出支脊，坡面陡峭险峻。群山峡谷中分布着大大小小无数条冰川。东坡姜朗冰川长10多千米，冰川上冰陡崖悬立，有的高达10余米，冰面裂隙纵横。

康格多山区春秋时节，峰峦上白雪皑皑，山麓的坡台沟奇花点点，牧草肥美。常常可见野驴、黄羊、草狐、獐子等野生动物。

链接

中国西部的世界顶级高峰

世界第一高峰——珠穆朗玛峰：海拔8844.43米。喜马拉雅山脉主峰，地处中尼边界东段。“珠穆朗玛”意为神女。

世界第二高峰——乔戈里峰：海拔8611米。喀喇昆仑山脉主峰，坐落在喀喇昆仑山中段。“乔戈里”，塔吉克语，意为高大雄伟。

世界第四高峰——洛子峰：海拔8516米。地处珠穆朗玛峰以南3千米处，其东侧在中国西藏自治区境内，西侧属尼泊尔王国。

世界第五高峰——马卡鲁峰：海拔8463米。地处喜马拉雅山脉中段，其北侧在中国西藏自治区境内，南侧属尼泊尔王国。

扎日神山

闻名藏地的神山

山南市隆子县东南部

扎日神山又称“扎日莎巴神山”，属喜马拉雅山脉，山体十分庞大。每年藏历猴年四至五月间，藏族信徒会到此转山朝拜，消灾祈福。扎日神山一带是西藏为数不多的珞巴族巴依、业母热、纳、德格等部落的聚居地。

链接

扎日原始自然生态旅游景区

扎日生态旅游景区海拔2100～4100米，属原始生态型自然风景旅游区，扎日河谷地地处“藏南分水岭”与喜马拉雅山脉主脊之间。宽谷窄谷相间，下游河谷横穿喜马拉雅山主脊，形成高山峡谷，谷坡陡峻，急流瀑布随处可见。有现代冰川达瓜西热峰，还有秀丽的冰川湖泊——措嘎神湖。河谷谷底平原宽窄相间，扎日河水流速亦呈缓慢和陡急交错。景区内还有世界24大名山之一的达瓜西日神山，传说到过此地的人能消灾灭祸，该神山由噶举派得道高僧仲贡·藏巴开光，此后众多喇嘛前来修行，均成正果，此地由此而名声大振。

康格多山

攻略资讯

- 交通
- 住宿
- 美食
- 购物
- 娱乐

山南风光

交通

山南市泽当镇距贡嘎机场87千米。除汽车站班车外，货车多集中在东大街，可直接与司机联络议价，这是搭便车省钱的捷径。泽当镇很小，平常在市区以步行为主，无公共汽车，有的士，但价钱较贵。

飞机

贡嘎机场位于山南市贡嘎县境内，距拉萨67千米，开通了拉萨至成都、北京、重庆、加德满都等航线。机场有大巴发往拉萨市区，车费30元，车程约一小时。

汽车

山南市交通主要以公路为主，形成以泽当为中心覆盖全12区县的公路网，交通极为便利。

泽当汽车站：位于泽当镇格桑路20号，有多趟发往山南下辖各县和景点的班车。

此外曲水、泽当、琼结以及贡嘎、浪卡子等城镇是山南旅游途中重要的落脚点和中转站。曲水大桥是雅鲁藏布江三大永久性大桥之一，是名副其实的交通咽喉之地。

住宿

山南市大部分的宾馆和住宿点都集中在乃东区，特别是泽当镇乃东路上。其余各县也有部分宾馆和招待所可供选择。

●山南宾馆（原山南地区招待所）

山南宾馆地处西藏山南泽当镇闹市中

山南泽当镇

心，交通极为便利，距西藏第一座佛堂昌珠寺、第一座佛殿雍布拉康，驱车不到20分钟便可到达。 山南市乃东区泽当镇乃东路13号 7669888

●泽当饭店

泽当饭店是山南市规模最大、设施最先进的旅游饭店，具有浓郁的民族风格和庭院特色。距机场100千米，距拉萨200千米，交通便利。 山南市乃东区泽当镇乃东路19号 7821899

●泽当电信雪鸽宾馆

泽当电信雪鸽宾馆位于山南市湖北中路，在这里住宿，无论是交通、购物、观光都十分便捷。 山南市乃东区泽当镇湖北中路1号 7828888

●更多住宿推荐

名称	位置	电话
山南邮政大酒店	山南市乃东区泽当镇乃东路10号	7821888
西藏山南裕砻假日大酒店	山南市乃东区泽当镇乃东路16号	
雅砻河酒店	山南市乃东区湖北大道18号	
西藏山南龙马宾馆	山南市乃东区萨热路28号	7835388
西藏山南电力宾馆	山南市乃东区乃东路21号	
山南龙泉宾馆	山南市乃东区湖北大道23号	7826888
阳光宾馆	山南市乃东区格桑路7号	7835778

酥油茶

美食

山南市饮食与西藏其他地方相同，特色藏餐有各类灌肠、青稞酒和酥油茶、羊卓雍风干肉、凉拌牦牛舌、包子、糌粑、各种糕点以及甜茶、奶茶、酸奶、烤肠、风干肉、夏普青（肉浆）等。

购物

山南市的各个城镇，都会有一些商贩相对集中的购物点，主要贩卖一些具有藏族特色的金银玉石饰物。其中著名的特色当数敏珠林寺的藏香和加查核桃。此外，乃东区的地毯，卡垫，曲松县的上釉酥油壶，桑日县的嘎柳编，错那县的勒布木碗，浪卡子县的羊卓藏被、银制茶碗盖等，也都是山南市的特产。当然大部分的游客会选择在拉萨的八廓街上集中购买纪念品。

●加查石制品

加查盛产石墨石，此石质软，易雕凿成形，用它做成的锅炖菜做饭味道香浓，而且保温。加查石锅、石碗的造型及图案精美，是远近闻名的特产。除石制品外，加查的木碗和木桶等制品在选材、工艺、着色、绘刻及耐用等方面都属上乘。

绿松石坠子

藏戏

● 加查核桃

加查县盛产核桃已有几十年的历史，遍植田间地头、房前屋后，七八人合抱之千年大树比比皆是，景观别致。品种主要有酥油核桃、麻雀核桃、铁核桃等10余种，以其皮薄、个大、肉嫩、肉满、肉质香醇甜润而誉满高原，是历代达赖喇嘛和达官显贵的贡品。

● 扎囊陶器、编制品

据说早在吐蕃时期，扎囊就已百业兴盛。这里聚集着大量来自西藏各地及内地的手工艺人，建有瓷器、陶器、金银铜铁器、纺织、编织、造纸、制墨及磨坊、酿造等工场，所有出品专供吐蕃上层使用。这些作坊遗址至今仍可看到一些。现今扎囊的制陶、编织及纺织业仍很发达。

● 琼结玉制品

西藏的玉制品按其质地的不同，可以分为刚玉和软玉，刚玉产于日喀则仁布，软玉则出自山南的琼结。琼结玉白绿相间，温润泽手。琼结玉雕厂有100余种产品，是旅游购物的理想之选。

娱乐

山南雅砻是藏民族的发源地，很多古老的歌舞表演艺术也是从山南起源，传至西藏的其他地区，比如羌姆和卓谐。山南也是藏戏的发源地，还有流传于山南各地的劳动歌舞、婚礼歌舞、酒歌、情歌、丧葬时的“洛朗夏卓”、喜庆场面上的谐钦大歌、庆祝丰收时表演的“雅羌”牦牛舞、月光下篝火旁群众自娱的“果谐”等，形式多样，色彩纷呈。

羌姆：羌姆最早起源于雅鲁藏布江北岸的桑耶寺。8世纪时期桑耶寺建成，为了庆祝佛教在与本教斗争中的胜利，莲花生大师创作并排练了羌姆这种头戴面具、身穿神服的舞蹈。僧众们在桑耶寺竣工落成的盛典上首次表演了羌姆。此后羌姆就被传遍了雅砻，进而到西藏各地和内蒙古等地，目前的羌姆仍然是庆祝活动的舞蹈表演形式之一。

卓谐：卓谐是一种配合打击乐器的舞蹈。舞者将长柄扁鼓系于腰间，用两根弯曲的鼓槌打击并起舞，卓谐在17世纪左右就已盛行于雅砻以及西藏各地。文字记载中提及桑耶寺落成典礼就有卓谐表演，此外相传在松赞干布迎娶文成公主的仪式上也出现过这种表演。

藏戏：藏戏历经多代艺人的传承和发展，已经形成了白面、黄面、蓝面、黑面四大派系。藏戏的剧目也从最初的零发展到今天经久不衰的八大传统保留剧目。山南乃东的“扎西雪巴”、琼结县的“宾顿巴”白面具藏戏由于其历史悠久，在藏戏流派中占有重要地位，远近闻名，并成为每年西藏雪顿节的首演节目。

发现者旅行指南

林芝

概览

亮点

巴松错

宁玛派著名神湖，湖形如嵌入深谷高峡中的一轮新月。湖心扎西岛上有错宗工巴寺，建于唐代末年。

鲁朗林海

一片典型高原山地草甸狭长地带，素有“西藏江南”“东方小瑞士”的美称。青山、森林、鸟兽、草甸、花海组成一幅美丽画卷。

墨脱

远离尘嚣的小镇，每年只有半年可以进入，很是神秘。沿途风光无限好。仁钦崩寺是墨脱最大的寺院。

雅鲁藏布江大峡谷

世界上最深的峡谷，具有从高山冰雪带到低河谷热带季雨林等多个垂直自然带。峡谷部分适合徒步游玩。

南迦巴瓦峰

理想的探险登山及疗养胜地，有“冰山之父”的美誉。峰体终年积雪，常年云遮雾绕，真身不轻易为人所见，神秘莫测。

下察隅

有“西藏江南”的美称，是一个亚热带风光小镇，这里山川秀丽，气候宜人，出产药材、水果和各种农产品。

线路

拉萨—林芝—拉萨六日游

第一天主要是拉萨市内一日游。

第二天到达米拉山口，游览卡定沟，然后去八一镇。

第三到第四天从八一镇出发去鲁朗，然后到达排龙、波密、然乌。

第五天从然乌出发，观赏米堆冰川，最后到林芝。

第六天从林芝去苯日神山，然后返回拉萨。

林芝—拉萨五日游

第一天到达林芝米林机场，后游览雅鲁藏布江风景区，傍晚八一镇住宿。

第二天依次游览巨柏林、鲁朗、色拉山，傍晚返回八一镇。

第三天去卡定沟参观米拉山口，然后到达拉萨。

鲁朗林海

第四天拉萨市一日游。

第五天去羊八井或纳木错，游览完毕后返回拉萨。

318进藏二日游

第一天走318川藏线，路过然乌湖，进入林芝。一路在念青唐古拉山脉、喜马拉雅山及横断山脉之间的峡谷里穿行。路上会经过米堆冰川，冰川需徒步进入。

第二天从波密出发沿帕隆藏布江前行，经通麦天险，后到达鲁朗。晚上住八一镇。

为何去

在林芝，松林、雪山、幽谷和寺院汇集成一幅美丽的画卷，气候湿润环境优美，被誉为“西藏小江南”，是西藏地区最舒适的旅游路线。这里也有举世闻名的雅鲁藏布大峡谷和比阿里还难到达的墨脱。

太昭古城

何时去

林芝全年旅行皆宜，尤以10月至次年3月为最佳时间。

林芝春景

徒步走墨脱和雅鲁藏布江大峡谷探险，是探险的绝佳去处，但每年只有5~10月可进出，而其余月份则大雪封山，无法出行，此时出行也要注意雨季到来，会影响路况，出行前应做好充足准备。

此外，每年10月是观赏南迦巴瓦峰最好的时候。

林芝旅游示意图

区域解读

区号：0894
面积：约$116175km^2$
人口：约23.1万人
主要少数民族：藏族、门巴族、珞巴族

地理 GEOGRAPHY

区划

林芝市下辖1区（巴宜区），6县（米林、工布江达、墨脱、波密、察隅、朗县）。政府驻地巴宜区八一镇。

地形

林芝市地处藏东南雅鲁藏布江下游，平均海拔3000米左右。林芝地形起伏大，海拔高差大。林芝市可以概括为是一个雪山、深谷、森林的世界。

喜马拉雅山脉和念青唐古拉山脉由西向东平行伸展，东部与横断山脉对接。三大山脉雄踞于林芝市的西、北、东、三方，地形呈北高南低的走势。

林芝市多高山峡谷，位于米林县境的南迦巴瓦峰海拔7782米，是南段喜马拉雅的最高雪峰，与横断山脉对接，形成了群山环绕的独特地形。著名的雅鲁藏布江大峡谷便位于林芝境内。林芝这块雪山环绕之地，到处是绿色的世界，森林面积约为264万公顷，为中国第三大林区。

气候

林芝市东南低处面向印度洋、太平洋，两大洋的暖流常形成了林芝市特殊的热带湿润和半湿润气候。

林芝大部分地区全年气候温和湿润，旅行受季节和气候的影响不大。但是波密、察隅和墨脱一带本身处在一个特殊的环境圈里，这一带旅行受天气和季节的影响很大。如墨脱雅鲁藏布大峡谷地区，只在每年的5月至10月方可进出，其余时间几条进山之路多被大雪封盖，难以通行。所以去林芝市旅行，还得及时掌握当地的天气状况。

雅鲁藏布江大峡谷

雅鲁藏布江墨脱境内南迦巴瓦峰和加拉白垒峰夹峙中咆哮而出，在崇山峻岭间劈开了一道深达5000多米的深壑，形成了世界上最深、最长、最险峻的峡谷——雅鲁藏布江大峡谷。

雅鲁藏布江大峡谷的最深处达到5300多米，最险峻处位于派区大渡卡到墨脱县邦博地方，峡谷上部开阔，下部陡峭。奔腾的河水在峡谷底部着滚滚巨石，急吼奔流，声震山崖。从谷底到山顶的垂直自然带，都是一片片人迹罕至的原始森林，蕴藏了丰富的自然资源。

大峡谷是世界上山地生态系统类型、植被类型、生物群落最丰富的峡谷谷地。从谷底到峰顶，亚热带山地常绿半常绿阔叶林、暖温带中山常绿针叶林、寒温带亚高山常绿

八一镇全景

针叶林等生态系统沿谷坡依序分布。峡谷里有许多有活化石之称的藻苔、云南铁杉、水青树等珍稀树种及孟加拉虎、长尾叶猴、猕猴、羚羊等动物。

雅鲁藏布江大峡谷自然保护区前身为墨脱自然保护区，主要保护山地森林生态系统和珍贵野生动植物以及大拐弯的部分地区。2000年4月更名为雅鲁藏布江大峡谷国家级自然保护区，总面积扩至96.2万公顷。

链接

雅鲁藏布江大拐弯

在电视、杂志上看到最多的关于雅鲁藏布江大峡谷的壮景，无疑就是位于大峡谷最北端扎曲村的雅鲁藏布江大拐弯。

雅鲁藏布江大转弯是一个近乎180°的急转弯，像一把巨斧将阻挡的东喜马拉雅山脉劈开一道大口，而后直奔平坦广阔的印度平原，在林芝市墨脱县境内形成了世界地质构造上极为罕见的“马蹄形”大拐弯峡谷。在扎曲村旁不到300米远的悬崖上就可以清楚地看见雅鲁藏布江自西滚滚而来，绕过对面的多布拉雄山后转向南狂奔而去，整个形状呈一个大“U”字形，十分壮观。

历史 HISTORY

历史大事记

●史前时期

林芝古称工布，历史可以追溯到西藏的史前时期。20世纪70年代，尼洋河边发现了一批新石器时代的人类遗骨和墓葬群，考古表明早在四五千年之前，林芝市便已有人类从事刀耕火种的农业和定居的生活。

关于林芝最早的文字记录见于工布第穆摩崖石刻上。该石刻位于巴宜区门日区，面向西南，已有1200多年的历史，字迹仍然清楚可辨。

雅砻部落的第一代首领聂赤赞普，从波密来到工布的强妥神山，从这里开始他的雅砻部落首领生涯，前后共经历七世，全驻跸于藏南青瓦达孜宫。

●汉朝时期

1世纪前后，因雅砻部落君臣之间发生权力争斗，第七代首领止贡赞普被杀，他的两位王子聂赤和夏赤逃回工布地区。后来弟弟夏赤从工布返回雅砻，成为雅砻部落的第八代首领布德功杰，而哥哥聂赤则留在工布地区成为工布人的首领，开始了工布土王的沿袭。

●宋元明时期

到了萨迦时期和帕竹时期（13～16世纪），林芝成了藏传佛教噶举派的势力范围。17世纪甘丹颇章政权成立，林芝市被分封为阿沛、江中、甲拉等几家地方首领的领地，不久又划分成立了则拉、觉木、雪卡、江达等宗。而波密地方，长期为土酋噶朗德巴统治，处于割据状况。

●现当代

1931年，西藏地方政府将林芝、波密地方划为波堆、波密两宗，墨脱地区改为墨脱宗。

1960年1月成立塔工专署，同年2月改成林芝专署。

1963年10月林芝专署撤销，波密县划归昌都地区，林芝、工布江达、米林、墨脱4个县划归为拉萨市管辖，林芝市不复存在。

1986年2月1日，林芝市行署正式恢复，下辖林芝、米林、工布江达、墨脱、波密、察隅、朗县7个县，55个乡镇，614个行政村。

2015年，撤销林芝地区设立林芝地级市。

六世达赖仓央嘉措

仓央嘉措（1683—1706），为第六世达赖喇嘛，门巴族人，西藏历史上著名的人物。藏历水猪年（1683年）生于西藏南部门隅纳拉山下宇松地区一户农奴家庭，父亲扎西丹增，母亲次旺拉姆。家中世代信奉宁玛派佛教。1697年被当时的西藏摄政王第巴·桑结嘉措认定为五世达赖的转世灵童，同年在桑结嘉措的主持下在布达拉宫举行了坐床典礼。1705年被废，1706年在押解途中圆寂。

仓央嘉措是一位才华出众、富有文采的民歌诗人，写了很多细腻真挚的情歌。最为经典的拉萨藏文木刻版《仓央嘉措情歌》，词句优美，朴实生动，汇集了仓央嘉措60多首情诗，如今已被译成20多种文字，几乎传遍全世界。他的诗歌已经超越民族、时空，成为宝贵的文化遗产。

桃花和雪山

文化 CULTURE

隐秘的莲花胜地——墨脱

墨脱又名白马岗，是西藏最具神秘性的地方之一，墨脱的藏语意思是“隐莲盛开的地方”。

墨脱的路都是雨水雪水长年冲刷形成的水沟，加上多年以前流放者和朝圣者的踩踏形成的一条便道。整个地区道路艰险，冰川、泥石流、雪崩和大河交织在一起，墨脱也成为每个背包族梦想的探访之地。

20世纪30年代，英国植物学家华金栋潜入墨脱在山谷探险，并在白马狗熊一带的江面上发现了一个壮丽的瀑布，每遇晴日，飞瀑蒸腾，形成无数七色彩霞，因而被称为“虹霞瀑布”。20世纪90年代，中国科学院科技工作者对墨脱进行了多次大规模的考察，以丰富的第一手资料和科学数据对当地的自然生态作了全面研究，获得许多重要发现，无与伦比的雅鲁藏布江大峡谷从此名扬天下，成为无数探险者的梦想之地。

链接

神秘墨脱

墨脱的宗教神秘色彩，直接渗透到门巴人的心灵里。据传，墨脱的地形像极了女神多吉帕姆仰天平卧的圣体——耸立在雅鲁藏布江大拐弯的那座白云缭绕、难以一睹风采的南迦巴瓦雪峰，就是这位女神俊俏的容颜；东部一带密布的森林和地势平缓的沃土，是她柔软的腹部；修竹遍野、江水碧蓝的仰桑河流域是她的下身。在门巴族和珞巴族的信仰中，墨脱的山山水水，都是这位女神躯体的组成部分。

景点推荐 林芝及周边景点

八一镇风光

林芝政治经济及文化中心

林芝市巴宜区八一镇

八一镇是藏东新兴的工业城镇，是西藏重要的交通枢纽，沟通西藏东、西、南三方。作为重要的藏东南物资集结与交易中心，八一镇的商业比较兴盛，很多货物都是从拉萨、成都甚至北京、广州、上海等地运来的。镇周围各县的手工艺品及各种生资物资也通过八一镇流向全区全国。

八一镇森林秀丽葱茏，山光水色明媚，境内著名景点有日及木错、巨柏林等。附近的山地青林中到处都是松茸等多种食用菌，这些都是八一镇居民餐桌上的美味佳肴和群众收入的重要来源。

玩家 解说

八一镇地区早期只有几座寺庙，几十户人家，经过勤奋的各族人民艰苦创业后，八一镇的发展日新月异。原本只有两条泥土路的大村庄，今天已经发展成一个小城市，城市道路等社会服务设施相配套，市政设施完备，城市建设已有相当规模。

林芝自然博物馆

博物馆分为序厅、自然资源厅与放映厅3个部分，收集了以林芝市为主、兼有西藏其他地区特色的各种野生动植物标本，是八一镇重要的旅游景点。博物馆内有西藏最大的浮雕墙，面积500多平方米，浮雕墙直观展示了林芝市千姿百态的原始生态景观，反映了青藏高原生物起源与演变，具有重要的研究、欣赏价值。

巨柏林

因区域内的数百棵千年巨柏而得名，有“世界巨柏之王”之称。古柏林在当地藏族

群众心目中是圣地，传说本教开山祖师辛饶·米沃且的生命树即是古柏，所以林中那些最古老的树上总是缠挂着风马，林中到处是玛尼堆，常有信徒前来朝拜。

特别值得一提的是，巨柏林的中央有一株十几人都不能环抱的巨柏，它高达50多米，直径近6米，树冠投影面积达六七百平方米。经测算，这株巨柏的年龄已有2000~2500年之久，被当地人以“神树”之尊加以保护。

◘ 卡定天佛瀑布

位于八一镇以西18千米处，这一带山势险要高耸入云，典型的峡谷地貌，落差近200米的瀑布飞流直下。远看时，瀑布被山岩遮挡，无法看到全貌。行至观瀑台旁，水雾弥漫，碧松隐现。至瀑布潭边仰望，只见瀑布遇石分流，落潭成沫，一尊天然形成的大佛时隐时现。

◘ 措木及日湖

措木及日湖又称“冰湖”，是一座古冰碛湖。冰碛垄体庞大，高100余米。湖水从垄体左侧的缺口处下泄，潜入巨大砾石的缝隙间，形成潜流。周围群峰环绕，湖水静谧似镜。上游处还有一座海拔更高的古冰碛湖。下游地形陡峭，湖区山峦以冷杉和金竹为主，原始森林保护完好，林下杜鹃满坡，风景优美。

色迦棍钦寺

西藏著名的本教寺庙

林芝市巴宜区

色迦棍钦寺，简称色迦寺，由冬敦·然巴珠赛创建于1333年，是本教的一座古老寺庙。色迦寺曾一度荒废过，后又兴盛。寺内殿堂供有本教祖师辛饶·米沃且、度母和冬敦·然巴珠赛等塑像。每年藏历4月13～15日举行泊尔节，也叫拜鹰节。

玩家 解说

据传，冬敦·然巴珠赛去世时，突然有一只奇异的大鹰飞来，日夜守护遗体。藏历四月十三日，供奉冬敦·然巴珠赛遗体的灵塔建成，信徒们举行遗体入塔仪式。结束后，大鹰向众人长鸣、点头，振翅绕塔飞翔三圈后飞往大山深处。信徒们因此认为大鹰就是冬敦·然巴珠赛的化身，将寺庙名称改为色迦棍钦寺，意为大神鹰寺。每年四月十三日至十五日在该寺祭祀冬敦·然巴珠赛，神鹰也每年届时来到灵塔周围巡视，领受祭品。这样就形成了一年一度的色迦棍钦泊尔节，也叫拜鹰节。

达则寺

本教寺庙

林芝市巴宜区达则乡

达则寺据传为本教始祖辛饶·米沃且创立，至今已有千年历史。主体建筑由两个拉康（佛殿）和一排僧舍组成。殿内供辛饶·米沃且、度母、尊胜佛母等塑像及安多哇的灵塔等。院中一根高耸入云的经幡，其旁边为一座煨桑炉。该寺鼎盛时有1000僧人。

玩家 解说

辛饶·米沃且修建的达则寺，如今只剩下了一点点残垣断壁，已被废弃。

1985年，活佛印平向巴从四川阿坝藏区来到达则寺担任住持，重修了达则寺。寺前约有100多平米的草地中央立着一个十几米高的经幡。大殿左侧竖立着一座约3米高的白色观音菩萨像，外面用玻璃罩着，栏杆上缠满了洁白的哈达。这个观音像是2002年一位藏传佛教的活佛为弘扬佛法特意赠给达则寺的。

此外，寺庙还供奉着度母、尊胜佛母像和释迦牟尼像。

桃花沟

天然野生桃林

林芝市巴宜区

桃花沟是一处天然野生桃林，三面环

林芝桃花节

林芝桃花文化旅游节始于2002年。每年，西藏的冬天还未褪去银妆，林芝的桃花却已如醉霞绯云般地争相斗艳，不仅能欣赏到"雪域江南"那独特的旖旎风光，更能让人领略西藏最浪漫、最美丽的春天。妖娆桃花，映着蔚蓝云天，美不胜收。

西藏的野桃多属毛桃，树形高大，树干粗壮，气势很像繁茂的梧桐。毛桃的花朵较小，多为粉红或深红色，不如碧桃和降桃的花形大，但密度很高，密密匝匝，呼啦啦有成千上万的感觉。

林芝嘎啦桃花村是3月赏桃花的首选之地。尼洋河两岸的山坡上，桃林与麦田交相辉映三面环山的林芝桃花沟，溪水从山顶倾泻而下，涧边长满了野生桃树，只可远观而不可近玩。

赏桃花的最佳摄影地，从巴宜区的桃花村开始，一直到桃花沟，朱西冰川附近的东琼村，318国道沿途，可赏桃花与油菜花、雪山交相辉映的景色。此外，林芝察隅县古玉乡的罗马村，也一直有最美桃花村的美誉。

山，林木茂盛，终年碧绿。高处有水源，溪水缓流，清澈见底。野桃树繁盛，间有鸟雀。这里的野生桃林是林芝林区的一个组成部分。每年举办林芝桃花节。

第穆摩崖刻石

拥有千年历史的著名刻石

林芝市巴宜区广久乡，临雅鲁藏布江

第穆摩崖刻石为吐蕃时期作品。刻石为青岩石面，略呈正方形。刻有铭文，全文21列，内容为赞普赤德松赞应工布小邦王子与家臣的祈请，重申前盟而颁的诏敕盟书。刻石下方雕凿成碑座形式，未镌文字。后有佛教徒刻有右旋“雍仲”浮雕10个。

石刻藏文字清晰，苍劲古朴，有吐蕃时期文字的特点。

链接

西藏境内的主要摩崖石刻

1. 仁达摩崖石刻——吐蕃时期藏传佛教石刻造像之一。

2. 聂拉木尼文摩崖石刻——刻铭为尼泊尔文字，均系阴刻横书。

3. 洛扎摩崖石刻——共有两处。

4. 第穆摩崖石刻——坐落于工布的第穆萨，保存完好。

5. 青瓦达孜山摩崖石刻——西藏地方古代摩崖石刻造像。

6. 药王山摩崖石刻——西藏地区著名的古代摩崖石刻造像。

7. 昌都摩崖石刻——西藏古代摩崖石刻造像。

帕隆藏布江

雅鲁藏布江最大的支流

林芝市巴宜区境内　50元

帕隆藏布江是雅鲁藏布江最大的支流，水能资源丰富，蕴藏量居雅鲁藏布江五大支流之首。流域自然条件优越，气候温暖湿润，降水丰富，农业发达，是西藏森林资源最丰富的地区，属于易贡国家地质公园的一部分。

帕隆藏布江到然乌湖一带都是河谷盆地，宽阔的湖面沿318国道逐步收窄，几乎变成涓涓溪流。然乌湖至忠坝地段，高山峡谷，一路高山融雪汇聚，水流湍急，两岸岩石风化强烈。帕隆藏布峡谷处，许多地段岩石直立陡峭，几乎是直角，且无论上源支峡或主峡，其峡谷形态都十分完整。流域沿途分布有米堆冰川、然乌湖、易贡湖等西藏东部著名景区景点。

苯日神山

本教最著名的神山

林芝市巴宜区，雅鲁藏布江北侧

可在巴宜区城租马匹或牦牛前往，只能从苯日神山东坡上山

苯日神山高耸入云，森林密布，四季鲜花不绝，景色各异。山上遗有大石崇拜、神鸟崇拜、天梯以及神水等传说中的遗迹。山

帕隆藏布江

苯日神山

北麓有摩崖石刻。建有西藏唯一一座以自然资源为主题的动植物活体标本博物馆，也是全国第二大自然博物馆。

玩家 攻略

自八一镇前往派乡、米林或朗县的班车都会经过神山脚下。只是探访苯日神泉及山脚下的几座本教寺庙，当日即可往返。

可在山上的寺庙住宿和用餐，亦可露营。转苯日神山须以逆时针方向行走，花费1~2天时间和大量体力，沿途可参观寺庙。冬季山口有时会因积雪而无法通行，转山者需提前打探情况再动身。

可以尝尝当地大米和玉米碴做的饭，瓜菜、烤肉、辣椒也不错。胆子大的可以尝试一下珞巴族最有特色的食物——烤老鼠，一般用来招待贵客。

玩家 解说

苯日神山海拔4500米左右，神山基本没什么突出的山峰。一组山峦攒聚在一起，云山雾罩，很有“不知身在此山中”的感觉。就算许多老西藏人也都不知详细，它就像一个神秘的死角，却是西藏的根源之一。

苯日神山的称谓来自本教，相传本教祖师辛饶·米沃且在阿里某地修心时，他的马被魔鬼恰巴拉仁偷走。辛饶·米沃且发现后，翻越9座山、9个沟、9条河，一直追着恰巴拉仁来到了现在的苯日神山。降伏了魔鬼恰巴拉仁后，为了超度他的灵魂，辛饶·米沃且在苯日山上闭关修心了数十年。自此本教在工布地区慢慢流传起来，苯日山逐渐成为西藏的神山之一。

转山道上古迹众多，在神山山腰处有一棵巨大的空心树，由于该树常被雾气笼罩，仿佛高耸入云，是传说中通天之树，人们把它称为“天梯”，在树上挂上了各色经幡和祭品。山上据说还有吐蕃第一代赞普降凡处：拉日强脱。相传这是聂赤赞普自天上降凡之处，在此被雅砻人发现之后背去雅砻，当了雅砻部落的首领，建起了西藏第一个宫殿“雍布拉康”。

链接

苯日神山的传说

苯日神山也和其他神山一样，和莲花生大师总有牵扯。

相传莲花生大师进藏传教时，曾与林布地区本教首领阿穷杰博比试法力。比试先是在雅江与尼洋河的交汇处进行。莲花生大师调集狂风试图将沿江的村庄和树木一扫而光，阿穷杰博情急之中以巨石压树，方才保留下沿江的村庄和树木，如今这一带的树梢都还是歪的。

接着两人又在苯日神山脚下的古鲁村斗法。莲花生想彻底摧毁本教，于是试图将苯日神山推入尼洋河，在阿穷杰博的阻拦下均告失败。由此，林布地区的本教得以了保存。而今苯日神山上还遗有大石崇拜、神鸟崇拜、大梯以及神水等传说中的遗迹。

布久喇嘛林寺

宁玛派寺庙

林芝市巴宜区布久乡

布久喇嘛林寺为宁玛派寺庙，三面环山，正对尼洋河口三角洲。

寺庙为土木结构，整体寺院形状内呈正四角，外底层屋檐共有20角，第二到第三层屋檐为8角，佛殿高20余米，上覆金顶呈塔形，四面墙体分以白、蓝、红、绿四色涂之，非常漂亮，融合藏汉两族的建筑艺术风格。

寺内有著名的莲花生大师践石遗迹，精美的壁画堪称藏东一绝。

玩家 攻略

参观完喇嘛林寺后可以前往参观附近的古桑树王。古桑树王树位于尼洋河的河滩之上，高7.4米，树冠呈圆形，年年开花，但无果实。据年轮推算，该树已有1600多年的历史，当地村民视之为神树。

鲁朗林海

素有“西藏江南”的美称

林芝市巴宜区鲁朗镇

八一镇租车前往，到巴松错途中经过鲁朗林海

鲁朗林海是一片典型高原山地草甸狭长地带。两侧青山由低往高分别竖立着灌木丛和茂密的云杉、松树，以青冈为主，林中有大量鸟类栖息。中间是整齐划一的草甸。草甸中，泉水缓流不断，成千上万种野花竞相开放。每年4月中旬到6月初，这里是杜鹃花的天堂，间或有春崌花、紫菀花、草梅花、马先蒿花等其他花卉。到了7月鲁朗就迎来了花海。这里色彩就从单一的绿色幻化成七彩的颜色，面积达20万平方米的高山草甸，上百种花朵怒放。姹紫嫣红、五颜六色，汇聚成一片鲜花的海洋，随着山势起伏，掀起一道道彩色的波浪。

草甸上还有悠然自得的牛羊，零星点缀着藏式民居。远处可以望见座座山峰，个个头顶白雪。山间的云雾时聚时散，颇有意境。因为这无限美景，鲁朗也素有“西藏江南”的美称。山谷间鲁朗小镇，逐渐为游人所知。

玩家 攻略

住宿：鲁朗镇有民宿，大约50元一晚，或者也可以返回八一镇住宿。

美食：鲁朗石锅鸡很有名，味道也不错。石锅是用一整块石头掏空而成，鸡则是当地藏民养的土鸡，用雪山上流下的溪水配以人参、藏贝母、百合、枸杞等药材慢慢地炖，绝对是人间美味。

链接

鲁朗的石锅鸡

到了鲁朗一定要吃石锅鸡。石锅鸡，不仅在西藏有名，名声还传到了内地。

石锅鸡的石锅，原料是一种叫做“皂石”的云母石，售价非常昂贵。这种石头主要产于墨脱，要靠背夫从墨脱把原始石材背出来后，再由门巴人用整块石材手工细心凿制而成。

石锅鸡的鸡，是放养的藏香鸡。藏香鸡是我国雪域高原特有的地方鸡种，耐寒且耐缺氧，适应于高原寒冷恶劣多变的气候环境，特殊的地域和饲养方式，

鲁朗风光

色季拉森林公园

使得藏鸡成为肉质鲜美、蛋白质和维生素含量高、脂肪含量极低的优质天然食品。

此外，石锅鸡还辅以人参、何首乌、当归、藏贝母等药材熬制，用雪山上流下的溪水慢慢炖两个小时左右才正式上桌。还没揭盖，香气已然突袭前来，令人食欲大增。

色季拉森林公园

南迦巴瓦峰最佳观赏点

林芝市巴宜区和米林县

色季拉山的森林覆盖率达55%，占地10万公顷，以阔叶林、针叶林、落叶松居多，还有和恐龙同年代的古生物活化石“桫椤”，这里还是虫草、天麻、雪莲花等珍贵药材的盛产地。公园里的鲁朗林海观景台海拔约4300米，是观赏云海、林海、花海以及中国名山——南迦巴瓦峰的绝佳位置。

玩家 攻略

游览完色季拉森林公园可以前往雅尼国家湿地公园参观，雅尼国家湿地公园占地总面积8700多公顷，公园内生活着多种珍稀濒危野生动植物，以及原生状的天然湿地生态景观。

羌纳寺

周边环境优美的寺院

林芝市米林县羌纳乡

羌纳寺原建于羌纳的一条沟内，后因地震于1953年迁至现处，并改噶举派为格鲁派。寺庙占地5000多平方米，主供佛像为强巴佛孩童像。羌纳寺的环境和物产是整个羌那宗最好的，周围环绕森林，四季鲜花不断。现有僧人9名。

玩家 解说

传说大约15世纪时，女神多吉帕姆化为猪身，指明寺庙的修建之处。至今寺内还供奉着猪头像，这就是对女神多吉帕姆的供奉。

寺内现存由一幅中央代表团赠送的用藏汉两种文字书写的“中华人民共和国各民族团结起来”的锦幅，极具纪念价值和历史意义。

巴尔曲德寺

林芝市规模最大的寺庙之一

林芝市朗县朗镇

巴尔曲德寺建于1195年，由索朗申格、

索朗杰布二位活佛修建，距今已有800多年的历史，信徒众多。该寺原属噶举派，后改属格鲁派。

寺庙占地2000多平方米，位置极好，临江而建。靠在墙沿上，临江眺望，脚下是湍急的雅鲁藏布江水，四周绿树成荫。即便在寺内行走，也能听见潺潺水声，寺内有27尊佛像、38面唐卡等重要文物。

每年的藏历四月三十日至五月三日，巴尔曲德寺会举行一次“巴尔耸筑节”，内容以跳神为主。包括神舞和金刚舞，第四天为活佛摸顶。参加活动的除了本县的信众外，还有些信徒来自毗邻山南市，十分隆重。

列山古墓群

千年古墓群

林芝市朗县

列山古墓群1982年为考古学家发现，被认为是吐蕃时期的古墓群，距今已有1200多年。

墓群共有182座古墓，气势庞大，绵延数千米，分东区和西区，中间被深沟和山梁隔开。整体排列成扇形，分别由长形、方形、圆形和亚字形等类型的墓丘组成。

古墓群平面呈梯形，坐北朝南，封土未经夯打，封土内夹有网状石墙。整个建筑群架构十分奇特，墓群气势宏大，是西藏境内难得一见的景观，对研究吐蕃王朝的兴起、衰落也具有重要的价值。

玩家解说

列山古墓群，其规模之大、墓葬数量之多十分罕见。它反映了1000多年前西藏的丧葬制度和墓葬水平，对研究西藏历史与探讨青藏高原千年以来的古气候、古环境变化有着十分重要的意义。

墓群建于哪个历史年代，埋葬的是何人，至今没有定论。西藏社会科学院民族研究所研究员巴桑旺堆多年研究后初步推断，列山古墓群很可能是建于7~9世纪，属当时吐蕃四大贵族之一的钦家族。

孜立寺

宁玛派古寺

林芝市朗县登木乡

孜立寺始建于1677年，由扎囊县敏珠林寺第一任堪布吾杰·德达林巴仁钦久美多杰负责修建，距今已有300多年的历史。早期称“孜立桑阿颇章”，属宁玛派。寺内佛殿主供莲花生等像，现有僧人10多名。

玩家解说

孜立寺距今已有300多年历史，创建于1677年。早期由西藏地方政府管辖，五世达赖（阿旺·罗桑嘉措）时期，由敏珠林寺主管，直至今日。

孜立寺最有特色的活动，是“孜立旺羌姆”，每年藏历的五月十日至十一日举行。届时，信众们聚集寺庙烧香礼佛，并观赏精彩的羌姆表演，热闹非凡。

巴尔曲德寺

列山古墓

景点推荐 工布江达旅游区

秀巴古堡群

始建于唐朝的古堡群

林芝市工布江达县巴河镇秀巴村

100元

秀巴古堡群始建于唐朝后期，距今已有1000多年的历史。古堡群由5个高低不同的堡垒组成，间距为30~50米，各个堡垒相互呼应，互为犄角。如今的古堡虽然已经荒废，但还是可以看出当年的气势。建筑工艺精湛。可以登顶。

玩家 解说

秀巴古堡群的建筑比较特别，整个古堡竟是由片石和木板搭建而成，内部小空，上不封顶，外观呈现出12面12棱柱的几何状体，内为规则的八角形。堡垒墙体厚约2米，非常坚固，古堡顶层设有瞭望孔，可观察方圆数十里的范围。堡顶可燃放狼烟，向远处友军传递信息，请求增援。

古堡周围也经过一番精心布置，以石砌房屋环绕，高低互为策应，形成了一个易守难攻的防守体系，可谓固若金汤。古堡历经千年风雨，依然雄伟挺拔，异常牢固，真实展现了1000多年前藏民族精湛的建筑工艺。

链接

格萨尔王战妖魔

传说中，秀巴村一带被描绘成格萨尔王征服妖魔的第一个战场。当时古堡是钦巴哪波妖魔居住的堡垒，妖魔居高临下，占据了有利地形，而格萨尔王的部队无所屏蔽，苦战三年都没有攻下古堡。

后来格萨尔王在睡梦中得到神佛指点：妖魔在黎明时分法力最弱，此时用弓箭攻打必定成功。于是格萨尔王派遣得力干将率领一支由神箭手组成的队伍，在夜色的掩护下悄悄登上秀巴村对面的山顶，天刚破晓，一支支利箭射向古堡，妖魔猝不及防，待要施展法力，可惜败局已定，只得束手就擒。至今，秀巴村山顶巨石上仍留有箭痕。

巴松错 AAAA

宁玛派著名圣湖

林芝市工布江达县错高乡

100元

可从县城搭到巴松林场的卡车，或包车前往

夏季7：00~19：00；冬季8：00~18：00

巴松错是藏传佛教宁玛派的一处神湖和圣地，又叫错高湖，在藏语中意为“绿色的水”。巴松错湖面海拔3700多米，湖的形状如同镶嵌在高峡深谷中的一轮新月，长约12千米，宽从几百至数千米不等。

巴松错湖水清澈见底，四周环绕的雪山倒映其中。沙鸥、白鹤浮游湖面，湖水透明可见游鱼如织，情趣盎然。每到春季，湖四周鲜花烂漫，雪峰阵列并倒影湖中，景色宜人至极。秋季万山红遍，层林尽染，天空碧蓝如洗，火红的枫叶折射灿烂的阳光，倒映在碧蓝的湖面，景色美不胜收。

巴松错景区融雪山、湖泊、森林、草甸、名胜古刹等为一体，景色殊异，四时不同，名类野生珍稀植物汇集，如同人间天堂，有“小瑞士”美誉。

玩家 攻略

秋天是游览巴松错的最佳时节。

拍摄巴松错美景的最佳地点是位于湖南岸小山上的达切拉观景台，这里能看到雪山倒影、树木环绕的美丽的湖光山色。当然，拍摄巴松错也要看运气，水汽太重的天气拍出的作品常常会很模糊。

住宿：巴松错已经是一处开发得非常完善的景区，巴松错度假村位于湖南侧，距离错高乡不远，这里有别墅、平房，还有日式睡房，除度假村外，在错高乡还有不少藏族家庭旅馆，价格实惠。

美食：巴松错度假村最美的特色菜是松茸炖藏鸡、烤藏香猪和巴河鲑鱼，这三道菜是这里的招牌佳肴。如果想吃农家菜，可以到错高乡的村落，这里有不少小餐馆，里面有地道的工布薄饼，还有用藏式辣椒蘸着吃的土豆炖牛肉，味道鲜美，让人回味无穷。

玩家 解说

巴松错，藏语中意为“绿色的水”。据说在每年的藏历四月十五日那天，会在碧蓝湖水下面的湖底中心线长出一条长长的白色带子，当地人盛传那是献给格萨尔王的一条巨大的白色哈达。就在同一天，巴松错作为宁玛派著名的神湖，会迎来络绎不绝的宁玛派信徒前来转湖。

有传扎西岛是“空心岛”，即岛与湖底是不相连而漂浮在湖水上的。到了岛上，游客也不妨试试在岛的某些地方跺跺脚，看是否有空心的感觉。

扎西岛

扎西岛在巴松错的碧水中突兀而立，使

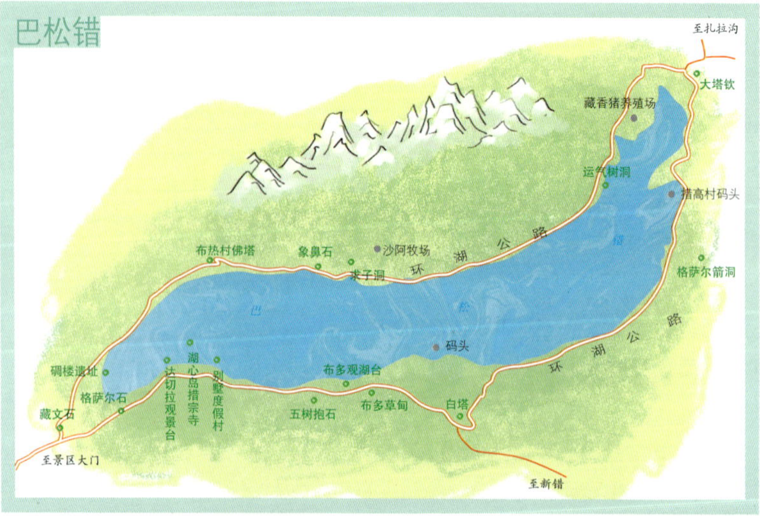

巴松错多了一份精致。岛上古木茂盛，树上挂有不少哈达、经幡。小岛上建有错宗工巴寺，是西藏宁玛派寺庙，建于唐代末年，距今已有1500多年的历史。错宗寺为土木结构，上下两层，殿内主供莲花生、千手观音和金童玉女。寺南有一株桃和松的连理树，春天时，桃花与青松相映，煞是好看。

结巴村

结巴村位于巴松错南岸，是原始工布风情的藏式村落。据说村内还有少数一妻多夫和一夫多妻的家庭。村里的男女都喜穿氆氇制成的“果秀”（毛呢长袍），头戴黑白折围花裹毡帽。妇女腰缠银链，喜戴首饰，背披一张猴皮坎肩。

求子洞

巴松错北岸的一处小溪边还有一个充满传奇色彩的“求子洞”，据说这个小洞曾被莲花生大师加持过，来此求子甚为灵验。

湖西北有一块巨石，巨石中心有一个可供一人钻过的洞，据说能钻此洞可消灾除病。湖西岸有“格萨尔王试箭处”。

钟错

钟错即钟错弄巴湖，是巴松错的上湖。

巴松错

微风轻抚碧波荡漾，湖水清澈见底，三面环山。山腰绿树成海，层次分明，山顶白雪茫茫，景色宜人。麦玛越湿地是巴松湖生命的源泉之一，传说这里曾经是格萨尔王的射箭场。稀有的黑颈鹤会在这里从10月一直停留到来年3月。

新错

新错位于巴松错的东北面，与雅鲁藏布江大拐弯相连，这里可欣赏到冰川和低海拔雪山，观赏冰石、冰面湖、冰瀑布等和冰斗、悬谷、羊背石等，以及冰川幽谷等冰川遗迹。

尼洋河的传说和抢头水

传说比日神山有个宝贝女儿，名叫格桑卓嘎。一日，格桑卓嘎偷偷溜出去玩，来到尼洋河畔，见这里景色宜人、草荣山翠，她欢喜地流下了眼泪。于是，格桑卓嘎拔下头上的玉簪，插在尼洋河畔，玉簪瞬时化作豪华的宫殿。自此人们也用神女的眼泪来称呼尼洋河。

后来，格桑卓嘎和英武的青年巴桑次仁相恋，但比日山神发现了女儿出逃，派出一名黑衣喇嘛去抓格桑卓嘎。为了躲避抓捕，两人双双变成黑颈鹤飞走了，只是在每年除夕之夜重新回到尼洋河里嬉戏。黑颈鹤在藏传佛教里是长寿鸟、富贵鸟的化身，在藏族的观念里，每年除夕之夜，若能听到黑颈鹤的叫声，喝到黑颈鹤游过的水，这一年必定幸福吉祥、事事如意。

现在的除夕夜，当时钟指到零点整，全城鞭炮声一浪高过一浪，人们手持香烛纸帛争先恐后地来到尼洋河畔，希望能够听到黑颈鹤的鸣叫声，并将各自的木桶、茶壶等器皿盛满尼洋河水，然后兴高采烈地背回家中。人们采用这种方式取回新年第一桶水，以祈求人寿年丰、阖家安康。这便是工布人最具地方特色的风俗——抢头水。

尼洋河

尼洋河
雅鲁藏布江北侧最大支流

林芝市工布江达县

尼洋河，藏语意为仙女的眼泪，藏族人叫尼洋曲。尼洋河沿途风光十分秀丽，水色清澈翠绿。

尼洋河中游处有一景观值得一提，激流中心有块别墅大小的巨石，像一枚带纽的四方印章。河水冲击岩石，翻滚起一片浪花，夺路而去。这巨石被唤作中流砥柱，“任凭那惊涛骇浪如何凶猛，我自岿然不动”。相传这块巨石是工布地区的守护神——工尊德姆修炼时的座椅。

太昭古城
太昭古村落

林芝市工布江达县江达乡太昭村

太昭古城，自唐代为西藏的重要城镇之一，历经元清，至今尚保存完好。

古城原名江达，相传唐朝文成公主进藏曾在此小住。自古进藏的四条路除青藏西道以外，其余三条都要经过太昭。从唐朝开始，太昭被设为唐蕃古道驿站，清朝时成为国家边疆的重中之重。现存的太昭古城依稀可见当年规模，尼洋河大桥遗址还在，弯弯曲曲的唐蕃古道（即茶马古道）与川藏公路隔河相望，游人每至此，无不感叹。

邦杰塘草原
林芝市第一纯牧草原风光

林芝市工布江达县加兴乡松多村

从县城乘坐出租车，在邦杰塘草原下车即可

邦杰塘草原海拔4700米，面积约15平方千米，平坦宽阔的大草坝上水草丰美。草原东接树木葱茏、风景秀丽的尼洋河峡谷，西连白雪皑皑的米拉山口。每到春夏季节，山坡上的野花竞相绽放，牛羊撒欢，偶有炊烟缕缕上升，远处蓝天、白云、远山、绿草浑然一体，十分宁静。

草原日照充足、气候温润，出产的牛羊肉是款待宾客的上佳食品。草原上点缀着多处温泉，一旁耸立着帕乔日麻卜神山。

玩家解说

邦杰塘草原气候温润，特别适合牛羊生长。这里的牛羊肉没有膻味，肉质细嫩。

草原上点缀着几处温泉，很有灵性。温泉起先十分平静，只有袅袅的几丝青烟，缓缓搅动泉水后，水温开始升高，其后大雾弥漫，不复清烟状。当地牧民说，如果大声说话，泉水周围也会出现类似的情况。

阿沛民俗文化村

17世纪阿沛庄园所在地

林芝市工布江达县工布江达镇阿沛村

阿沛民俗文化村修建在旧西藏十二大庄园之一的阿沛庄园遗址对面，属新建的村落，这里集中展示了工布地区悠久的历史文化和独特的民俗风情，新村的对面就是阿沛庄园的遗址。

整个新村经过认真规划，道路、自来水、绿地、活动场地等一应俱全。走进村里的藏民家，房屋宽敞、清洁、明亮，各种现代化家电、家具一应俱全，梁柱、墙壁、屋顶经过装饰和组合，无不透出浓厚的藏族传统文化气息。

玩家 解说

中华人民共和国成立前，阿沛民俗文化村一带是阿沛家族的属地。阿沛家族原是十四世达赖喇嘛的管家，是西藏第三大农奴主，拥有的农奴数以千计。中华人民共和国成立后，解放了的农奴被就地安置，形成了一个村落。

链接

阿沛庄园遗址

阿沛庄园依山而建，原由9座碉房组成，占地数十亩，主房为5层碉房，为西藏最高等级的建筑之一，庄园内草地、乔木遍布，并有西藏最早的果园。可惜的是，庄园旧址现仅存一幢两层碉房，其他建筑均已荡然无存。

距阿沛碉房15千米的尼洋河对岸处，现存阿沛管家房屋，保存比较完整。房内隔墙上均有木制，雕刻精美。现房内残存的壁画色彩艳丽，人物神态自然，栩栩如生。壁画上留有既非汉文，又非藏文、梵文的奇异文字。楼内有专门的议事厅、会客室等房间。由管家所住的房子可以推测当年的阿沛庄园是何等的气派。

帕嘎寺

五世达赖时期的佛寺

林芝市工布江达县之娘蒲乡

帕嘎寺建于五世达赖时期，属格鲁派，原属甘丹寺管辖。传说寺内有两灵塔，其一放置甘丹寺第一任赤巴宗客巴大师的衣帽鞋等。目前寺中共供大小佛像1000多尊，僧人近百。

寺后的帕嘎神山山形似多吉帕姆女神，山腰处有多吉帕姆女神肚洞，被藏民称为神洞。洞口有两处玛尼堆，大洞和小洞相套，向上延伸，洞顶端有天窗，洞内四壁刻有图案和不知名的文字，内有铁链供游客攀行。肚洞下有一个水洞和间歇喷泉，喷泉四季不枯竭，每4小时喷一次水，非常准时。此泉又叫“帕嘎神泉”，据说喷水时总有一只雄鹰从洞上飞出，泉歇即回，十分神奇。

玩家 攻略

参观完帕嘎寺可以前往附近的加兴沟游览。加兴沟以水帘洞瀑布闻名，瀑布高25米，分三帘自洞顶垂落，洞外古藤缠绕，洞内幽深曲折。晴朗天气的落日时分，该洞云蒸雾霭，蔚为壮观。

阿沛民俗文化村

景点推荐

波密旅游区

嘎瓦龙风景区

波密著名的风景区

林芝市波密县21千米处

嘎瓦龙风景区集森林、雪山、湖泊、高山、草地、寺庙于一身，成群的牛马在宽阔的草原，还有那赏不完的杜鹃花，堪称人间仙境、世外桃源。

嘎瓦龙风景区花草、森林依序布景，潺潺的溪水清澈透底，湖光山色美不胜收。行走在风景区中，就好似误入画中一般。嘎瓦龙同时也是佛教圣地。传说嘎瓦龙整体是大鹏展翅的地形，周围的每一座雪山悬崖都代表了一位神仙。另一说，莲花生大师在雪域高原弘法圆满后，到南边妖魔地降妖弘法，而嘎瓦龙就是莲花生大师的斩魔台。

嘎瓦龙天池

嘎瓦龙天池是3个大小不一的高山湖泊，犹如3块无瑕的翡翠轻巧地镶嵌在嘎瓦龙山那庞大的山体上。中间的小湖还有两个小岛，湖水有时候呈现蓝绿色，如同高原的眼泪。

天池四周环绕雪山，附有耸入云霄的冰川。湖畔则是绿色草滩，头顶有蔚蓝天空，湿气重时满是云雾，可谓仙境，走近天池更可以临湖观看自己的倒影。

嘎瓦龙寺

嘎瓦龙寺是波密多东寺的分寺，是藏传佛教宁玛派寺。寺内供奉佛祖和莲花生像以及波密的活佛历代达向活佛像等。

嘎朗湿地公园

世外仙境

林芝市波密县扎木镇

嘎朗湖湿地约2平方千米，四面环山，景色优美，既有工布特色的地方民居，又有古

老而神秘的嘎朗王宫遗址。漫山遍野的挺拔青松和雄伟壮观的皑皑雪山，旅游资源极为丰富。

湖中鱼类繁多，野禽成群，有大鹰、野鸭、黑顶鹤等鸟类，湖水碧绿如镜，湿地沿岸长满了水草，野鸟成群，四面的雪山、森林、村庄、田园尽收湖底。站在湖畔嘎朗王宫的遗址上，不难领略到当年波密王不可一世的雄才和霸气。

玩家 解说

嘎朗湖不大，同其他知名的许多湖水相比，2平方千米的面积反而显得渺小。不过这里却堪比桃源胜境，使人心情一派平和。

嘎朗湖是地壳运动的结果，属自然形成，是科考家研究西藏几千年前地貌的可靠证据。湖畔有千年的嘎朗王宫遗址。相传1000多年前，吐蕃王朝第十七代赞普止贡赞普的儿子夏赤建立了嘎朗王朝，历经53代之久。

嘎朗王宫殿类似布达拉宫，扼守在帕隆藏布与倾多河谷之要冲，雄视藏东南800年。清康熙五十六年（1717年），蒙古准噶尔部军队入藏，烧毁了噶朗王府邸，波密土王一度迁至索瓦卡。民国后期，嘎朗王宫再因战乱而被彻底摧毁，现仅存宫殿的基脚等遗址。现在的嘎朗村民是嘎朗王后裔。

宋东巴热神山
本教圣地

距离林芝市波密县松宗镇

宋东巴热神山，主峰海拔5028米。相传山上有莲花生大师修行的溶洞，还有格萨尔王的石像和噶举派创始人米拉日巴的化石像。藏民中有“在此一游，即可成佛”的说法。

宋东巴热神山的主峰之一是盔甲山，山貌较为特别。盔甲山，原名“宁波查日”，其接近山顶的部分全由石板岩层构成，经风化形成金字塔一样的形状。每年夏秋季，积雪在石板崖上化掉一部分后，远远望去，现出与布达拉宫一样的城堡图案，也像古代兵勇所披盔甲上的花纹，所以叫盔甲山。

玩家 解说

宋东巴热神山，有景致因传说而起。比如莲花生大师修行的溶洞，比如格萨尔王的石像以及温泉，还有显现出“六字真言”经文字母的天然石块。传说中的宋东巴热神山，曾与云南卡瓦嘎波神山在一起，被称为世界著名十三大圣地之一。信徒们相信神山的中心和四方都有“五兽神”率百万天兵把守。更有传当年的文成公主也曾到此朝拜过。

岗乡自然保护区
珍稀动植物资源保护区

林芝市波密县古乡岗乡村

岗乡自然保护区是为保护高产云杉等森林生态系统而建，总面积达4600公顷。

保护区的山地海拔大多在2600~5000米，植物种类主要是高山松、华山松、栎类，其次有漆树、忍冬、醉鱼草等木本植物和蕨类植物；海拔2600~3200米区域为保护区的核心部位，有高产林之称，主要是山地针叶林和针阔叶混交林带，以云杉、华山松为主。

保护区有丰富的动植物资源，包括羚牛、赤斑羚、黑熊、猕猴以及五味子、虫草、三七、贝母、天南星等名贵药材。

米堆冰川

世界级的冰川奇观

林芝市波密县玉普乡

米堆冰川，是世界上海拔最低的海洋型冰川，也是藏东南海洋性冰川的典型代表。该冰川末端海拔仅2400米，是世界上海拔最低的高山冰川。这里冰川类型齐全，以发育美丽的拱弧构造闻名，是罕见的自然奇观。

玩家 攻略

从西藏八宿县然乌镇出发去米堆冰川更近，从昌都、林芝都有客车经过然乌镇，镇上有青年旅馆可供住宿。

越野车可以一直开到米堆村，从村里走到冰川只需2小时左右，并且可以当晚回然乌镇住宿。在村里可以找人带路前往冰川。

玩家 解说

离开川藏公路，过了新建的横跨额公藏布江的公路桥后，能看到一条两面均是悬崖绝壁的峡谷，往前再走几千米，眼前突然出现大片宽阔的谷地，远处两条壮观的冰瀑布挂在雪峰与森林之间，就如两道由天而下的巨大银幕，这便是米堆冰川。

米堆冰川，常年雪光闪耀，景色神奇迷人。这是典型的现代季风型温性冰川，类型齐全，尤以巨大的冰盆，陡峭巨大的冰瀑布以及冰川末端冰湖和农田、村庄共存为特点。

要与米堆冰川近距离接触需要徒步走进森林，翻越三道终碛垅。当走上第三个终碛垅时，会有一个冰湖出现在眼前。冰湖的另一端有一道宽近两米、高达十数米的断裂的冰舌，发出幽幽的蓝光，从天而下的冰瀑布在阳光下闪着银色的光芒，近800米的落差让人不寒而栗。

更多本旅游区景点

扎木古镇：在波密县扎木镇，曾是古代波密地方政权的首府。小镇处于银白的伯舒拉岭的雪峰和墨绿的波密原始森林间，属典型的高山峡谷地带，这里群峰如聚，仪态万方，原始林区位居全国三大之列。

通麦天险：在波密县易贡乡通麦村，也有人称之为“通麦坟场”。道路长约14千米，路旁是峭壁悬崖，雨季经常出现坍塌或者泥石流，是川藏路上最险峻的一段，也是世界上最艰险公路最艰险的路段。

古乡湖：在波密县扎木镇古乡村，属帕隆藏布江的一段，海拔2600米。湖长5千米，最深处20余米。湖中有一小岛，岛面积1000多平方米。这里是鱼类的乐园，生长着“扎木鱼”等10余种名贵鱼种。

龙牙喊泉：位于波密县松宗镇龙亚村附近的一个山坡上。据说只要人们大声喊或者用石头敲打岩石，就会有泉水流出来。当地群众相信喊泉水具有治疗胃病、肠炎、小儿软骨症、牙痛、风湿关节炎的功效。

卡钦冰川：又称恰青冰川，位于念青唐古拉山东段南坡，系山谷冰川。冰川朝向东南，冰舌末端伸入森林区，面积约90平方千米，是中国最大的海洋型冰川。

多东寺：在波密县扎木镇西南部，建于1643年的五世达赖喇嘛时期，由达向·怒旦多吉所创。该寺属宁玛派寺庙，波密三大寺庙之一。殿堂雄伟，十分壮观。多东寺在民国时期遭受很大损失。

倾多强巴林寺：在波密县倾多镇，创始人是格鲁派的热布曲吉扎巴。倾多寺曾与旧西藏嘎厦政府所设波堆宗同住一处。该寺主供强巴佛，属西藏寺庙中文物保存较多的寺庙。

易贡茶园生态旅游区：易贡茶苑生态旅游区位于波密县，此地有着“小江南”的美誉，易贡茶园是世界上最高的茶场，这里生产的“珠峰茶”富含多种维生素和微量元素，乃茶中珍品。

波密多东寺

景点推荐

墨脱旅游区

南迦巴瓦峰

有“冰山之父”之美誉

林芝市墨脱县

南迦巴瓦峰主峰海拔7782米，是林芝市最高的山，有“冰山之父”之美誉。峰体终年积雪，常年云遮雾绕，真身不轻易为人所见。

南迦巴瓦峰的西坡是陡峭的断崖绝壁，直达谷底，西北则伸延出一条长长的山脊，由一系列海拔7000米以上的高峰连接，高峰像锯齿或刃锋，顶上覆盖着厚厚的冰雪。峰南边是乃彭峰，两山之间发育着3条巨大的山谷冰川。北面隔江相望的，是峰顶圆圆的加拉白垒峰。从峰顶到山脚，有一道完整无缺的植物垂直分布带谱，从热带雨林到山地阔叶林，从山地暖温带针叶林到寒温带针叶林，外加灌木杜鹃、报春花、驴蹄草和许多不知名的花朵组成的高山寒带灌木草甸带，几乎罗列了从高寒到湿热气候的所有植物，令人叹为观止。

玩家 攻略

每年的秋冬季，是观赏和拍摄南迦巴瓦峰的最佳季节。这个季节高空气流稳定，水汽少，空气澄静，拍摄到南迦巴瓦峰峥嵘的机会有很多。

南迦巴瓦峰的最佳观景地有两个：一是雅鲁藏布大峡谷一带的直白村。这个位置，也能看到雅鲁藏布江大峡谷入口处的第一个大拐弯；二是波密和八一镇之间川藏公路上的色季拉山口。

玩家 解说

南迦巴瓦峰是世界第15高峰，早些时候并不为人所知，直到被《中国国家地理》杂志评选为“中国最美的山峰”，渐渐地成为西藏最受欢迎的景点之一。其雄险的山体和变幻莫测的气候，是世界各国登山组织向往的目标。

南迦巴瓦在藏语中有多种解释，一为“雷电如火燃烧”，二为“直刺天空的长矛”。前一个名字来自传说，因为其主峰高耸云天，当地相传天

南迦巴瓦峰

上的众神时常降临其上聚会和煨桑，那高空风造成的旗云就是神们燃起的桑烟。后一个名字来源于《格萨尔王传》中的“门岭一战”，充满阳刚之气。只需从这名字，就能推算出南迦巴瓦峰的气势有多惊人。那种磅礴而又悄无声息的威严，会让你产生仿佛是在一部电影里看着一个壮观的场面在你眼前缓缓展开的感觉；那种让人心里产生极度震撼的美丽和无声而又磅礴大气的威严，将让你有窒息的感觉。

多雄拉山口

徒步进入墨脱的第一个关卡

林芝市墨脱县

多雄拉山口是南北气候的分界线，气象景观引人入胜。山口北部的松林口一带的冷杉十分茂盛，由于山口附近风大，且常年从南吹向北，山口附近的冷杉树只有北侧生长树叶。

从多雄拉到背崩之间是一条“U”形峡谷，谷底是水流湍急的多雄曲，两岸岩壁陡立，瀑布众多，多达数百条以上，因此有“千瀑峡谷”之称，是名副其实的瀑布故乡。千姿百态的瀑布令人心旷神怡，美不胜收。有的瀑布水量充沛、吼声巨大，十分壮观；有的瀑布细弱轻纱，飘飘洒洒，化为缕缕雾气。

玩家 攻略

翻越多雄拉山口必须在中午1点前，因为下午容易变天，山顶会浓雾弥漫，甚至风雪交加，容易迷失方向，发生危险。在快到达山口前：穿上防寒保暖的衣物。山口较冷，风势很大。

翻越多雄拉山口的上山路坡度大，但不难走，是红色大岩石铺就的道路。下山路多为山涧路，夏季融化的雪水冲下山，路不好走。拉格是由几个简易木屋棚组成的接待站，为往来的人提供食宿，还出售饼干，可以烘干衣服。

多雄拉山很寒冷，有点像珠峰大本营的温度，即使在夏天也在冰点上下，几乎终年不见太阳。

玩家 解说

墨脱是一个盆地，被雄伟的喜马拉雅山脉包围，多雄拉山口是进入墨脱的唯一通道。每年7月至10月间，山口处部分冰雪解冻化开，露出一条“门缝”。这段时间也是墨脱被冰雪封山后唯一的开山期。

多雄拉山口海拔4200多米，是雪域高原常见的高度。攀爬多雄拉山口的难度在于徒步过程中需承受急剧上升的海拔高度，用通俗的语言来说就是，从海拔只有数百米的亚热带爬升到冰雪严寒的“北极”，从湿润闷热的湿热到冰冷刺骨的严寒。

玩家 解说

松林口是徒步墨脱的起点。从这里到多雄拉山口，路都还算好走，但也是气喘如牛、汗流似水。

一路上，冷杉无数，连边都找不着。清晨的雾气笼罩着，远处的多雄拉山瞧不真切。随着海拔逐渐升高，道路附近出现了积雪。起先路上的细细水流，也转身一变成了瀑布。从多雄拉山口开始就是一路下行直到海拔最低的背崩。下山的路坡很陡，直上直下。先能瞧见雪线，而后就是留着冰水的乱石阵。必经的山道还有瀑布，要抓紧固定着的粗麻绳，小心通过。

虽然身体在地狱，可是眼睛却到了天堂。下行的山坡上，杜鹃、报春、银莲花等各色花卉五彩纷呈；山下则是高大的铁杉、冷杉密布成林，上看松萝长垂，密不见天，下视藤蔓缠绕。其间天气好的话，可以看见飞瀑无数，美景数不胜数。

墨脱镇风光

佛之净土

林芝市墨脱县，林芝市人民政府驻墨脱镇

墨脱，在藏文中是花的意思。这里到处是莽莽林海、高山湖泊、飞流急瀑，被誉为

"西藏的西双版纳"。

墨脱县境内有雄伟壮观的南迦巴瓦峰和加拉白垒峰，峰顶常年白雪皑皑、银装素裹，与山峰南坡上遍地生长着的热带、亚热带植物形成了鲜明的对照。雅鲁藏布江在两座山峰的夹峙中咆哮而出，于崇山峻岭间劈开一道深达5000多米的深壑，形成了世界上最深、最长、最险峻的峡谷——雅鲁藏布江大峡谷，大峡谷的主体段都在墨脱县境内。

这里也是西藏最温和、雨量最充沛、生态保存最完好的地方。其中著名的景致就有仰桑河、布达切波雪峰和宫堆颇章。

玩家 攻略

入墨脱一般从波密出发，要通过嘎隆拉山口，全程143千米。出墨脱一般走背崩、汗密，翻越多雄拉雪山后经拉格到派乡，3~4天行程。

玩家 解说

说起墨脱的藤桥与溜索，就不能不提当地的珞巴人。珞巴族是我国人数最少的少数民族之一，居住在喜马拉雅南麓的崇山峻岭之间。他们居住的环境十分特别，数百条江河水流湍急，多数流速超过10米以上，水中巨石、暗礁布满河床，两岸陡峭，除少数平原处溪流架有木桥外，绝大多数是藤索桥或藤溜索，舟船仅在下游使用。

藤索桥是一种奇特的桥。整桥用的是白藤，没有桥墩，不用木板，一个铁钉也找不到。墨脱较为有名的藤桥有背崩藤桥、炯兴藤网桥，都长约400米，其中墨脱德兴藤网桥横跨雅鲁藏布江，有300多年的历史。藤网桥整个呈管状悬空，多位于峡谷险要的河段，行走其上时，桥随人的重力与河谷风吹送，左右晃悠幅度较大，但整个桥近似密封，颇为安全。

墨脱著名的景观还有"溜索"，那有点一苇渡江的姿势，但是以背对江面的样子高速滑向对岸，需要较高的胆量和平衡技巧才能顺利过江。

链接

墨脱门巴族的禁忌

1. 每月的五、十、十五、二十五、三十日为墨脱门巴族的"丧葬日"。这些日子里，人们禁介绍婚姻、下地劳动、上山打柴和下河抓鱼，只能在家做家务劳动。

2. 猎人出去行猎前3天，家里不能煮酒，外人不能进屋。

3. 家里人出远门旅行或交易，当天禁扫地，否则会人畜不安，交易也不顺利。

4. 家里有人患病，门口会插上有刺的树枝以示外人莫入。

5. 新娘出嫁，新郎入赘行至途中，忌讳遇上背空筐或空水桶的人。

墨脱风光

仰桑河

仰桑河位于墨脱南部，从东往西注入雅鲁藏布江。那里曾是波密王设立的嘎朗央宗的县治之所，专门管理珞巴族的行政事务。

仰桑河水色特别美丽，清澈发蓝，略带甜味，素有牛奶河之称。河旁有一块被称为"甲穷"的巨石，活像一只威武的雄鸡。信徒们相信，人若在有生之年到此地朝拜一次，可保此世幸福平安，死后灵魂升入天堂。

圣地布达切波

圣地布达切波雪山，坐落在墨脱县西北方向气势磅礴的雪峰之中。雪峰周围有众多低矮石山，状如罗列的犬马牛羊，或跪或立，其头均朝向布达切波山，恰似供奉的祭品。

布达切波雪山下，还有一个巨大的溶洞，内有暗流，淙淙作响。暗流两岸是白色泥土，气味芬芳。据说一些朝圣者能有幸看到泥土上仙童留下的脚印，或者听见他们嬉闹的笑语声。这时人们就要向河里投食物、钱

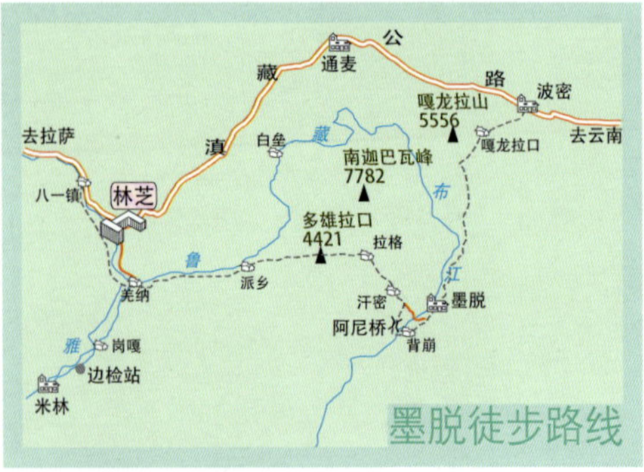

币和装饰物品作为献祭，并求神赐福。

仁钦崩寺

仁钦崩寺是墨脱最大的寺院。建寺时间已不可考，据传为门巴东迁后不久。最初的仁钦崩寺由当年甘布寺中的活佛甘布修建，是一座有12面墙和东西南北四门的石木结构3层建筑，内有镀金铜佛像多座。1950年毁于地震，后重修为东西两门建筑。

老虎嘴瀑布

老虎嘴瀑布凌空而泻，像是银河倒悬坠至半空处。峭石突出，将瀑布拦腰一斩，雪浪飞溅，宛如千万串断线的珍珠往外散裂，沿悬立千仞的绝壁陡然下坠，直至不见底的深渊。声如凶猛野兽咆哮，震耳欲聋，仿佛整个峡谷在颤动。每到日落西山，老虎嘴彩虹缭绕，雪峰顶上绯红一片，迷离变幻，奇胜不可名状。

背崩瀑布

相较于老虎嘴瀑布，冬日的背崩瀑布显得婉约了许多，妩媚秀丽，轻轻下泻，深沉悠扬。到了夏日又是另外一番景象。水量增大，撼天动地，气势磅礴，恰似巨龙出山。有时瀑布激起的雪末烟雾，高达数百米，竟使周围一带经常处于霏霏细雨中，成为别致的“匹练挂遥峰”。

行走墨脱

进入墨脱有两种方式：一种是通过墨脱公路，另一种就是徒步。

●墨脱公路

墨脱公路位于西藏波密县和墨脱县两县境内，是在原墨脱简易道路的基础上整治改建，先后跨越6条江河，经嘎隆寺，以隧道穿越嘎隆拉雪山，路线全长117千米。墨脱公路也以“地形起伏最大、自然坡降最大、降雨量最大、地震烈度最大、地质灾害最多、地质条件最复杂”等特色成为众多车友希望前往体验的全新自驾公路。

虽然通车后的公路全长只有117千米，但沿途风景十分优美，一路前行犹如进入了仙境一般，如果是在非雪季前往，全程能够欣赏到绿色森林和幽深峡谷以及远处的雪山等美景。但是，虽然公路已经全线贯通，但还是有许多路段要注意雪崩和泥石流的发生，以免置身险境，所以驾车时要选择天气好的时候，并且还要特别注意看路上的标志。

●徒步墨脱

在墨脱公路未通车之前，徒步墨脱是许多户外爱好者的一个梦想。这条徒步路线爱好者心目中的地位相当于登山者心中的珠峰一般，即使是在通公路的今天也依然火热。

据了解，徒步进入墨脱旅程需要4天左右的时间，如果徒步全境，则需要走9~10天。一般4天的徒步路线是翻越多雄拉山口，沿多雄拉到拉格、汗密、背崩后，逆雅鲁藏布江北上至墨脱县城，沿途可以欣赏到各种保存完整的西藏生态环境，但也需要经历暴雨、烈日等考验。因此，徒步墨脱对徒步者的身体、心理会产生巨大的挑战，也是对身心的一次难得的净化。

雅鲁藏布江大峡谷

举世闻名的峡谷

林芝市墨脱县雅鲁藏布江河段

150元

雅鲁藏布江大峡谷是世界上最深的峡谷。大峡谷核心无人区河段的峡谷河床上有罕见的四处大瀑布群，其中一些主体瀑布落差都在30～50米。峡谷具有从高山冰雪带到低河谷热带季雨林等9个垂直自然带，汇集了多种生物资源，共发现有高等植物3700多种，堪称世界之最。它也属于易贡国家地质公园的一部分。

玩家 解说

雅鲁藏布江大峡谷是雅鲁藏布江在东喜马拉雅山最高峰南迦巴瓦峰脚下突然形成的一个奇特的马蹄形大拐弯。雅鲁藏布江大峡谷可用10个字概括：高、壮、深、润、幽、长、险、低、奇、秀。

高：峡谷两侧壁立高耸的南迦巴瓦峰（海拔7782米）和加拉白峰（海拔7234米），峰岭上冰川悬垂，云雾缭绕，气象万千。

壮：这是从空中或者西兴拉等山口鸟瞰大峡谷时的印象。在东喜马拉雅山无数雪峰和碧绿的群山之中，雅鲁藏布江硬是切出一条笔陡的峡谷，围绕南迦巴瓦峰划出奇特的大拐弯，南入印度洋，其壮丽奇特无与伦比。

深：大峡谷的最深处可达5382米，围绕南迦巴瓦峰核心河段，平均深度有5000米左右，其深度远远超过深2133米的科罗拉多大峡谷，深3200米的科尔卡大峡谷和深4403米的喀利根德格大峡谷。

润：大峡谷是青藏高原上最大的水汽通道，受印度洋暖湿气流的影响，整个地区异常湿润，布满了茂密的森林，形成了世界上生物种类最丰富的峡谷。它与发育着荒漠植被的干旱的科尔卡大峡谷、与发育着单一松林的比较干旱的科罗拉多大峡谷都是不同的。

幽：大峡谷林木茂盛。由于地势险峻、交通不便、人烟稀少，而且许多河段根本没有人烟，加上大峡谷云遮雾罩、神秘莫测，所以环境特别幽静。

长：大峡谷以连续的峡谷绕过南迦巴瓦峰，长达496.3千米，比号称世界最长的大峡谷——科罗拉多大峡谷还长56千米。

险：雅鲁藏布江大峡谷中许多河段两岸岩石壁立，根本无法通行，所以至今还无人全程徒步穿越峡谷。就水道而论，其河流流速高达16米/秒，水流湍急，跌水相连，至今未有人能漂流进雅鲁藏布江大峡谷，其水流的险恶程度也远在诸峡谷之上。

低：大峡谷最低处的巴昔卡，海拔仅有155米。

奇：大峡谷有着奇特的形状——世界上最为奇特的马蹄形大拐弯，也奇在西藏高原独有的森林生态系统景观。

秀：整个大峡谷的自然景观，无论在秀的广

雅鲁藏布江风光

雅鲁藏布江大峡谷的徒步路线

●第1条路线：米林县派区—多雄拉—拿格—汗密—马尼翁—背崩

这是一条传统的大道，也是一条从喜马拉雅山北坡高原上到大峡谷下游河谷的道路。通常行走需经3天时间，中间要翻越海拔4200米左右的多雄拉山口，过山口经拿格到汗密、马尼翁则是一路下坡。

●第2条路线：米林县派区—大渡卡—格嘎—加拉—白马狗熊

由加拉往下进入无人区，无路可走。顺江而下进入大峡谷的小道两侧皆为刀削般的基岩陡壁。沿江大概走一星期方可到达白马狗熊。新中国建立以前，传统的通行道路是从白马狗熊上山，离开峡谷经西兴拉山口（海拔4400米）沿一条支沟直下，到达大峡谷，经进大拐弯后的江边鲁古村，过溜索到甘代（东岸），由甘代顺而下经加热萨区直奔墨脱。

●第3条路线：帕隆—扎曲村—达波—江边八玉村—鲁古—甘代—加热萨

从川藏公路上的帕隆起程，沿帕隆藏布江下游河谷下行走骡马大道，3天可直达大峡谷的顶端扎曲村，过铁索桥至达波，离开大峡谷横切过去，3天可到大峡谷拐弯下方的江边八玉村，然后经鲁古、甘代、加热萨到墨脱。

●第4条路线：波密县古乡—随拉山口—加热萨

从波密县的古乡渡过古乡湖，翻过随拉山口（海拔4400米左右），往西南走直达大峡谷江边的加热萨区。沿途山路曲折，行程3天。

●第5条路线：波密县扎木镇—嘎隆拉山口—达木

从波密县扎木镇南行沿嘎隆拉北曲直上，翻过海拔4200米的嘎隆拉山口，往西南下，沿嘎隆拉南河经64千米处和86千米处，到达大峡谷畔的达木。这条线路经过多次修筑，步行道比较好走，开山季节甚至可沿公路开汽车直达63千米一带。顺利的话，一般两天时间即可进入大峡谷到达墨脱。

●第6条路线：波密—达兴—金珠拉山口—提琴—金珠区—蚂蟥山—达木

从波密往东不远到达兴，过帕隆藏布江沿达兴河上溯到源头，由盘山小道翻过海拔5030米的金珠拉山口，沿金珠曲下行，经提琴到金珠区（格当），再过蚂蟥山经达木到大峡谷江边，一般步行需三四天时间。

度、深度和力度上都独领风骚，如神来之笔。

玩家 攻略

1. 雅鲁藏布江大峡谷地区适合徒步观赏沿途景致。

2. 最佳徒步时间是每年6月初至10月中旬。

门巴吊桥

从排龙到扎曲，一路上共有4座吊桥。受地质条件所迫，吊桥结构简易，为钢索木质结构。吊桥长度在60米或70米不等，距离江面大约50余米，咆哮的帕隆藏布从桥下奔腾而过，在陡峭的山势之间东突西撞，轰鸣之声不绝于耳。

绒扎瀑布群

位于距帕隆藏布汇入口约6千米的干流河床上，海拔1680米，瀑布群共有7处，最大瀑布相对高30米，宽50米，在相距200米之间形成总落差100多米，江面上浪花四溅，涛声轰鸣，彩虹时隐时现。

秋古都龙瀑布

位于距帕隆藏布汇入口14.6千米的主干河床上，海拔1890米，最大者相对高差15米，主体瀑布上下600米的河床上还现有3处2～4米高的小瀑布和5处跌水；主体瀑布南岸陡壁上有1条长50米的河岸瀑布，飞瀑从高山上直接泻入雅鲁藏布江，景象壮观。

则隆弄冰川

则隆弄冰川是大峡谷中一种特有的冰川形式，全称是“有跃动形迹的超长运动冰川”，在我国只发现两条这样的冰川，全部分布在雅鲁藏布江大峡谷。另外一条是发育在帕隆藏布的米堆冰川，在1988年的跃动中诱发泥石流，洪水造成当地交通运输中断达半年之久。

红豆杉林

主要分布在雅鲁藏布大峡谷海拔2500至3200米之间的地区，面积达上千平方千米。当地红豆杉最大单株树高30米多，胸径最大1.5米以上，以其美丽漂亮的树冠成为一种珍贵的和旅游观赏型树种。

汗密瀑布

五彩缤纷的三叠泉

林芝市墨脱县背崩乡

汗密瀑布也被称为三叠泉，落差高达400米。它穿云越雾，由山巅奔腾飞泻，跌落于幽河深谷。1层瀑布从高入云霄的雪峰中直泻而下，激起满谷的蒙蒙水气，隆隆水声在整个山谷轰鸣；2层瀑布水势急，瀑面宽大，从高处的绿树丛中缓缓流出，然后急泻而下；3层瀑布斜冲到一巨石上，曲折而泻，直至多雄拉河，形成一个个深潭。多层瀑布由于落差大，阳光一照，瀑边映出一片片五彩缤纷。

布裙湖

墨脱人敬畏的神湖

林芝市墨脱县背崩乡

布裙湖湖面面积约11.5平方千米，湖面呈月牙形，湖水清澈透明，绿意盈盈，四面环山，山势较缓。北面有一个不为人注意的缺口，湖水从缺口就此而下形成瀑布。

这一带山林属热带雨林，满山都是热带常绿阔叶林。湖面如碧绿色的水晶镜嵌入其中，山水相连，风光秀丽，景色迷人。一年四季猴啼鸟鸣，花果满山，野生动物活动频繁，各种鸟类异常丰富。这里还能看到热带珍禽棕颈犀鸟，它是我国目前仅有的3种犀鸟之一。

玩家 解说

当地人敬奉布裙湖为神之境，很是敬畏，有说看到它、接触它会给心灵不净之人带来厄运。去布裙湖的路不好走，可以用披荆斩棘来形容。

布裙湖很柔和，很平静，但却不娇羞，配上远处的苍山雪峰，反倒显出一份宏大的气势。雪山、玉树、青空、浮云、飞鸟、游鱼，布裙湖将之收于一处，画出一幅绝妙的胜地圣景。站在旁边，只觉得如痴如醉。

景点推荐

察隅旅游区

察隅自然保护区

国家级生态保护区

林芝市察隅县

察隅自然保护区由一区两点组成，保护区内森林原始景观完整，珍稀野生动物活动频繁，其中有孟加拉虎、熊、豹、穿山甲、金雕等。

慈巴沟自然保护区：面积约10.02万公顷，以保护综合的自然生态系统为目的。

矢朱村保护点：面积约540公顷，以保护亚热带原始针叶高产林为目的，位于下察隅贡日嘎布（阿扎曲）下游东岸。

拉木弄巴自然保护点：面积约660公顷，以保护亚热带常绿阔叶林为目的，位于贡日嘎布曲和桑曲两河交汇处察隅河西岸。

玩家解说

察隅自然保护区位于青藏高原东南角，保护区以保护亚热带常绿阔叶林、亚热带珍稀动物种类、云南松高产林为目的，是西藏东南角气候温暖湿润、物种丰富、森林生态系统比较完整的地区。

保护区建立后，狩猎现象基本被杜绝，区内野生动物数最大量增加。其中，国家重点保护动物有长尾灰叶猴、雪豹、棕熊、小熊猫、棕颈翠鸟等。

链接

云南松

保护区内最值得一提的是灌木蕨类云南松林。云南松木材呈淡黄色，材质松软细密，为建筑、板材及木纤维工业的重要原料。云南松可割取松脂、提炼松香和松节油，且质量较高；树皮、枝叶、幼果、花粉等均可入药，在综合利用方面有广阔前景。由于云南松生长迅速，适应性强，天然更新良好，是西藏中山地带重要的造林绿化树种。察隅自然保护区成为这一重要的种植资源库。

阿扎冰川

阿扎冰川位于察隅保护区内，属海洋型冰川。整个阿扎冰川的雪线海拔只有4600米，朝向西南，长20千米左右。阿扎冰川也被称为绿海冰川，其前沿部分深入到原始森林区长达数千米，犹如一条银色巨龙穿行于“绿色海洋”之中。从沟末端到沟顶海拔高差6000米以上，所以同在一条沟，十里不同天，具有亚热带到寒带的所有气候特征。

温泉和冷泉

保护区的温泉不像西藏其他地方的温泉，察隅温泉最美的时候是清晨，由于空气还比较冷，温泉一带总弥漫着白色雾气，巨大的蒸汽团从水面冒起，如人间仙境。这里的温泉水对多种慢性疾病都有治疗作用。

另外察隅还有西藏独一无二的冷泉。冷泉位于下察隅镇洞冲村附近，交通便利，风景优美，民族文化独特。冷泉水质甘洌甜美，对治疗皮肤病有着神奇的疗效。

清水河

清水河被当地人尊奉为“神河”，河水无论春夏秋冬，还是河水涨落，河水总是清澈见底。砾石点点，游鱼如梭，两岸青山倒映水中，令人心旷神怡。

据说，清水河的河水有美容的作用，每天都有许多年轻姑娘来此沐浴，以求得到“神河”的眷顾，希望获得仙女般的美貌。

察隅河

西藏东部大河之一

察隅河是西藏东部大河之一，属双千河流。发源于德姆拉山，源头海拔5475米，全长295千米。察隅河流域气候温暖湿润，降水丰沛，森林、动植物、水利等自然资源丰富，农业发达，是西藏自治区主要产稻区。

玩家 解说

岗日嘎布山将察隅河上段分为两支：东支察

察隅河谷

隅河主流桑曲，长178千米，自源头德姆拉开始自西北向南东流，在下察隅与西支贡日嘎布曲汇合。桑曲和贡日嘎布曲汇合后称察隅河，向南流至前门里的巴兰岗附近流入印度。察隅河流域属高山峡谷地貌，从源头到白学为峡谷段；白学到此坝桥为宽窄相间的河谷段，滑坡、崩塌、泥石流发育。

下察隅

世外桃源

林芝市察隅县下察隅镇

下察隅是一个小镇，清一色的木楼沿街道两旁排开，商店、饭店、住宿样样齐全。这里山川秀丽，气候宜人，出产药材、水果和各种农产品，因而素有“西藏江南”之美称。

在下察隅极目四望，重峦叠嶂，苍翠的山林高耸入云，朵朵白云环绕山间，田间地头一片片金黄色的油菜花，巨大的香樟树、成片的芭蕉树和茂盛的竹林使这里呈现出亚热带风光。公路旁各种野花鲜艳，房前屋后桃红柳绿，水田边牛群悠闲。

玩家 攻略

下察隅是军事要地，去之前要在察隅县城为车辆和人员办理通行证。

玩家 解说

由于纬度低、海拔低，加上受孟加拉湾暖湿气流的影响，下察隅镇一带具有热带、亚热带过渡气候型的特征。亚热带的各种植物（如龙眼、油桐、香樟等）都能很好地生长，并具有良好的经济效益和生态效益，在西藏极具特色。亚热带和热带的各种花草树木年生长时间达300天以上。

链接

僜人

下察隅镇是僜人聚居地，僜人人口1450余人，僜人至今尚未被承认为一个民族，目前被称为僜人，藏语称“僜巴”。

僜人有自己的语言但没有文字。僜人讲两种语言，分别有各自的称谓，讲达让语的僜人自称“达让”，讲格曼语的僜人自称“格曼”。僜人生产、生活、婚姻、信仰独具特色，曾以刻木结绳、摆草棍、树枝来记事。他们没有记年月日的习惯，因而也没有年龄和生日的说法。

察隅风光

攻略资讯

- 交通
- 住宿
- 美食
- 购物
- 娱乐

雪山

交通

飞机

林芝米林机场是西藏第三座民航机场，位于林芝市米林县境内，是国内飞行难度最大的机场，目前已开通往成都、重庆、拉萨的航班。

机场有大巴往返于市区，班车无固定时间，随航班变动，车费25元。

汽车

公路是林芝的主要交通方式，八一镇是林芝最重要的交通枢纽，长途汽车站有发往米林县、朗县、波密县等地的班车，也有发往成都、拉萨、昌都、山南方向的班车。此外，八一镇中心的厦门广场上有大量私营车开往成都、拉萨方向。

林芝市汽车客运站：位于巴宜区八一镇广东路，有发往朗县、米林等县城的班车。

住宿

八一镇是川藏路入藏的重要关口，历来商贾云集，旅游业相当发达。镇上老牌的酒店有林芝宾馆、迎宾馆、新世纪酒店、邮政大河酒店等。近年来，西藏的旅游业十分兴盛，八一镇更是有许多四星级宾馆入驻。

●西藏林芝玉膳府大酒店

位于八一镇广州大道繁华地段，属于四星级酒店，对面是福建园，周边配套设施齐全。酒店设计典雅、装修考究，以儒家文化为主题背景，融住宿、餐饮、休闲为一体。

林芝风光

公路风光

巴宜区八一镇广州大道112号 5889918

● 西藏林芝大酒店

酒店邻近行署办公区、林芝会展中心，交通便利。酒店内部装潢考究，设施齐全，深受顾客好评。巴宜区八一镇广州大道南段14号 5833333

● 明旺大酒店

酒店大门对面有一家绿海明珠藏餐馆，味道非常地道。走出酒店，右转在福建路上有三四家烧烤店，可以吃到正宗的韩式烧烤，也有其他各地的小吃，美味且价格公道。巴宜区八一镇福建路 5888899

● 西藏林芝松林客栈

客栈紧靠主城区，临近川藏线，交通快捷方便。客栈还设有露天酒吧、活动室、自助厨房等，是专为自驾者、背包客精心打造的。巴宜区八一镇双拥北路20号 5822201

● 林芝渡口客栈

客栈的天台上，抬头就能看到皑皑雪山。藏式的酒吧里，放了软软的沙发，可以窝在里面阅读、上网、看电视。巴宜区八一镇八一大街，人民保险公司对面 8066650

美食

林芝市的饮食沿袭着西藏传统风味，比如青稞酒、糌粑、酥油和酥油茶等。

相较于西藏其他地方，林芝的气候条件要好上很多，这里的蔬菜瓜果都十分新鲜，石锅鸡、藏香鸡特别出名，还有许多叫不出名字的林中野味。林芝还有藏香猪，肉味鲜嫩，值得一试。

美食小吃

● 藏香猪

藏香猪生活在海拔3000米以上，吃的是珍贵藏药虫草、人参果、天然菌类等，饮的是天然矿泉水，栖息山洞，生长缓慢，两年才能长到40千克，其肉质细嫩，瘦肉率高。

推荐店铺：天府饮食 巴宜区八一镇迎宾大道，近牦牛广场

藏香猪

●鲁朗石锅鸡

鲁朗石锅鸡可以说是林芝最有名的美食之一，石锅鸡的石锅用一种乌黑的“皂石”整坑凿制而成。用藏香鸡，配上林芝特产的手掌参、当归、藏贝母、枸杞等菌类和药材，慢火炖2小时以上，乳白色的鸡汤里鸡肉和菌菇咕嘟咕嘟冒着香气，让人食欲大增。

推荐店铺：鲁朗石锅城 ✉ 巴宜区八一镇广东路355号 ☎ 17389040588

鲁朗石锅鸡

●手掌参

手掌参，顾名思义，形状似手掌，是一种藏东南独有的非常名贵的药材，有补血益气的功效。味道有些像土豆，吃多了容易上火，不可多食，一般在石锅鸡里都会尝到。

手掌参

●巴河鱼

巴河鱼是林芝市久负盛名的特色美食。巴河鱼主要产自尼洋河和巴松错，属高山冷水鱼种，肉质细嫩，味美汤鲜，做法讲究，品种繁多，具有极高的营养价值，因地处工布江达县巴河镇而得名。

推荐店铺：新佰信鱼庄 ✉ 巴宜区八一镇广福大道288号 ☎ 5821687

巴河鱼庄

美食去处

林芝市美食场所基本集中在八一镇、鲁朗镇和工布江达县三处。其他的县城，能找到一两个川菜馆，更多的则是藏民的农家菜。

购物

林芝市有着丰富的自然资源。经济作物很多，随处可见的芭蕉、香蕉、菠萝，数不胜数的木耳、蘑菇，药用植物更是达上千种之多。林芝市的藏药材料也有很多，名贵药材天麻、三七、虫草、贝母等，都是值得购买的商品。

藏红花

林芝特产

●知名藏药

松茸：学名松口蘑，别名香菇，是名贵食用菌，生长于松林地和针阔叶混交林地，夏秋季出蘑。松茸具有强身、益肠胃、止痛、理气化痰、驱虫等功效。还具有治疗糖尿病、抗癌等特殊作用。

青冈菌：寄生于高山青冈树之上，其菇圆柄粗，味在柄，浓郁中得清香之气。青冈菌适合烹饪各种佳肴，干品用青水冲洗后，放入肉类中煲汤，也可炒、烩、凉拌等。

天麻：多年生寄生植物，呈长椭圆形，扁缩而稍弯曲，质坚实，半透明，不易折断，断面较平坦，角质样。气异，味甘，微辛，对治疗眩晕头痛、风湿、血压高、肢体麻木、手足不遂等病症具有较好功效。

●门巴木碗

门巴木碗小巧玲珑，是门巴族的传统手工艺品，在西藏乃至国外享有盛誉。根据品质的不同，可将门巴木碗分为三种：上等为“杂雅”，中等为“锅拉”，下等为“索果尔”。

●手掌参

手掌参又称佛手参。味甘，微苦，性温。含丰富的蛋白质、草酸钙及无机盐，有补肾益虚、补肺理气、生精润肺的功效。

松茸

木碗

●墨脱的乌木筷

墨脱人身处大山深处，至今过着几乎与外界隔绝的生活。除皂石打制的石锅外，乌木筷是墨脱唯一生产加工的商品。乌木筷色泽黑亮，光润细腻，质坚体重，不弯曲不变形，在木质筷中身价较高。

●门巴竹编

门巴人居住地多树多竹，门隅腹心的达旺一带的竹器编织业比较发达。竹编品中以一种叫“邦穹”的织品最为有名。邦穹需要红、黄、蓝、黑等颜色的几百根细篾编织，图案是细密多变的几何图案。

林芝购物场所

八一镇：林芝市的经济作物、藏药材料乃至周围地县的手工艺品，都是通过八一镇流向全国各地。另外，娘布苏拉节期间，林芝市物资交易会是最佳的购物场所。

娱乐

林芝市旅游业不算发达，也没有什么现代的娱乐设施。但林芝地处山林，有着一些很特别的民族传统节日，非常热闹。

工布节：工布节是林芝市最为隆重热闹的传统节日。大部分藏族地区的新年是藏历大年初一，工布新年则是在每年的藏历十月一日。工布新年有许多的习俗都体现了工布地方浓厚的原始祭俗和林区特色，比如“赶鬼”“宴请家狗”“吃结达”“喝卓加”等。

娘布拉苏节：娘布拉苏节是工布地区最重要的节庆之一，每逢藏历马年的八月十日举行。娘布拉苏节的规模之大、人数之众和持续时间之长，都是在整个西藏地区极为少见的。最近几年又形成了林芝市物资交流会。会上各式民族手工艺品琳琅满目，应有尽有。

苯日转山节：每年的藏历四月萨嘎达瓦节期间，几乎家家户户都要去朝拜苯日神山。

斗熊节：每逢藏历五月十五日，波密西巴村的全村老少都穿上节日的盛装去度母山煨桑，祈祷山神和上苍保佑风调雨顺，吉祥如意，每次活动都有猎人斗熊的祭山仪式。

节日和重大活动

节日	地点	时间
藏历新年	全藏	每年藏历正月初一
宋宗赛马节	扎西曲林寺	藏历三月十五到十六日
巴尔曲德松珠节	巴尔曲德寺	藏历四月
拜鹰节	苯日神山色迦更饮寺	藏历四月三十日
西巴斗熊节	波密多吉乡	藏历六月十五日
望果节	朗县	藏历七月
娘布拉苏节	卡色母村	藏历马年八月十日
工布新年	林芝市	藏历十月一日

朝圣

发现者旅行指南

昌都

概览

亮点

然乌湖

山体滑坡和泥石流堵塞河道而形成的堰塞湖，随季节的不同，湖水呈现出或碧蓝或青绿等数种颜色。

强巴林寺

藏东第一大寺，寺内建筑保存完好，寺内佛像、壁画和唐卡十分精美。

孜珠寺

西藏规模最大、教徒最多、仪轨保留较完整的本教寺院之一。内有珍贵无比纯金铸就的桑杰林巴上师肉身灵塔。

滇金丝猴国家级自然保护区

有藏金丝猴、小青猴、云豹等珍贵动物，还分布各类珍贵树种和药材，如红松、云南红杉、虫草、贝母等。

盐井古镇

古镇位于澜沧江畔的宽大台地上，江畔是有晒盐的盐田、盐棚，一条奔涌的澜沧江从中横亘。

来古冰川

世界三大冰川之一，6条冰川顺势而下，实为世界奇观。

必逛街道

昌庆街：卡若区的商业主干道，前身是茶马古道的古老市集。如今不论白天黑夜，街上熙熙攘攘。

线路

昌都市一日游

早餐后前往卡若遗址，追寻历史变迁的往事。随后来到强巴林寺，继续前行到昌庆街，逛街、吃饭。午后到澜沧江广场，遥望江水奔腾。

昌都市三日游

第一天到达昌都，游览卡若遗址，参观强巴林寺。

第二天早上拜访查结玛大殿，登临德庆颇章神山，然后到伊日温泉感受泡汤的乐趣。

第三天上午到达丁青县，游览布托湖、卡玛多塔林。

八宿然乌湖

昌都市四日游

第一天早上到达昌都，游览卡若遗址，参观强巴林寺。

第二天到查结玛大殿观看，登临德庆颇章神山，到伊日温泉放松身心。

第三天漫步布托湖，在卡玛多塔林徜徉，傍晚到达类乌齐县。

第四天游览然乌湖，观赏来古冰川。

为何去

盐井

昌都市地处澜沧江上游，这里山高谷深，是雪域高原的另一个世界，是锁在横断山脉深处的一片净土，孕育着神秘、孕育着恢宏、孕育着古老而独特的高原文明。

走在达玛拉山脚下，徜徉在澜沧江源头，在强巴林寺虔诚叩首，融古朴与现代为一体的昌都，犹如一颗灿烂夺目的明珠镶嵌在藏东大地上。

何时去

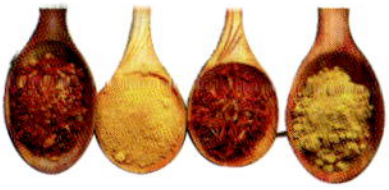

昌都风光

每年的4～5月和9～10月是到昌都旅游的最佳时间。在此期间，布托湖边草场宽阔，水草丰美，野花艳艳，牧民的帐篷斑斑点点散落在草原上，肥壮的牦牛和雪白的绵羊如繁星般点缀其间，高原牧场风光十足。

此外，堪称西藏文化艺术宝库的强巴林寺亦不容错过，那里的建筑和壁画，代表了昌都一带的最高水平，该寺独有的宗教舞蹈，古朴典雅，场面宏大，在整个西藏自成一派。

区域解读

区号：0895

面积：110 154km²

人口：73万人

主要少数民族：藏族、纳西族

地理 GEOGRAPHY

区划

昌都市下辖1区（卡若区），10县（江达、贡觉、类乌齐、丁青、察雅、八宿、左贡、芒康、洛隆、边坝）。政府驻地卡若区。

地形

昌都市总体地势西北高、东南低。不少山峰耸立于雪线以上，其边坝县边界的念青唐古拉山峰海拔6956米，为该地区最高峰。

昌都市山脉为南北走向，3条大江与3列山脉相间分布，平行骈走。从西向东依次是伯舒拉岭、怒江；他念他翁山、澜沧江；达玛拉山—宁静山、金沙江。山脉海拔多在4000～5000米，山脉之间有深邃的河谷。

昌都市水系属外流水系，主要河流有怒江、澜沧江、金沙江及其支流，是我国及亚洲东南部主要河流的上游集结区之一，河流众多，水网发育。

气候

昌都市属藏东南高原温带半干旱季风气候区。夏季气候温和湿润，冬季气候干冷，降水集中在5～9月。有霜冻、雪灾、冰雹等常见的自然灾害发生。

昌都市的气候以寒冷为基本特点。由于受南北平行峡谷及中低纬度地理位置等因素的影响，具有垂直分布明显和区域性差异大的特点。日照充足，太阳辐射强；日温差大，年温差小；降雨集中，季节分布不均，蒸发量大，相对湿度小。

三江并流

昌都市地处藏东横断山脉一带，特殊的南北向山脉地形走势造就了举世闻名的“三江并流”奇观。

怒江、澜沧江、金沙江源自青藏高原腹地，三江进入昌都市逐渐转变近南北走向，这三条亚洲南部最大的河流汇聚昌都，其最窄处，由怒江经澜沧江至金沙江的直线距离68千米。由此向南金沙江率先转向东南，并向东奔去。因此，可以说，真正的“三江并流”奇观是在昌都市完成的，是昌都市所特有的。

由于藏东地区受青藏高原第四纪以来强烈隆起的影响，三条大江及其支流的下游河段强烈切割，在地貌上形成了相对起伏达上千米的深切大峡谷，“三江并流、平行岭谷”成为昌都市特有的地貌景观。怒江、澜沧江、金沙江的河流与水文特点不仅对本区，而且对整个青藏高原和东亚都有重要的意义。

三江并流区域旅游开发后，保护环境就

八宿然乌湖

显得尤为重要。除了当地政府和有关部门及景区的举措之外，旅行过程中，最重要的是您自己一定要注意环境保护，好好地去保护这片净土。

历史 HISTORY

历史大事记

●原始社会

1977年和1980年相继发现的新石器时代遗址、昌都卡若遗址和昌都小恩达遗址表明，早在5000年以前，昌都市就已有人类繁衍生息，并已形成了初级村落。

●唐至明清

唐代，昌都市为吐蕃王国的一部分。吐蕃王朝时期，昌都市是东女国和苏毗王国的所在地，至今留有部分历史痕迹。

13世纪，元朝将西藏归于统一版图后，在昌都市设置了朵甘思宣慰司都元帅府。

明朝时，西藏佛教格鲁派兴起，其影响逐渐深入康区，在昌都市形成若干呼图克图-大活佛转世系统。明朝政府在此设置了朵甘都指挥使司，委任各地的部落酋长和各大头人与寺庙的大喇嘛管理。

明末，蒙古和硕特部固始汗白利土司后，昌都市也受固始汗的统治。

清朝，清廷封委了一些大活佛和土司各辖其地，受驻藏大臣和达赖喇嘛的管理。另外，还在昌都设立了粮站，委派粮台、游击等文武官员驻守昌都，并从四川、云南派有制兵130名驻扎昌都，保护昌都寺大活佛和粮台。

清末驻藏大臣赵尔丰在昌都市的一些地方实行改土归流，昌都市改称川边。

●近现代

随着20世纪50年代川藏公路以及20世纪70年代滇藏公路的通车，昌都成为藏东交通枢纽。

2014年，撤销昌都地区改设昌都地级市。

文化 CULTURE

多姿多彩的康巴服饰

昌都市属于康巴藏区，因其所处的特殊地理位置和生存环境，当地的服饰也与其他地区的藏族有所不同，形成了独具特色而多姿多彩的服饰系列。

康巴服饰以雍容华贵而著称，服饰上都装点有美丽而昂贵的金银珠宝，比如玛瑙、翡翠、珊瑚、绿松石等，给人以豪放和贵重之感。另外，康巴藏区服饰的最大特点是头饰。妇女将头发梳编成数十根细辫，下接黑丝线和咖啡色丝线，直坠至脚踝，上面饰以松耳石和珊瑚。藏族男女受到佛教中有关“圆满服饰十三事”的影响，通过佩戴饰品来传达对佛的虔诚。

康巴藏区女人佩戴这么多华贵的首饰当然也少不了康巴汉子的影响。豪爽粗犷的康巴汉子每次外出经商回来，都要购置一些名贵的珠宝首饰送给妻子。女人身上的珠宝首饰、绫罗绸缎也是康巴汉子向别人炫耀自己财富的最好方式。

赛马会期间是观赏康巴藏族服饰的好机会，届时，藏族男女都穿上最珍贵、最华丽的服饰齐集一堂，把美丽华贵展现得淋漓尽致。

热情豪迈的锅庄舞

锅庄舞又称“果卓”，藏语意为圆圈歌舞，是藏族三大民间舞蹈之一。

在西藏，昌都锅庄广为流传。每逢节日、庆典、婚嫁喜庆之时，广场上、庭院里男女相聚，围成圆圈，按顺时针方向边歌边舞。男性穿着肥大筒裤，女子脱开右臂袍袖披于身后，男女各站一边，拉手成圈，分班唱和。当唱词告一段落后，众人一齐“呀”的一声呼叫，顿时加快速度，撒开双臂侧身扭腰大踏步跳起，挥舞双袖载歌载舞，奔跑跳跃变换动作。男性动作幅度很大，伸展双臂犹如雄鹰盘旋奋飞；女性动作幅度较小，点步转圈犹如凤凰摇翅飞舞，显现出健美、明快、活泼的特点。舞圈中央通常置青稞酒、哈达，舞毕由长者或组织者敬献美酒、哈达。

昌都锅庄可分为农区锅庄（包括城镇）、牧区锅庄、寺庙锅庄三大类，动作大体可分两类：一类节奏缓慢，舞姿舒展优美；另一类节奏急促，舞蹈热烈奔放。昌都锅庄的动作多有模拟动物形态的，如“猛虎下山”“雄鹰盘旋”“孔雀开屏”“野兽戏耍”等，其表演注重姿态的情绪变化和表现。

锅庄舞是一种无伴奏的集体舞。如今锅庄舞随着藏民族生产生活的发展变化也产生了变化，有打青稞、捻羊毛、喂牲口、酿酒等劳动歌舞，有颂扬英雄的歌舞，也有表现藏族风俗习惯、男婚女嫁、新屋落成、迎客待客等歌舞。2001年，卡若区被西藏自治区人民政府命名为“锅庄艺术之乡”。

物资交易节——仲确节

仲确节是类乌齐一带最悠久的传统节日。在藏语中“仲确”即“修行仪轨节”，每年藏历六月十五日举行。

元朝延祐七年（1320年），噶举派的高僧乌金贡布亲自主持修建了达垅噶举派主寺查杰玛大殿，并于1326年竣工。为了酬谢当时修建查杰玛大殿的广大僧众、外来工匠和教徒，寺院选定藏历六月十五日为吉日，举行隆重的宗教颂赞仪式，从此这一天定名为“仲确节”。人们传说，谁要是能在“仲确节”期间拜佛许愿，则做买卖就能如愿以偿。

后来这个单一的宗教节日逐渐演变成

锅庄舞

昌都醉梨

为既有宗教仪式，又有现代民间物资交易的综合性节日。因此，如今也有人称“仲确节”为物资交易节。参加节日交易的除类乌齐本县、本地区的商人外，还有来自西藏其他地方的商人。

节日期间，寺院集中所有的高僧、活佛、喇嘛举行隆重的防冰雹、霜等自然灾害和祛除疾病的诵经仪式。反复诵“十六尊者经”“呼各尊护法神经”和群众敬献布施祈求念诵的经文等。祈祷菩萨保佑，人畜安康，五谷丰登。

远近农牧区的群众则穿上洁净的衣服，带上青稞酒、食品等，扶老携幼，纷纷来到“查杰玛”大殿后山的“德曲颇章”（胜乐宫殿）朝佛，朝拜各种神迹手印、“格萨尔王”神马的蹄印、石刻神像及经文。朝完神山，人们又纷纷来到山腰松柏茂密、鲜花盛开的“康珠卓然”（度母舞场）草坝上，跳几圈赞颂“三宝”和山水草木的锅庄，然后下山又聚在神山脚下的“波泽卡”（移来的草坝）一边享用美酒佳肴，一边唱歌，跳“卓舞”。

现在的“仲确节”除物资交流外，还举行赛马、拔河、抱沙袋以及跳卓舞、羌姆舞等丰富多彩的文化活动，多了一份现代气息。

醉梨醇香，宛然如醉

昌都地处雪域高原，山高谷深，动植物资源极为丰富，盛产冬虫夏草、雪山雪莲、红景天、藏红花、草红花等高原名贵中草药，昌都的瓜、果、梨、桃等高原水果，品种繁多，其中以八宿的醉梨最为有名。传说昌都醉梨是天神为了欢迎文成公主一行，代酒洗尘的宴品。这些地方数百年的老梨树，仍然满树盈果，倔强地生长。

昌都醉梨出产在昌都市的八宿县及左贡县，怒江两岸的上林卡与下林卡区。昌都醉梨属于沙梨类型，醉梨果实卵圆形，果皮呈黄褐色，上有麻点密布。果肉黄白色，肉质松脆、稍粗，汁多味甜，果心稍大，食之有渣，口感醇香。

昌都醉梨全身都是宝。果实有生津、润燥、清热、化痰等功效，适用于热病伤津烦渴、消渴症、热咳、口渴失声、眼赤肿痛、消化不良。梨果皮有清心、润肺、降火、生津、滋肾、补阴功效。根、枝叶、花可以润肺、消痰、清热、解毒。梨子含有木质素，是一种不可溶纤维，能在肠子中溶解，形成像胶质的薄膜，能在肠子中与胆固醇结合而排除。

当然，醉梨的吃法也有很多种。生吃梨能明显解除上呼吸道感染患者所出现的咽喉干、痒、痛、喑哑，以及便秘尿赤等症状。将梨榨成梨汁，或加胖大海、冰糖少许，煮饮具有滋润喉头、补充津液的功效。冰糖蒸梨可以滋阴润肺，止咳祛痰，对嗓子具有良好的润泽保护作用。

景点推荐

昌都市区景点

强巴林寺 ⓦ

藏东第一大寺

📧 昌都市卡若区昌都镇

强巴林寺，1444年由宗喀巴弟子喜饶桑布创建。寺庙占地20多万平方米，主供强巴大佛，寺外是汹涌澎湃的澜沧江。

强巴林寺分五个大扎仓：林堆、奴林、库秋和夹惹卡巴。格鲁派的祥雄曲旺扎巴、三世达赖索南嘉措等著名高僧都曾任该寺住持，后由帕巴拉三世通娃顿丹起传承世代住持。那时的强巴寺，在康区有130座分寺，规模盛大。

强巴林寺主要的建筑都保存较为完好，寺内佛像、壁画和唐卡十分精美，值得一看。

玩家 攻略

到强巴林寺，可以从昌都镇老区昌庆街对面的广场出发，沿一坡度极陡的盘山公路向上爬，10多分钟便可以到达寺庙大门。

要想拍强巴林寺的壮观远景，昌都镇对面的达玛拉的山腰是个不错的位置。

强巴林寺下面有一个集市，想了解昌都民俗的朋友从强巴林寺出来之后可以逛一逛。

玩家 解说

传说格鲁派宗师宗喀巴16岁时，自青海前往拉萨学经。路过昌都镇内的昂曲和杂曲两水交汇的秀美之地时，预言这里将是弘扬佛法之地。其后，宗喀巴弟子喜饶桑布就在此建了强巴林寺。

昌都寺与内地王朝的关系历来极为密切。从清朝康熙帝开始，该寺主要活佛就受历代皇帝的册封。寺内至今保存有康熙五十八年（1719年）颁发给帕巴拉活佛的铜印。乾隆五十六年（1717年），乾隆帝为昌都寺书赠“祝厘寺”的匾额。

每年的酥油花节期间，寺内都会组织表演一种神舞。舞者都戴着狰狞逼真面具表演“古庆”神舞和服饰华丽、舞姿古朴的钺舞，动作大气，场面宏大，在西藏高原享有盛名。

卡若遗址 ㊮

西藏三大原始文化遗址之一

昌都市卡若区卡若镇

100元

搭去水泥厂的中巴车或乘出租车前往

卡若遗址发现于1977年，属新石器时代遗址，距今有四五千年的历史。遗址规模大，保存完好，文物众多。

卡若遗址的房屋遗迹有26座，出土文物丰富，主要有铲类、锄类、斧类等石制生产用具，还有环、珠镯等装饰品及土陶制品，此外还有谷物、兽骨等。遗址的发掘对研究西藏早期历史和汉藏关系史有重要价值。

玩家 攻略

从水泥厂终点站下车，可以看到两山夹峙，中有山谷，旁边是从雪山和森林里流出来的卡若水，对面就是澜沧江。顺着公路往前走，水泥厂的围墙尽头处可以看到右前方有一座废弃的水泥厂，一条土路可以到达。顺着土路可以走进水泥厂，卡若古文化遗址就坐落在这个"现代遗址"里，是一座由四方形的围墙围起来的建筑物。围墙门口立了块水泥碑，标示这里就是大名鼎鼎的"卡若遗址"。

玩家 解说

卡若遗址的房屋建筑大体可分为两种类型。第一类是木结构的草泥墙建筑。以草拌泥筑墙可以增强坚固性能，使其不开裂缝。第二类为半地穴式的卵石墙建筑，居住面规整而坚硬。墙壁用石块靠穴壁垒砌，黄泥抹缝。从村落布局看，当时人们居住的区域已有一定规律。此外，还发现有石铺路、石墙、窖穴等，说明居住者在努力改善居住条件。

卡若遗址还出土了大量的粟粒和谷灰，这说明早在4000多年前西藏就有了原始的种植业。卡若遗址的先民是以农业为其生活的主要来源，狩猎和采集则是不可缺少的辅助手段。

噶玛寺

噶举派的祖寺

昌都市卡若区嘎玛乡

噶玛寺由噶举派高僧都松钦巴于1185年创建。该寺是噶举派的祖寺，在历史上影响深远。噶玛寺主体建筑由措钦大殿、拉让（活佛别墅）、扎仓、塔殿等构成。

措钦大殿高三层，系土石结构，建筑别具一格，汇集藏、汉、纳西等民族特色及尼婆罗工匠的精心设计为一体，从主殿的屋檐可见一斑。主殿的屋顶为单檐歇山式，房檐以下全是斗拱承托。屋檐正中是藏式狮爪形飞檐，左边是汉代龙须形飞檐，右边则是纳西族工匠建造的象鼻形飞檐。殿中以12根特长大柱支撑天窗，光线充足。大殿内有一尊17米高的弥勒佛，经堂和前廊是以藏式平顶修建，寺顶横木飞檐。此外，噶玛寺还建有灵塔殿三座，供奉着都松钦巴等几位活佛。

噶玛寺藏有大量的文物珍品，其中最为珍贵的有皇帝万岁牌和大宝法王印。皇帝万岁牌是明成祖所赐的木雕盘龙牌位，为该寺晨暮对皇帝朝贺之用；大宝法王印为明朝永乐五年（1407年）明成祖赐给第五世噶玛巴"领天下释教"的印信，象征着最高的宗教地位。此外，寺内还藏有大量的明、清时期中央皇帝所赐的瓷器和100多尊镏金铜像，以

噶玛寺如来殿

及藏文的《甘珠尔》《丹珠尔》大藏经。

链接

都松钦巴

都松钦巴，1110年生于今四川甘孜州新在县境内。都松钦巴自幼随着父亲贡巴多杰贡波学习“自生佛母的命根心要教授”。16岁出家，先后师从扎葱哇西昆仲、塔布拉杰等大师修习教法。集大成后，都松钦巴于1147年兴建噶玛寺，自此形成噶玛噶举派。其后他在各处云游，专注于闻、思、修三业的修行，历时30年之久。

都松钦巴临终时，亲言自己将在人间转世，让教法继承者到时候寻访认定。这便在藏传佛教乃至整个佛教史上开创了活佛转世的先河。该系活佛都佩戴由蒙古大汗蒙哥汗赠送的一顶金边黑色僧帽，因此也被称为金边黑帽系。黑帽系活佛也是历史最为悠久、成就最大的活佛系统，北宋至今一共产生了17位黑帽活佛。

其后，噶玛噶举派又创立了红帽系活佛。红帽系活佛源自扎巴僧格，藏传佛教著名的大德高僧。元朝皇帝赐封他为灌顶国师，赐红色僧帽。红色活佛传承自14世纪起，至18世纪中断，共产生10位活佛。

澜沧江广场

澜沧江起源处的古镇广场

昌都市卡若区

澜沧江广场占地近两万平方米，因澜沧江而得名。广场临河面为三级阶梯设计。主要建筑有大型标志性雕塑，全高21.8米，顶部装有不锈钢制贴金大鹏。广场中北部筑有雕塑1座，用纯汉白玉制成，取和氏璧形状，刻绘云水图案，象征民族团结。

玩家 攻略

自古昌都便有澜沧江第一古镇的美誉。站在三江汇合处，手扶栏杆，极目远眺，马草坝大桥飞架南北，滔滔江水奔流其下，绵长悠远，让人遐想无限。置身其中，可以尽情体验三江汇合的磅礴气势。

卡若区清真寺

卡若区唯一的清真寺

昌都市卡若区

卡若区清真寺，据传建于清朝初年，寺内存有清乾隆年间的碑文。礼拜殿主体建筑为传统歇山式结构，殿内长8.5米，宽52米，能容纳100多人做礼拜。殿门正中高悬“宏扬真教”木雕漆金匾，殿前有漆红门栏，殿前台阶下有一棵百年杨树。

玩家 解说

据说，伊斯兰教在清朝初期传入昌都，信奉者多是甘肃、青海一带进藏的商人。卡若区早先有3座清真寺，而后逐渐废弃。应当地穆斯林人的请求，卡若区政府拨专款修复了这座清真寺。

谷布神山

康区十八座神山之首

昌都市卡若区

谷布神山是昌都附近最高的山峰之一，海拔5400米左右。半山腰有知名的乃宁洞，据说莲花生大师曾在此溶洞中修行。洞口虽小，内里却是巨型的溶洞，可容纳两三千人，堪称全区第一大洞。洞口处建有不少佛塔和塑像。

东面半山腰的岩石山上，有一片不足10平方米的湖，被称为昌都三大活佛的圣湖。

玩家 解说

谷布山的藏语是“集如谷富琼普”。传说在很久以前，有一只巨型大鹏鸟从远方飞来，在此栖息时，在山顶啄穿一个大洞，故称之为“琼普”，意为大鹏穿透的溶洞。谷布山势雄伟，异峰突起，山顶是裸露的石灰岩。由于海拔高，故处处显露出高原岩溶经历几千万年日晒雨淋所形成的石芽、石柱、溶洞。

链接

康区

康巴汉子，这一说法已经广为流传，他们居住的地方被称作康区，这是藏族传统文化中的一个地区。康区的面积很大，范围相当于现今西藏自治区的昌都市、那曲市东部、林芝市东部，青海省的玉树藏族自治州（治多县西部除外），四川省的甘孜藏族自治州和云南省的迪庆藏族自治州。

代东寺

宁玛派古寺

昌都市卡若区

代东寺建寺时间不详，据说是掘藏大师秋吉林巴法王的祖庭。寺前有戈丘河，后有戈拉神山，风景优美。

寺内的大经堂主供释迦牟尼佛像，高约10米，内存有前七佛祖及世界各大高僧的舍利子。经堂右侧是莲花生大师的佛像，内有佛像及各种法器、经书几百件，经堂的左侧供奉观音菩萨。

寺庙现保存有100多件莲花生大师和依喜措嘉的伏藏品，极其殊胜。寺庙每年的法会都会有成千上万的僧众参加，并举行非常壮观的绕神山活动。

玩家解说

代东寺背后的戈拉神山有很多山洞，内有年代久远的神秘壁画和佛陀的画像。这是宁玛派历代高僧大德闭关修行的圣地。据传神山的石头上有莲花生大师留下的全身印。信徒们相信，绕着戈拉神山一圈，相当于念一亿次莲师心咒的功德。

链接

秋吉林巴与取佛藏

代东寺的殿中供奉着许多“取藏”出来的佛像、法器和经书。“取藏”是什么意思呢？要谈“取藏”，就得先说“伏藏”。伏藏是非常重要的藏经方式，它只藏在伏藏大师心里面。当年莲花生大师给弟子们灌顶、传法之后，就把各种修法、仪轨的传承交付给不同的人，并嘱咐不同的护法神保护这些伏藏。莲花生也同时授记未来什么时候需要这些伏藏法，什么时候就能取出来。

宁玛派最神奇、最突出的地方，就是伏藏品。其内容非常丰富，既有修法，也有佛像、甘露等，但最重要的是佛经。宁玛派的秋吉林巴法王就以取佛藏而著称。昌都和玉树州的大部分宁玛派和噶举派寺院中，主要的宁玛派传承修法皆是秋吉林巴当年掘取的伏藏法，代东寺就以秋吉林巴的祖庭著称，内有无数珍贵的伏藏品。

小恩达遗址 文

西藏地区新石器时期的重要遗址

昌都市卡若区昌都镇小恩达村

小恩达遗址是考古界近年发现的西藏地方新石器时期的重要遗址之一，因位置而得名。其面积达1万多平方米，现已发掘出较完整的房屋遗迹3座，灰坑1处，窑穴5处，石棺墓葬1座，以及大量石器、骨器、陶片等，年代与卡若遗址相近，距今4000多年。

朱角山

活佛的避暑胜地

昌都市卡若区俄洛乡境内

朱角山一带古木参天，有成片的唐代古柏树，距考证已有1300多年的历史。这对于研究古代气候的形成和变化提供了珍贵的实物材料。朱角山对面有一个被称为“作揖卡”的坝子，坝中有昌都强巴林寺第四大活佛加拉的避暑胜地。

朱角山

景点推荐

昌都东部景点

生钦朗扎神山

康区25座神山之一

昌都市江达县岗托乡境内

生钦朗扎神山是藏文史料记载的，康区25座神山之一。据传著名宗教大师莲花生、宁玛派的高僧德青·秋吉林巴和噶举派的高僧嘎玛巴希都曾在此修行。

山上景点众多，大多和宗教有些关联，如著名的莲花生修行洞，其他特色景点还有猴子摘帽、山顶结跏趺坐佛像、莲花生大师石像、巨龙腾空而飞以及降妖洞等。

每年藏历六月十五日，附近的群众都会穿上节日的盛装，带上可口的食物美酒，扶老携幼，全家出动朝拜神山。

果布白宗山

风景秀丽的神山

昌都市江达县江达镇

果布白宗山风景秀丽，据说是莲花生大师修行过的神山。山的东北面是茂密的森林和灌木丛林，山腰处建有一座小庙。西南面悬崖峭壁，层叠的岩石犹如雕塑的经书，故被称为垒经岩。

每年夏日，来这里拜山朝佛的信徒很多。徒步转山一圈，沿途能看见老虎洞、嘎钨洞、右旋海螺、莲花生修行洞、护身佛龛等景观。

波罗吉荣大峡谷

相传格萨尔王曾战斗过的地方

昌都市江达县同普乡与波罗乡交界处

波罗吉荣大峡谷长约5千米。多曲河由此向东直入金沙江，峡谷两岸雄峰对峙，最窄处只有2米多。若是自多曲河顺流而下，仰望天空，只能见到云天一线，奇峰耸峙，形态各异。

峡谷半山腰处，有一处难以攀爬的山洞，众人称之为格萨尔降妖洞。相传很久之前，吉荣大峡谷有一个女妖，专门坑害平民百姓。格萨尔王就在这洞里为民除害，洞口还留有一块无头女性形状的石头，传说那就是格萨尔王处死的女妖所化。

波罗古泽

享有盛誉的“木刻之乡”

昌都市江达县波罗乡

波罗古泽山清水秀，森林面积大，林木品种多。特别是用于制作经板的桦木，更是这里特有的树种。

波罗古泽以木头刻经著称。现藏于四川省的全国重点文物保护单位德格印经院的印经版，80%以上的为昌都市江达县波罗乡刻工的杰作。老练的刻工不仅能刻大部头丹珠尔经和甘珠尔经，而且也能刻难度很大的风马旗和佛像图案。

波罗古泽刻经的历史之长、刻工人员之多、刻工技艺之高，是西藏其他地方少有的，是名副其实的“木刻之乡”。

链接

波罗古泽的木刻雕版

波罗古泽木刻雕版起源于1676年，当时的德格第十二世土司、第六世法王却吉·登巴次仁发起兴盛佛教的行动，基于信教需求，木版雕刻工艺得到空前发展。当地土司、宗本耗费大量的人力、物力，兼收并蓄各类历史文献和各教派典籍，以较原始的制版刻版方法，在寺庙刻制数以万计的木刻雕版。

波罗古泽的木刻技法就此应运而生。一部经文的木版雕刻工艺流程可细分为裁纸、撰写、内文校对、印刷、临摹雕刻、捆扎包装等近20道工序。由于选材优质、雕刻技艺高超、做工精美，波罗雕刻数百年来经久不衰，享誉藏区。

2008年波罗古泽刻版制作技艺被列入第二批“国家级非物质文化遗产代表性项目名录”。

仓曲玛尼卓珠

巨型藏文六字真言

昌都市贡觉县拉妥乡

仓曲玛尼卓珠又叫巨型藏文六字真言，是一处十分有名的旅游点。德顿（伏藏师）桑布多吉发掘的《经典》记载“由此仁仕身央金拉姆仕身文成公主，在人圣地和要地留下食物伏藏，留下天然佛像真言，苍地六字真言”。据说唐贞观十五年（641年），文成公主携带尊者释迦牟尼像进藏，途经贡觉县拉妥乡休息时，公主遥指在对面青山写下六字真

波罗吉荣大峡谷

木刻版画

言。自此众多信徒前来转山祈祷，以求避祸消灾，后升极乐世界。

巨型藏文六字真言对面有一达摩寺，建造时间详情等皆不可考，至今仍有香火供奉。

贡觉拉妥湿地

重要水源涵养地

昌都市贡觉县拉妥乡

拉妥湿地平均海拔4300米，属昌都市最好的湿地之一。湿地境内以丘陵和草原为主，间有湖泊点缀其中，滋养一方水土。

拉妥湿地是澜沧江支流、马曲河上洲重要的水源涵养地，不仅对整个金沙江水资源的调节起到关键作用，还对当地气候起着重要的调节作用，具有强大的生态净化作用。湿地生物种类多样，仅飞禽类就有100多种，其中有国家一、二级保护水禽如黑颈鹤、黑天鹅、赤麻鸭、胡秃鹫等。此外这里还生活着盘羊、白唇鹿、猞猁等国家级保护动物，以及丰富的鱼类资源。

拉妥湿地

卓珍寺

贡觉县境唯一的格鲁派寺庙

昌都市贡觉县哈加乡

卓珍寺由宗喀巴著名弟子明久活佛于1646年创建，是贡觉县境内唯一的格鲁派寺庙。寺内占地面积3086平方米，主供释迦牟尼佛像。该寺现存明宣德年间（1426—1435年）的一卷折叠式藏汉文《甘珠尔》，另有25个历史悠久的铜像。

玩家 攻略

卓珍寺附近的曲登温泉是一处休闲胜地，这里温泉水年平均温度30℃～40℃，水质极好。游览完寺庙，去泡个温泉热浴，不仅可消除疲劳，还可净化身心。

香贝石棺葬墓

青铜时代的横断山脉考古文化

昌都市贡觉县相皮乡

石棺葬墓是青铜时代藏东以横断山脉为中心的地区最有代表性的考古文化。昌都贡觉县相皮乡于1986年出土了5座完整的石棺葬墓，其中有4座是石板墓，即用石板围棺，另一座墓则是用扁平石块砌成的墓室。5座墓共出土随葬器物13件，其中陶器11件、铜器2件。

玩家 解说

早在20世纪70年代末期，西藏自治区文管会、文化局先后两次就在贡觉相皮乡发现过多座石棺葬墓，可是皆为残棺。1986年出土的5座石棺则比较完整，其出土的陶罐等器形，均为夹砂黑陶。器表面磨光，有的表面施彩，腹部圆鼓，底平而小，与四川巴塘雅江石棺墓葬具和出土物十分相似。这一发现表明藏东、川西在文化联系上的密切，也说明康区历史在西藏或藏族历史上有其特殊性。

通夏寺

萨迦派的早期寺庙

昌都市贡觉县相皮乡

通夏寺始建于705年，属萨迦派。寺庙结构独特，集藏、汉和印度三种建筑风格于一身。曾有造型独特的三层玛堆殿。第一层为藏式，第二层为印度式，第三层为汉式建筑，屋顶为单檐歇山式，上盖琉璃瓦。据说该殿为文成公主所建，即文成公主为镇压女魔四肢关节而修建的镇女魔掌心寺。

寺内珍藏有许多珍贵文物。有国师八思巴馈赠的神像、明永乐年间的宗教法具、用羊毛丝编织的唐卡，相传还有格萨尔王使用过的宝剑等。

玩家 解说

通夏寺初奉噶举派，不久改奉萨迦派。寺内早期培养的高僧如达垅墉巴扎西贝、桑吉雅君、桑吉温等，先后成为达垅噶举派的创建人。

察雅仁达摩崖造像

吐蕃时代的造像

昌都市察雅县旺布乡

仁达摩崖造像源自吐蕃时期，造像利用丹玛山峭壁岩石依山雕凿而成。主供佛为大日如来佛，陪衬佛是八大随弟子和两个女飞天神，附加佛是护贝龙王，另有殿堂上部松赞干布和文成公主刻像等。

通夏寺

造像下方有考证为吐蕃时期凿刻的藏文铭刻和数十个汉字。右边刻有藏文的《普贤行愿品》经文。这一摩崖造像是康区一带唯一能确定为吐蕃时代的造像铭文，对研究吐蕃时期昌都市的政治、经济、文化、法律及书法雕刻艺术均有重要意义。

玩家 解说

当地人对丁仁达摩崖造像有另一种说法：当午文成公主一行取道察雅前往拉萨，曾在风光秀丽的仁达休息。公主喜欢这块地方，遂以非凡的造化与功德，在丹玛悬崖上显现出大日如来佛和八大随弟子像，同时又运用法力，拔几根头发往山上一吹，顷刻间，原本光秃的山脊长出了大片森林。当地百姓即采伐森林，按公主之愿修建了仁达寺，用以供养佛像。

角克寺

藏东最大的尼姑寺

昌都市察雅县香堆镇角克村

角克寺于1894年由益西旺扎创建。早先为格鲁派，后被扩建成尼姑寺。角克寺耸立在半山下，两侧顺山势层层叠叠、密密麻麻地修筑了无数的白色小屋，从远处看就像一朵莲花，角克寺位于最上端，是莲花的花蕊，而白色的屋就是莲花的花瓣。

尼萨普巴溶洞

传说可窥见人间地狱的形成由来

昌都市察雅县香堆镇仁达村，距角克寺12千米

在民间传说里，尼萨普巴溶洞里可窥见人间地狱的形成由来，知世间苦难。该溶洞长达数千米，洞口较窄。主洞中央空旷，岔道多，约需2小时才能走完。洞内钟乳石晶莹剔透，形状奇特。

景点推荐

昌都西部景点

类乌齐寺

昌都市历史最悠久的古寺

昌都市类乌齐县类乌齐镇

类乌齐寺，1276年由噶举派高僧扎巴微色波修筑，后又经历代法台的扩建。寺庙主要建筑有“萨玛扎仓”“宁玛扎仓”“达隆扎仓”“阳贡嘛樟”“夏仲嘛樟”“特大经堂”“查杰玛大殿”。每年要定期举行14次大的宗教佛事活动，吟诵经典，祈神驱邪，发放布施。其中，查杰玛大殿现已被列为全国重点文物保护单位。

玩家 解说

查杰玛大殿为全国重点文物保护单位，是类乌齐寺主体建筑，以雄伟壮观的气势、珍藏众多的佛像经典而闻名于世。过去，当地群众流传着“先去朝拜拉萨的大昭寺，而后再去查杰玛大殿”的说法。

类乌齐自然保护区

马鹿分布较为集中的地区之一

昌都市类乌齐县西部

类乌齐自然保护区以保护以马鹿、白唇鹿等为主的野生动物及其栖息环境为目标，现有林地8716.4公顷。森林植被主要分布于东南部及紫曲河西岸较低海拔的山坡，自然植被也类型多样，具有极高的保护价值。

链接

马鹿和白唇鹿

马鹿为国家二级重点保护动物。马鹿主要栖息于海拔较高地区的森林上缘的灌丛草原地带，春秋季节，喜爱在森林边缘、空旷的林间空地摄食和栖息，夏季则常在高山的林线一带活动，到了冬季，就由高处往下迁至避风的山谷及向阳的坡地处栖息。

白唇鹿为国家一级重点保护动物。白唇鹿主要生活在高寒地区，一般活跃于海拔3500~5000米的森林上缘的灌丛中和高山草原地带。在西藏主要分布于东

部地区的芒康县、察雅县、左贡县、类乌齐县等地。白唇鹿耐寒怕热，主要以草类为食，也以灌木枝叶为食。白唇鹿既是青藏高原的特产，也为我国的特有种。

伊日温泉

昌都最知名的温泉

昌都市类乌齐县伊日乡，距类乌齐县城75千米

伊日温泉四面环山，整个温泉分布在长约100米的狭长地段。现在可用的有6处温泉，水温为20℃~40℃。伊日温泉是昌都市最知名的温泉，一年四季到此沐浴温泉的游客不断。

乃旦寺

宁玛派大寺

昌都市类乌齐县加桑卡乡

乃旦寺意为罗汉堂，因北面的多宗山犹如十六尊罗汉而得名。寺院由大伏藏掘藏师觉久林巴建于1820年，四面环山，郁郁葱葱。吉曲河水西流，景色宜人。

寺内建筑分为上妙不变佛殿、护法神殿和威宝集会大殿3部分。

上妙不变佛殿为2层藏式平顶建筑，护法神殿殿内高2层，内供泥塑的护法神9尊。威宝集会大殿坐北朝南，是乃旦寺的主要建筑。

卡玛多塔林

风景秀丽的塔林

昌都市类乌齐县桑多镇西25千米

卡玛多塔林依山傍水、风景秀丽。传说，过去这儿有130多座塔，现存八佛塔、方形怪塔、大塔、小塔等几十座佛塔。

塔林附近有庞大的玛尼石堆，这些石刻经文雕像历经沧桑仍然清晰可辨。如今人们还在这里增加着新的玛尼。据说该玛尼石堆和青海吉甲玛玛尼石堆形成的年代相同，已有1300多年的历史。

塔林周围的树林草丛中还现有天然的文字形状。后山上有藏文"訇"字母，由若干

柏树组合呈现。在葱郁翠柏中还有一座别致的小经堂，主供莲花生大师像，左右各竖有几筒高大的转经筒。

玩家 解说

卡玛多塔林源自17世纪，当时六世红帽系噶玛巴亲临此地。在加持时，眼前显现无量寿佛的坛城，就视其为无量寿佛的圣地。以后，逐渐兴修佛塔、寺庙。现存66座佛塔和一座小拉康，在古道上格外引人注目。

崩勒溶洞

葫芦状溶洞

昌都市类乌齐县桑多镇

崩勒溶洞是因地壳地质运动而形成的岩溶地貌，溶洞呈葫芦状向山顶延伸，洞口狭小，仅容1人通过，而后逐渐开阔起来。

整个溶洞共分3层，洞最宽处为360余平方米。乳状溶岩石笋石竹随时可见，岩溶颜色斑斓，格外诱人。溶洞洞口另有莲花生大师的修炼洞、拴马石和巨大海螺石等景点，增添了溶洞的神秘感。

溶洞知名度颇高，每年都吸引着本县以及八宿、昌都邻近的人们前来转山朝拜。

孜珠寺

康区规模最大的本教古寺

昌都市丁青县觉恩乡

由丁青县城包车前往

孜珠是藏语直译，指六山峰顶之意，宗教上象征六度波罗蜜。孜珠寺依山而建，除大经堂、佛殿之外，还有僧舍以及建筑在各个山岩上的修行小屋和修行洞。如今能见到的孜珠寺已经是“三毁三建”后的新建筑，包括有36柱的大殿、金塔殿、禅院、讲经院等。各殿堂内供油诸本尊和觉者祖师等的塑像。

玩家 解说

孜珠寺的历史可以追溯到3000年以前。据《孜珠寺简史》记载：藏族第一位国王聂赤赞布的儿子穆赤赞布时期，从象雄邀请了108位本教智者，分派到藏区各处修建37座本教道场，比较有名的9座分支道场中有“协来加嘎”，指的就是孜珠寺。

之后，本教著名高僧罗邓宁波·仁增康珠曾于14世纪中期扩建孜珠寺，并刻印经书、塑造佛像，使寺院初具规模。喇嘛嘎旺朗加时代，寺院的显密学经体系进一步规范化和制度化，使其学经体系上了一个台阶。

链接

孜珠寺“极乐与地狱”神舞

孜珠寺的“极乐与地狱”神舞脚本来自伏藏大

师桑阿林巴的《桑阿林巴说阎罗十判善恶经》，以“阎罗十判”为主线，展示了善恶因果报应的规律：世间一切，不过善与恶。善即是极乐，恶即是地狱。全剧共10幕，从阎罗到狱卒，皆由修行深厚的僧侣们担当出演。剧情表现了阎罗王对善恶上师、僧人、官员等共10人的罪福审判。

桑阿林巴曾预言神舞具有强大的加持力，有幸3次看到的人将不堕恶道。因此每次孜珠寺的大法会都能吸引数十万的信徒参加。

孜珠寺

益吉神山

莲花生大师曾经传教的神山

昌都市类乌齐县

益吉神山海拔5700米，属高山风景区。莲花生大师曾在此传教，并在山中埋有大量的佛教经典和教义。神山由岩石组成，山势陡峭。夏季降雨时节，常有高达七八十米的瀑布飞泻而下，十分壮观。山顶处有一眼山泉。每年有大量群众到此朝拜。

乃查莫玛尼堆

西藏最大、最有名的玛尼堆之一

昌都市丁青县

乃查莫藏语中的意思是花色圣地。据传当年文成公主路过此处，看见对面草坪上显现出了11尊人体大小的佛像，于是公主立即献上贡品，顶礼膜拜，并放置了一块刻有六字真言的石头。此后，藏区百姓就将这里的石头看作神灵的化身，大凡经过这里，都要奉上刻有佛言、佛像的石块，实在不会刻画的便捡起一块石子，贴在额头祈祷一番后，再将其奉上。世代相袭，便形成了这里巨大的玛尼堆。

硕督风光

布托湖

两湖夹一原

昌都市丁青县

布托湖由两个平行排列的高山湖泊组成，一为布托措青湖，一为布托措穷湖。两湖相隔约5千米，前者面积略大，约9平方千米，后者约6平方千米。

两个湖泊的水源均来自附近雪峰林立的冰川。湖四周的地势为高谷盆地，地势开阔，牧草丰盛，是丁青一带最为难得的夏季牧场。每年入夏开始，牧民的帐篷就斑斑点点地散落在草原上，肥壮的牦牛和雪白的绵羊如繁星般在草场上撒着欢。此外，布托湖的渔业资源也很丰富。

链接

布托湖传说

相传，在本教的始祖辛饶·米沃且时代，一位叫日弄魏靖嘉布普贤的菩萨为拯救世人，化生为一只大鹏鸟翱翔于天空。成日的飞翔让它又累又渴，于是就降落在八达波罗山上。大鹏鸟远望四周却不见有水源，想到这里的百姓遭受饥渴，忍不住流下眼泪。这泪水便化为了美丽的布托湖，从此造福当地百姓。

硕督镇

茶马古道的重要驿站

昌都市洛隆县

历史上的硕督是茶马古道的重要驿站，也是川藏要道上的重镇之一。清朝时期，这里建立起了硕督府，后由雍正皇帝送给达赖喇嘛作为布施地，直接由西藏地方政府管辖。又因功德林活佛去内地朝见皇帝有功，西藏地方政府将硕督宗的管辖权转授予功德林，宗本由功德林直接委派。洛隆宗仍由西藏地主政府管辖，宗本由地方政府每3年任命一次。

镇上有一座硕督寺，寺庙情况不详，近期在寺中发现了保存最完整的清初壁画。此外，这里的久工丁山麓还有一座清代汉墓群。墓群保存完整，可以看见当初的规模极大。

卓玛朗错

幽蓝的神湖

昌都市洛隆县孜托镇，距县城40余千米

卓玛朗错，藏语意为度母女神湖，盖因其周围有大小不一的21个湖泊，这就形成了度母二十一赞。湖水深浅碧蓝，各色皆有，故而也被称为蓝湖。湖边水草丰美，牛羊自由散漫地行于湖畔草原之间。

金陵乡沙棘林

沙棘的世界

昌都市边坝县金岭乡境内

金岭乡境内的沙棘林沿夏曲河两岸自然生长，绵延10余千米。整片沙棘林的面积达200多公顷。林内树林郁郁葱葱，有的树干五六个人都抱不过来，十分壮观。

链接

沙棘

沙棘，落叶性灌木。其特点是耐旱，抗风沙，可以在盐碱化土地上生存。沙棘为药食同源植物，其根、茎，特别是沙棘果实含有丰富的营养物质和生物活性物质，对心血管疾病、胃病、神经衰弱有防治作用，还可以抗衰老、养肤护肤，具有极高的研发价值。

三色湖

金黄、银白、深黑构成的三色湖泊

昌都市边坝县边坝镇

三色湖海拔4200千米左右，躺在神山念青唐古拉的怀抱里。神山低谷地带的雪水融化，年久沉积，就造就了这高山深湖。

三色湖被布满奇树异花的岛屿一般的低石山切割成不规则的三块，湖面颜色各异，景色甚为奇特。其一为金黄色，湖土同色、细草满岸，微风掠过，满目金光闪烁；其二是深黑，湖水近看似墨，深不可测，如

三色湖

幽龙潜行；其三是银白色，雪山借景，绿树倒映，细涛漫滩，泛起碎银片片。三色湖四季变化皆有看点，特别是初春时节满山的杜鹃花开，偶有藏羚羊在湖边出没，犹如人间仙境。

每年藏历六月十五日、十六日两天，各地的信教群众常常要不远万里，绕湖转经祈福。

玩家解说

三色湖中黑湖的面积最大，约1万多平方米，呈“Z”字形环山而绕，湖边黑色岩石山体直浸湖底。白湖湖面平静，水下淤积着大量河沙碎石，清澈见底，看上去呈现出灰白色。黄湖的面积最小，不足3000平方米，雨雾连天，湖土同色。金秋季节，湖底密布且绵延至湖滩的黄色水草，更折射出金湖的独特色泽。

传说中的三色湖据说是格萨尔王麾下三个骁勇善战的将军，湖水不竭，将军不亡。就连湖中的鱼也很奇特。鱼儿系长条状，全身覆有极其细微的鳞片。人们若在白湖投食，鱼群便纷纷集聚抢食；黑湖的鱼则不管人们如何投以美食，从不抢吃，自顾自地游玩戏耍。

景点推荐 川藏南路沿线景点

澜沧江峡谷
澜沧江观景佳处

昌都市芒康县如美镇

这里的澜沧江峡谷指的是澜沧江上游的峡谷，有大量冰川与永久积雪。澜沧江纵贯昌都市的中部，在境内由两条河流汇集而成，一条叫扎曲，较长，是澜沧江的正源，发源于青海省杂多县境内。另一条叫昂曲，为支流。竹卡村，位于芒康县的西部，澜沧江旁，建有竹卡大桥。这里是极好的澜沧江峡谷观景点。夏季的江流浑浊而澎湃，狭窄江面狂涛击岸，十分壮观。

维色寺
昌都市三大呼图克图之一

昌都市芒康县嘎托镇

维色寺占地总面积为1.18万平方米，整个建筑结构犹如一个“回”字，四周是喇嘛起居所和副殿，正殿居于中央靠后的位置，正门和正殿之间是一大片空地。

寺内有活佛，是藏区十八呼图克图之一，昌都市三大呼图克图之一，活佛转世现已有十五世。该寺现有僧众64人。

维色寺每年都会举行跳神、酥油灯会等宗教活动，芒康县城附近百姓多前来参加。

吉斯寺
宁玛派寺院

昌都市芒康县宗西乡

吉斯寺属宁玛派，目前有僧人80多名，是芒康县52座寺庙中最大的一座寺院，寺内的文物保护较为完好。寺内保存着一座唐朝的释迦牟尼像，据说是大昭寺释迦牟尼像的前身。另有一对嘎东曲登也是唐朝文物。此

澜沧江竹卡大桥

外，还有一些元明清的古物和典籍收藏。

托瓦日珠曲登

藏传佛教三大名塔之一

昌都市芒康县曲登乡政府旁

托瓦日珠曲登，藏语意为“朝见就能得到惠泽的加持、净化和幸福”。有传这是莲花生大师为雪域高原众生吉祥、幸福而建祛魔、压魔的塔，是藏传佛教三个著名佛塔之一。

托瓦日珠曲登福泽塔与尼泊尔的“外加者卡雪”和云南德钦县境内的“曲登嘎穷”齐名，具有一定的宗教和历史研究价值。

尼果寺

众多高僧曾修炼过的寺院

昌都市芒康县宗西乡境内

尼果寺海拔4250米，属宁玛派。历代宁玛派高僧均在此修炼过，留下很多宗教遗迹。最著名的是九层多高的莲花生大师佛像和灵塔，还有其他如自然形成的高僧佛像、大师宝座、经文、脚印等佛像法印。

寺内玛尼堆规模很大，足有两三千米，且内容丰富、历史悠久、雕刻艺术高超，具有一定的历史、考古研究价值，至今还有人在不停地雕刻玛尼。

尼果寺周围还栖息着几千只岩羊、雪鸡、雉鹑、藏马鸡等国家一、二级野生保护动物。僧尼每天都用盐巴、青稞等食物喂养它们。

玩家 解说

尼果，在藏语中的意思为神山之冠。据传，17世纪初，喇嘛米帕到附近的山洞禅修，曾动念在此兴建佛堂。圆寂后，躯体变成了五光十色的彩虹。当地的人们就将此洞称为彩虹洞。

17世纪中叶，喇嘛吉尊曲扎加措就在距离这山洞不远处的地方创建了尼果寺，至今已有200年的历史。随后的喇嘛高僧均对尼果寺进行了扩建，18世纪的喇嘛达夏多吉把这座山和所有的佛、堂、经等进行了一次全面的善住。所谓的善住，就是在智慧坛场中为佛像、灵塔、经典等灌顶，迎神安住的仪轨。

芒康滇金丝猴自然保护区

滇金丝猴保护基地

昌都市芒康县盐井境内，距县城60千米处

芒康滇金丝猴国家级自然保护区海拔自3500~4500米不等，最高峰为5084米的朋波拉山山峰，而河谷的低处只有300~2300米左右。国际一级保护动物滇金丝猴就生活在海拔3000~4000米的高山林区，另有藏金丝猴、小青猴等近50种珍贵动物。

自然保护区以红拉山为主，宽30千米，长80千米，森林覆盖面积达70%~80%。红拉山立体气候明显，分布着高山柳、红柳、白柳、

芒康滇金丝猴自然保护区

山杨、高山松、云松等珍贵林木。

玩家解说

芒康滇金丝猴国家级自然保护区原叫红拉山自然保护区，创立于1985年。保护区内除了发现世界上濒临灭绝的滇金丝猴外，还发现其他60多种国家重点保护动物，如云豹、雪豹、小熊猫、猞猁等。保护区内还分布各类珍贵树种和药材，如红松、云南红杉等，以及虫草、贝母、红景天、党参等。

莽错

形如藏式围裙的神湖

昌都市芒康县莽岭乡

莽错是古代地层断陷而形成的高原湖泊，水域面积20多平方千米。湖中有两个小岛，唤作堆确岛、堆房岛。湖畔草原上飞鸟翩翩起舞、翻飞嬉闹。

莽错与藏传佛教有十分密切的关系，传

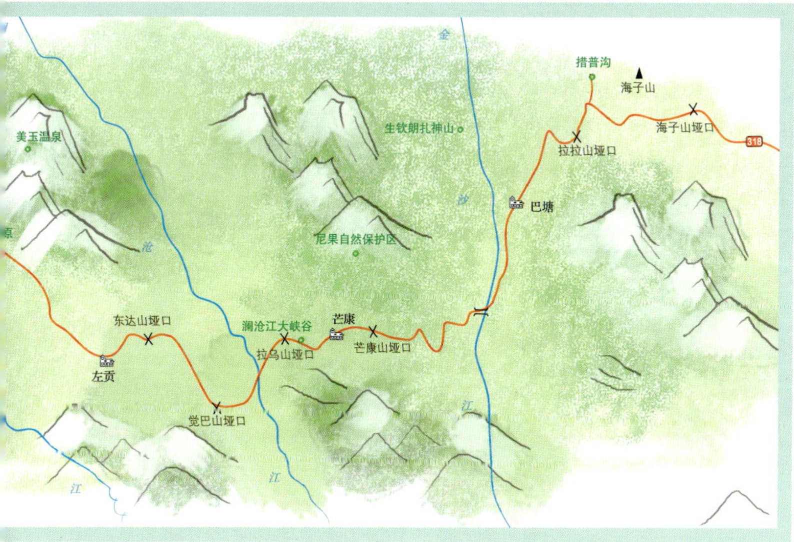

说它是猪面金刚佛母的神湖。也因此，湖边曾居住着18位经师，每人一天可吟诵完一本般若经，18人一天就吟诵完一套《十万般若颂》，莽错也就此而得名。

链接

莽错的传说

关于莽错的形成还有另外一段神奇的传说：古时候，这里居住着一位心地善良的莽女。某年干旱季节，水源紧张。莽女正在放牧，见有一只白色犏牛在一块扁平的石头下饮水。莽女上前一看，石头略微被犏牛顶开了些，露出的部分正有泉水不断涌出。莽女用力翻开石头，想让草原上的牛羊都能喝到甘甜的泉水。没想到石头翻开后，水势汹涌而出，继而充满了整个草原。莽女只能赶着牛羊往山势高的地方跑，累了就将衣服一件一件脱了下来继续跑。最后她把围裙往水里一扔，水就不再上涨。如今的莽错，形状正如一件藏式围裙，被当地百姓奉为神湖。

邦达仓故居 文

藏东首富家族的故居之地

✉ 昌都市芒康县交呷古秀邦达村

邦达仓故居是行走茶马古道不可不造访之地。邦达仓故居是典型的藏式建筑，庭院里长着环抱的粗杨树，虽然历经沧桑，却仍然昭示着曾经的繁华。

链接

富甲一方的邦达仓

邦达仓家族世代都是萨迦江古寺的佃户农奴，直到四朗巴金和玉玛时代，开始成为江古寺的商奴，行走茶马古道中。随着江古寺商业的发展，邦达仓逐步发展成为了江古寺的马帮帮头，最后摆脱了江古寺的统治。之后，二人兼并了当地封建没落家族卡洛家的财产，成为茶马古道上的暴发户。后来卡洛家女儿复仇成功，四朗巴金和玉玛两人被押送至拉萨处斩，儿子恩江继承了邦达仓。

自恩江起，邦达仓家族进入了繁盛时期。他将马帮生意推进至拉萨，并与十三世达赖喇嘛的亲信土邓贡培搭上关系。通过不断发展，其权力达到西藏官商总经理之位，掌握了政府的关贸关税，置身于拉萨官僚之间，邦达仓家族就此成为藏东首富。之后该家族逐渐衰败，最终迁居昌都，接受民主改革。据不完全统计，邦达仓在芒康拥有360多户佃农，40多户牧奴，650多支钢枪，其他财产不计其数。

曲孜卡温泉

温泉胜地

✉ 昌都市芒康县曲孜卡乡

曲孜卡温泉是传说中达美拥女神眼泪化作的108股温泉泉眼。

曲孜卡温泉的风景极好，春夏秋三季，

芒康保护区内的珍贵动植物

●滇金丝猴

滇金丝猴又称黑仰鼻猴，也因背部黑褐色，腹部白色，于是有人又称之为黑猴或花猴。目前滇金丝猴的数量在全国不超过1100只，仅分布在云南德钦县、西藏芒康县等区域内。

滇金丝猴结群生活，每群均在100只以上，各群的领地比较固定。主要食物是云杉、桦木等树的嫩芽、幼叶，也挖食贝母、蘑菇。冬季大雪封山后，它们也会转到村边农田或家畜草堆上抓食麦秆。

滇金丝猴与大熊猫同样珍贵，堪称国宝。1985年以来，保护区内滇金丝猴的数量大大上升，从1992年年底的50只左右发展到20世纪末的750只左右，呈岛屿状分布。

●绿尾虹雉

绿尾虹雉，国家一级保护动物。绿尾虹雉平时喜结成小群，在海拔4000多米的高山草甸、灌丛或裸岩地区活动。主要以植物的细根和球茎为食物。又因嗜吃贝母的球茎，故又被称为“贝母鸡”，是中国特有物种。

●斑尾榛鸡

斑尾榛鸡别名花尾飞龙，国家一级保护动物。斑尾榛鸡，体长约36厘米，上体栗色，具明显的黑色横斑。整个下体均具明显的黑色横带。外侧尾羽黑褐色，上具许多白色横斑，末端白色，中央一对尾羽栗棕色。斑尾榛鸡主要栖息在海拔3000多米的高山针阔混交林及灌丛地带。以植物种子为主食，兼食昆虫。

斑尾榛鸡为留鸟，属中国特产种，分布于甘肃、青海、四川的局部山区。

●红松

红松又名果松、海松，为中国重要的珍贵用材树种。红松是松科松属的常绿乔木，是中国东北小兴安岭、长白山林区天然林中主要的森林组成树种，也是目前东北各地分布较广的主要造林绿化树种之一。

●云南红豆杉

云南红豆杉也被称为紫杉、神木，属红豆杉科。云南红豆杉常绿乔木高可达20米，雌雄异株，常生于海拔2000~3500米的亚热带山地。云南红豆杉是我国四种红豆杉之一，主要分布在滇西的保山市、腾冲市，滇西北的中甸、丽江、维西一带。其材质优良，可用于建筑、家具、器具等，其提取物紫杉醇有抗癌作用。

周围一派田园风光，还可远眺壮丽的达美拥雪山。冬季可以领略到雪飘胜景，十分惬意。若是室外气温已经降至0℃以下，温泉附近便是云雾缭绕，仿若置身仙境一般。

每年3~9月，这里气候最是宜人，游客纷纷前来度假。据此，曲孜卡建造了曲孜卡温泉休闲中心，含室内室外的游泳池，还有一个600余平方米的露天温泉游泳池。夜幕降临时，可以欣赏到风情万种的民族歌舞。

盐井古镇 ㊐

滇茶运往西藏的必经古镇

昌都市芒康县盐井镇

盐井古镇历史上是吐蕃通往南诏的要道，也是滇茶运往西藏的必经之路。

古镇位于澜沧江畔的宽大台地上，坡度平缓，梯田层叠。小镇居民多为藏族，也有一两户纳西族居民。盐业自古便是盐井古镇的主要经济来源，井口和盐田全分布在江的两岸。这里的居民大多以人工制盐为生，于江畔搭有晒盐的盐田。盐棚高低层叠，红白相间，一条奔涌的澜沧江从中横亘，远远望去，甚为壮观。这也是茶马古道上唯一存在的人工原始晒盐风景线。

古镇还有西藏迄今唯一的一座天主教教堂。

玩家 解说

澜沧江两岸三叠纪红色沙砾层处露有盐泉，含盐量高达30克/升。当地盐民就地扩大泉口制盐。江边晒盐最好的时候是当地人所称的“桃花月”，即农历三月份百花盛开之时。这里产的头道盐最好，也最白；二道盐中有点土；三道盐则是喂牲口的。

古时的盐比金子还贵，盐井也就成了兵家争夺之地。著名的《格萨尔史诗》中的《姜岭之战》就曾描述过一场纳西国王与岭国之王格萨尔王因抢夺盐池而发生的战争。当地人都认为，盐井就是当时的古战场。而明代时期的盐井被强大的纳西古王国占领，现在当地的纳西人很多都是当年纳西士兵的后裔。

链接

盐井天主教堂

盐井天主教堂建于19世纪60年代，教堂全名为圣母敬教之佑堂。教堂的整体充分体现了天主教传入后随俗施教的风格，兼藏汉之长，也保留了一部分西洋特色。建筑从其形式到内容类似于藏传佛教的佛殿或经堂，用藏族唐卡画形式、哈达围饰等装饰神像；使用的圣经也是藏文版本。在如今的盐井，不少家庭内既有信仰天主教的成员，又有信仰藏传佛教的成员，家庭成员相互尊重各人的信仰。

达美拥雪山

神女峰

昌都市芒康县与云南德钦县的交界处

达美拥雪山海拔6434米，是康达赞尼山脉在藏东的主峰。山顶终年积雪，海拔4000至5000米之间的地带，阔叶林内树冠交错，遮天蔽日；海拔2000米以下分布着亚热带植被。

玩家 解说

达美拥雪山，也叫神女峰，源自一个古老的传说。传说这雪山本是藏区八大神山之一——太子雪山的第三个女儿。有一年，达美拥前往朝拜拉萨，见到这里的人们贫穷万分，生活孤苦，饱受瘟疫的折磨，万分悲痛的达美拥忍不住流下了泪水。那泪水化作108个温泉泉眼，泉水治好了人们的病痛。达美拥也停下了朝圣的脚步，选择留在这里，护佑一方土地上众生的平安和幸福。

达美拥神山后还有一个湖泊，叫措那旺姆湖。传说这个湖泊里有一条很大的黑蟒蛇，性喜吃人，曾经被一个高僧千里迢迢地从羊卓雍错追杀至此地。达美拥女神把黑蟒蛇藏在湖泊里，救了它的性命。从此黑蟒蛇改邪归正，不再伤人。

东坝景区

周围群山姿态各异

昌都市左贡县

东坝景区四周重峦叠嶂，形如莲花，周围的山川形成了姿态各异的动物形状。当地民居建筑规模庞大，选料考究，设计精妙，图案活灵活现。民居内部精雕细镂，一座座依山而建，布局似丽江，而风格更具有西藏文化特点。此外，东坝乡瓦多堆村（公路边上）更是奇山怪石林立，还有两处高100多米的险要关口。

东坝共有大的温泉5处，分布于各村落之间，其中巴雪村的沙拉温泉最具盛名。东坝还有许多温泉泉眼和一个中等大温泉淋浴池。沙拉温泉水温恒定，常年保持在50～60℃，该处还有数十处罕见的温泉瀑布，多处似庐山瀑布，当地人喜欢在瀑布下洗澡或淋浴。

帕巴拉神湖

环湖绿带如茵

昌都市左贡县扎玉镇

帕巴拉神湖景区由“神湖”及其周围的冬日神山，伦珠寺、布谷塘草原等风景组成。

神湖面积约53万余平方米，环湖绿带如茵，花海相拥，彩蝶飞舞，各色树木相间，巨石扎多吉屹立在深水区，湖面上野鸭成群，各种飞禽栖息戏水，怡然自乐，湖水清澈见底，游鱼伸手可捉，湖面色泽各异。

伦珠寺是一座古寺，相传是佛教后弘期康区仅有的几座寺庙之一。

邦达草原

邦达草原

茶马古道的必经天然草场

昌都市八宿县

邦达草原属高寒草原，地势平坦，草原肥沃。怒江东支流——玉曲的上游河段蜿蜒流过大草原，两岸是广阔的低湿滩地，生长着茂密低矮的大蒿草、苔草之类草甸植物。

这里是西藏境内优良的天然草场，畜牧业比较发达，成群的牛羊觅食，偶尔有藏原羚出没。同时，邦达草原也是许多重要药用植物的主要产区，诸如冬虫夏草、贝母、人参果、红景天等，其中最知名的是冬虫夏草，十分名贵。

玩家解说

邦达草原原是过去著名的茶马古道必经之

茶马古道

茶马古道是一个有着特定含义的历史概念。它是指唐宋以来至民国时期，汉藏两族之间进行茶马交换而进行的一条交通要道。

茶马古道源于中国古代西南边疆的茶马互市，兴于唐宋盛于明清，第二次世界大战中后期最为兴盛。藏区属高寒地区，酥油茶是有助消化的主要饮品，但藏区不产茶叶。而内地役使和军队征战需要大量的骡马，供不应求，藏区和川滇边地则产良马。因此，这种带有互补性的茶马交易应运而生，历史上称之为茶马互市。在横断山区的高山深谷间群群商队，川流不息。藏区和川、滇边地出产的骡马、毛皮、药材等和川滇及内地出产的茶叶、布匹、盐和日用器皿等就此有了交易的机会。

茶马古道形成主脉的两条分别是滇藏古道和川藏古道，以川藏道开通最早，运输量最大。川藏古道则从今天的四川雅安一带产茶区出发，进入康定，随后分成南北两条直线：北线从康定向北，经道孚、炉霍等地抵达昌都，再由昌都通往卫藏地区；南线则是从康定向南，经雅江、芒康、左贡等地至昌都，再由昌都通向卫藏地区。此外，茶马古道还包含了若干支线。

茶马古道是世界上通行难度最大的文明古道，古道所穿越的青藏高原东缘横断山脉地区，是世界上地形最复杂、独特的高山峡谷地区，崎岖险峻世所罕见，再加上茶马古道沿线高寒地冻，氧气稀薄，气候变幻莫测，更增加了通行难度。

地，如今也仍然是西藏东部的交通枢纽。世界上海拔最高的航空港——邦达机场就坐落在邦达北面草原上。

邦达草原很多地方没有人烟，藏民们说它大到连鸟都飞不出它的边际。马帮们称它为“五百里长草坝”。偌大的邦达草原，早先只有一个邦达村和一座喇嘛庙。现在多了一座兵站和运输站，还有军人家属和四川人开设的小食店。当然，草原上的牧民也不少，牦牛毛毡帐篷零星散布在水草丰茂的地方。

怒江七十二弯

川藏公路上最难走的路段之一

昌都市八宿县邦达镇西南业拉山

怒江七十二弯指的是自邦达到八宿的那一段的著名险路。当地人说，一个不小心，车子从高山掉落怒江，明天就轰隆隆从西藏滚到云南。

七十二弯只不过是一种象征的说法，意在说明这段公路上的拐弯多。在当地人的心目中，过了七十二弯就称得上是勇士。

公路拐弯多，转弯的地方长期被车碾压成了很多沟和大坑。过弯的时候不仅要控制车速和方向，还要避开前方的深坑。除了拐弯多，每年的雨季最为可怕，泥石流常将公路冲断，被堵几个月是常事，因而有“死亡之路”的恶名。

多拉神山

刻满佛像和六字真言的神山

昌都市八宿县林卡乡

多拉神山神秘之处在于满山遍野的石灰岩上刻满了佛像和六字真言。这些石刻规模之大、书法画功的艺术造诣之深，在青藏高原上非常罕见。这些印记因为年代久远，加之长年累月的风吹雨淋，出现了极其严重的风化现象，失去了人工雕凿的印痕，不少人相信这些佛像和六字真言是佛的造化。

神山山口有一座寺院，寺院后墙上悬挂着一只作为祀神祭品的黑山羊，更增加了这座小寺院的威严和宗教的神秘。寺院门前，有一处玛尼堆，玛尼堆的玛尼石上也刻满了经文。

怒江七十二弯

神山的转山分为外圈、中圈和内圈三圈，一般转外圈的人很少。转中圈一圈大约需要4小时，沿途可观赏各类石刻艺术。登上主峰，则可鸟瞰整个多拉山的美景。转内圈一圈只需要1个多小时的时间。这是多拉神山的核心部分，也是主要的风景点。途中可朝拜并欣赏以莲花生大师为主的各类佛像、佛塔、六字真言及藏文祈祷经。

宿嘎学岩画

早期岩画群

昌都市八宿县

宿噶学岩画整个是在一块巨大岩石上雕凿的。画中既有单个的图案，如人物、动物、日、月、塔、藏文字母，也有组合的图案，如张弓射箭、骑马的人、骑牛的人等。它既反映了人类早期狩猎的原始生活，也反映了人们对大自然的认识，同时，佛教的思想也反映在绘画上。此处岩画是昌都市迄今发现的唯一一处早期岩画群，为研究八宿一带早期的社会形态和生活提供了重要的研究资料。

然乌湖

藏东第一大湖

昌都市八宿县然乌镇

然乌湖面积约22平方千米，由两部分组成——然乌湖和安目错，两处之间为沼泽和季节性水道。周围高山危耸峻峭，众多海拔5000米以上的高峰皆有冰川发育。山下近湖坡地长满了青翠苍劲的松柏等针叶林丛。湖中还盛产无鳞鱼类，肉质细嫩。

然乌湖的静和蓝是远近闻名的，湖中极少看到枯枝杂物，湖周景色各不相同。然乌湖的色彩非常丰富，草地、森林、秋叶以及白色的水禽和湖岸浅滩五颜六色的卵石，和着碧蓝的湖水、白雪皑皑的雪峰，景色如诗如画。

玩家 解说

然乌湖地区是自然灾变多发地区，其中最典型的是然乌湖湖口垮山遗迹。该遗迹位于然乌湖下游出口处右侧，系1733年该处北侧山体发生大崩塌所存。巨大的垮山石坝堵塞帕隆藏布形成今天的然乌湖。至今可见湖口北侧花岗岩陡壁及壁下长约400米的崩积平台。巨大的崩积岩块堵塞湖口谷地，直径十多米的巨石兀立在湖口之上。

玩家 攻略

欣赏然乌湖美景的最佳季节在深秋，其时湖水清澈碧蓝，湖畔山岳色彩斑斓，十分迷人。

摄影：然乌湖早晨和傍晚的景色都十分美，要想拍摄全景可以在然察公路大桥或者镇外的山坡上。而要是想尽量靠近湖边拍摄，必须选择在10：30以前，因为湖岸近水处一般是软沙地和沼泽地，早晨太阳还没有将夜晚冻住的沙地和沼泽解冻，地面比较坚硬，在上面行走比较安全。

住宿：在然乌湖边有大名鼎鼎的平安饭店，是然乌镇最大的客栈，环境相对较好。也可以去然乌镇住宿，这里有较多的宾馆和旅社，洗澡也很方便。

链接

然乌湖的传说——牛顶出的湖泊

然乌为藏语，意思是“尸体堆积在一起”。相传湖水里住着一头水牛，湖岸上生活着一头黄牛，两头牛互不相让，时常互相顶着较量。两头牛因争斗死去之后，尸体化为湖岸两边的大山，然乌湖就夹在两山之间。

巧合的是，地理学家告诉我们，然乌湖就是喜马拉雅山、念青唐古拉山和横断山脉这3头“牛”顶撞角力的结果。

瓦村

沿帕隆藏布一路向西，离然乌镇10千米处有一村名“瓦村”。村里的房屋是典型的藏东南林区建筑，大量采用木材建造，连屋顶都是用木材铺就。晨昏时分，斜射的阳光下黑亮的木屋顶反射着光线，村落里弥漫着浓郁的藏家韵味，是拍摄的好地方。

然乌湖

然乌溶洞

然乌溶洞距然乌湖5千米，掩藏在南嘎左山山腰上的绿荫丛中。“南嘎左”藏语意为“天下神仙集中的地方”，据说，南嘎左山和山上溶洞在西藏的陆地形成之时便已存在于此。该山怪石嶙峋，经幡林立，玛尼堆随处可见，是当地有名的神山。然乌溶洞洞口有一尊弥勒佛，另有其他形色各异的钟乳石、怪石、异树，是西藏为数不多的神奇溶洞之一。

来古冰川

世界三大冰川之一

昌都市八宿县然乌镇境内　可从然乌镇租车前来；也可在昌都搭乘前往察隅的班车，在总巴村下车

来古冰川是一组海洋性冰川的统称，包括美西、亚隆、若骄、东嘎、雄加和牛马冰川。其中，亚隆冰川最为壮观。亚隆冰川长12千米，从岗日嘎布山海拔6606米的主峰延伸至海拔4000米的岗日嘎布湖。

来古冰川是帕隆藏布的源头，冰雪融水流进然乌湖，湖畔是茂密的原始森林，还有很多原始的藏族村落。比起现在人们常到的海螺沟冰川、明永冰川更为宏伟和原始。来古冰川是典型的中低纬度海洋性冰川，其壮观美丽及运动变化的多样性，可观性均优于新疆、西藏等地的其他的大陆性冰川。

紧靠来古冰川的是一个名叫来古村的小村落，掩映在连绵起伏的群山之中，似乎被大自然有意隐藏。在这个村落，就可以看到6条大冰川，这种自然景观在世界范围内都绝无仅有。围绕着来古村的六条冰川，在村子前形成了多个冰湖，因不同的冰川所在的地质

来古冰川

和土壤成分不同，每一个冰湖都会反射出不同的颜色，有一个冰湖上还漂浮着大大小小的冰山，看上去真有点到了南极的感觉。

玩家 攻略

可带上睡袋，住进一家藏民家里或村里唯一的小学的教室里，你可从所有的方向看到雪峰和冰川，住宿的费用基本上为零，只需送给村里可爱的孩子们一些糖果、铅笔。

仁错

雪山冰峰孕育的山湖

昌都市八宿县郭关乡境内

仁错海拔4430米，藏语意为山湖。仁错一面地势较开阔，其余部分均靠山。湖泊面积3.7平方千米，湖水来源于雪山冰峰，水源充足，湖水最深处达8米以上，一年四季清澈透明。湖中的鱼类资源极为丰富，另外在盛夏之际，各种各样的飞鸟在这幽静的地方筑巢栖息，风景宜人。

同卡寺

佛像众多的古老寺院

昌都市八宿县同卡镇

同卡寺建于1473年，寺内的主要建筑有措钦、达坚康、纳久康、门拉康等，扎仓共134个。主供朗达玛灭佛时保留下来的释尊玉面金铜像和泥塑强巴像。

大殿中还供有第七世、第十一世等达察活佛的3座肉身灵塔。寺内珍藏着大量的文物。明永乐年间（1403—1424年）和宣德年间（1426—1435年）铸造的双龙戏珠的钹以及万岁圣旨等都是极为珍贵的文物。

在离寺庙约500米处有一座被称为泽培仁波且的佛塔，呈四方形，高25米。从外形看塔为6层，实际内部只有3层，每层塑有大小各类佛像。该塔稳重挺拔，造型独特，是昌都境内最高的佛塔之一。

玩家 解说

同卡寺的藏名全称是“循努巴雪桑珠林”，据说最早的创始人是宗喀巴大师的徒弟喇嘛坚参僧格。15世纪时由达察活佛世系掌管，并进行扩建，为西藏政府四大摄政中功德林所属的一座寺庙。

自该寺第七世活佛罗桑巴登江村出任北京雍和宫堪布以来，藏族地区与内地的宗教文化交往更加频繁，为加强藏汉文化交流方面曾做出了突出的贡献。

更多本旅游区景点

芒康色登寺：位于芒康县宗西乡，又称色登桑珠曲林寺。寺内供有自生释迦佛像、自生金刚手菩萨像、自生十六阿罗汉像、自生八十四大成就者像等诸多圣物。

多拉日追：位于芒康县宗西乡境内，其实是一处石雕佛像群。传说这里原本是文成公主前往西藏途中的一个驿站。公主夜宿时梦见满天神佛的降临。第二天早上，文成公主就烧香祈祷，祝愿此地成为神域。百姓们说，自此这一带的石头都形成了各类天然的佛像。

尼果自然保护区：位于芒康县宗西乡境内，成立于1990年，是西藏自治区保护野生动植物最完好的地方。保护区内有丰富的珍稀野生动物资源，熊、獐、豹、鹿颇多。

扎谷西峡谷及文成公主庙石雕群：位于芒康县。是典型的喀斯特地貌。扎谷西峡谷两边山崖直入云霄，雄峰对峙，山高谷深。峡谷悬崖落差600米，悬崖底部是著名的文成公主庙。

夏查巴玛山：在左贡县乌雅乡沙瓦村5千米处，海拔3900米左右，气候温和湿润。山的半腰有两座天然石像，栩栩如生，至今有人虔诚朝拜。

攻略资讯

- 交通
- 住宿
- 美食
- 购物
- 娱乐

交通

飞机

昌都邦达机场海拔4300多米，是中国海拔最高机场之一，邦达机场有班机直飞成都和拉萨。从昌都市区可乘坐出租车到达机场，费用约300元，建议拼车。

汽车

昌都市以川藏（南、北）、青藏、滇藏为骨架的公路网已形成。昌都客运站有开往成都、拉萨、芒康、察隅、那曲、林芝、波密等地的长途客运班车。

除了长途班车外，昌都当地的旅游局也偶尔会开通至拉萨的旅游汽车。旅游汽车以游客为主，夜间不行车，全程5至6天。票价280元。

此外，还可以考虑搭顺风车，主要以货车为主。这些货车大多停靠在客运站，建议直接找在招待所住宿的司机，当面议价。

住宿

昌都市还算繁华，各县都有比较好的宾馆和酒店，此外还有价廉的旅馆、招待所等。若是想体验当地民俗的休闲之旅，也可选择住家庭旅馆。

●昌都教育宾馆

昌都教育宾馆环境舒适，干净卫生，服务热情周到，性价比较高，交通便利，设备齐全，是顾客比较青睐的住宿之地。卡若区境内 4822333

●八宿多拉神山温泉宾馆

八宿县档次最高的宾馆，环境幽雅，

昌都公路

怒江72道拐

集餐饮、茶楼、住宿、温泉洗浴、桑拿养生为一体，融合了高贵典雅、舒适大方以及豪华精致的元素，是体会西藏风情的理想下榻之地。📧 八宿县白马镇以东318国道旁 📞 18708058887

● 八宿宾馆

八宿宾馆临近喇嘛庙、多拉神山，是一家综合型宾馆，宾馆还供应当地特色菜品及特色川菜。📧 八宿白马上街36号 📞 4563333

● 芒康康盛宾馆

宾馆位于县城中心位置，是214国道、318国道前往拉萨的必经之路，出行十分方便。📧 芒康宁静路61号 📞 4542668

水屋

● 芒康重庆宾馆

芒康重庆宾馆交通方便，环境舒适，各种住宿设施齐全，是芒康县颇受顾客欢迎的住宿之所。📧 芒康进城三岔路口 📞 4543840

美食

昌都的饮食也是典型的藏族风格，当地藏民一日三餐的主要食品依然是糌粑、酥油茶、风干牛肉等藏式传统食品。各县城有不少藏式餐馆、酒吧、火锅店，除了传统藏式食品外，还有川菜、云南菜等各类菜系。蔬菜有时短缺，不如内地新鲜。当地人也有喝甜茶的习惯，甜茶馆里面经常满座，黑压压的全都是人，有些桌子甚至摆在了门口。

购物

昌都市动植物资源极为丰富，盛产冬虫夏草、雪山雪莲、红景天、藏红花、草红花等高原名贵中草药。昌都的瓜、果、梨、桃等高原水果品种繁多，亦是购物美食首选。此外，由于地理位置的特殊，昌都市的手工艺品工艺受到了藏、汉、蒙、纳西以及尼泊尔、印度等民族工艺的影响，形成了自身独特的艺术风格。

昌都特产

●昌都醉梨

昌都醉梨醇香，食之不觉酒味，食后不久宛然如醉。醉梨果实卵圆形，果皮黄色，上有麻点密布。果肉黄白色，肉质松脆，稍粗，汁多味甜。

醉梨主要产自昌都市的八宿县及左贡县。

●藏腰刀

昌都市的藏腰刀，属于康巴藏刀系，主要产自四川西部甘孜州和西藏东部昌都市。

藏腰刀分刀和鞘两部分。刀是用钢材锻制而成，晶光发亮，刀刃锋利。刀把用牛角、木料制成，把两端用铜皮或铁皮加箍，并镶嵌银饰。刀鞘分两种：一种是软刀鞘，用牛皮缝制，装小刀用；另一种是硬刀鞘，里面有两片薄木板，外面用铜皮或铁皮、牛皮包裹。鞘上一般有银饰，上刻有各种图案，有的并镶嵌各种宝石，精巧、美观。

昌都购物场所

位于扎曲河上游的嘎玛地方生产的手工艺品闻名康藏，这里出产的各种锋利锃亮的藏刀，是喜爱品刀、藏刀朋友的首选。

购买日常用品及特产，可前往昌都市区的友谊超市，以及公安处对面的实惠超市。另外，各县城也都有一些购物点，如类乌齐县渝中路的好邻居超市，江达县邮政局门面的正大超市等。

娱乐

昌都市的人们，个个能歌善舞。重大节庆时的昌都，就是歌舞的海洋。热巴和果卓是带有明显康区风格的民间舞蹈，大开大合，富有渲染力。

●热巴

热巴是藏东流传最广的古老民间歌舞艺术，它分为热巴铃鼓、热巴弦子、谐剧及杂技等。热巴舞以铃鼓为主，其间穿插弦子以及插科打诨等内容。表演前都要先谢神。热巴舞第一步是由男人手持红色牦牛尾，摇铃击鼓呈圆圈走动，边走边唱；第二步是女子用弓形鼓槌敲长形手鼓，并伴之快旋等技巧动作；最后是男角的技巧表演，女角则在一旁击鼓助兴。

著名的热巴艺人在藏东非常受欢迎，他们唱腔高亢激越，舞蹈技艺超群。著名的热巴艺人主要集中在西藏林芝市的罗布占堆，以及昌都丁青县境内。

●果卓

果卓有大中小之分。大果卓是在宗教祭祀活动时表演，场地多为寺院的大院或玛尼堆旁的大草坪，男女老少成群结队祭拜祈祷后畅饮而舞。大果卓舞步深沉豪放，场面壮观而热烈；中果卓是在传统节日上表演，舞步和大果卓相似，只是歌吟内容和气氛中多了欢快幸福和自豪感；小果卓是在亲朋好友的喜庆时候表演，带有即兴的特色。

不论场面大小，果卓均分为快板和慢板两部分，表演时男女人数对等，拉成圆圈，边唱边跳。初为慢拍，舞步低缓雄迈，快拍后舞步灵活多变，令人眼花缭乱。

●弦子

芒康的弦子是昌都歌舞一绝。弦子得名于舞蹈时常以弦乐器伴奏之故。弦乐器主要有“比旺琴”，它是由后角作琴筒，马尾做弓和琴弦的，俗称牛角二胡，除此之外还有胡琴。弦子舞流畅婉转，女角特善舞袖，男角注重上肢的舒展等动作。

●格萨尔舞

昌都丁青县还有一种非常特殊的格萨尔舞，完全依格萨尔王的故事改编，带有歌舞剧的特征，多于节庆时表演。

弦子

发现者旅行指南

那曲

概览

亮点

当惹雍错

藏北著名的神湖，本教的圣地。形如金刚杵，湖水明净清澈，美不胜收，和达果雪山一起被藏人奉为神山圣湖。

冲钦卡多草原

每年那曲赛马会的举行地。其时，方圆几百里的牧民齐聚于此，宽敞的草原上会有成千上万顶各式各样的帐篷，热闹非常。

赞丹寺

藏北最大的佛教古建筑群，依山而建，气势雄伟壮观，分红白两个建筑群，远看外形酷似布达拉宫。寺内珍藏着大量壁画和藏印经册。

色林错

西藏第二大咸水湖，也是大型深水湖，最大水深超过33米。湖泊形态不规则，西侧多半岛和峡湾。

忠义秘境

形似葫芦状，四周是高山峻岭、原始森林和冰川。这里基本与世隔绝，至今仍是世外桃源。

双湖

这里人迹罕至，藏野牦牛、藏野驴、藏羚羊等野生动物繁多。

线路

那曲一日游

早餐后来到冲钦卡多草原，一睹藏北粗犷奔放的骑士风采，还可参与各项民间歌舞活动。午后来到孝登寺。每年夏季在那曲附近搭帐篷进行佛事活动，形成季节性的帐篷寺庙。

那曲赛马节六日游

第一天参观布达拉宫、大昭寺，到八廓街闲逛。

第二天早上游览哲蚌寺，漫步罗布林卡，然后参观西藏博物馆。到达那曲。

第四天参加那曲赛马节活动。

第五天从那曲出发去纳木错游览，最后到达当雄。

第六天游览当雄，然后回到拉萨。

那曲草原风光

青海—那曲—拉萨七日游

第一天游览塔尔寺，登临日月山，宿青海湖。

第二天观赏青海湖、鸟道，宿茶卡。

第三天游览茶卡盐湖、戈壁，宿格尔木。

第四天仰望雪山长江第一桥，宿沱沱河。

第五天泡温泉，瞻仰唐古拉山、格拉丹东雪峰，宿那曲。

第六天从那曲出发去羊八井游览，后回到拉萨住宿。

第七天游览布达拉宫、大昭寺、八廓街，离开拉萨。

为何去

那曲藏语意为“黑河”，整个地区在唐古拉山脉、念青唐古拉山脉和冈底斯山脉怀抱之中，西边的达果雪山，东边的布吉雪山，形似两头猛狮，守护着这块宝地。

当惹雍错

那曲辽阔的羌塘草原和神秘的藏北无人区，都会给人留下深刻的印象，尤其是一望无际的无人区，栖息着许多国家一级保护动物，给这片神奇的土地增添了几分迷人的色彩。每年的盛会赛马节更使这里成为欢乐的海洋。

何时去

5月至9月相对温暖，是那曲的最佳旅游时节。此时草原气候温和，风平日丽，一片青绿，万物茂盛。此时的卓玛峡谷景色迷人，壮美异常，峡谷前宽阔的草原就像一幅巨大的绿色地毯。

赛马会

此外，8月初举办的那曲赛马会，是比藏历新年更热闹的民间节日，适时成百上千散落在草原上的帐篷汇集到藏北重镇那曲，构成一座奇异壮观的帐篷城。

区域解读

区号：0896

面积：约450 537km²

人口：约50.13万人

主要少数民族：

藏族

地理 GEOGRAPHY

区划

那曲市1个市辖区（色尼区），10个县（嘉黎、比如、聂荣、安多、申扎、索县、班戈、巴青、尼玛、双湖）。地区行署驻地色尼区。

地形

那曲市地处青藏高原腹地，整个地形呈西高东低倾斜，西高，中平，东低，平均海拔4500米以上。中西部地形辽阔平坦，多丘陵盆地；东部属河谷地带，多高山峡谷，是藏北仅有的农作物产区，并有少量的森林资源和灌木草场。

那曲境内水利资源极为丰富。长江、怒江都发源于此，那曲境内汇入这两条江的支流多达20多条，汇入内陆湖泊及雅鲁藏布江的大小支流多达30多条，其他季节性河流不计其数。另外，那曲内陆湖泊较多，其中有著名的高原四大名湖之一——纳木错，西藏三大雍湖之一——当惹雍错。

气候

那曲市所在的藏北高原是西藏气候条件最恶劣的地区之一，为典型的亚寒带气候区。那曲市平均海拔4500米以上，这里海拔较高，热量不足，气候严寒干旱，昼夜温差大，多大风天气，含氧量仅为海平面的一半，所以常被称作“生命的禁区”。每年11月至次年3月，是藏北的干旱刮风期，一旦下雪又很容易成为雪灾。这期间气候干燥，温度低下，缺氧风沙大，延续时间又长。5月至9月相对温暖，是草原的黄金季节，气候温和，风和日丽，降雨量占全年的80%，绿色植物生长期全年为100天左右，全部集中在这个季节。每年8月是藏北的旅游黄金季节，除了美丽的草原风光外，一年一度的赛马节在此举行。

藏北无人区

藏北无人区位于青藏高原腹地。北部昆仑山一带于二叠纪末隆起脱离特提斯海（古地中海），至晚白垩纪藏北地区全部成陆；在上新世后的数次新构造运动中又被整体抬升而成现今之藏北高原，平均海拔5000米左右，地形复杂，地貌奇特。独特的气候地理环境，使得这里并不适合人类生存，所以称作“藏北无人区”。

在内地已是春风送暖，鲜花盛开的季节，而在藏北大地空旷的原野上依旧是北风呼啸，一片萧瑟。无人区粗犷苍凉的大自然原貌，处处充满着荒漠的悲壮之美，但无人区同样是美丽独特的。在这个具有独特生

色林错

态系统的地理单元上，地势平缓开阔，大小湖泊星罗棋布，地热温泉常年云蒸雾罩。鲜花在地上绽放，雄鹰在空中翱翔，这里的湖泊、沼泽、河流和草原，养育并保护了青藏高原众多珍稀野生动物，使这里成为种类最集中、数量最多的地域之一。1993年，藏北无人区成立了“羌塘国家级自然保护区”。其保护的对象主要为藏羚羊、野牦牛、藏野驴、盘羊及草原生态，它们是这片荒原中生命的主体。

人类来到这里，与无人区野生动物“三大家族”最好的接触方式便是寻找藏羚羊、拍摄野牦牛，开着车子与藏野驴赛跑。青藏铁路横贯这里，乘客可以在车上领略美丽的草原风光。

藏北无人区的奇特地貌，对于研究青藏高原的形成、演化和发展以及开展科学探险旅游和生态旅游均具有重要价值。

历史 HISTORY

历史大事记

●原始社会

从20世纪50年代起，地质学家和考古学家陆续在藏北高原发现众多打制石器，其形状和制造工艺普遍带有游牧文化的特征，基本上属于旧石器时代中期或晚期的文化遗物，距今1万~5万年。

●隋唐时期

那曲明确见于史料最早的，是古老的象雄政权，在汉文史籍中称之为羊同。

松赞干布时期，今那曲市作为吐蕃向西域和河湟江岷地区扩张的基地，地理位置重要，史称“军粮马匹，半出其中”。

●宋元时期

宋朝以后，那曲和羊八井、帮仓、朗如被称作“北方四部落”。

1269年，元世祖忽必烈派出官员在白青海到萨斯加的主要驿道设置驿站，驿道穿越今那曲的巴青、索县、比如、色尼、当雄一带，并派蒙古军上屯驻藏北，以后形成霍尔三十九族的藏北蒙古人势力。

羌塘草原

●清朝时期

清雍正九年（1731年），清政府勘定青藏地界，古拉山脉南北两麓诸部落，分归驻藏大臣和青海办事大臣管辖，同年清查各部户口，并向驻藏大臣衙门支差。

清乾隆十六年（1751年），清政府对西藏地方行政体制进行改革，在那曲建立坎囊宗，归属于噶厦直接统治，坎囊宗由堪布（宗教头领）和囊索部落头人联合行使管治权，是一种政教合一的统治方式。

●当代时期

1950年10月，那曲东部获得解放。

2006年7月1日，青藏铁路青海格尔木段至西藏拉萨段正式通车运行。那曲市成为青藏铁路进藏的桥头堡。

链接

那曲名字的由来

"那曲"之名，因境内有条那曲河（怒江上游）得来。旧译"黑河"，明末清初和硕特蒙古称喀喇乌苏，清代作哈拉乌苏、喀拉乌苏，为"那曲"这一藏语地名的满语意译。今既为地区名，又为县名、镇名、区名、河名。

那曲赛马节

文化 CULTURE

八月那曲，激情赛马

在所有民间传承的藏族节日中，几乎都少不了赛马。赛马对于藏民族来说历史悠久，在藏族史诗《格萨尔王传》中，就有格萨尔赛马登位的传说。藏区有很多各种形式的赛马节，其中那曲赛马节规模最为盛大。每年8月举行，为期5～15天。

节日前几天，藏北各地牧民身着艳丽的节日盛装，带上青稞酒、酸奶子等各类食品，骑马从四面八方涌向赛场。比赛开始时，骑手们牵马进入赛场，绕场一周后，再牵到指定地点。到达起点，骑手们便上马整装待命，发令声一响，他们策马扬鞭，疾驰狂奔，冲向终点。

赛马会上最能吸引人的是骑马拾哈达。骁勇的骑手们在飞奔的骏马上俯身拾起一条条洁白的哈达，淋漓尽致地展现了他们高超绝伦的骑技，令人赞叹不已。除了骑马拾哈达，还有跑马射击等各种形式的赛马活动。群马大跑将赛马会推向了高潮，场景极为壮观。穿红着绿的牧童，跨着骏马，从10千米外的起点开始，向着初升的红日，争先恐后奔驰而来。人群中的呐喊声、助威声响彻云霄。另外，在赛马会上还要表演"羌姆"。"羌姆"原是宗教舞蹈，如今，这种宗教艺术从神秘的庙门走向了赛马会。入夜，赛马场上篝火片片，男男女女围成一个个圆圈，按顺时针方向不停地绕圈歌舞。载歌载舞，歌舞一体。男舞豪放潇洒，女舞婀娜多姿。

这一传统节日近年来得到了进一步发展，除赛马、射箭表演等传统项目外，增加了举重、拔河、说唱格萨尔等活动，同时还举行大型物资交流会。大批来自各地的客商云集草原，让过惯了逐水草而居、随牛羊而徙的牧民们可以尽情选购自己喜欢的商品。

景点推荐

色尼区景点

冲钦卡多草原

体验藏北牧民风情的上佳之选

色尼区那曲镇北郊

赛马节期间县城有中巴前往

冲钦卡多草原，是每年那曲赛马会的举行地，是体验藏北牧民风情的上佳之选。节日期间，草原上会搭起成千上万顶各样的帐篷。方圆几百里的牧民带上一家大小，蜂拥而至，热闹非常。赛马会期间同时举办物资交流大会。

孝登寺

藏北地区著名的格鲁派寺庙

色尼区那曲镇中心　¥20元

孝登寺属拉萨色拉寺管辖。清嘉庆十九年（1814年），孝登寺由活佛洛桑尊珠·丹白嘉措创建，曾属宁玛派。

该寺有扎仓两座，一座是米扎仓夏珠江赞贡贝林，简称“米尼扎仓”；另一座是局巴扎仓萨旺贡堆艾康里谢林，简称“局巴扎仓”。

玩家 解说

孝登寺共有传承七代活佛，其中第四世主康活佛洛桑尊珠·丹白嘉措于1844年建造了尼姑庙桑登林和安多的乃木寺；第五世主康活佛洛桑·丹增嘉措建造了安多的唐嘎寺、桑堆扎嘎寺和卓越古寺等。寺庙虽然规模不大，却在那曲市有着强大的影响力。

孝登寺在每年的藏历一月四日会举行传召法会，所有僧众可以享受拉萨传召法会的待遇。而每年的八月，孝登寺也会举行大型的宗教舞蹈羌姆。孝登寺的羌姆很有特色。藏历八月二日不穿羌姆服饰进行表演，被称为德布拉，即内部

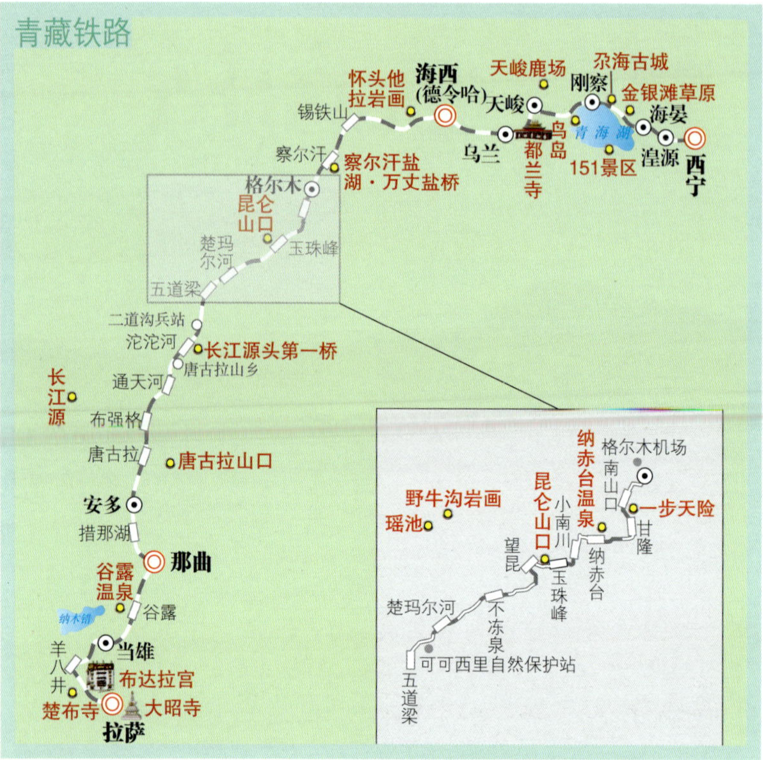

排练；八月八日穿羌姆服饰表演的被称为杰养羌姆；八月十三日穿最好的服装道具正式表演的被称为久松羌姆钦，届时附近群众到寺观看。羌姆表演结束后举行隆重的驱鬼仪式。

草原八塔

格萨尔王大将安葬之处

色尼区古路镇青藏公路旁

草原八塔矗立在苍茫的大草原，据说格萨尔王当年征战时，将手下一名大将夏巴就地安葬在此处，并修筑八塔用以表彰夏巴的功勋。

藏历每月的十五日、三十日，草原上的牧民都会来此转经朝拜，祝愿英雄在天之灵，也祈祷英雄在天之灵保佑自己好运。乘车路过此地的信教群众若是来不及下车朝拜，也会从车上抛下大量的印有战马在妖孽群中奔驰图案的纸片。据说这样也可祛灾避难，保佑平安。

桑丹康桑雪山

西藏二十五座最高的山峰之一

藏北色尼区古露乡境内的青藏公路旁

桑丹康桑雪山海拔6500多米，在藏北高原十分有名，被奉为神山，据说有名唤夜叉岗布桑布的山神在此驻守，为仙境二十一居士之一。此神先后受金刚手菩萨、莲花生大师、跋绒噶举的祖师达玛旺久等大德高僧之托，为法力无边的佛法保护神。

雪山脚处的跋绒谷，有噶举派的跋绒寺。

玩家攻略

桑丹康桑雪山的攀登路线明显，坡度较缓，对高原适应性和体力有一定的要求。雪山东南山脊处的雪坡相对较陡，是此峰攀登的难点之一。

大雪之后不宜立即上山，应待观察雪面相对坚实后再行攀登。

玩家 解说

桑丹康桑雪山的山峰随季节变换呈现不同的色彩：夏日呈乳色，冬季呈银色，春天、秋天白而亮。传说中，桑丹康桑峰周围的众多峰峦及湖泊都是夜叉岗布桑布的侍从。排列次序为：仲措秋莫湖为岗瓦桑布神的妻，我玛措嘎尔湖为妾，派波山和波姆山为他的王子和公主。此外还有近臣吉日杂那山，侍卫拉贵东孜山，宫外大臣莫妥西嘎山，右翼大将筹莫山，左翼大将亚那山，天路先锋切龙达赞山，东部大将桑色山，南部大将拉那山，西部大将色特山，北部大将宗热山，马夫兄弟果龙三座山，牧牛神玛布孜松山，牧羊神亚迦赞怪山，大门守神东俄丘，里门守神黑狗岩。这些传说是引自烟祭经。桑丹康桑峰前有一条大沟，叫跋绒谷，上谷宽敞如盛开的莲花，下部狭小似羊肠。

链 接

跋绒寺

跋绒寺是噶举四大派之一跋绒噶举的主寺。12世纪中叶，塔波拉杰之徒跋绒巴·达玛旺久建立了跋绒寺，自此成为跋绒噶举的创始人。

寺庙左前方的岩洞唤作琼学扎孜，据说是塔波拉杰指点给达玛旺久的修行洞。谷中还有许多天然的岩洞，都曾为跋绒寺僧人的修行静室。该寺在近代被准噶尔部夷平，附近的修行洞仍有僧众前来苦修。每年都有香客自四面八方来朝拜。

桑丹康桑雪山

跋绒寺北面的沟叫拉龙，顶部与桑丹康桑山梁相连。人们在山脚下的小山丘上垒就了一台烟祭的祭坛，叫拉龙拉卡尔，人们时常在此灶中煨桑祭神。

卓玛峡谷景区

佛教徒朝拜胜地

色尼区古路镇，距109国道11千米处

卓玛峡谷景区海拔4700米，整个景区呈南北走向，全长约15千米，一侧是雪山巍峨、银装素裹，宛若仙女披上了洁白的哈达；一侧是灌木葱郁、百卉溢香、生机勃勃。雪水融化汇集成一条山间溪流，清澈见底。

景区内有两座藏传佛教寺庙：巴仁寺和卓玛寺，此外还有扎地俄神山和山上的八处修行洞。噶举教派的僧尼们来此建寺修炼，希望以藏秘之功得道成仙，引来无数佛教徒前来朝拜。

每年也有来自四面八方的香客们，朝拜谷顶的永错湖和拉木错湖。永错湖海拔5800米，传说是纳木错的母亲；拉木错湖则传说是藏传佛教传世人米拉热巴的本命湖。

景点推荐

那曲东部景点

汀给索瓦昂亚山

草原牧人眼中重要的地祇山神

那曲市聂荣县境内

汀给索瓦昂亚山山神被草原牧人视为重要的地祇山神。山脚下有神湖叫逆若错根，是山湖相映的朝圣地。据传，此地是羌门加莫女神之居所，有她的坐骑神牛的蹄印，故而湖名“日逆若”，意为“蹄湖”。据《琼波世系传》记载：索瓦昂亚山和逆若湖仙共生有18子，即迦钦久杰（十八金刚），其中的忸古杰就在他们身边。

麦莫溶洞

充满神秘色彩的石灰岩溶洞

巴青县梅木匠山半山腰

麦莫溶洞人称仙女密室，因其洞内的各种石柱、石笋等奇形怪状的自然景观而闻名于世。洞壁以石灰质岩石为主要部分，其内的自然景观是由于长期的淋溶而形成。其洞的奇特景观因附近丰富的民俗、宗教，更加充满神奇色彩。

玩家 解说

麦莫溶洞主要由3个山洞，两个较小不太深的岩石洞组成。传说为格萨尔王用过的弓，后储藏于此洞中。

主洞为梅木洞，洞口宽、高各约10米。洞口下面有直径约2米的巨型冰块，洞顶有滴水下落，冬季冰块膨胀，有时堵塞整个洞口。洞内右侧，有一深约5米的大坑，洞内有一小洞，洞口可见石笋、石柱。右侧有个约高半米多的小洞，进入里面豁然开朗，逐渐变大，人完全可以直立行走，四面有各类佛像，有时呈现出500多种圣幻象征，这就是著名的神山圣地。

门莫扎嘎山脉

那曲中部地区最长的山脉

那曲市巴青县境内

门莫扎嘎山脉，是那曲中部地区群山中最长的一座山脉。其主峰是一座黑、白色岩石组成的不毛山。从远处看犹如一幢圆顶殿宇上插着的白海螺，如果从不同的角度看，似银质的曼扎上堆着白米，又像用哈达装扮的白色牦牛，极为壮观雄伟。山的北部有一个狭长的峡谷，叫做麦莫森嘎，意为魔蝎之咽喉。

四面流淌的河流及绝壁垂落的瀑布滋润着这块草原，使这里水草丰盛，牛羊肥壮。在这座岩山上有许多千奇百怪的岩石，有的像人，有的像弓箭等。众多的溶洞与著名的高僧大德使这儿充满了神秘之感。

王子炯

人间的“太虚幻界”

那曲市巴青县和索县交界处

王子炯，意思是人间的太虚幻界。那里群山相连、山峥林立。山体白雪皑皑，峰顶云雾缭绕。该地区海拔相对较低，每年都有大量的冰雪融化，高原的夏季大风也把周围的绿土搬到冰川上，并将其与冰水凝固在一起，形成美丽的绿冰。

王子炯一带的山腰处都是绿色的冰川，俨如玉石林。冰林丛中有潺潺溪水流到谷中汇成大河。山下的林木葱翠，绿草茸茸，野花香气扑鼻，鹁鸪歌声悠扬，一派瑶池胜景。

那曲草原

那曲草原雪山

赞丹寺

藏北最大的佛教古建筑群

索县境内的雅拉多山顶

赞丹寺建于康熙七年（1668年），是拉萨哲蚌寺的属寺。整个赞丹寺依山而建，气势雄伟壮观，分红白两个建筑群，远看外形酷似布达拉宫。该寺即是藏北地区最早的格鲁派寺庙，也是藏北最大的佛教古建筑群，寺内珍藏大量壁画和藏印经册。赞丹寺还是除布达拉宫的郎杰扎仓外，第一个直接由地方政府所统管的寺庙。

玩家解说

赞丹寺，全称索秀甘丹培金林。据说当时修建赞丹寺时，准备完全依照布达拉宫样式建造。但建造图纸部分丢失，故而并未完全按照布达拉宫的样式建造。赞丹寺所处的雅拉多山以西的雅拉乡，相传是格萨尔王爱妃森姜珠姆的出生地。

亚拉山

主峰形如五指

索县县城西面亚拉镇北部

亚拉山坐落于南曲河和索曲河中间的狭长地带，山脉由西向东南走向，绵延不绝。主峰亚色沃是片石山体，顶峰是白色的岩体。亚色沃插入云天，犹如五指伸向空中，人称五佛。山麓东边南索曲汇入那曲河的库如昌，是传说中的麦莫溶洞的出口之一。附近有两座犹如人形的独立岩柱，据说是格萨尔王与王妃珠姆所化。

玩家解说

古时的亚拉山被用于划分青、藏、康三区，是重要的分界，《格萨尔王传》都有记载。据传山神觉沃西嘎、觉姆匿惹夫妇和他们的爱子扎孜多布旦就居住在亚拉山中。他们都是藏区的护法神，也是被众多持仙道者降服后命做护法的天界居士。

麦地卡黑颈鹤

赞丹寺

寺内珍藏大量的佛像、壁画、藏经印册等，具有很高的文物价值和艺术价值。

邦纳寺 文

藏传佛教噶举派寺庙

索县色昌乡巴秀村以西

邦纳寺又名巴旦邦纳寺，是由加丹德东寺寺主世冲·嘎玛丹觉创建的一座噶举派寺庙。寺庙主要由经堂、佛殿、门廊、转经室组成，为藏族传统的碉房式建筑，其装饰上有汉式建筑风格，寺庙的壁画保持了明朝时代的风格。邦纳寺基本上由3个正方和长方形构成，平面基本上呈"凸"字形，转经轮室为后来添建的。

羊秀自然风景区

有"藏北江南"之誉

那曲市比如县境内

羊秀自然风景区气候宜人，环境优美，可说是"藏北江南"。春夏季从白嘎出发，进入大青沟，呈现在眼前的将是漫山遍野的山花和葱郁的苍松翠柏；翻上海拔5260米的大青拉山，放眼远眺，云海中的山峰时隐时现，景色异常壮观。山下的巴曲河像一条洁白的绸带向远方延伸而去，绿色的草地上是成群的牛羊。

麦地卡湿地公园

高原湖泊沼泽草甸湿地

那曲市嘉黎县措拉乡

麦地卡，藏语意为"像马蹄印的地方"。麦地卡湿地公园总面积43 000多公顷，平均海拔4900米，属于高原湖泊沼泽草甸湿地。

麦地卡湿地是黑颈鹤、赤麻鸭等珍稀鸟

类的迁徙停歇地和繁殖地。这里也是高原鱼类洄游、产卵育幼场所，还分布有藏原羚、岩羊、盘羊、棕熊等珍稀野生动物。

麦地卡湿地植物物种以禾本科种数最多，主要为藏北嵩草，伴生植物有藏北苔草、喜马拉雅嵩草、蓝白龙胆、高原毛茛等，均为西藏北部典型的湿地植物。

阿扎湖

气候无常的极美湖泊

那曲市嘉黎县境内

阿扎湖面积上百亩，三面靠山，一面通河。河水之绿，山色之美，简直难以描绘。阿扎湖一年四季忽晴忽雨，变幻莫测。雨雪来时，云雾铺天盖地；忽而天晴，又无影无踪。

链接

阿扎湖的传说

传说在很久以前，一位嘉黎县的牧民，用牦牛驮着盐到工布江达县与老百姓换粮食，路过阿扎湖时，他的两头牦牛掉进湖里。当牧民赶着牦牛到错高湖时，发现水面上漂着两头牦牛，仔细一看，原来是自己的牦牛。他将牦牛皮剥下挂在岛上，告诉人们，错高湖和阿扎湖湖底是相通的。年复一年，牛皮早已腐烂，但神奇的故事却流传至今。后来，有人还在湖边造了座“神牛庙”以作纪念。

十一世班禅故居

十一世班禅额尔德尼·确吉杰布故居

那曲市嘉黎县嘉黎镇阿琼朵村，距县城85千米

十一世班禅大师故居，是集宗教与藏式建筑为一体的景点。

班禅故居分两部分组成，第一部分为庭院，第二部分为房屋。第二部分其主体由5间平房构成，从左往右：第一间为班禅卧室，现陈放着班禅用过的床上用品；第二间为班禅父母卧室；第三间为厨房；第四间为客厅，供奉着大量班禅亲手用过的物品；第五间为杂货房，房屋内的摆设与班禅离家时完全一致，保存完好。整个建筑错落有致，层次分明，极具藏北建筑风情。班禅大师故居现是佛教徒的朝拜之地。

玩家解说

1990年2月13日，班禅额尔德尼·确吉杰布出身于一普通藏族家庭，原名坚赞诺布，意为“神圣的胜利幢”。十一世班禅出生时，人们曾看见其舌上呈现藏文字母最后一个“啊”字，寻访者观湖时亦出现异象及征兆。

忠义秘境

世外桃源般的香巴拉风光

嘉黎县忠义乡

忠义乡占地2600多平方千米，九层以上的地方有原始森林覆盖，风景优美，保持着原始的生态环境，被称为真正的香巴拉，在当地人口中也被称为尼屋。

忠义形似葫芦状，四周高山峻岭，飞猿难越。北面是葫芦嘴，有一个狭窄的山岭。岭口有一条深长峡谷延伸至嘉黎城门口。岭口经常会遇到夏季塌方、冬季结冰、山洪冲

草原风光

击，使得这里始终与世隔绝，至今仍是世外桃源。

玩家解说

忠义乡一带在当地人口中也被称为尼屋。尼屋在藏语中是猎人的意思。据说500年前，有多个贫苦农民因为交不起关税，拖家带口逃到了一处四面环山的地势险要区避难。他们利用当地优越的自然条件，开辟田地，捕捉野生动物及采集野果为生。随着时间的逐步推移，在这一地区逐渐演化成为猎人部落，故而人们也将这片区域称为尼屋。

尼屋分为上下尼屋两个部分。上尼屋位于耸立的雪山脚下，下尼屋位于藏东峡谷盆地。

上尼屋主要景点有夏玉岗嘎雪山、卡巴久松雪山、依嘎冰川、依嘎瀑布和那曲最高的雪峰——海拔6842米的巴拢冰川。上尼屋一带没有寺庙，仅仅有一些靠水流为动力的小转经塔。它们往往数个连续建在一条弯曲流淌的小溪上。转经塔里面的经文、经筒旋转着，只要水流不断，转经塔就会永远转下去。

下尼屋主要景点有卡仁藏布、尼屋堆藏布、尼屋大峡谷、本多等。

依嘎冰川

依嘎冰川的最低处海拔4100米左右，沿着小路可以走到相距冰川仅100米的地方，将整个冰川尽收眼底。夏季时在冰川上能够看到很明显的山体断面，这是年复一年的冰川融化所形成的。

依嘎瀑布

依嘎瀑布位于峡谷内最后一个村子依嘎的附近。瀑布的落差大约有50米上下，落水声会让人听不到近在咫尺的声音。依嘎瀑布的流量很大，飞泻直下流入尼屋藏布。

尼屋藏布

尼屋藏布源自多座雪山冰川，在上尼屋峡谷里蜿蜒流过75千米左右后汇入易贡藏布。尼屋藏布滋润着峡谷里的万物，给这里的藏族人们带来了生气。在茫茫无边的森林里，尼屋藏布是指路的灯塔，沿着它指引的方向人们就不会迷失。尽管尼屋藏布给这里的人们带来了交通不便，可是没有它就不会有这个峡谷，没有它就不会有这个世外桃源。

尼屋藏布大峡谷

尼屋藏布大峡谷

嘉黎县城向东10千米左右，便进入尼屋藏布大峡谷地带（俗称易贡藏布大峡谷）。从高高的恰加山下一路延伸至忠义乡，有190余千米。大峡谷沿途的石壁上下无法攀缘，却有许多佛像，成因无从考据。当地人相信这些佛像是自然形成，毫无人工痕迹。4 5月，峡谷内的各种野花竞相开放，各种珍禽异兽在两岸茂密的原始森林中自在生活。

尼屋岗惹雪山

密林中的奇特雪山

嘉黎县萨旺乡

尼屋岗惹雪山坐落于萨旺乡的沟顶，传说是天神十二居士之一。这座雪山在炎热的气候中不仅不化，反而每年的积雪越来越厚，山势越来越高，是一座密林中的奇特雪山。其南北各有一条瀑布，南面的叫朵日曲恰，北面的叫益嘎尔曲恰，瀑布南北相对，从山顶落入河滩，高有千丈，瀑声震天，雾气蒸腾，极为壮观。

嘉黎茶马古道

世界上最高、最险峻的道路

那曲市嘉黎县境内

嘉黎县是茶马古道南线重要的物资集散地和交通要冲，而嘉黎茶马古道也许是世界上最高、最险峻、最神奇的道路。古道由横断山脉东侧四川和云南的茶叶产地出发，穿越横断山脉以及金沙江、澜沧江、怒江、雅砻江向西延伸，跨越云南高原和青藏高原，最后通向喜马拉雅山脉南部的印度等地。

玩家解说

穿越嘉黎县的茶马古道共有两个分支，9个驿站，分别从昌都边坝县入境至拉萨，从比如县、索县入境至拉萨。其一是从查曲卡，经拉日果、阿扎、果列，进入工布江达县；其二是从章若松多，经孜改松多、江尔洪、恰瓦色荣、孜热松多，进入墨竹工卡县。

如今，嘉黎境内尚存很多有关茶马古道的历史、人文、地理景观，古道依旧起着贸易往来、交通运输的作用。

嘉黎三湖

充满神奇故事的三湖

那曲市嘉黎县境内

嘉黎三湖指的是现嘉黎县城北面的泽那神湖（又叫金刚菩神湖）、西面的松石大神湖（秘文菩神湖）和东面的泽嘎尔神湖（观世音神湖）。三湖都有湖马、湖羊、湖牛的传说。其中泽嘎尔神湖最多，而且还有湖中出现神战的传说。

链接

嘉黎三湖传说

关于嘉黎三湖的形成，有两个流传最广的传说。一是相传太湖有一神鱼，不愿受水域的限制，欲向佛祖倾诉不公。一日便口含清水，腾空而出，一路西行，当行至现嘉黎县时，发现其间闪耀祥光，以为已到仙境，不由放声大笑，忘了自己终究是鱼类，需以水生存，将口中的清水从两口角洒出，遂成泽那神湖、松石大神湖，而身上的水沿尾鳍滴下，遂成泽嘎尔神湖，鱼身为山。

另一说为，泽嘎尔神湖中有一神鱼，时常跃出水面，眺望常到嘉黎县西部牧场放牧的少女，一日终于忍不住欲前往倾诉自己的情怀，就在接近那少女时，少女化成巨剑挡在其面前，此鱼为此后悔不已，怨自己修行不够，眼角流出两滴泪来，便形成了现在的泽那神湖、松石大神湖。此鱼也就化成了如今县城后长满了松神树的那座山坡。

那曲雪山草原

景点推荐

藏北草原景点

格拉丹东雪山

唐古拉山脉最高峰

那曲市安多县玛飞吉日乡

格拉丹东雪山海拔6621米，是唐古拉山脉的最高峰。其冰川覆盖面积790多平方千米，有冰川130条。格拉丹冬冰峰附近海拔6000米以上蕴藏着冰山水晶石，被称为“江源瑰宝”。

格拉丹东雪山周围的野生动物种类繁多，有野牛、野驴、藏羚羊、雪鸡等珍禽异兽和水晶石；四周更有优良的天然草场，是探险旅游、登山的理想之地。

玩家 解说

格拉丹东雪山南北长50千米，东西宽30千米，除主峰格拉丹冬峰外，海拔6000米以上的山峰还有40余座。南北坡侧各有一条弧形冰川，尾部有5千米长的冰塔林，称为岗加巧巴，是长江正源沱沱河的发源地，故而格拉丹东雪山也被称为江河源。

夏秋季节，山上银装素裹，山下野花烂漫。附近的祖尔肯海中盛产着肥美的高原无鳞裸鱼；崔英山则终年积雪，成为大群雪鸡的聚居所在。尔迪如雪山北麓和玛尔曲河两岸出产品位极高的磁性矿、铝锌矿和水晶矿。

错那湖

世界海拔最高的淡水湖

安多县城西南20千米处

错那湖海拔4800米，面积约300平方千米。湖中鱼类资源丰富。错那湖是著名的怒江源头湖，唐古拉山山脉南部河溪均汇入错那湖流入怒江。湖区保持着相当原始的生态环境，西岸靠着山崖，水下有溶洞，不远处有几处

地热温泉，湖水局部水温常年在10℃以上。

玩家 解说

相传错那湖是西王母金刚鲁姆女神的沐浴之地，安多牧民会在藏历正月初一早起接受她的降福。每年藏历龙年，有成千上万的信徒来此朝拜，成群结队地转错那湖，有的当天返回，有的路途较远，需要几天或十几天返回。

湖区主要景观有石棺古墓群、卓革神山、乃莫寺、唐康寺等。

石棺古墓群

离错那湖不远处的草甸是吐蕃古丝绸之路，古路旁的山坡被发掘出罕见的数十座古墓石棺。石棺墓呈台行垒砌，大的石棺墓约占地100平方米，小的也有10平方米。整个墓群排列有序，大墓居中，依次渐小呈现放射状。墓室内尸骨及陪伴物有的残存，有的风化或散失。石棺墓群的历史至少要推移到6世纪的古象雄时期。

卓革神山

卓革神山主峰海拔5678米，犹如展翅欲飞的雄鹰，俯瞰着藏北高原，保护着安多的牧民和牛羊。

乃莫寺

乃莫寺建于道光二十年（1840年）。分为勒本、洞可两个扎仓，共有4位活佛。

唐康寺

唐康寺建于光绪六年（1880年）。全寺宗教活动场所面积2万多平方米，经堂面积500多平方米，距错那湖约28千米。

色林错
西藏著名的咸水湖

那曲市班戈县西北部

色林错曾名奇林湖，湖面海拔4500多米，是青藏高原形成过程中产生的一座构造湖，亦为大型深水湖。色林错流域面积广大，是西藏最大的内陆湖水系。

湖泊形态不规则，西侧多半岛和峡湾。湖盆面积广阔，湖滨水草丰美，属传统的牧区，主要放养牦牛、绵羊，是藏北重要的牧业基地之一。裸鲤是湖中唯一的一种鱼类。每到夏季，湖中小岛上就栖息着各种各样的候鸟。

玩家 解说

色林错的流域内有众多的河流和湖泊互相连接，组成一个封闭的内陆湖泊群。主要湖泊除色林错外，还有格仁错、吴如错、错鄂、仁错贡玛、恰规错、孜桂错等23个小湖。主要入湖河流有扎加藏布、扎根藏布、波曲藏布等。据科学家考证，色林错面积曾达到1万平方千米，后因气候变化，湖泊退缩，从中分离出格仁错、错鄂、雅个冬错、班戈错、吴如错、恰规错、孜桂错、越恰错。

色林错在高原高寒草原生态系统中是珍稀濒危生物物种最多的地区，是世界上最大的黑颈鹤自然保护区，另有国家一级保护动物黑颈鹤、雪豹、藏羚、盘羊、藏野驴、藏雪鸡等。

链接

色林错传说

色林错，在藏语意为威光映复的魔鬼湖。据说色林本是住在拉萨西面堆龙德庆的大魔鬼，它每天要吞噬千万生灵，不分人类还是牲畜。大家都屈服于它的淫威下，束手无策。有一天雷雨过后，降妖除魔的莲花生大师找到了色林。色林不敌莲花生，于是拔腿而逃。紧追下，色林逃到岗尼羌塘南面的一个浩瀚大湖中，大师命令色林不许残害水族，好生在湖中虔诚忏悔，终生不得离开此湖。这湖就被改名为色林错。

孜日贡巴寺
寺内藏品较多

那曲市班戈县境内，县政府驻地东北

孜日贡巴寺，当地称为牛额头白点寺，亦称孜日棍巴、孜日寺。寺内藏有佛像和各类佛经。孜日贡巴寺为牧区的一个小寺庙，当地牧民多到此朝拜，祈求平安赐福。

扎君寺
地处牧场的寺院

那曲市班戈县境内，县政府驻地东南

扎君寺意为普通僧人寺，汉文曾译扎军棍巴。寺庙的主体建筑由经堂、佛殿、僧舍等组成，主供释迦牟尼等塑像。寺内各类佛像尚保存完好。寺庙附近有天然牧场，水草丰沛。

申扎黑颈鹤自然保护区
国家级黑颈鹤自然保护区

那曲市申扎县境内

申扎黑颈鹤自然保护区面积2.4万平方千米，其中有黑颈鹤的主要繁殖地的沼泽水域面积约1400平方千米，5平方千米以上的湖泊有20多个。在湖泊和沼泽内生长有高原鱼类、蛙类、藻类等水生生物，适合于黑颈鹤的生长繁殖。

黑颈鹤自然保护区内有丰富的珍稀野生动植物资源，国家一级、二级保护动物有20多种，主要有藏羚羊、藏野驴、野牦牛。保护区内还有世界上海拔最高的鸟岛——错鄂鸟岛，以及红景天、雪莲花、贝母、党参、一枝蒿等名贵草药。

玩家解说

申扎位于西藏腹地，境内湖泊众多，有九湖环县之说。区内的格仁错水域面积470多平方千米，年降水量300毫米。但受到冈底斯山冰川与积雪融化的补给，湖水矿化度低，适于水生生物

黑颈鹤

与水禽的生长和繁衍。尤其是低洼湖区内广泛分布沼泽、草甸、滩地，加上永珠藏布等河流，使这里发育着良好的内陆湿地和水域生态系统，完好地保存了许多濒临灭绝的珍稀野生生物资源。

申扎黑颈鹤自然保护区是国内现有的7个黑颈鹤保护区中海拔最高、面积最大的一个。藏族人称黑颈鹤为“宗宗”，意为天鹅，它是世界上已知15种鹤类中唯一生存于高原的鹤。因生存条件特殊，繁殖及成活率低，黑颈鹤被《国际鸟类红皮书》及《濒危物种国际贸易公约》列为亟须拯救的濒临灭绝物种。

错鄂湖

错鄂湖位于色林错南面，被称为是色林错的卫星湖，湖水面积约240平方千米。湖内水生植物在各鸟岛周围生长茂盛，鱼类资源丰富。

岛上每年5月至10月栖息有众多的斑头雁、棕头鸥、鸬鹚等鸟类。景点主要有雪山、错鄂湖、错鄂鸟岛、溶洞。

错鄂鸟岛

错鄂鸟岛是候鸟的第二根据地。每年的春夏季，都可以看到数以万计的地中海棕头鸥，不远万里从地中海飞过来，场面极为壮观。这里的棕头鸥其实跟在班公湖的品种一样，都是修长的红腿，尖尖的红嘴，除翅膀和尾巴白中带灰外，浑身洁白的羽毛，性情温和，不太惧怕人。

马跃藏羚羊栖息地
藏羚羊的栖息地

那曲市申扎县境内

马跃藏羚羊栖息地，是融自然保护区与自然景观为一体的山岳型风景区。栖息地内的藏羚羊数量在1万只以上。主要分布在马跃乡、卡乡、塔尔玛乡、巴扎乡。藏羚羊一般在1月交配，5月开始分娩，分娩地点一般选择在大山之间，主要在马跃乡的马跃山、卡乡的下那山和塔尔玛乡的中部康山。

链接

藏羚羊

藏羚羊为我国特有珍稀野生动物，栖息在海拔4000～5300米的高原地带。通体淡褐色，其体长135厘米，肩高80厘米左右，雌性无角，雄性角长而直，乌黑发亮，侧面远望，二角重叠似一角，故有“一角羚”之称。藏羚羊平时雌雄分群活动，一般2～6只或10余只结成小群，或数百只以上的大群，晨昏活动。食物以禾本科和莎草科植物为主。

每年六七月份大量的羚羊到马跃藏羚羊栖息地产仔，繁殖后代。景区内还广泛分布着国家重要保护动物，如野驴、黑颈鹤、盘羊等。

江爱藏布

流经优良的天然牧场

那曲市申扎县境内，位于县驻地西北

江爱藏布亦称李夫力司河，主干流长170千米，河谷贯穿几个盆地成为串珠状谷地，下游发育滨湖三角洲。流域内水草丰美，为优良的天然牧场。江爱藏布的下游改称甲柔藏布，属内流河，注入依布茶卡，是依布茶卡的最大支流。

达果雪山

藏区四大雪山之一

那曲市尼玛县达果乡

达果雪山山势巍峨雄伟，是古象雄部落的神山之一。四面有7座山峰如勇士守护主峰，人称七兄弟；另外周围还有8座雪山，叫做噶聂日巴切杰，以上15座山峰统称为“达果七峰八岭”，也是象雄地区360座山峰的主脉，传说为古象雄诸神的聚集处。

达果雪山与山脚处的当惹雍错一起被藏人奉为神山圣湖，每年到这里转山转湖的人络绎不绝。

当惹雍错

本教崇拜的最大的圣湖

那曲市尼玛县文部乡

当惹雍错又称当热错、唐古拉攸穆错，

当惹雍错

是西藏原始本教崇拜的最大的圣湖。此处人迹罕至，湖水明净清澈，美不胜收。当惹雍错湖面形似一金刚杵，上圆中细下部长，三面群山环抱，唯南岸达果雪山东侧有一缺口。

湖边有一座建于悬崖山洞的寺庙，叫玉本寺，据说为本教最古老的寺庙。寺内供奉狼面女神，香火依旧旺盛。湖边还有四口泉池，朝圣的香客必在泉中沐浴。

湖滨有一近百户人家的小村落——文部乡。村里人多数半农半牧，在湖滨开辟了一些田地，种植青稞、土豆、油菜和小白菜等。据说在文布的一座寺庙里还保存着一部分由象雄文写就的本教经典，是用鹰嘴蘸血写成。

玩家 攻略

当惹雍错的最佳旅游季节为7至9月。

当惹雍错的转湖者很多，多从湖东岸中部的文布乡出发，现在湖边已有一条被转湖者走出的环湖小道。

当惹雍错的风干羊肉非常好吃，值得一尝。

玩家 解说

当惹雍错面积1400平方千米，湖面海拔4600多米。西岸和东岸为山地，发育有现代冰川；东南岸和北岸湖积平原广布，湖相阶地发育，阶地面平缓，宽几十米到几百米，最宽达几千米。历史上当惹雍错曾与当穷错、许如错相连，长达190

千米。后由于气候变干，湖水退缩，三湖分离。

据传当惹雍错当初是个魔鬼湖，后来本教的缔造者敦巴辛绕制服了湖中的魔鬼。自此当惹雍错和达果雪山被人们奉为本教的神山圣湖，其地位与佛教所认为的世界中心的冈仁波齐和玛旁雍错身价相等。

象雄王国遗址

千年之前的象雄都城所在地

那曲市尼玛县文部乡穷宗村

象雄王国遗址位于穷宗山的山腰，距今1600多年。遗址似一扼险而踞的大石堡山寨，沿路的山壁便是王宫的天然防御工事，有些地域用鹅卵石来层夯高。顶部较为平坦，并有大量的战壕、暗道的遗迹。山壁东西两端矗立着巨大的土石结构的城墙残体，有几米高，可见当时城防之固。暗道已基本倒塌，但仍能辨出暗道一通王宫，一通山壁外墙。当敌军围攻城池之时，可从暗道潜出追杀敌军后路。

由于临近大湖，遗址附近草场小气候特征明显，降水量多，牧草丰美，盛产优质的克什米尔小山羊。

链接

象雄王国

象雄王国是吐蕃之前在西藏高原雄霸一方的部落国家。其兴起年份尚不可知，只能推断至少先于吐蕃六部结盟前两个世纪。象雄王国势力范围几乎囊括了整个青藏高原，又跨青海、四川的部分地区。严格来说象雄还不是国家，只是一个较大、较强的部落联盟。其后，苏毗、吐蕃先后兴起于藏北与山南，逐步削弱了象雄的势力。三大部落彼此互有战事，成三足鼎立之势。象雄的最后一代国王是8世纪的李弥夏。赤松德赞串通了李弥夏的王后，在祭湖的时候将其暗杀，彻底征服了象雄。从那时起，象雄王国的文化就突然消失了。

象雄在当地语言中意为大鹏之地。古老的象雄产生过极高的文明，不仅形成了自己独特的象雄文化，而且还是西藏本教的发源地，对后来的吐蕃以至整个西藏文化都产生了深刻的影响。然而其神秘的消亡留下了许多千古之谜，许多人煞费苦心仍找不到有关象雄文化遗址的蛛丝马迹。

当穷错

当穷错

有“小当惹雍错”之称

那曲市尼玛县文部乡，离当惹雍错5千米

当穷错，藏语中的意思是小的当惹雍错。据说此湖在一天之中能变换3种颜色。湖的东岸是连绵不断、屏风般矗立的褚红色山壁，它们清晰地记录了当穷错湖水一次次下降的历史。被湖水冲刷而成的阶梯从湖畔山顶一圈又一圈地一直环绕到湖滨。

绒玛岩画

会变的岩画

那曲市尼玛县绒玛乡

绒玛是尼玛县最北的一个乡。这一带的山上有许多远古时代留存下来的岩画，尤以加林山的岩画最为著名。那里的石头会随着季节及时间的变化而呈现出不同的图画。

加林山岩画点位于绒玛乡以北的山坡上，山岩岩体风化，呈铁锈色，其中一些大石头上有岩画。内容多是牛、羊、马、野牛等，多是单只，也有两三只成群的，一块石头上往往画着两三种动物。其画风简朴雅拙，色彩明快鲜艳，意义深邃悠远。

玩家 解说

关于岩画的成因，众说纷纭：有人认为岩画的形成纯属天然，是由于年代的久远和时间的变化，在自然界的作用下，呈现于不同岩石上的不同图画；另一种说法，认为这是象雄时代的作品。

绒玛温泉

热气腾腾的温泉仙境

那曲市尼玛县绒玛乡

绒玛乡以南约10千米处，是清水河的中游。河水极清冽，严冬不冻，还飘浮着一层水汽。错落有致的大小泉水分布在这一带的河床上。

顶端的泉眼中时而会有泉水喷出，喷出的泉水在石体上凝结成各种形状的冰凌，在阳光下晶莹剔透。中间有一明显的圆形泉池，面积有20多平方米，其水温有50℃左右，泉水翻溢，散发的热气弥漫在空气中，使人仿佛处于仙境之中。特别是当众多的泉眼一起向上喷发出数米高的水柱时，大量的热气弥漫在空中，其景象更是壮观。

其香错

“蓝色的玉带”

那曲市双湖县巴岭乡境内

其香错海拔约4500米，是一个咸水湖。湖的北边，地势在缓缓上升之后变形成了海拔5200多米的圆山。山脉偶被悬崖切开，形成了许多山谷，顺势逐渐变低向东延伸至湖盆的东端，其间有棕熊出没。其香错绵延数十千米，宛如一条蓝色的玉带，镶嵌在天地之中。湖水光彩夺目，伴随着湖面颜色变幻莫测。

双湖县风光

风光独到的地区

那曲市双湖县

双湖县面积60万平方千米，得名于境内的康木如湖和惹角湖，是一个地域辽阔、居住极度分散的县。

双湖风光

尼玛县的咸水湖

昂孜错：海拔4535米，湖面面积8.4万多公顷，是一个大型咸水湖和毗邻的微咸水沼泽。水源来自周围山峰的径流和邻近地区更小湖泊的出水。

布若错：地处羌塘高原大湖盆地带。湖面海拔5100多米，面积约35平方千米。这里湖泊、雪山、蓝天融为一体，能使人领略到藏北高原天地苍穹的真正意境。

依布茶卡：曾名腰布茶卡、巴尔替古错，意为猞猁穴盐湖。茶卡在藏语中就是盐湖的意思。依布茶卡是西藏北羌塘高原北部近东北轴向的构造内陆盐湖。

玛尔果茶卡：亦称萨尔罗嘎错，意为“红废墟盐湖”。玛尔果茶卡海拔4830米，面积约80平方千米，雨季时湖水深仅5厘米左右，干季时大部分时间几近干涸，为时令湖。

玛尔盖茶卡：藏北羌塘高原北部内陆盐湖。湖面海拔4700多米，面积76平方千米，平坦的湖底全为坚硬的白色石盐结晶体所盖，湖边也有数米宽的白色盐晶淀积物，盐矿藏量极为丰富。

马尔下错：亦称马而下错，意为红脸湖。马尔下错位于尼玛县驻地以西，海拔4694米，面积68平方千米，属咸水湖。

羌塘自然保护区

羌塘国家级自然保护区地跨那曲市和阿里地区，那曲市的羌塘自然保护区位于藏北广大区域，主要在班戈县和申扎县境内，总面积达24万多平方千米，是世界第二大自然保护区，仅次于格陵兰国家公园。

羌塘自然保护区的主要保护对象为保存完整的、独特的高寒生态系统以及多种大型有蹄类动物，山地、丘陵与湖泊构成波伏起伏的地面。保护区内湖泊星罗棋布，境内河流以内流和季节性河流为主。

保护区内水草丰美，区内植被类型相对简单。它是野生动植物的天堂，同时也是一个具有丰厚沉积层的文化沃土，牧民们在这里创造了色彩斑斓的游牧文化。

羌塘自然保护区是全球具有独特生态系统的地理单元，其生物多样性具有无可比拟的特色。植被类型以高山荒漠草原为主，山地植被的垂直分布带也简单，通常以紫花针茅为主，以及固沙草、三角草等组成的高寒草原带，在海拔较高的地区则被青藏苔草为主的高寒草甸草原所代替，并在局部阴湿的山坡有零星的高山草甸斑块，在季节性干河床的砾石滩上有部分垫状驼绒藜植被。

保护区内植物种类并不丰富，而且生长期很短。一些种类如红景天，需要在短短几十天内就完成发芽、生长、开花、结果的生命过程，然后转人休眠期。

保护区内特别珍贵的野生动植物有藏羚羊、野牦牛、藏野驴和红景天等。

双湖地势平缓，草原开阔，多为干寒和半荒漠草场。境内主要有昆仑山、唐古拉山等山脉。双湖草原上大小湖泊星罗棋布，包括色林错、其香错等，其中大多数是盐湖，具有很高的开发价值。境内还拥有极其丰富的地热资源，散布着许多温泉。

双湖境内著名的阿尔金山、可可西里野生动物自然保护区，历来是野生动物的天堂，如藏羚羊、藏野驴、黄羊等都在这里栖息繁衍。

藏北最大的内流河扎加藏布沿河两岸，是双湖草原植被较好的区域，也是藏北高原为数不多的湿地。河内生长着羌塘草原特有的高原无鳞鱼，量大味美，蛋白质含量高，有极高的营养价值。

链接

普诺岗日冰川

普诺岗日冰川位于双湖县东北部，属国家级羌塘自然保护区的核心区，它是除了南极、北极以外的世界第三极，也是纬度地区最大的冰川。

普诺岗日冰原面积420多平方千米，冰原表面平坦，呈西北东南方向条形分布。冰原向四周山谷放射溢出50多条长短不等的冰舌，最低处海拔5350米。

冰原周围有许多湖泊，靠冰川融水补给，最大的是冰原西侧的令戈错（也叫东湖）。湖泊和冰原之间，分布着大面积的沙漠，这种沙漠是同纬度地区已发现的首例冰川前沿风沙地貌。每年11月至来年4月前后，可观赏高原湖泊令戈错冬冰墙、冰洞等奇景。

普诺岗日冰川也是国家科考重点景区。2000年9月，中科院组织国内外科学家一行50多人，深入普诺岗日冰川进行了综合考察。之后，普诺岗日冰川才向游客有限度地开放。

普诺岗日冰川

攻略资讯

- 交通
- 住宿
- 美食
- 购物
- 娱乐

交通

火车

那曲火车站是青藏铁路的中转站和补给站，是世界上海拔最高的火车站，位于那曲西面约2千米的门地乡俄玛迪格村，紧临青藏公路。目前有从北京、成都、重庆、兰州、西宁等地出发的火车在那曲火车站经停。可从市区乘出租车前往车站。

汽车

那曲市1区5县开通有班车，到尼玛、申扎、双湖特别区比较困难。前往拉萨及青海的班车很多。那曲至拉萨有各种车辆如桑塔纳、中巴车，车费60~100元不等，每天早晨至下午随时都发车。

住宿

那曲住宿以旅馆和招待所居多，也有部分宾馆，招待所的普通价格在每个床位40元左右，卫生条件一般。当地藏民还建有一种特别的藏式毡房可供住宿，住在毡房也是一种体验藏北风情的方式。

链接

世界上最大的“黑帐”——巴拿扎西林杰

藏北牧区的帐篷主要分黑帐（牛毛帐篷）、白帐（羊毛帐篷）、花帐（厚布帐篷）和布帐篷等类别，其中黑帐篷与人们的生产和生活关系最为密切，并在一定程度上反映出游牧文化的历史内涵。

帐篷由日雅的粗氆氇缝制而成，粗氆氇每幅宽

公路风光

青藏铁路风光

约30厘米，长短由帐篷的大小而定。一般缝制一顶帐篷需“日雅”20~30幅，帐篷越大，需要的“日雅”数量越多。历史上，三十九族的霍尔王府邸也设在一顶巨大的帐篷中，称赤堆冬雄（意为“聚万容千”），后来帐名成为“宗”的名称，即今天的巴青县。由于牛毛帐篷呈黑色，故称黑帐。

巴拿扎西林杰是根据藏北传统的纯手工制作而成的，历时近8个月的时间，用了4300千克牛毛和370条“白尾巴”。帐内立柱、横梁133根，外撑杆260根，先后投入人工120人。总占地面积3600平方米，内部有效使用面积666平方米。因此，巴拿扎西林杰创下牛毛帐篷的历史之最。

黑帐

名称	位置	电话
那曲饭店	那曲市色尼区浙江中路23号	3822424
仲青塘拉大酒店	那曲市色尼区超丹中路1号	3828888
达园宾馆	那曲市色尼区辽宁中路	3828555
佛都大酒店	那曲市色尼区文化路东段	3828922
卓格尔宾馆	那曲市安多县卓格尔	3662330
人和宾馆	那曲市安多县	3662456
尼玛宾馆	那曲市尼玛县建设中路	3712988

藏族民居

美食

那曲的食物以川菜和西北口味为主，主要集中在那曲饭店周围和穿城而过的青藏公路两边，价格比其他地方要贵些。虫草炖雪鸡、蘑菇炖羊肉和人参果拌酥油大米饭被誉为藏北三珍，热爱尝试各地美食的游客不妨试试。

冷面

那曲美食

●吧啦饼

吧啦饼又称吧啦藏饼，为西藏风味的酥油糕点。历史上吧拉藏饼在满蒙地区流传。以后传入北京地区，现已成为京式糕点的传统风味糕点。

●白肠

大米煮熟，与羊血、羊油、羊（牛）肉丝加调料拌匀，装入洗净的绵羊（牛）肠内，扎紧两端，煮熟。食时切成短节或切片，煎后而食。

●红花羊排

先把少量藏红花放入冷水中浸泡。羊排骨切成块状，在化好的酥油中烧好，放入盐、生姜、水，快要烧熟的时候加上事先浸泡好的藏红花和水搅豆粉，再烧至出沸泡即可端上菜碟。

购物

那曲的特产主要有克什米尔山羊绒、虫草、雪莲花、贝母和麝香。西藏产虫草最好的县有索县、巴青县、丁青县等县，前3个县都属那曲市管辖。

那曲特产

●虫草

那曲虫草虫体表面色泽黄净，不论虫体大小，色泽均一致，看上去均显得粗肥匀称。虫体和尾皆透亮油润，有股浓酥油的香味。虫草适用于治疗肺气虚和肺肾两虚、肺结核等所致的咯血或痰中带血、咳嗽、气短、盗汗等，对肾虚阳痿、腰膝酸疼等也有良好的疗效，也是老年体弱者的滋补佳品。

●克什米尔山羊绒

克什米尔山羊绒是那曲市特产。山羊绒是从山羊身上梳取下来的绒毛，其中以绒山羊所产的绒毛质量为最好，山羊绒有白、青、紫三种颜色，其中以白绒最为珍

虫草

赛马盛况

贵。山羊绒是一种高级的毛纺织原料，也是一种传统的出口商品，其制品具有手感滑软丰厚、绒毛密集细腻、光泽自然柔和等优点。

那曲购物场所

浙江中路：浙江中路上的羌塘市场、那曲市场、人民商场以及高原路上的那曲农畜产品市场是那曲比较热闹的购物场所，大部分的藏区特产以及旅游纪念用品都可以在这两条街上的商场或者店铺买到。

娱乐

和藏区的其他地方一样，那曲人民的娱乐活动也都是和藏族的特色活动结合起来的。那曲市最值得称道的就是每年公历8月1日举行的达穷，比藏历新年还要热闹上许多倍。那曲的赛马节也是最能体现西藏原始野性的节日。

赛马节：对于牧民来说，赛马节是一年中最重要的日子，一些远道而来的牧民往往带着帐篷举家来那曲参加狂欢。赛马节的主打节目就是赛马、骑马射箭和骑马捡哈达。当然还有一些其他表演如拔河、摔跤、举石头等力量型的比赛。年轻的小伙子都在摩拳擦掌，漂亮的女孩们会穿上自己最美的衣服，盛装出席，为自己的心上人加油助威。

娱乐活动：那曲市的娱乐活动主要是"锅庄"（圆圆舞）和打藏牌。入夜，赛马场上篝火片片，男男女女围成一个个圆圈，载歌载舞。男舞豪放潇洒，铿锵有力，女舞轻柔含蓄，婀娜多姿。此外，还有东部的热巴舞和说唱长篇民族史诗《格萨尔》。

发现者 旅行指南

日喀则

概览

亮点

珠峰自然保护区

保护区内分布有5座8000米以上的高峰，包括世界第一高峰——珠穆朗玛峰（8844.43米）。可到珠峰大本营近距离眺望珠峰，看绒布冰川。

扎什伦布寺

日喀则市最大的寺庙，历代班禅驻锡之地。寺内历代班禅灵塔非常珍贵。

江孜宗山抗英遗址

1904年藏胞英勇抗英遗址，耸立在江孜古城中央的悬崖峭壁上。

帕拉庄园

西藏保存最完好的奴隶主庄园，位居十二大庄园之列，是旧西藏贵族和农奴两种不同生活的真实写照，也是旧西藏的缩影。

樟木口岸

中尼边境小镇，是西藏唯一的国家一类陆路通商口岸。

萨迦寺

萨迦派的发源地，寺内结构精巧，仿汉区古代城池修筑。寺内壁画自成体系，值得一看。

线路

日喀则经典二日游

第一天早餐后来到夏鲁寺，随后前往扎什伦布寺。午后来到喜格孜步行街逛街、吃饭，夜宿附近宾馆。

第二天前往德庆格桑颇章，新宫建筑风格融传统与现代一体，既古朴典雅，又雄奇伟丽。

日喀则经典三日游

第一天到江孜，参观白居寺和宗山抗英遗址。

第二天到日喀则市，参观扎什伦布寺和班禅新宫。

第三天去定日，拜谒珠穆朗玛峰，参观绒布寺。

日喀则全景八日游

第一天到拉萨。

第二天到拉萨市区参观，游览布达拉宫、哲蚌寺、八廓街等。

扎什伦布寺

第三天去岗巴拉山、羊卓雍湖、卡若拉冰川，领略年楚河风光，最后到江孜。

第四天拜谒白居寺、十万佛塔，游览宗山古堡抗英遗址、宗山小布达拉。

第五天观看江孜达玛节藏戏、歌舞、赛牦牛等。

第六天参观扎什伦布寺，到达日喀则。

第七天开始日喀则周边游，最后去贡嘎机场。

第八天从贡嘎机场出西藏。

为何去

江孜宗山古堡

日喀则是昔日的后藏首府，也是历代班禅的驻锡之地。美丽旖旎的自然风光，独具特色的后藏生活，使得日喀则被誉为“最如意美好的庄园”。

日喀则堪称西藏之旅的精华集锦。这里有世界上最美丽湖水的羊卓雍错，历代班禅驻锡地扎什伦布寺，还有世界之巅珠穆朗玛峰、古城江孜、边城樟木。自然风光多样，景致缤纷多彩，吸引了无数旅行者的脚步。

何时去

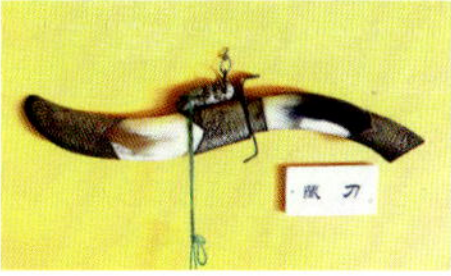

萨迦寺法会

日喀则一年四季都适合旅游，但如果以观赏珠峰为目的，则每年的4～6月为最佳。

4～6月适合去珠穆朗玛峰探险游。因为每年10月到次年的4月，由于天气严寒，不适合在雪峰一带旅游；另外7～8月为雨季，烟雨蒙蒙中也较难看见珠穆朗玛峰的身影。此外，每年的4～6月也是攀登洛子峰、章子峰等雪峰的最佳时节。

区域解读

区号：0892
面积：18万km²
人口：约84.53万人
主要少数民族：藏族

地理 GEOGRAPHY

区划

日喀则市下辖1个区（桑珠孜区）、17个县（江孜、白朗、拉孜、萨迦、岗巴、定结、定日、聂拉木、康马、亚东、仁布、南木林、谢通门、吉隆、昂仁、萨嘎、仲巴）。

地形

日喀则市处于喜马拉雅山脉中段与冈底斯—念青唐古拉山中段之间，南、北地势较高，其间为藏南高原和雅鲁藏布江流域，地形复杂多样，基本上由高山、宽谷和湖盆组成，平均海拔在4000米以上。

横亘全境南部的喜马拉雅山脉是世界上最年轻、最高大的山系，平均海拔6000米以上。日喀则境内8000米以上的山峰有5座，它们分别是珠穆朗玛峰（8844.43米）、洛子峰（8516米）、马卡鲁峰（8463米）、卓奥友峰（8201米）、希夏邦玛峰（8012米）。其中位于中尼边境上的珠穆朗玛峰是世界第一高峰，此地现建有珠穆朗玛峰国家级自然保护区。

日喀则市河流密布，大小河流100余条。主要河流有雅鲁藏布江和年楚河。除少数内流河外，大多属印度洋水系。

藏南谷地上段的雅鲁藏布江和年楚河流域的河谷平原是日喀则市最大的平原，主要由拉孜—仁布宽谷和江孜—日喀则平原组成。另有喜马拉雅山脉北侧、藏南高原上的朋曲河谷平原以及其他一些零星的河谷平原。这些谷地地势平缓，土层较深，水源较充足，适宜青稞等高寒农作物生长，是日喀则主要的农业区。

气候

日喀则市境内大致有3种区域气候。喜马拉雅山以北、冈底斯—念青唐古拉山以南的地区，属高原温带半干旱季风气候；冈底斯山—念青唐古拉山以北的少部分地区属高原亚寒带季风半干旱、干旱气候；喜马拉雅山主脊线以南地区属高原温带季风半湿润气候。

空气稀薄，气压低，空气含氧量小；太阳辐射强，日照时间长；气温偏低，年温差小，日温差大，这些都是日喀则市气候的显著特点。另外，日喀则市干湿季分明。5～9月为雨季，多夜雨，多雷暴，多冰雹，气候温和，空气湿润，降水量约占全年降水的90%以上。每年10月至次年4月为干季，干旱多风，低温少雨雪。一般来说，5~7月是去日喀则旅游的最佳时节。

日喀则市区全景

历史 HISTORY

历史大事记

●隋唐时期

7世纪初，雅砻部落的松赞干布在西藏高原实现了统一，正式建立了吐蕃王朝。吐蕃王朝按照地理自然分布状况，把所辖中部地域划分为“卫、藏”两大部分，依日喀则东西的“藏”区为“耶如”（今年楚河一带）和“如拉”（今雅鲁藏布上游沿岸），东以岗巴拉山为界，西至冈底斯山（现阿里地区一部分）。

8世纪，吐蕃王朝的藏王赤松德赞请印度高僧莲花生进藏建桑耶寺，路经日喀则地方，在此修行讲经，并预言雪域高原的中心在拉萨，其次在年麦（日喀则）。

●元明时期

13世纪，西藏纳入中国版图，元朝将西藏分为13个万户，日喀则有曲美、夏鲁、古美、拉堆强、拉堆洛、香巴6个万户。

14世纪初，大司徒绛曲坚赞战胜萨迦王朝，建立了帕竹王朝，并得到元、明皇室的庇护，设了13个大宗溪（相当于现在的县），最后1个宗便叫作桑主孜（今日喀则），取名为溪卡桑主孜。在宗山建造了宗政府。从此，日喀则的全名称溪卡桑主孜，简称为溪卡孜，汉语译音为日喀则。日喀则始有建置。

明正统十二年（1447年），一世达赖喇嘛根敦珠巴（格鲁派祖师宗喀巴的徒弟）主持兴建扎什伦布寺。扎什伦布寺的建设对日喀则市的发展奠定了基础，城市随即以扎什伦布寺为中心逐渐扩展开来。

明万历四十六年（1618年），藏巴汗噶玛彭措朗杰以后藏为据点，推翻了支持格鲁派的帕木竹巴政权，建立了第悉藏巴汗地方政权，首府设在桑主孜（今日喀则）。

明崇祯十五年（1642年），固始汗统治了全西藏，把后藏10个溪卡（庄园），全部献给扎什伦布寺，以作僧众的供养。从此扎什伦布寺成为历代班禅的驻锡地，日喀则市也就成为后藏的政治、经济和文化中心。

日喀则夜景

●清朝时期

鸦片战争后，清政府无暇西顾，清光绪三十年（1904年）英军入侵西藏，西藏各地民军和僧兵集结今日喀则市江孜县，与英军展开激烈争夺战。历经3个月，终告失败。

20世纪初，西藏噶厦政府把日喀则提升为“基宗”（相当于现在的地区），下设16个宗和30多个独立溪卡。

●当代时期

1959年，包括今日喀则市在内的西藏全区开始实行民主改革，当年10月日喀则专区成立，辖11个县。

2014年6月26日，日喀则地区改为地级日喀则市。日喀则市人民政府驻新设立的桑珠孜区山东北路4号。

壮烈的江孜抗英保卫战

江孜县位于西藏自治区南部、日喀则市东部、年楚河上游，全称“杰卡尔孜”，意为“胜利宝顶、法王府顶”，海拔4040米。江孜镇现为江孜县政府所在地，这是一座有着六七百年历史的文化名城，为西藏自治区国家三大历史文化名城之一。耸立在江孜古城中央的宗山抗英遗址，是西藏境内保存完好的古城堡。1904年，江孜军民在这里谱写了反抗英国侵略，保卫祖国领土和主权的英雄篇章。

江孜宗山古堡

早在18世纪，热衷全球扩张的英国在征服了东南亚孟加拉国之后，便把目光投向了北面不远的喜马拉雅山周边国家和地区，当然，西藏也包括在内。1903年7月，英帝国主义派出以荣赫鹏为正帅、怀特为副帅的一支千人大军，由麦克唐纳少将指挥，开始对西藏地区进行大规模的武装侵略，一场以江孜人民为主的西藏人民反抗英帝国主义武装侵略的战争爆发了。

麦克唐纳率领的侵略军先后越过则利拉山口，占领仁进冈、春丕、帕里、堆拉。面对英军即将发起的大规模武装攻势，西藏地方政府在主战派的强烈要求下，不顾清廷“不许轻易出兵”的指示，从各地征调军队2000余人，在堆拉以北的曲美新古一带先遭遇了首战。由于被暗算，曲美新古战役中藏军共有1400多人牺牲。缺乏作战经验的藏军随后在杂昌失守，几天后，英军侵入江孜。由于驻守江孜的军队大部分调往南面各隘口防守，因而与英军相比，兵力悬殊。在此情况下，江孜守军主动后撤。1904年4月13日，英军占领江孜。

江孜失陷后，西藏各地民兵又重新动员起来，征集军队达1.6万余人，聚集在江孜、日喀则及由江孜到拉萨的大道上。江孜军民先后夜袭江洛林卡荣赫鹏营地，打死了英军加斯丁大尉。江孜军民打退敌人疯狂进攻后，全民出动和藏军一起，夜以继日地修筑工事，地道从白居寺可直达宗山和强扎洞，从街巷的屋舍到宗山的南面都连接起来。白居寺的制高点上设有炮台一座，台枪一杆，并建立了值班哨制度，寺内喇嘛全体出战，使英军在两个月内陷入被动，没有进行大的军事行动。藏军通过帕拉伏击战将英军赶出了江孜。

同年7月5日，英军卷土重来，开始向江孜城区发起总攻。抗英军民以宗山为堡垒，用土枪、刀剑、弓箭，甚至牧羊用的抛石器“厄尔多”，与装备了当时最先进武器的侵略者展开了殊死搏斗，在弹尽粮绝的情况下，抗英战士仍顽强杀敌，坚持了三天三夜，最后全部跳崖殉国，谱写了一曲英勇悲壮的爱国主义赞歌。电影《红河谷》真实地再现了这样一段历史。

江孜抗英保卫战是20世纪初中国人民反抗外国侵略的重要组成部分。这场战争虽然已过去了百余年，但这场惊天地、泣鬼神的战役不应被时间所遗忘，藏族人民英勇反抗西方侵略者、捍卫国家主权的壮举应该为国人所铭记。

藏戏开山鼻祖——唐东杰布

唐东杰布(1385—1464)，明代著名建筑师，藏戏的开山鼻祖。藏民历来把他看作是创造藏戏的戏神和修建桥梁的铁木工匠的“祖师”，是藏族人民心目中智慧、力量的化身。

唐东杰布幼时家境贫穷，以牧羊为生。成年后当过兵，做过生意，后削发为僧，僧名尊珠桑布。由于他勤奋好学，博学多思，后来成为一名颇有造诣的学者，被人们誉为唐东杰布(意为“千里平原上的国王”)。唐东杰布亲身感受到西藏地域辽阔、山高水险，交通不便。于是他不畏辛劳，跋山涉水，向民众讲明搭桥的意图，赢得了许多的人信赖和政府官员的支持，最终于1430年在雅鲁藏布江上首次建成曲水铁索桥。

唐东杰布在募集资金过程中，又完成了佛教跳神舞蹈向藏剧的过渡。他将佛教经典中的传记同民间传说、神话故事等内容融在一起，创作出一种具有人物性格和舞蹈、唱腔相结合的表演艺术，使过去那种单一的跳神舞逐渐地戏剧化，表现手段也不断加强，并从宗教仪式中分离出来，形成了藏剧艺术的雏形。因此，藏族人民把唐东杰布尊为藏戏的开山鼻祖。

藏戏

文化 CULTURE

“西藏粮仓”日喀则

“我的家乡在日喀则，那里有条美丽的河，阿妈拉说牛羊满山坡，那是因为‘菩萨’保佑的。蓝蓝的天上白云朵朵，美丽河水泛清波。雄鹰在这里展翅飞过，留下那段动人的歌……”想必很多人都是通过韩红这首深情柔美的《家乡》才知道了西藏有个叫做日喀则的地方。

就如同歌里唱的一样，5月的后藏，牛羊满山、河水泛青、白云朵朵、雄鹰飞翔，日喀则牧区一片欣欣向荣。6月初，藏北阿里、那曲的小草刚刚吐绿，乍暖还寒，西藏西南部的日喀则河谷地带已是满目苍翠、生机盎然，成片的青稞、小麦开始拔节、抽穗，绿油油的油菜花含苞待放。

日喀则，藏语意思是“水土肥美的庄园”。从名字中，就可以看得出这里历来种植业比较发达。日喀则位于喜马拉雅山南麓，高山阻挡了印度洋的暖湿气流，在这里形成丰沛降水，加上河谷众多，土地肥沃，日照充足，日喀则的青稞、小麦、豆类单产连年居西藏第一，粮食总产超过西藏全区的1/4，商品粮更是占到全西藏的一半以上。

近年来，由于种植业内部结构调整，粮食播种面积虽然有所减少，但粮食生产能力仍然保持在较高水平。2010年，仅桑珠孜区粮食总产量就达到35.21万吨。不仅如此，桑珠孜区的畜牧业总产量也排在西藏第二，2010年，全地区牧业产值11.26亿元。

如今，为了进一步有序推进农牧业产业结构调整，不断发展壮大特色农牧业，作为农牧业大区的日喀则提出发展壮大优质粮油、优质马铃薯、无公害蔬菜、林下资源、江孜大蒜、藏系绵羊繁育、白绒山羊、奶源、藏鸡养殖和亚东鲑鱼等十大高原特色农牧产品生产基地和产业带。

在桑珠孜区、江孜、白朗、拉孜、萨迦、南木林、谢通门、昂仁、定日、康马等10区县建设3.33万公顷优质青稞生产基地。进一步加大标准化无公害蔬菜基地建设力度，建设标准化无公害蔬菜大棚1万座。在亚东、岗巴、康马、定结等4县，加快建设以帕里牦牛为主的沿边山地型牦牛产业带。在仲巴、萨嘎、昂仁、谢通门、南木林等县，加快建设以吉拉牦牛为主的沿江羌塘型牦牛产业带。在岗巴、定结、萨迦、江孜、白朗等县，加快建设以岗巴羊为主的河谷型藏系绵羊产业带。在仲巴、萨嘎、昂仁、吉隆、萨迦等县，加快建设绒山羊产业带。在仲巴、萨嘎、定结、昂仁、谢通门等县，加快建设以霍尔巴羊为主的草地型藏系绵羊产业带。在腹心农区，加快建设良种奶牛和猪禽养殖基地。

现在日喀则市的主要农业产品主要有青稞系列食品、青稞β－葡聚糖、马铃薯系列加工产品、牦牛和绵羊肉骨加工、藏鸡和亚东鱼加工产品、高原无污染蔬菜包装和深加工产品、“一毛两绒”精深加工产品、奶制品。

民族工艺美术奇葩——江孜卡垫

藏语“卡垫”，即地毯的意思。江孜县是西藏著名的地毯之乡。江孜地毯与土耳其地毯、波斯地毯并称世界三大地毯。

江孜卡垫已有600多年的历史。一般来说，面积大于2平方米的，称为地毯；小于2平方米的称为卡垫。藏族人把卡垫铺在一种用獐子毛或青稞草填塞的厚垫子上，当做坐垫或卧具；它也是寺庙、宫殿、民居、帐篷里不可缺少的用品。据说，卡垫最早源于江孜西南的岗巴地方，但织得很粗糙。早期的卡垫没有图案，颜色也单调，主要以古老的寺庙壁画为主，有二龙戏珠、花草鸟兽、山水古画等。后来一些织工，借鉴内地绸缎上的图案、唐卡和壁画，设计出许多具有西藏特色的画面，编织技术也日臻成熟，也能织出大型的布达拉宫和珠穆朗玛峰等图案。

江孜地毯

地毯、卡垫、挂毯、靠背等100多种产品在继承和发扬悠久的西藏民族传统卡垫图案的基础上，还根据国内外用户的需求和市场的变化，不断创新，设计出具有民族风格、地方特色和时代感的新颖图案。它的织法十分别致，以棉纱作经线，以毛线作纬线，结构紧密精致，经久耐用，色泽鲜艳，图案新颖。经过几百年的生产实践，形成了独特的梳、纺、染色、倒线、手工编织、平剪、洗毯等一条龙生产工艺。独特的藏式穿杆和扣法，别具一格的民族风格，丰富多彩的花色品种，深受中外顾客青睐，并在国际上享有崇高的声誉。

西藏自治区成立后，江孜卡垫逐渐成为西藏独树一帜的民族手工艺术品。1984年，江孜卡垫、地毯荣获中国工艺美术“百花奖”。如今，江孜卡垫除满足国内市场需求外，还出口北美、西欧、东南亚的10多个国家和地区。从1973年建厂至今的40多年间，江孜地毯厂培养了3000多名技术精湛的藏族纺织技工，其中60%以上的产品用于出口。

江孜卡垫这一凝结藏族悠久历史和民族特色的手工艺术，融汇着雪域高原千年文化的积淀，以其独特的魅力成为世界民族工艺美术宝藏中的“奇葩”。目前日喀则江孜卡垫已入选“国家级非物质文化遗产代表性项目名录”。

景点推荐

日喀则市区景点

扎什伦布寺 AAAAA 文

格鲁派六大寺庙之一

- 日喀则市桑珠孜区西南郊尼色日山下
- 可乘坐3路、8路公交车到达
- 9:00~17:00(12:00~14:00佛殿不开放)
- 135元

扎什伦布寺由格鲁派始祖宗喀巴的弟子一世达赖根敦珠巴创建于1447年。整座寺庙占地面积15万平方米，是日喀则市最大的寺庙。

寺院依山坡而筑，背附高山，坐北地向阳，殿宇依次递接，疏密均衡，和谐对称。寺院由措钦大殿、讲经场、强巴佛殿、历世班禅灵塔等部分组成。其中措钦大殿为该寺最早建筑，又称显宗大殿，历时12年建成。殿前有一处600多平方米的讲经场，是班禅向全寺僧众讲经和僧人辩经的场所。强巴佛殿位于寺庙西侧，由九世班禅曲吉尼玛主持修建于1914年。殿内供有一座极为殊胜的强巴佛像。而后十世班禅大师为五至九世班禅重新修建了一座合葬灵塔殿，取名叫扎什南捷。四世班禅的灵塔重建在原五世班禅的灵殿里，而释颂南捷是第十世班禅额尔德尼确吉坚赞大师灵塔祀殿，灵塔中层装有大藏经和格鲁派祖师、历代班禅的经典著作、贝叶经等。

玩家 行程

寺院大门—强巴佛殿—十世班禅灵塔殿—班禅宫殿—觉干夏殿。

玩家 解说

扎什伦布寺，意为吉祥须弥寺。四世班禅罗桑确吉坚赞予以扩建后，扎什伦布寺就成为历代班禅的驻锡之地，历代班禅对扎什伦布寺均有扩建。它与拉萨的“三大寺”甘丹寺、色拉寺、哲蚌寺合称藏传佛教格鲁派四大寺。四大寺以及青海的塔尔寺和甘肃的拉卜楞寺并列为格鲁派六大寺。

该寺有脱桑林、夏孜、吉康、阿巴四个扎仓。此外，时轮殿、印经院、汉佛堂等也颇具规模。时轮殿的四壁书架上藏有许多古代藏文经典，供有宗喀巴及其上首弟子贾曹杰和克主杰的塑像。印经院藏有著名佛经和历世班禅传记的印版，其中以30多卷本的《宗喀巴传》最为有名，流传甚广。

汉佛堂建于七世班禅时期，是西藏其他寺院不曾多见的佛堂。佛堂内珍藏着历代皇帝赠送班禅的永乐古瓷、金银酒盏、玉石器皿等诸多礼品。扎什伦布寺的展佛台，是寺内的一大特点，西藏格鲁派各大寺院绝无仅有。每年藏历五月十五前后三天，扎什伦布寺都会举行隆重的展佛活动，将过去佛（无量光佛）、现在佛（释迦牟尼佛）、未来佛（强巴佛）三大刺绣佛像展挂在展佛台的向阳面壁上，僧众和信教群众要顶礼膜拜。

喜格孜步行街

喜格孜步行街是前往扎什伦布寺瞻仰的必经之路，建于2003年。整个区域含住宅建筑、公共服务设施、道路广场、绿地、休闲设施等。街区各建筑物充分体现日喀则市民居建筑风格和特色，汇集了各县的建筑装饰特点，外观色彩艳丽，造型别具一格。

强巴佛殿

扎什伦布寺西侧的一座宏伟的五层殿宇，就是强巴佛殿，藏文叫做强巴康。强巴佛殿是扎什伦布寺最著名的殿堂，里面供奉着全世界最大的强巴佛镏金铜像。强巴佛殿下面还有两层回廊，大殿高30米，建筑面积860多平方米。

十世班禅灵塔殿

强巴佛殿往东就是十世班禅灵塔殿。这座灵塔内存放着十世班禅大师的遗体，他的塑像立于灵塔前，灵塔顶部绘有曼陀罗的图案，墙上绘有真金佛像。

据说1989年班禅大师在阔别日喀则很长时间之后回到扎什伦布寺，看到这里有3栋主要的建筑，只有中间空了一块地方，便说可惜。没想到一语成谶，几天之后他因辛劳过度而圆寂，后来他的灵塔就修在了这个地方。

扎什伦布寺

措钦大殿

措钦大殿是扎什伦布寺最早的建筑，历时12年建成，它也是整个寺院中最大的建筑物，大经堂可容纳2000个喇嘛祷诵经文。经堂前有600多平方米的讲经场，是班禅对全寺僧人讲经及僧人辩经的场所。

德庆格桑颇章

德庆格桑颇章是班禅的夏宫，位于扎什伦布寺南侧500米左右。夏宫原建于贡觉林卡，称贡觉林宫。1954年，贡觉林宫被洪水冲毁，根据周恩来总理的指示，国家拨专款重新修建了德庆格桑颇章，故德庆格桑颇章又称新宫。

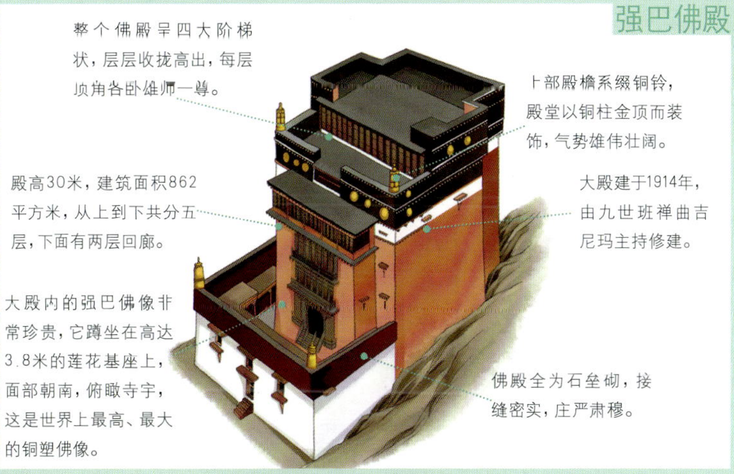

进入第一道大门会被门殿上的浮雕和花卉图案吸引，在门殿两侧还有壁画，可以看看。走进第二道门，便进入新宫的四合院部分，这里的景色不错，颇有园林的味道，在内宫便是班禅大师的寝室、会客厅、经堂、佛堂、护法神殿等。可以在新宫的四合院部分拍照，这里绿意盎然，景色较好。

吉吉朗卡民俗风情园

园中建有仿真的珠穆朗玛峰

日喀则市桑珠孜区

吉吉朗卡风情园西靠扎什伦布寺，东临日喀则市中心。整个风情园分为六大展示区：民族文化展示区、民族手工业加工展示区、民俗民风展示区、民俗风情小吃区、后藏建筑文化展示区、综合娱乐活动区等。

园内冬暖夏凉，空气湿润，其中各类民族风味的家庭别墅能让游客领略到当地民族生活的情趣。风情园中还特别建有仿真的珠穆朗玛峰，主要为了让那些因高原反应而不能亲临珠峰的游客们，能够在此目睹珠峰的风采。

日喀则清真寺

日喀则市境内唯一的清真寺

日喀则市桑珠孜区雪强路西侧约100米的巷内

日喀则清真寺始建于元至正三年（1343年），是桑珠孜区境内唯一一座清真寺。当时沙特阿拉伯、巴基斯坦和宁夏、甘肃等地的穆斯林共同筹资兴建了清真寺。现在的清真寺是在原址上重建的建筑，平面呈长方形。寺门两侧屹立着高达10余米的塔楼，塔楼上装有铁制的新月塔尖，寺门为拱形，与塔楼之间用短墙相接，寺顶部为大型穹隆圆顶。

贡觉林卡

藏有众多西藏历史文物及艺术精品

日喀则市桑珠孜区西南郊德庆颇章路　由扎什伦布寺南行20分钟或租三轮车前往　30元

贡觉林卡占地面积约50万平方米。整个建筑由旧宫和新宫两部分组成。旧宫由七世班禅丹白尼玛于清道光二十四年（1844年）所建，后被毁。新宫则由国家在1954年拨款重建。宫内藏有很多西藏历史文物及艺术精品，尤以一幅《八思巴会见忽必烈》的壁画最为精美。新宫有三道门，第一道门前檐有四根八角朱漆大柱抵顶，门殿浮雕着凶悍不驯的野兽、腾跃欲飞的蟠龙和各种花卉图案。门壁两侧彩绘卷云、猛虎等及佛教故事壁画。

玩家解说

贡觉林卡其实是历代班禅的夏宫，又名东风林卡，为七世班禅丹白尼玛于1825年创建。后因清朝道光皇帝赐下用藏、汉、蒙、满4种文字写的“贡觉林宫”金字匾额，德吉经堂遂改名为贡觉林宫，意在普度众生之林卡。

1954年年楚河水灾，贡觉林卡被毁。经过整饰装修后，又改称东风林卡，被辟为日喀则人民公园。2003年，上海市将其改造为援藏项目，在保留原貌的基础上进行重修，自此复名为贡觉林卡。

夏鲁寺 文

藏传佛教夏鲁派的祖寺

日喀则市桑珠孜区甲措雄乡夏鲁村，日喀则市南郊约20千米处　40元

夏鲁寺由杰尊·西饶迥乃创建于北宋天圣五年（1027年），是西藏佛教中较大的寺庙之一，也是藏传佛教夏鲁派的祖寺。夏鲁寺以藏汉结合的建筑风格闻名藏区，它用藏式殿楼配以汉式宫殿楼阁式的琉璃砖瓦房顶，

夏鲁寺

飞檐兽吻，加上木架斗拱支撑，两种不同建筑风貌融合得体。

整个寺院由夏鲁大殿、4个扎仓和僧舍组成。夏鲁大殿是夏鲁寺的主体建筑，其底层主殿为集会大殿，供有释迦牟尼和八大弟子塑像，两侧各有一经堂，供奉着《甘珠尔》和《丹珠尔》经卷。大殿2层是汉式四合院的布局，正殿有释迦牟尼像和布顿大师的塑像，还有各种大小不同的铜质噶当塔。其左右为坛城殿，前殿供奉慈尊佛像和十六罗汉像。

玩家 解说

据传，当杰尊·西饶迥乃欲在春堆地方建寺时，前往多吉旺秋处请求指点。师傅对他说："我把手杖当箭射出去，手杖落地之处就是你建寺的地址。"多吉旺秋的这支箭正好落在新生的嫩叶上，因此夏鲁寺的意思就是"新生嫩叶"。1087年，夏鲁寺就此创立。至1320年，夏鲁寺迎请西藏著名的佛学家布顿大师主持寺务。

1329年，夏鲁寺毁于一次大地震。1333年，在元朝皇帝的大力资助下，布顿对原寺加以扩建维修。如今夏鲁寺的建筑规模和模式及大多数绘画和雕塑作品都是在这次扩建中创作完成的。因此，夏鲁寺的建筑具有浓郁的元代风格，而寺院的墙体和庭院又都是传统的西藏风格，属于典型的汉藏合璧的建筑。

链接

夏鲁寺四宝

拉字经板： 置放在2层正殿佛龛上，长33厘米，宽31厘米，由108块檀香木拼成方形，每个拼板上都有一个经文，至今已有700多年的历史。信教群众去朝拜时，都希望得到一张由拼字板印成的"消灾降福"经文。

圣水坛： 位于大经堂东南角，直径为80厘米的一个大钢坛，坛口平时用红布盖住并封条，20年开放封条换水一次，每次开坛后，坛里的净水不增不减，仍是满满一坛。人能得到此坛中的"圣水"便可洗净10种污垢，一生吉祥。

天生六字真言石： 据传原为天生之石，是兴建夏鲁寺时从地下挖出，上面写有"唵嘛呢叭咪吽"六字真言，边上还刻有4个玲珑小塔，现存放在寺墙角下，作为该寺的基石。

石头脸盆： 据说是建寺人吉尊·西饶迥乃当时苦行用的洗脸盆，陈放在大殿前面。雨水积满后不外溢，甚为神奇。

夏鲁寺

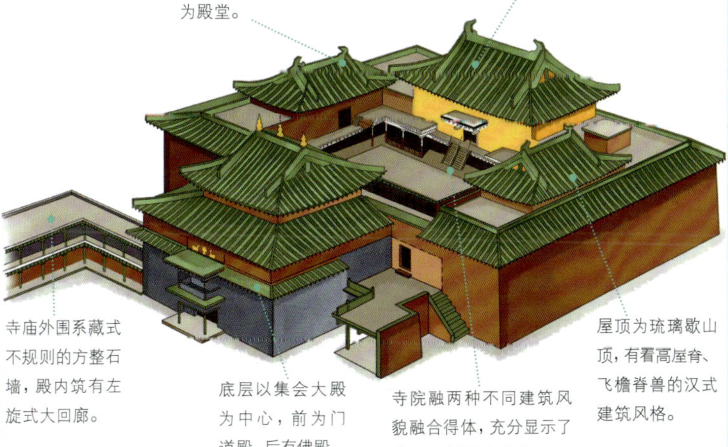

日布寺
夏鲁寺的分寺

日喀则市桑珠孜区境内，夏鲁寺西南4千米

日布寺坐西朝东，相传是约900多年前由高僧阿底峡创建。该寺历史悠久，建筑规模宏伟，声望盛大。如今的建筑是1988年重新建成的，主体建筑为诵经大殿，供有夏鲁派历代传教大师佛像。南殿供有释迦牟尼、文殊菩萨、强巴佛等佛像。据说寺庙周围有108个修行洞、108个泉水洞、108种树木，另有著名的千佛白塔相伴一边。

玩家 解说

日布寺，亦称日浦寺，是夏鲁寺的分寺。寺庙四面环山，风景秀丽，环境幽静，是个清修研习的好去处。历史上各教派的高僧、学者都曾前往日布寺修行和讲经集。

继阿底峡初建日布寺后，布顿·仁钦珠大师对寺庙进行了不断扩建。特别是寺中还珍藏有毗·巴大师（即吉祥护法论师，系印度王族，曾任那烂陀寺上座）灌顶用的宝瓶和灌水具。其他还有布顿·仁钦珠大师生前的用具等圣迹遗物。

千佛白塔位于寺院右侧下部50米处，原塔由布顿·仁钦珠大师于1359年修建，现塔为1992年在原塔的塔址上按原塔比例重新修复的。相传，众生见到此塔就能脱离苦海，超脱一切。

那唐寺
千年古寺

日喀则市桑珠孜区，离城区15千米

那唐寺由噶当派高僧洛佳扎建于北宋明道二年（1033年）。寺庙建筑并不宏伟浩大，也曾遭到破坏。1987年在废墟上新建了3个殿堂，殿堂内保存了当年7块十六罗汉的石雕，第八任住持巨屯·门朗措成30多岁时在石头上留下的一双脚印和先后收集到的《甘珠尔》《丹珠尔》印经板等8000多块文物。

日布寺

玩家 解说

那唐寺建成后，有许多大德高僧前来讲经传法，一世达赖喇嘛根敦珠巴曾在这里受戒，并潜心研修佛法长达17年。直到扎什伦布寺建成之后，一世达赖才搬离了那唐寺。

那唐寺最为著名的就是印经院。雍正八年（1730年），当时西藏地区政府噶伦兼管后藏事务的颇罗鼐为了抢救和发扬西藏古籍及经书，主持创建了那唐寺的印经院。印经院十分庞大，足足修筑20多年。颇罗鼐下令调集全藏书法家、刻工和画师，并结集了一批青年学习刻板技术。

经过相当长时期的努力，那唐寺的印经院刻成和印制出大量藏文巨著，如大藏经《甘珠尔》108部，佛经疏注的《丹珠尔》215部，都是完整的精刻。同时，那唐寺经院还培养了一大批藏族刻印工匠，对继承和发展西藏的印刷和文化事业起着不可估量的作用。

恩贡寺
扎什伦布寺的母寺

日喀则市桑珠孜区江当乡村

恩贡寺，由第三世班禅罗桑顿珠创建于明弘治十八年（1505年），是历代班禅讲经传法的重要场所。恩贡寺由大殿、扎仓和僧舍组成。寺内有顶部拉章的释迦像、罗桑顿珠灵塔以及缎制大幅佛像唐卡29幅，宗喀巴首席弟子撰写的《密集程序》草本，宗喀巴大师敬献给大明皇帝的书信，第三世班禅罗桑顿珠的宝座，历代班禅经文全集和经书等，十分珍贵。

玩家 解说

恩贡寺，原名印萨确吉普章，第四世班禅罗桑确吉主持改扩建后其寺名改为恩贡泽雪，简称“恩贡”，属“格鲁派”。

景点推荐

日喀则周边景点

强钦寺

供奉有精致的强巴佛像

日喀则市仁布县德吉林镇贡巴加布山脚下

强钦寺始建于元至正二十七年（1367年），原属萨迦教派，明宣德七年（1432年）改奉格鲁派。

该寺依山而建，坐西朝东。规模不大却气势宏伟，院内建筑布局讲究，错落有致。寺内供奉着一尊高13米、铜底镀金的强巴佛像。佛像腹中镶嵌有金、银、玉、珠宝等宝物，在西藏3尊强巴佛像中最为精致。每年朝圣、观光者数以万计。

玩家 攻略

每年藏历元月初一至十五日，该寺举行大神变节，藏历七月十五日，举行3天跳神活动。

雍则绿错

被朝拜的神湖

日喀则市仁布县德吉林乡玛村则雷山下

雍则绿错湖面海拔5300米，呈锅底状，深度难测。湖水三面环山，地势险峻，入口处地势平缓。相传此湖能显示今生来世的祸福，因此每年藏历四月十五日，湖冰开始解冻融化，人们也陆续从各地前来朝湖。藏历六、七月为朝湖的高峰时期。

玩家 解说

7世纪中叶，莲花生大师曾在雍则绿错修行施法。相传神湖本来在山脚下，很容易到达。但如果不经艰险就洗不尽人们心中的罪孽，于是莲花生大师将湖水舀到了山的另一边。扎什伦布寺寻访班禅大师转世灵童时，都要带上丰盛的供品到此观湖求得指示，所以该湖成为藏传佛教宗教仪轨中十分重要的观相湖，十分神秘。

帕当卡热圣山
转山胜地

日喀则市仁布县帕当乡与浪卡子县卡热乡交界

卡热圣山，由3座主峰构成：西北边的卡热曲母山、东边的伦布山和南边的曲布山。圣山上有空行母益西措杰等的许多修行洞，有的洞同时能容纳400多人。山峰山顶终年积雪，直插入云雾，耸立在天空中。卡热在藏语中意为触天，即此山特别高，能触到蔚蓝的天。

玩家 攻略

每年藏历四月十五至六月四日是转山的最佳时间，每逢猴年更佳。以仁布县帕当乡孔培村境内的本噶寺作为转山的巡礼起点和结束点，转山3天1圈。

热拉雍仲林寺
国家重点保护寺庙

日喀则市南木林县奴玛乡玉拉杰桑山脚处

热拉雍仲林寺，由本教达哇坚赞创建于道光十四年（1834年）。该寺海拔3750米，背靠维拉杰桑山，依山势而建。

寺庙坐南朝北，以杜康大殿为中心，由7个康村组成。杜康大殿占地面积800余平方米，上下两层，规模宏大，四周设有佛殿、经堂、藏经殿、法器库等场所。寺院东侧为通卓拉康，主供铜质镏金胜利佛和曼日寺创建人念美·喜饶坚赞、江衮·达哇坚赞的镏金铜像。殿内一对银灯和一个曼陀罗，各用70个银圆制成。殿内绘有壁画。通卓拉康的小殿，供奉着从阿坝藏族自治州运来的千尊辛饶祖师的镀金塑像。

雍仲林寺北侧为拉让，原有顿巴辛饶和本尊（密宗的佛母依怙主尊佛像）及菩萨的唐卡。宫内还设有该寺住持的法座。寺院西北侧为竹康，主要供奉护法神和一座达哇坚赞铜镀金小灵塔，塔内珍藏着达哇坚赞的手、足及其使用过的法器。

玩家 解说

7世纪初，松赞干布执政时期，雍仲林寺便已建立，不过后来毁于8世纪藏王朗达玛执政时期。直到1834年，达哇坚赞征得十世达赖喇嘛和八世班禅喇嘛及摄政王达察·丹白贡布同意，重建雍仲林寺。

达哇坚赞受教于曼日寺的堪布喜饶贡杰，是其门下高徒之一。因达哇坚赞学成于曼日寺，故

热拉雍仲林寺

热拉雍仲林寺活动

湘河铁索桥

莲花生大师

雍仲林寺修习经典的内容和方法均仿效曼日寺，并作为曼日寺的支寺存在。多年以后，雍仲林寺建立了自己的经院哲学系统，其发展超过了曼日寺，雍仲林寺也和曼日寺一起成为后藏两座最大的本教寺院。该寺在本教中的地位显赫，本教各寺堪布均须该寺委派。

热拉雍仲林寺日常的宗教活动有祭神、驱鬼、长净、静修、讲经等，但最重要的则是教义、学术答辩活动。每年的藏历元月七日到十五日、四月、五月二十九日和八月，都有答辩活动，通过答辩的方式考取“仲让巴”学位。

色邬寺
古老的宁玛派寺院

日喀则市南木林县拉布普乡普村境内的色吾沟内

色邬寺由白玛久来建于北宋宣和二年（1120年），属宁玛派。寺院依山而建，山形呈扇形。寺前建有宝塔一座，占地30平方米左右，十分壮观雄伟。现存建筑为1984年重修而成。藏历每年的十二月二十九日有果多活动，为时7天。

湘河铁索桥
藏族著名建筑大师唐东杰布的作品

日喀则市南木林县城内，距日喀则市约70千米

湘河铁索桥是贯通湘河两岸的重要交通枢纽，由藏戏的发明者唐东杰布于15世纪主持修建。

该铁索桥存有南北岸边的桥头堡和横跨于河上的铁索桥。北桥头堡平面呈“四”形，南边二角为半圆形，立面正视为梯形。南桥头堡平面呈圆形，立面正视为二级椭圆形台体组合。南北桥头堡均是青石砌筑，石块用料精加工，墙体表面及棱角规整，结构合理，坚固耐用。桥面锁链下垂呈半月状，桥体横截面呈“U”形，桥以铁索链为骨，顶铺木板，木板间以铁栓板连接。

索布溶洞
传说中莲花生大师的修行之地

日喀则市谢通门县孜许乡

索布溶洞洞口向南，洞内有的地方开阔平坦，有的地方仅容一人屈膝爬行出入，岩壁被磨蹭得光滑锃亮。洞全长约500米，深处又分成诸多小洞，相互贯通，形成连环洞，洞内的景观千奇百怪，而每处都有一段神奇的传说，大多与莲花生大师修行有关。进洞150米处，是莲花生大师静坐成道之地，供一尊石板雕莲花生像，另有被僧徒认为是莲花生修行时留下并显示得道的手印、脚印、马蹄印

等胜迹，也是圣徒们主要朝觐的胜迹。寺内有8名喇嘛。主要宗教活动有藏历元月份“赐珠”7天，四月份诵读整套《甘珠尔》经。

玩家 解说

14世纪初叶，嘎玛噶举派黑帽系三世活佛襄君多吉在索布溶洞修行，后高僧甲塘－索朗日巴在溶洞南侧的悬崖峭壁创建绒布寺，聚8位授比丘戒僧人诵经礼佛。相传，在索布寺原始山洞里莲花生大师也修行过一段时间。

土丹朗加寺

气势恢宏的宁玛派古刹

日喀则市谢通门县仁钦则乡

土丹朗加寺为宁玛派古刹，始建于明洪熙元年（1425年）。该寺建筑规模宏大，金碧辉煌，气势宏伟。主要有大殿、甘珠尔殿、喇嘛拉康、辩经场等建筑。寺内壁画琳琅满目，取材多意。大殿主供释迦牟尼及强巴佛佛像，镏金铜质，高约5米。还有众多佛像，上百幅唐卡，另供尊胜佛塔和贡敦旺久珠巴灵塔，为镏金铜质和银质，高约5米。

玩家 解说

土丹朗加寺创建不久即毁于战火。1473年在被毁寺庙的遗迹上重建寺庙，改宗为萨迦派。该寺主要宗教活动有藏历元月二十一日起为期7天的祭祀贡钦·索朗格桑的法会；藏历六月十六日至十七日祭祀萨迦大活佛嘉央洛桑·巴桑布的法会；藏历二月二十二日至二十九日祭祀刚索亲姆的法会。

日嘉寺

本教的发源地

日喀则市谢通门县塔定乡

日嘉寺又名色结寺。由木辛氏族的后裔辛顿·益西洛卓创建于1179年。该寺耸立山头，殿堂林立，主要有大殿、康巴扎仓、温丁拉康、孜拉章等建筑。寺内供有敦巴辛饶米旺等镏金铜像和历任堪布灵塔。现存有大量壁画，题材多样、工艺精湛，并珍藏有金银粉精工书写的《甘珠尔》《丹珠尔》经各一套以及珍贵陶瓷，还有皇帝圣旨等珍贵文物。

精美壁画

扎西吉培寺展佛节

玩家解说

日嘉寺是藏族原始宗教——本教的唯一发源地，其管理实行堪布制，从建寺至民主改革前历任堪布31代，由木辛氏族后裔相承，堪布通过考试选定。该寺的康巴扎仓是专为康区本僧提供的学经之地。每年从云南、四川、青海、甘肃等地都有大批信徒来此朝圣。

扎西吉培寺

谢通门历史悠久、规模最大的古刹之一

日喀则市谢通门县通门乡坚白村

扎西吉培寺，由珠妥贡培创建于14世纪。该寺殿堂林立，金碧辉煌，气势宏伟。主要有大殿、尼次拉拉康、牛头金刚护法神殿，甘丹拉康等共9座建筑。大殿的佛殿里主供三世佛及宗喀巴师徒像3尊和无量寿佛，珍藏《甘珠尔》《丹珠尔》经各3套。

夏大殿是全寺喇嘛集会之地，主供银质强巴佛，珍藏珍贵经卷，在甘丹拉康内供有银质的达玛巴扎灵塔、央金珠白多吉和央格白多吉灵塔，还有众多的珍贵佛像和唐卡等文物。

嘎东寺

玩家解说

扎西吉培寺始奉噶举派教法，后由宗喀巴弟子吉·西饶贡布改宗格鲁派，到万历四十一年（1613年），第四世班禅对寺庙进行了全面整顿，将该寺编入哲蚌阿巴扎仓的分寺。该寺是谢通门县历史悠久，规模最大的古刹之一。

嘎东寺

寺中珍藏有珍贵宝物

日喀则市白朗县嘎东镇玛义村西北角。距日喀则市约65千米

嘎东寺又名参卓林寺，建于藏王赤松德赞时期，属格鲁派。全寺占地面积2100多平方米，整座建筑由门廊、佛殿、经殿、僧舍等组成。寺内供奉着释迦牟尼、宗喀巴师徒（3尊）、度母等佛像。寺中珍藏有举世罕见的宝物，即该寺第四任堪布桑布钦布的两条胫骨和空行母丝萨曲珍的头颅。在桑布钦布右胫骨上端的骨缝四周天然生成着微小的释迦牟尼、观音菩萨、无量光佛、护法神、度母5尊佛像；左胫骨上端天然生成着微小的释迦牟尼佛像和4个白色舍利；在度母化身空

行母丝萨曲珍的头颅上天然生成着3个藏文字母和度母像。此外，寺内有700年前陶制克其班禅（克什米尔普者）佛像1尊、从印度带回的原《甘珠尔》译本等。每年藏历七月二十九日，寺院举行驱鬼仪式。

颇罗乃·索朗多吉遗址

六世藏王旧居遗址

日喀则市白朗县杜琼乡杜琼村

颇罗乃·索朗多吉遗址是六世藏王颇罗乃·索朗多吉的旧居遗址。整个建筑坐北朝南，占地面积约3000平方米，现仅存一段长约8米的残墙，从废墟上依稀可见当时的建筑规模。原建筑四周有围墙，高3米，东、南墙各开一门，系清代修建。主建筑为3层藏式碉楼，底层为仓库，第2层为客厅、经堂，3层为住房；主楼两侧为马厩、作坊等。村外附近建有米董（花园）和跑马、射箭等休闲场所。

链接

颇罗乃·索朗多吉

颇罗乃·索朗多吉（1689—1747）生于贵族家庭，清雍正九年授封为贝勒，并赐银印一枚，授权管理西藏地方政务。乾隆皇帝即位后，因为颇罗乃办事极得体，对他信赖有加。清乾隆四年（1739年）十二月，晋封颇罗乃为郡王。

颇罗乃是一位杰出的爱国领袖，他一生忠于国家，在推动西藏社会发展和弘扬藏族文化方面做出了突出贡献，他的生平业绩被记录在《颇罗乃传》中。

更多本旅游区景点

丹真桑秋泉：在日喀则市西郊尼玛山北坡，有“圣水”之誉，泉水十分甘甜清澈。据传饮用该处泉水或者用以洗浴，可消灾避邪，治愈百病。

日喀则宗山博物馆：在日喀则市北郊日光山上，原是旧宗政府的宫殿。宫殿奠基于1360年，落成于1363年。宫殿原为木石结构，建筑形似拉萨的布达拉宫，故有“小布达拉宫”之称。

彭波日乌齐：在日喀则市江当乡境内，西藏四大名山之一。据传从前有一只从古印度多吉颠域飞来的大鹰，落在此处变成一座大山，便是彭波日乌齐。山上有一座寺庙，属宁玛派。

千年核桃树：在日喀则市年木乡胡达村境内。据记载，该核桃树乃是吐蕃王朝先祖达日年斯当年亲手种植，距今已有上千年的历史。树身高15米，树冠面积800多平方米。

年楚河湿地自然保护区：在日喀则市南郊，以湿地为主的林地保护区，总面积为3000公顷，其中湿地面积1416.7公顷，林地面积1583公顷。整个保护区，东西总长60千米，宽度平均为50米。地形起伏较大。

雅江中上游河谷自然保护区：在日喀则市东郊，主要保护黑颈鹤等野生动物。保护区地带以河滩为主。植被以高寒杨、柳树及沙棘为主。每年冬季，栖息于雅江沿岸的黑颈鹤数目在2000~4000只。

常美切巴寺：在白朗县城南的洛江村，由扎西帕巴法王创建于1452年，寺庙占地面积3500平方米。寺内除设有各类经堂，佛堂、神塔外，还藏有《甘珠尔》佛经一套，文物有镇寺宝一铭拢（龛）和佛巴（金铜矛）各一件。

夏鲁日浦民俗文化旅游度假村：在白朗县甲措雄乡夏鲁村日浦沟，集游览、休闲、度假为一体的综合型旅游度假村，建于2003年。度假村由日浦寺、日浦山、日浦泉，以及日浦特色旅游餐饮组成。

日喀则宗山博物馆

景点推荐

萨迦周边景点

萨迦寺 AAAA 文

萨迦派第一座寺院

日喀则市萨迦县萨迦镇奔波山

日喀则汽车站早晨有班车前往

50元

萨迦寺是萨迦派的发源地，包括北寺和南寺两个部分，北寺由萨迦派的创始人昆·贡却杰布创建于1073年，南寺由本·释迦桑布创建于1288年。

萨迦北寺初建时结构简陋，规模很小，后经萨迦历代法王的不断扩建，形成了逶迤重叠、规模宏大的建筑群。主要建筑有乌孜拉康、雄雅拉康和刚嘎拉康等，大部分已残破。萨迦南寺平面呈方形，总面积1.47万多平方米。寺庙基本上仿照汉区古代城池样式，是具有很好防御性能的坚固城堡，护墙河至今仍依稀可辨。

寺院每年藏历七月都要举行秋季法会，称为普珠节，藏历十二月二十三日至二十九日举行冬季法会，称为堆钦节；藏历五月初，由萨迦寺活佛住持随同百余僧人和群众骑马到10千米处的萨林女神殿求雨，祈祷今年风调雨顺、五谷丰登，群众组织的索队在萨林村的打麦场跳传统的萨迦索迎接前去求雨的活佛。

玩家解说

萨迦寺有各类奇珍异宝及文物无数，最珍奇的宝物有4件，即贡布古如（由竹青白瓦巴从印度请来的依怙神像胶）、朗结曲丹（由大译师帕白洛扎瓦修建的佛塔，塔里经常出水，被视为神

水）、文殊菩萨像（系萨班的本尊像，据说在像前念七天文殊经就能打开智慧之门）、玉卡姆度母像（八思巴供奉的本尊佛像）。而镇寺之宝则是当年忽必烈送给八思巴的一个黑木匣子，匣中有一只硕大的白皮书海螺，只有宗教吉日才开启木匣，捧出海螺由高僧吹奏。

链接

萨迦寺壁画

萨迦寺的壁画题材十分广泛，涉及宗教、历史、文化和社会生活等方面，以佛经、教义、神话传说、历史故事等为主，画面宏大，内容丰富。其中最为著名的是金廓拉康坛城壁画、昆氏世袭史画、释迦牟尼传记画、山水鸟兽画和寿星图。

金廓拉康坛城壁画：位于拉康钦莫大殿二层的西回廊。墙上坛城壁画是迄今萨迦寺最早最完整的壁画，绘于13世纪末，是我国元代绘画艺术珍贵的文化遗产。

刚钦寺

格鲁派寺院

日喀则市萨迦县查速乡，距日喀则市45千米

刚钦寺由一世达赖喇嘛弟子，桑布扎西于明正统十二年（1447年）主持修建，属格鲁派。

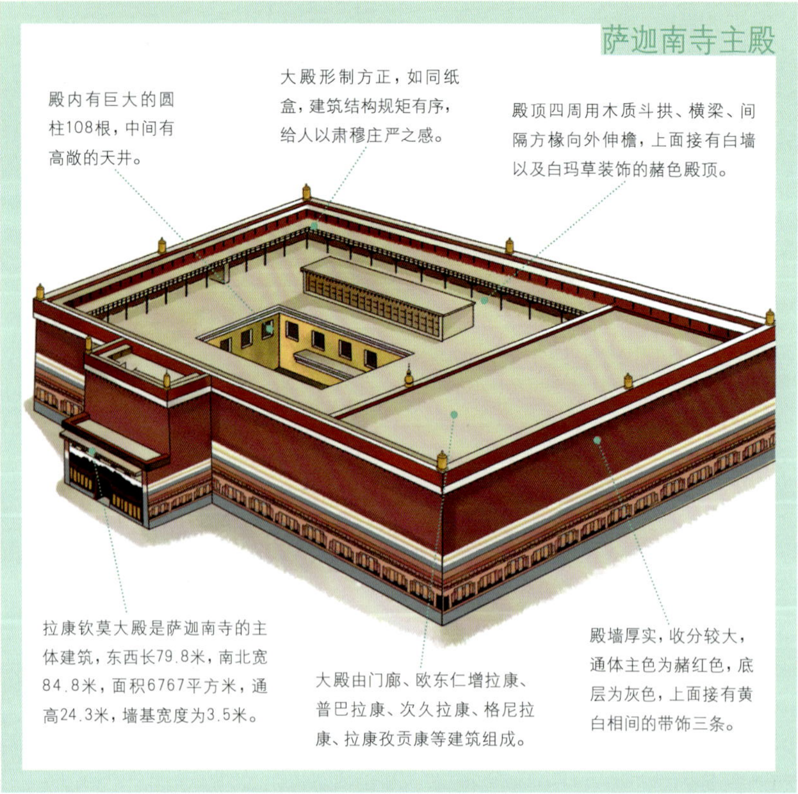

寺院曾有8个殿堂(度母殿、道路次第殿、护法神殿等)和1个大经堂、2个扎仓、5个弥村。大经堂内有桑布扎西的灵塔，主供佛为宗喀巴师徒三尊和桑布扎西。距寺50米处有一“观相湖”，相传是桑布扎西用手杖挖出的，观湖可以预见未来。

东嘎曲德寺
格鲁派六大寺庙之一

日喀则市萨迦县扎西岗乡，距萨迦县20千米

东嘎曲德寺，由萨迦寺经师除钦喀勒桑布创建于至元三年（1337年），属藏传佛教萨迦派寺庙。寺院建筑风格独特，依山而建，城墙上涂有象征萨迦派的标志文殊、观音、金刚手菩萨的红、白、黑三道不同颜色的图案。寺内藏有菩提塔、唐卡、质地各异的佛像以及钹等国家级文物。

曲登尼玛寺
莲花生大师创建的寺院

日喀则市岗巴县昌龙乡曲登尼玛拉山口

曲登尼玛寺相传建于吐蕃时期，距今有1300多年的历史。寺院现藏有清代八仙人物骨雕1件，木雕金刚撅1件，木雕广轮残片1件（雕刻时代约为11世纪）以及马头金刚等宝贵的文物。每年藏历年正月十五日举行隆重盛大的迎佛宗教活动。

玩家 解说

据《西藏历史文化辞典》记载，曲登尼玛寺原名叫多杰尼玛寺，藏语含义为经塔太阳，8世纪中叶，印度佛教大师莲花生入藏传法，路经岗巴修建了曲登尼玛寺。

寺庙以西的山坡上，有著名的3座经塔，即太阳金刚塔、牧人塔和牧妇塔，塔下堆满了刻藏文经书的石块。其中两座经塔和莲花生大师颇有关联。据藏文经书记载：太阳金刚塔是自然形成，而牧人塔和牧妇塔则是人们为了纪念男牧人和女牧人修建而成，据说当莲花生大师走到曲登尼玛时，男牧人和女牧人向莲花生大师提出请求，为人间留下一口医治百病的神水。大师应了男女牧人的请求，于是用拐杖捅出一口神泉。

扎西群培寺
藏有珍贵古唐卡的格鲁派寺院

日喀则市定结县定结乡牧村东北山腰

扎西群培寺，由察嘎桑巴庆布始建于1384年，属格鲁教派，距今已有600多年的历史。该寺建筑面积1200平方米，有1间大殿和5间小佛堂。大殿内供奉有加蛙亚塞松佛，佛堂内藏有保存完好的古唐卡、古经卷等珍贵文物。

定结宗
再现了旧西藏噶厦政府的容貌

日喀则市定结县定结乡政府驻地

定结宗始建于17世纪，距今已有300多年历史。定结宗是展示旧西藏噶厦政府历史的专题型旅游景区，建筑原有5层，现保留完好的有两层。

其石砌墙壁厚达1米，上面仍能清晰地看到枪炮留下的痕迹。入口是一扇厚重的大门，还保留有火烧的痕迹。宗内保留有黑暗狭小的监狱和农奴住过的小黑屋，宗内另半部则是高大宽敞的官员住所。作为旧西藏噶厦政府的一级基层政权组织，定结宗对考察西藏噶厦政府的历史具有很大的参考价值。

景点推荐

江孜周边景点

白居寺 ⓦ

萨迦、噶当、格鲁兼容的独特寺庙

✉ 日喀则市江孜县江孜镇东北郊，距日喀则100千米

¥ 60元

白居寺始建于明永乐十六年（1418年），历时10年竣工。其创建者为江灵敏度法王绕丹贡桑帕和第一世班禅克珠杰。

整个寺庙为3层平顶藏式建筑，由大殿、法王殿、金刚界殿、护法神殿和转经回廊等建筑单元组成，是一座宏伟巨大的寺院建筑群。

寺内有众多佛堂叠起的菩提塔，又名十万佛塔，是寺庙的标志。塔内佛堂、佛龛以及壁画上的佛像总计有10万个。寺内还珍藏着大量的佛像、壁画、唐卡等珍贵文物。另外，白居寺中有很多散养的放生狗，与喇嘛、游人和平共处、互不干扰，成为白居寺一景。

玩家解说

白居寺的藏语名字是班廓德庆，意为吉祥轮大乐寺。15世纪初，西藏各教派分庭抗礼，势均力敌，因此白居寺也就成为藏传佛教的萨迦派、噶当派、格鲁派三大教派共存的一座寺庙。每个教派在此寺内都拥有五六个殿堂，因此白居寺在西藏佛教史上有特殊的地位和影响。

白居寺壁画

白居寺壁画题材极广，总体分为显宗、密宗和历史人物3大类。显宗画面主要集中在大殿经堂、回廊、兜率宫殿等殿；密宗内容可细分为行部、事部、瑜伽部和无上瑜伽部四种题材。

白居寺菩提塔

白居寺中有驰名中外的白居塔，正名叫菩提塔。白居塔并非普通的佛塔，它由近百间佛堂依次重叠建起，亦称十万见闻解脱大塔。这是今西藏境内保存完好、最为雄伟华美的建筑珍品。

江孜历史文化陈列馆

集中展示江孜民俗文化的精髓

日喀则市江孜县城宗山脚下

江孜历史文化陈列馆建筑面积1200多平方米。其建筑设计具有古朴典雅的民族风格，与宗山古城堡遥相呼应，融为一体。陈列馆中浓缩了江孜悠久的历史，向游客集中展示了江孜民俗文化的精髓。

陈列馆现有11个展厅。其中，抗英纪念展厅用雕塑、实物、文字生动再现了西藏第二次抗英斗争的全过程；民族服饰厅展示很有地域特点的藏族服饰，隐约可见唐代遗风；藏式新旧民宅展厅则以写实的手法展现了新旧社会人们生活居住环境的变迁；江孜民族节日展厅展示藏族特别的节日活动；民族手工艺展厅展现江孜民间具有独到的工艺特色和民族风格的民间手工艺品。

白居寺菩提塔

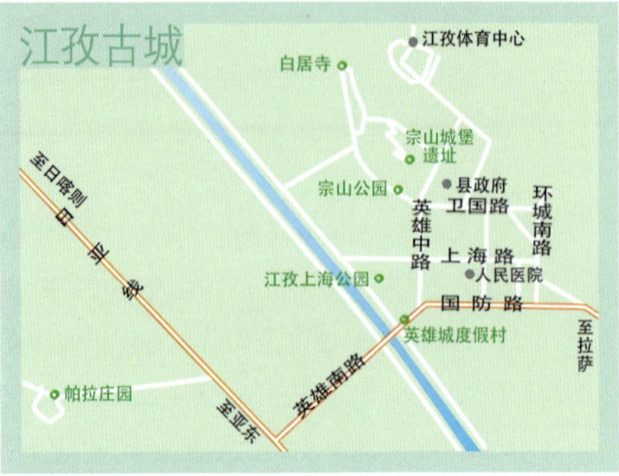

府议事厅等景点供游客参观。

抗英炮台

江孜抗英保卫战中西藏军民在这个炮台上用清乾隆五十六年(1791年)福康安大将军曾使用过的“黄色兄弟”大炮英勇抵抗外强侵略。

抗英勇士跳崖处

江孜保卫战历经3个月，最后在寡不敌众、弹尽粮绝的情况下，勇士们绝不向敌人投降，从宗山北侧悬崖跳下。此处现立有纪念碑。

驻藏大军巡边石碑

石碑刻于清乾隆六十年(1795年)，记载了驻藏大臣松筠、和宁巡视边防的经过和戍边要领。

江孜宗政府议事厅

以塑像形式再现了宗政府官员办公情

江孜宗山抗英遗址 文

西藏同胞英勇抗英之地

日喀则市江孜县江孜镇 免费开放。古堡不对外开放，古堡下的广场免费开放

江孜宗山抗英遗址耸立在江孜古城中央的悬崖峭壁上。现有大小房间190多间，现存古建筑7000多平方米。宗山曾是西藏旧政府江孜宗所在地。清朝乾隆年间大臣巡边的4块石碑，至今仍保存完好。

该遗址是1904年藏胞英勇抗英的地点，现有抗英炮台、抗英勇士跳崖处、江孜宗政

江孜宗山

宗山抗英遗址位于江孜县城侧山顶上，海拔4022～4140米。

宗政府周围建有土、石夯筑的围墙，墙体高4米，厚约1米。

遗址东西长360米，南北宽约80米。

清光绪三十年(1904年)英军入侵西藏时，曾在此发生著名的江孜保卫战，从此人们称江孜为“英雄城”。

宗正府内现存建筑有孜结拉康殿、哲拉康大殿、生宁宗、哲布岗会议厅、宗本官邸、宗府宿舍、仓库、马房等。

形，展厅内的江孜宗政府土地清册等原始资料极为珍贵。

玩家解说

江孜是古代苏毗部落的都城，松赞干布的父亲襄日松赞降服了苏毗，江孜便成了贵族的封地，并发展为沟通前后藏的重要通衢。加之又是亚东商埠的必经之地，因此依然是西藏一大重镇。江孜由于地理位置特殊，交通方便，以及政治、文化、经济的发达，在西藏历史上有着举足轻重的地位，历来为兵家必争之地。

1904年春，就在这宗山上，江孜军民写下了反抗英帝国主义的侵略，保卫祖国领土主权的可歌可泣的爱国主义篇章。那年，由荣赫鹏率领的英国武装探险队共600余人入侵西藏到达江孜。江孜人民在宗山上筑起炮台，用土炮、土枪、刀剑、梭镖和弓箭与入侵者展开了英勇的血战，战斗持续了8个月之久，最后所有勇士跳崖殉国，宗山城堡也在战斗中被严重损坏，成为一处遗址。

帕拉庄园 文

西藏保存最完好的奴隶主庄园

日喀则市江孜县江孜镇班觉伦布村

25元，摄影加收15元

帕拉庄园目前是西藏保存最完好的奴隶主庄园，位居十二大庄园之列。它是旧西藏贵族和农奴两种不同生活的真实写照，是旧西藏的

庄园面积5300多平方米。主体楼高3层，建筑配套完整，装修考究，设有经堂、会客厅、卧室，还有玩麻将的专用大厅。房内雕梁画栋，富丽堂皇。经堂陈设考究，经书、佛龛保存完好；卧室中，金银玉器琳琅满目；还有帕拉贵族当年遗留下来的名贵食品、餐具、进口酒、进口白醋、珍贵裘皮服饰，极尽奢华之能事，生动再现帕拉家族当年的豪华生活场景。至今仍保持原貌的朗生院13间，其朗生住房，低矮、阴暗，形同牢笼，与贵族的豪华住宅形成鲜明对比。而今帕拉庄园多花树水石和家禽畜类，整体布局类似园林，平时非常安静。

此外，帕拉庄园内还有酿酒坊、磨坊、农奴大灶等。庄园酿酒坊酿制的青稞酒大部分自用，少部分出售或他用。

链接

帕拉家族和帕拉庄园

帕拉家族是一个有300多年历史的古老家族。据考证，其族先是藏堆王从年楚河上游强旺地方一座寺院中抽到不丹管理普拉康寺的喇嘛，后因率500户丁返藏有功受封江孜重孜沙鲁地方。帕拉家族在此基础上逐步发展并步入西藏大贵族行列。在西藏地方政府中担任孜本、代本等要职。到19世纪末，帕拉家族发展到拥有37座庄园、1000多公顷土地、12个牧场、3000多名农奴，成为西藏十二大贵族之一。

帕拉庄园原建于江孜江嘎村，1904年，英军入侵时被焚毁，抗英战争结束后，帕拉庄园重建于江孜城西南年楚河的另一侧。帕拉庄园主旺久当过林布寺小喇嘛，还俗后主持庄园的日常事务。他整顿庄园经济，扩充庄园规模，加强对农奴的统治。西藏民主改革以前，帕拉庄园共有附属小庄园22个，牧场6个，农田573公顷。1959年，帕拉旺久参与叛乱并外逃，当

帕拉庄园

时的江孜分工委考虑到帕拉庄园系西藏十二大庄园之一，对庄园进行了妥善的保护。帕拉庄园是如今唯一保存完好的旧西藏贵族庄园。

姜桑拉姆峰

理想的攀登山峰

日喀则市江孜县和浪卡子县交界处

姜桑拉姆峰海拔6325米，地处拉轨岗日山脉。山峰处在美丽的羊卓雍错湖西南侧，沿途是漂亮的湖光山色和浓郁的藏家民风。该山峰交通方便，山势缓和，冰雪丰富，气候条件也比较好，攀登难度适中，是一座供国内业余登山爱好者攀登的理想场所。

玩家 解说

姜桑拉姆峰，意为智慧女神。受东北面的羊卓雍错影响，姜桑拉姆峰与其北部的宁金抗沙地区夏季降水量很大，且经常有雷电天气，对攀登会造成一定的困难。

宁金抗沙峰

西藏中部四大雪山之一

日喀则市江孜县和浪卡子县交界处

宁金抗沙峰山体雄伟，危岩嵯峨，顶部尖锥突兀，形如鹰嘴，是西藏中部四大雪山之一。

宁金抗沙峰地处拉轨岗日山脉的东段，其坡岭沟壑间的终年积雪发育了条条冰川，时常有冰雪崩塌。每年只有春秋季节才是进行登山活动的好时机。1986年4月28日，中国西藏登山队的桑珠、边巴、加布等12人从该峰的南坡沿西南山脊路线首次登上它的顶峰。

金嘎溶洞

分布有众多修行洞

日喀则市江孜县金嘎乡

金嘎溶洞，外观如同一堆锋利的兵器，整个形态像度母静坐。洞口宽约8米，高近2米，洞深40余米，自上而下有自然形成的莲花生大师、南木朗·多吉堆穷大译师等6个修行洞，以及形态逼真的米拉日巴、大象、天龙、月亮、太阳等80余种画面。

玩家 解说

相传，嘎希村一带曾是一片湖水。四周山上森林茂盛，猛兽众多，人类无法生存。为了弘扬佛法、解放众生，莲花生大师用法剑劈山倒海，斩妖驱邪，便形成了现在的地势地貌。故在溶洞四面环山上留下了天然形成的莲花生大师足迹、坛城图、甘珠尔和丹珠尔经书等。

金嘎溶洞的空间能容纳100多名僧人诵经。由山羊指路，经21级台阶，借助大鹏鸟嘴中绳子，通过量刑洞，越过长短通道，可喝到莲花生大师、金刚手菩萨等的加持圣水和无量寿佛的寿酒。在莲花生的殿堂里，有天然形成的莲花生石靴和空行母康珠益西措加8岁时的脚印。金嘎溶洞，洞深路险，身临其境，富有探险意味。在这里有着神奇的传说、神秘的色彩，来自各地的朝拜者络绎不绝。

热龙寺

帕竹噶举大师创建的寺院

日喀则市江孜县热龙乡

热龙寺建于1193年。创建者是帕竹噶举大师帕姆竹巴·白玛多吉的得意弟子卓贡藏

宁金抗沙峰

日喀则风光

巴加热。寺内现存古巴康松拉康、姆地拉康、《甘珠尔》藏经阁。每年藏历六月十三日到十五日，热龙寺举行传统的热龙廓钦，头两天寺庙僧侣举行跳神等宗教活动，最后一天，僧侣和信教群众围着热龙寺诵经。热龙寺在不丹也有为数不少的信徒。

玩家 解说

卓贡藏巴加热出生在江孜年堆孜吾热龙唐热地方。自幼聪慧好学，4岁便从卡龙巴大师四处学经讲法，28岁时在弥乐寺受戒后修建热龙寺。热龙寺曾是14世纪中叶西藏著名寺庙之一，后来随着帕竹地方政府的消亡而逐渐衰落。

乃宁曲德寺

寺院藏品丰富

日喀则市康马县乃宁乡境内，距江孜县城12千米

乃宁曲德寺，由加·杰木白桑建于吐蕃王朝时期，距今已有1200多年的历史。该寺曾信奉过宁玛派、噶当派，现信奉格鲁教。

寺庙坐西朝东，四面环山，主要建筑有佛堂、佛塔、吉察扎仓、曲康扎仓等。四十二世堪布江央仁青住持该寺时，是寺庙的鼎盛时期，僧众近万人。

现寺内主供释迦牟尼师徒3尊。寺内收藏极为丰富，有唐朝和民国时期的唐卡，还有大量经书、不同质地的佛像和佛塔，其中较为著名的有做工十分精细的马头明王唐卡、保存完好的《八千颂》等经书、唐朝时期永乐皇帝御赐江央仁青的释迦牟尼画像唐卡等。每年藏历四月十五日，该寺会举行3天跳神活动。

玩家 解说

清光绪三十年（1904年），英军入侵西藏，乃宁是进入江孜的必经之路，为了阻挡帝国主义的侵略，乃宁曲德寺的广大僧众和当地群众一道协助藏军作战，为保卫西藏、捍卫和平写下了可歌可泣的一笔。在那场战斗中，乃宁寺有44名喇嘛牺牲。后来寺庙将尸骨骨灰集中起来，修了一座土旺佛像，以永远拜祭。当时的西藏政府在战后为了表彰寺内喇嘛们的英勇，特意花巨资重新修建大经堂，这是现在最壮观的建筑。

更多本旅游区景点

尼姑庙：在江孜县城北面曲龙山。建于1988年，建筑面积720平方米。集合大殿是尼姑庙众尼姑诵经修课的地方。每年藏历4月和6月这里分别举行三天的封斋活动。

重孜寺：在江孜县重孜乡，全称日重嘎孜，由拉尊仁庆加措始建于1406年。西藏著名生钦活佛就是江孜重孜寺的住持。现有三个扎仓（僧院），分别是法相扎仓、密乘扎仓、措钦扎仓。

依玛寺：在康马县萨马达乡冲堆村，创建于吐蕃王朝前弘期（8~9世纪）。现寺庙总占地面积900多平方米，由回廊、正殿、东西配殿组成。

景点推荐

亚东周边景点

亚东口岸

中印贸易的主要通道

日喀则市亚东县下亚东乡，地处喜马拉雅山脉中段南坡谷地

亚东口岸海拔2800米，与印度、不丹两国接壤。17世纪中叶开始，亚东逐渐成为中印贸易的主要通道。

玩家 解说

清光绪十九年（1893年）12月5日，英政府在印大吉领迫使清政府签订了《中英藏印续约》。

《续约》规定自1894年5月1日起开放西藏亚东为通商地点，自亚东在开关之日起，5年内藏印贸易互不收税。自此亚东被开为商埠，清政府在此设立了西藏第一个海关。

自亚东被辟为商埠后，边贸日益增大，商号也越来越多，市场愈加繁荣，亚东逐渐成为西藏重要物资进口中心。和平解放初期，亚东口岸是西藏最大的对外通商口岸。

1962年，中印边境冲突，中印两国相继撤销了原边贸市场的海关等机构，乃堆拉山口由军队把守，边贸通道被铁丝网隔离。1988年，两国签署《关于恢复边境贸易议定书》。1991年，两国签署《关于恢复边境贸易的谅解备忘录》，双方同意通过里普拉克山口开展边境贸易，中方指定中国西藏的普兰为边贸市场，印方指定印度北方邦的贡吉为边贸市场。1992年，中印两国签署《关于边境贸易出入境手续议定书》。至此，中印边境贸易在中断30年后终于得以恢复。其间又有诸多事端耽搁边境开放。与此同时，亚东又开始出现少量的边民互市贸易，并初具规模。不丹和印度边民在亚东帕里镇和下司马镇进行易货贸易。

2006年，亚东口岸正式开放。

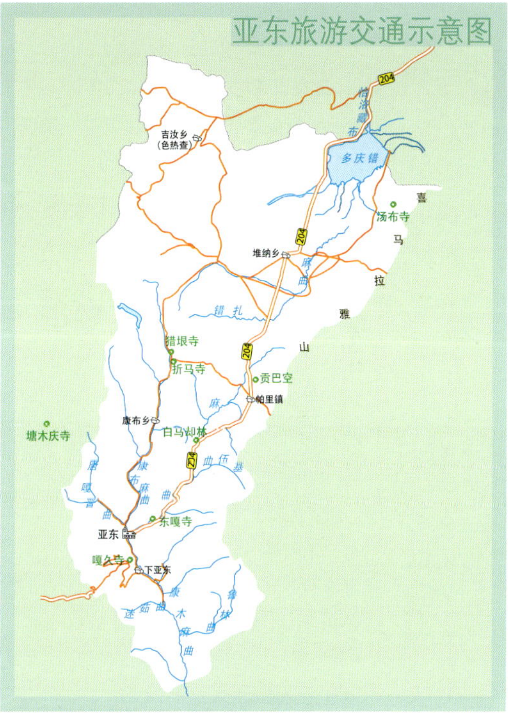

下亚东原始森林

祖国西南前哨的“绿色宝库”

✉ 日喀则市亚东县下司马镇，距县城12千米

下亚东原始森林，被誉为祖国西南前哨的一座绿色宝库。森林内有着丰富的动植物资源，原始地貌保持得很好。主要树种有冷杉、铁杉、乔松、红豆杉等，主要野生动物有金钱豹、长毛叶猴、獐子、野驴、黑颈鹤、草白鸭等。珍贵药材也不少，如黄连、天麻、虫草、雪莲花、麦冬等。

区内设有一个度假村，旨在宣传亚东各族人民勤劳、朴素、保护大自然的信心，保护生态环境。

东嘎寺

亚东影响最大的格鲁派寺庙

✉ 日喀则市亚东县上亚东乡，距县城13千米

东嘎寺由德瓦西巴大师创建于16世纪初，至今有500多年的历史。该寺是扎什伦布寺的分寺，也是亚东规模、影响最大的一座格鲁派寺庙。寺内现存有清末文物如晒佛唐卡、宗喀巴像、金铜弥勒佛像等，壁画雕刻也有独特的观赏价值。

该寺每年一度的藏历正月十五的展佛活动和酥油话会都吸引着东亚地区的群众，当地百姓带着青稞酒、酥油茶和点心水果在寺中、寺旁的旷地席地欢聚，此景又像二月后藏腹地人们才开始的春游逛林卡活动。

玩家 解说

东嘎寺也是西藏现代史上一座具有重要意义的寺庙。1950年到1951年达赖喇嘛曾在此寺旅居8月余，其间中央代表张经武与达赖喇嘛在该寺举行了具有深远历史意义的会谈，张经武递交了毛泽东主席给达赖喇嘛的亲笔信和和平解放西藏十七条协议的副本。寺前至今尚立有“会谈碑”，是西藏和平解放的历史见证。

康布温泉

日喀则三大温泉之一

✉ 日喀则市亚东县康布乡上康布村，距亚东县城47千米

康布温泉是日喀则市“三大”有名的温泉之一，享有世界药王泉的美誉。

温泉区域约5万平方米范围，有14个泉眼，12间单独隔离浴室，各个泉眼水温、药效各不相同，可治疗骨科、皮肤科等几十种疾病。温泉显著和独特的疗效吸引着许多区内外和邻国人员来此洗浴治疗。

玩家 解说

康布温泉是西藏著名的治疗性温泉，经书中被称为“天下第二隐修地”。温泉区域范围极广，

土质肥沃，富含矿物质。现该区已建成康布温泉康复理疗综合中心，占地面积4000多平方米，建筑面积2062平方米，新区引用了两个泉眼的温泉进行沐浴。春秋两季前往洗浴的人络绎不绝。

亚东沟

边境地带的风景旅游胜地

日喀则市亚东县司马镇和下亚东乡

亚东沟意为旋谷急流的深谷。其海拔从2300米到2700米不等，是以探险、观光、休闲为主的风景旅游景区。

亚东河穿沟而过，沟内森林茂盛，树木苍绿，遮天蔽日，有各种丰富的野生动植物资源，河里的亚东鲑鱼是国家一级保护鱼种，还有珍贵中草药如虫草、天麻、红景天、藏红花等。亚东河的两岸随处可见农牧民依山而建的别具一格的藏式民居。民居为石木结构，屋内冬暖夏凉，房屋上装饰着独特藏式花纹图案，体现出藏民族特色和藏民族灿烂的文化。

绰莫拉日峰

难以攀登的险峻高峰

日喀则市亚东县司马镇和下亚东乡

绰莫拉日峰，海拔7300多米，顶峰突兀，壁峭坡陡。山峰西侧在中国境内，东侧在不丹王国境内。西北山脊和西北斜槽岩石裸露，接近顶部才有积雪、冰川。沿山峰北侧冰川至峰腰坳部向上有两条可供登顶的路线，从1954年起，就有英国人和印度人前来中国试登，但是至今她仍是一座“无人问顶”的处女峰。

更多本旅游区景点

嘎居寺：在亚东县下亚东乡切玛村南部，由噶举派僧人丹增尼达白桑布建于1746年，占地面积1900多平方米。寺庙东、西、南三面分别与不丹、尼泊尔、印度交界。

多庆错：在亚东县堆纳乡多庆村，又称为“嘎拉错”，是西藏最美的湖泊之一。海拔4000米，水域面积达333.3平方千米。湖中生长着无数的珍稀鱼类，据估计该湖的鱼类蕴藏量在1500吨以上。

卓木拉日雪山：在亚东县帕里镇，又名神女峰，是喜马拉雅山第七座山峰。雪山平均海拔7600米，山顶终年积雪，白雪皑皑，雪山脚下是多庆湖。

绰莫拉日峰

景点推荐

中尼公路景点

锡钦温泉

日喀则三大温泉之一

日喀则市拉孜县城以东10千米处

锡钦温泉是日喀则市三大有名的温泉之一。温泉水清澈见底，无异味。泉水含有氯以及其他多种化学元素，对风湿性关节炎、神经衰弱、胃病等疾病有较好的疗效，而且能够调整血压。目前，温泉附近已建有温泉旅馆，设有大小浴池12个，常年平均水温47℃，池内的温泉水按需要随时可更换。春秋两季区内外藏族群众和当地农牧民前往洗浴治疗。

芒普温泉

被称为神圣之水

日喀则市拉孜县芒普乡秋古村

芒普温泉当地人称为神圣之水。泉水从半山腰的石缝中渗涌，共有5个泉眼，泉水流入两个各约20平方米的人工水池，两池有一小洞窗相连，泉池旁筑有5间石砌藏式平房，经过风雨侵蚀，已斑驳陈旧。泉水的清浊程度随矿物质活性改变而经常变化，有时清澈见底，有时呈乳白色。水温四季恒定，一般保持在50℃左右，被称为水和火的融合体，对关节炎、眼疾、高血压等疗效极佳。

达昌木切寺

曾是萨迦派在拉孜的第一大寺

日喀则市拉孜县曲下镇

达昌木切寺是萨迦派在拉孜的第一大寺，至今已有500余年的历史。寺院建筑规模不大，但朝佛者络绎不绝，香火很旺。该寺在“文革”期间也遭受了一定的损害，寺院外围建筑都已不存在。

平措林寺 ㊈

五世达赖时期寺庙换教寺之一

日喀则市拉孜县彭措林乡

平措林寺海拔4100米，于1615年由多罗那他主持修建。寺庙规模宏大，占地约37800平方米，以集会殿为主体，共有35个殿堂和1个诵经大殿，并在寺庙的山顶处修建了90多间高9层的达耶拉塔卧室。寺内保存有大量珍贵的老壁画和镀金铜佛像，如生威金刚、时轮金刚、胜乐金刚等164件。

该寺每年藏历十二月二十七日会举行跳神节，藏历十月八日举行朝拜度母仪式。

玩家 解说

平措林寺，原信奉觉朗派，到五世达赖喇嘛执政时期，该寺属13座寺庙换教寺之一，故信奉格鲁派。

平措林寺珍藏着四大宝：一是土布瓦·喜绕坚赞的拐杖；二是达耶拉塔的手杖，据说是蒙古人所赠，手杖上雕刻有蒙文、藏文、龙等；三是多罗那他的法铍，相传闻其声便能解脱苦海；四是一对宝石，一个形如鸡蛋，呈白色，上面有天然形成的咒语和雍仲图案，另一个形如杏仁，上有一道白线。

觉囊寺

千年古寺

日喀则市拉孜县彭措林乡欧布琼山

觉囊寺海拔4600米，由贡巴·土杰尊珠建于12世纪。该寺已有千年历史，信奉宁玛派，昌盛时期曾有2万名僧人。

1984年，在原寺的废墟上修复了大经堂和9个殿堂，供有莲花生师徒3尊佛。寺内藏有噶玛巴的鞋子、空行母益嘉措的金刚橛、莲花生大师的九股和五股金刚杵等文物。寺庙北面的宗山上有3处禅房和修行洞，山上还有一座“万佛一见得解塔”，塔高约27米，塔形呈“时轮坛城”，有108个门、108个殿堂。主供佛为喜绕坚赞师徒三尊佛。每年的12月22日至30日，该寺举行跳神和驱鬼仪式。

玩家 解说

寺庙初建时，寺名为达旦彭措林，意为永固昌盛寺，属觉囊派最大寺院，后在五世达赖时期改为格鲁派寺庙，划归扎什伦布寺管理，并更名为甘丹彭措林，意为善规昌盛寺。

平措林寺

拉孜风光

乃萨寺

藏有罕见的袖珍系列唐卡画

日喀则市拉孜县曲下镇乃萨村

乃萨寺建于8世纪末，即吐蕃王朝赞普赤松德赞晚期。寺内原本是宁玛派大译师玛仁青乔及后裔密宗传人举行密宗仪轨和修炼的重要道场，后几经战乱受到较大损坏。寺内现存主要文物有用于祛灾避禳、密宗灌顶、祭祀等仪式的袖珍系列唐卡、木制曼陀罗等。袖珍系列唐卡年代久远、刻画精美，是西藏乃至全藏区罕见的袖珍系列唐卡画。木制曼陀罗是绘在直径仅70厘米的方木上，上有大小不一的10座曼陀罗（坛城），中央绘有九会曼陀罗（9种曼陀罗的集合），每一坛场又绘有各方主尊、眷众、宝塔、鬼神等。最小的仅有米粒大小，唯用放大镜才能看清整个轮廓和五官等。在乃萨村后山上修有大小不一的佛塔200多座，是该寺历代密宗大师的灵塔。

拉孜曲德寺

扎什伦布寺的附寺

日喀则市拉孜县境内的拉孜雪山脚下

拉孜曲德寺，由五世达赖喇嘛阿旺·罗桑嘉措创建。而后七世达赖喇嘛将拉孜曲德寺赠给了六世班禅，从此拉孜曲德寺属于扎什伦布寺的附寺。1985年重新修缮，现有上师殿、度母殿、密宗殿、未来殿等10个殿堂，主供释迦牟尼佛。

寺庙南侧山上有一修行洞，相传11世纪比丘嘎耶达热曾在此修行，洞中石壁上有两尊自然形成的大日如来佛像。每年藏历元月十五日，举行隆重盛大的强巴佛迎佛节活动。

查木钦墓葬群 文

吐蕃时期重要王侯墓葬

日喀则市拉孜县曲玛乡

曲玛乡查木钦古墓群是西藏境内吐蕃时期重要的王侯级别以上的墓葬，共有130多座。

整个墓葬群以查木钦墓地为中心，在其西南面有桑杰林墓群、查邬岗墓群和达道墓群；在其东南面有帕当日墓群、恰雄村墓群和路琼墓群。墓葬群分为A、B两个区，A区为64.6万平方米，B区为26.9万平方米。目前遗存有封土墓135座、殡葬坑28座、房屋建筑遗迹2座、石狮1对、石碑1座。根据外观形态和平面形状大致可分为梯形封土、“凸”字形封土、土方形封土、圆形封土、塔形封土6种类型的墓地。

玩家 解说

墓地竖有藏文墓碑和一对石狮，石狮雕刻粗犷古朴，为艺术珍品。据专家初步分析，古墓碑碑文记载该墓与吐蕃赞普赤热巴中有关，该墓群有可能系吐蕃五朝末代赞普一朗达玛家族后裔的坟墓。

珠峰自然保护区 AAAA

世界海拔最高的保护区

日喀则市定日县扎西宗乡

景区环保费65元

珠峰自然保护区，南起国界线，北至雅鲁藏布江（吉隆县境内）和藏南分水岭（定日县境内），全区面积为3.38万平方千米，相对海拔高度达7408米。

保护区内有世界上最高大的山脉——喜马拉雅山脉，其地貌形态极具特色。保护区内分布有5座8000米以上的高峰，包括世界第一高峰——珠穆朗玛峰（8844.43米）。

保护区区内有多处具有重要科学研究价值的地史学遗迹，如吉隆县聂汝雄拉上新世的三趾马化石群、希夏邦玛峰的高山栎化石群等，科学价值无法估量，是研究高原生态地理、板块运动和高原隆起及环境科学、社会人文科学等学科的宝贵的研究基地。

玩家 解说

天气晴朗时，珠峰顶常飘浮着形似旗帜的乳白色烟云，这就是珠峰旗云。旗云是由对流性积云形成，由于旗云的变换可以反映出高空气流的

日喀则风光

珠穆朗玛峰

变动，因此，珠峰旗云又有“世界上最高的风向标”之称。

绒布寺

绒布寺位于珠峰北麓的绒布冰川末端，海拔5154米，是世界上海拔最高的寺庙。1899年，由宁玛派喇嘛阿旺丹增罗布创建。整个绒布寺依山而建，一共5层，现在仍在使用的只有两层。主殿正面供有释迦牟尼、莲花生等佛像。寺中壁画值得一看。寺庙附近尚存莲花生大师当年的修行洞，以及印有莲花生大师手足印的石头和石塔等。

绒布寺僧尼同寺有僧人11名、比丘尼8名，设有一个诵经殿和一个殿堂。每年藏历四月十五日举行3天的跳神活动，藏历十一月二十九日举行隆重的驱鬼仪式。珠峰北麓的绒布冰川末端，距定日县城驻地90千米。

玩家 攻略

定日县府有条件不错的珠峰宾馆。从定日到珠峰脚下一般都落脚在绒布寺，登山大本营也都设在这里。另有部队的兵站和运输站可宿，但没有淋浴、餐厅等设备，条件艰苦。建议自备睡袋，尤其在寒冬的时候，被子加睡袋比较温暖。

玩家 解说

绒布冰川应该得名于珠穆朗玛峰下的绒布沟，脚下的绒布河是由珠峰北坡的三大冰川——东绒布冰川、中绒布冰川、西绒布冰川部分泉水汇集而成的冰水河流。登山专家认为绒布冰川是远眺喜马拉雅山最佳地点。从这里出发经过峡谷、悬崖到喜马拉雅山坐车只要15分钟。

洛子峰

珠穆朗玛峰以南3千米

洛子峰海拔8516米，为世界第四高峰。洛子峰在藏语中意为青色美貌的仙女，以山峰的北山脊与东南山脊为界，洛子峰的东侧在中国西藏自治区境内，西侧属尼泊尔。此处地形极其险峻，环境异常复杂，大大小小冰川密布，气候变幻莫测。

协格尔曲德寺

依山而建的格鲁派寺院

日喀则市定日县协格尔镇金刚山上，距县城7千米

协格尔曲德寺依山而筑，建于明洪武十八年（1385年）。其墙体十分独特，采用石块与土坯砌筑。寺庙经过4次不同规模的复修、

珠峰大本营

昆布冰川

扩建，现有4座殿堂。

曲德寺印制的藏经曾闻名后藏，该寺现保存有较珍贵的文物100多件，其中手印经、经板、唐卡、法器等文物众多。这些文物对历史考证、科研都具有较高的价值。

当地每年都会举行一次赛马会，赛马会是当地村民在每年农忙过后自发进行的一种为期7天的庆祝活动。其中内容非常丰富，有赛马、舞蹈比赛、对歌等。

玩家 解说

协格尔曲德寺未建之前，协格尔金刚山上有一个修行洞。洛追登也大师和他儿子就在此洞修行。洛追登也大师留下了一个预言，说协格尔金刚山上将会有讲经院。到了罗达·司徒却追仁钦时，山顶修建了宗政府和一座时轮小庙。而后，司徒却追仁钦修建了协格尔曲德寺。寺院曾一度被扩建，曾有僧侣100多人，各种教派共布一寺，和睦相处。西藏佛教萨迦、格鲁、夏鲁等教派拥有扎仓7座。

1645年五世达赖喇嘛阿旺·罗桑嘉措执政时期，协格尔曲德寺统一信奉格鲁派，先后传承28位堪布。后又划归为拉萨色拉寺的下属寺，授权管理拉萨色拉寺在这里的领地，代理收租，派役等事宜。

孜布日神山

分布有大量昆虫化石的神山

日喀则市定日县西部，与聂拉木县交界处

孜布日神山海拔5500米，也叫飞来山。相传该山是从印度飞来的，后被释迦牟尼在山上每个角（4角）钉了2个木桩而定住。

孜布日神山是一座由第三纪石灰岩组成的山峰，全长55余千米。在佛教传说中，山中有108座山峰、108座寺庙、108处泉水、108个溶洞。孜布日神山上有大量的昆虫化石，具有科考价值。当地群众每年都要环绕“神山”转经，求神保佑。

酸奶湖

聂拉木三大神湖之一

日喀则市聂拉木县城向北8千米处

酸奶湖的平均海拔为3900～4100米，是聂拉木县的三大神湖之一。据说人喝了湖里的水可以延年益寿，牛羊喝了湖中水可以长得膘肥体壮，产奶量也会随之增加。该湖四周环境优美、湖水湛蓝如镜。湖泊周围的群山上，成片的野生杜鹃花长势茂盛，每到春季杜鹃花开的时候，漫山遍野一片花的海洋，雪山、湖水在阳光映射下，银光闪闪，如诗如画，仿佛人间仙境。

希夏邦马峰

吉祥的神山

日喀则市聂拉木县亚来乡

希夏邦马峰海拔8012米，在世界15座8000米级高峰中排名第14位。它是唯一一座完全在中国境内的海拔8000米以上的山峰，由3个高程相近的姐妹峰组成。

希夏邦马峰坐落在喜马拉雅山脉中段，北坡横对着野博康加勒冰川，与它平行的是达曲冰川。北山脊以东是格牙冰川，南坡有16千米长的富曲冰川。其中最引人入胜的是海拔5000~5800米的冰塔区，长达几千米，景象形态甚是奇异，宛若"冰晶园林"，但其上又布满了纵横交错的冰雪裂缝和时而发生的巨冰雪崩。

玩家解说

希夏邦马峰，藏语意为气候严寒、天气恶劣多变之意。藏族人民有许多神话和歌谣称颂其为吉祥的神山。

希夏邦马峰地处喜马拉雅山褶皱带的北部，各岩系构造与山系走向大致吻合，由厚度达千米的变质岩组成，其谷底的道道冰川终泽垅显示了250万年以来这里的冰川发生的剧烈运动，近年来在此附近地区还发现了一批巨型古脊椎动物化石和大量的辨鳃、菊石及海星化石等，证明了这一地区的沧桑变更。

希夏邦马峰的气候特征大体上与珠穆朗玛峰相似。每年4月和5月、10月和11月期间内，连续2天以上的好天气一般可能出现2~3次，3天以上的好天气一般可能出现1~2次，是登山活动的好时期。

佩枯错

珠峰保护区内最大湖泊

日喀则市聂拉木县境内

佩枯错湖面海拔4590米，是珠峰自然保护区内最大的湖泊，面积达300平方千米。湖的南部有大量冰川河水注入，湖水可以饮用。水质清澈，水色碧蓝，岸边为广阔的草场。远处四周环绕雪山，湖边水鸟成群，湖中游鱼穿梭，湖岸有野马、藏野驴、藏羚羊、仙鹤、黄鸭、灰鸭等动物活动，是一个集各种景色为一体的综合景区。

玩家解说

佩枯错地处喜马拉雅支脉岗彭庆北麓，尚未受到外流水系破坏的藏南谷地。这里保留着完好的古高原。在佩枯错东南20千米处，还有一个小

佩枯错

湖名叫浪强错。其湖面海拔4650米，原与佩枯错连为一体，后被河流淤积物所阻隔。

樟木口岸

国家一类陆路通商口岸

✉ 日喀则市聂拉木县樟木镇，离县城30千米

🚌 日喀则到樟木的班车每天都有

樟木小镇依山而建，海拔2300米，是位于喜马拉雅山南麓的一座中尼边境小镇。樟木口岸便坐落于此，它是中国和尼泊尔之间进行政治、经济、文化交流的主要通道。口岸交通方便，能源、通信等基础设施基本保障，海关、银行、公安等管理机构健全。曲波河上的友谊桥是中尼两国界桥，桥上的国门高13米，庄严气派。桥头有边贸自由市场。

樟木口岸自然环境很美，风光最好的地方是青布沟，此外还能看到世界第14高峰希夏邦马峰。境内有茂密的原始森林、奇特的冰川和几十个大小湖泊，现已成立樟木口岸自然保护区。

玩家 攻略

去樟木小镇需要办理边境管理区通行证。国内游客办理边境管理区通行证可在所在地区的公安局办理，也可到西藏后办理，但手续复杂。

镇上有许多宾馆可供选择，如樟木宾馆、财源宾馆、虹桥宾馆等。还有一些略小的旅馆，不对外国人开放。镇上还有很多小吃店，有东北和四川两种味道的，消费比拉萨略贵。

玩家 解说

樟木镇，原以半农半牧为主，经济发展缓慢。樟木口岸开放后，全镇人家大都从事中尼边境贸易。10年来当地经济和居民生活水平有了很大提高。

小镇现有常住人口3000多人，外贸边贸公司20余家，日流动人口平均1000人左右，对内辐射西藏及相邻省区，对外辐射尼泊尔及毗邻国家和地区。

从樟木口岸进口到中国的商品主要有大米、面粉、辣椒、香水，出口到尼泊尔的商品则是羊毛、茶叶、盐和藏药。现在的樟木镇已是西藏目前最大的边贸中心口岸。

樟木镇山高交通不便，边境贸易活动全在中

尼友谊桥头的自由贸易市场展开。樟木口岸有着中国口岸独一无二的例外，出关不出国，入境不入关。这个特殊的地方有个村庄，名叫得斯岗，居住在那里的全是夏尔巴人。根据中尼两国政府达成的协议，双方边民在双方边境30千米以内都可以自由出入。从樟木海关到中尼友谊桥头这段地方，尼泊尔边民出入可以不用办任何手续。7年前，在两国政府的协调下，双方自发地形成了一个自由贸易市场，于每周六开放。近两年，中尼边贸发展很快，周六市场早已发展到全天候的自由市场，尼泊尔边民每天都可以自由过桥来做生意。

樟木风光

樟木沟

珠峰南坡的美丽森林

日喀则市聂拉木县城

樟木沟平均海拔2300米，最低海拔1770米。整体区域属亚热带海岸气候。南面受印度洋暖湿气流影响，这里气候湿润、碧水青山、四季如春。区域内有丰富的动植物资源，有藏雪鸡、血雉、小熊猫等珍禽异兽，主要植物有杜鹃花、玉兰花、桃花等。这里能欣赏珠峰南坡立体气候自然景观，森林植被垂直分布十分明显。

玩家 解说

樟木，史称塔觉嘎布，藏文是附近之意。得名有二，一是有人说在波曲河的附近；二是有人说佛教从印度传入尼泊尔、西藏，因此地距尼泊尔最近，所以称为樟木。

更多本旅游区景点

嘎玛沟：在定日县朋曲河下游，东西长55千米，南北宽8千米，素有世界最美丽的谷地之称。嘎玛沟的北界为卡达藏布与嘎玛藏布的分水岭，南界为中尼边境，东至陈塘，西抵珠峰。

陈塘沟：位于珠峰自然保护区东部，属天然植被和原始森林自然风景区，有世界上最美丽的圣地之称。主要景观有陈塘雪雄玛温泉、珠峰、洛子峰并立景观，叶如湿地、多布扎湖、定结湖等。

拉布吉康峰：在聂拉木县与定日县的交界处，海拔7367米。山峰四周布满了冰峰和夹在其间的冰雪坡、冰川、冰塔林等。冰坡上不时发生雪崩、冰崩、滚石和裂缝。

米拉日巴修行洞遗址：在聂拉木县聂拉木镇江嘎村，藏文名为聂襄垂巴普。该修行洞始建于1059年，是藏族著名高僧米拉日巴的晚年修行洞。洞内有自然形成的各种景观，十分神奇独特。

樟木烈士陵园：在聂拉木县境内的樟木镇，为了纪念1965年修建中尼公路中牺牲的87位烈士而建。陵园占地面积约为1000平方米，前门正中建有一座石砌牌坊，上面有陈子植的题词“气壮山河”四个大字。

樟木中尼友谊桥

景点推荐

萨嘎周边景点

塔格加间歇喷泉

规模颇大的间歇喷泉群

日喀则市昂仁县切热乡

塔格加间歇喷泉是中国规模最大间歇喷泉群，具有极高的科研和旅游价值。喷泉共有108个泉眼，水温达50℃，泉中含有钾、镁、铁等十几种元素，对神经痛、关节炎、消化系统等疾病有一定的疗效作用。喷泉中心区建有400多平方米的砖混结构平房10多间，可供住宿、餐饮等使用。

日吾其金塔

唐东杰布的建筑作品

日喀则市昂仁县日吾其乡

明洪武二十二年（1389年），桥梁建筑大师、藏戏创始人唐东杰布主持修建了金塔，属宁玛派。

金塔为塔寺合一的建筑物，高35米，共有6层，分为座、塔瓶、塔顶三部分。塔瓶直径20米，自下而上逐层收封。

金塔内设有佛殿4座，内有佛殿、神龛，其中壁画十分传神。金塔的总体结构为土木结构，建筑风格与西藏佛塔之冠的白居塔风格相近，却比白居塔早建成近百年。

白玛曲林寺

松赞干布时期兴建的寺庙

日喀则市萨迦县雄玛乡吉龙村

白玛曲林寺建于7世纪，为松赞干布时期兴建的寺庙之一，始名“耐玛祖拉康”。8世纪，莲花生大师也曾在此修行。19世纪时，由强巴朗杰对该寺进行过全面修葺和扩建。寺庙坐落在苏日山南麓，海拔4000多米，始奉宁玛派，后改宗格鲁派。

白玛曲林寺中老大殿由强巴朗杰创建，门向东，高二层，主供释迦牟尼佛及二弟子泥塑像。甘珠尔殿位于大殿之东，高一层，主供观音菩萨合金像，经书架上珍藏《甘珠尔》一套。新大殿为罗桑群沛住持寺庙期间创建，经堂面阔5间进深5间，堂内主供释迦牟尼佛、文殊菩萨镏金铜像，珍藏《般若经》一套。此外，寺内还建有度母殿、伟干拉康、甘丹拉康等建筑，多供奉佛像，内有精美壁画。

帕巴寺 ⓧ

供奉瓦帝桑布的寺院

日喀则市吉隆县东部

帕巴寺约建于唐贞观十二年（637年）前后，寺庙整体形状为一楼阁式石木结构建筑，塔身方形，塔中心有楼梯可盘旋至顶。

从下至上共有4层，层层出檐，逐层收分，每层檐角上套有黄铜制成的火焰套饰。3、4层上黄铜制的檐伸出，顶部有黄铜制成的刹顶，以圆光、仰月、宝盖、宝珠连接而成，屋面用红铜盖顶，四周壶门之上绘有小佛像。

底层为佛殿，是寺庙的主体部分，由门廊及主殿两部分组成。外环绕以外环廊，内有暗回廊相绕，供信徒转经之用。寺外墙壁和门廊南壁自东至西分别绘有三世佛、护法神、观音像等早期壁画，现已重新上色复原。

帕巴寺

玩家 解说

当年尼泊尔尺尊公主进藏与松赞干布联姻，随身携带3尊释迦牟尼佛像。其中的瓦帝桑布之尊被安放在吉隆镇。帕巴寺就是为了供奉瓦帝桑布之尊而特别建造的。

大唐天竺使出铭 ⓧ

记载了唐代使节出使天竺的经历

日喀则市吉隆县县城境内，阿瓦呷英山口

大唐天竺使出铭是当地著名的摩崖石刻，记载王玄策出使天竺的经历。崖壁面阔约1.5米，其上有崖棚遮盖，崖脚有水渠环绕而过，崖面距地表约5米。题铭系阴刻，字面宽81.5厘米，残高53厘米，下部已破坏。字面用阴线细刻方框间隔，字体为楷书，字约2厘米见方，现存24列，共311字。题铭额题为隶篆，上书"大唐天竺使出铭"7个大字。题铭文字因多年风化，侵蚀严重，许多已模糊不清。

玩家 解说

大唐天竺使出铭，当地人也称为阿瓦呷英摩崖题铭，即汉语父亲之意。题铭虽然字迹依然模

大唐天竺使出铭

糊，却依然可以看出铭刻时间为唐显庆三年，即658年。文中记述了唐代使节王玄策出使天竺，途经吉隆的过程。该石刻是迄今为止在西藏发现最早的藏、汉文石刻，比拉萨大昭寺前的“唐蕃会盟碑”还早165年。

古代中国和古代印度同属四大文明古国，两者的文化交流由来已久。据说，最早的陆路交通路线有两条，一条是经天山、帕米尔高原、克什米尔至印度，称“天山道”或“龟兹道”；一条经四川、云南至缅甸、印度，称“滇缅道”。到了7世纪初，就又多了一条经青海、西藏至尼泊尔、印度的“唐蕃古道”。其中出藏的路段称“蕃尼古道”或“吐尼古道”。

关于蕃尼古道在吐蕃西境的具体走向和出口位置，长期以来一直是个谜。千年的历史早已湮灭了这条古道的痕迹。直到20世纪90年代在吉隆发现了“大唐天竺使出铭”唐碑，才揭开了高原古道神秘面纱的一角。这一珍贵题铭对进一步研究古代唐蕃、中外关系等问题，具有极为重要的意义和价值。

吉隆沟

历史上的重要通道

日喀则市吉隆县县城南部70千米

吉隆沟海拔约2000多米，是珠峰自然保护区内面积最大森林景区。景区内山高林密，沟谷幽深，景色宜人，动植物资源丰富。内有珍贵的西藏长叶松、长叶云杉和天麻、贝母、苦黄连等80多种药材。其中最珍贵的是喜马拉雅红豆杉，属国家重点保护植物。

玩家 解说

吉隆，意为幸福、欢乐之乡。据传8世纪后期，吐蕃王赤松德赞从印度迎请莲花生大师入藏时，大师曾路经此地。休息一宿后，莲花生见此地山清水秀，风景明媚，便欣然称呼此地为“吉隆”。而在历史上，这里更是中原通向印度、尼泊尔等南亚国家的重要通道。尼泊尔的尺尊公主远嫁松赞干布即经此地抵达拉萨，为此藏王松赞干布在沟里修了尼泊尔风格的寺庙帕巴寺。宗嘎镇的唐朝汉文摩崖石刻，说明了唐朝时有使臣从这条路经过。近代廓尔喀（今尼泊尔）抢劫扎什伦布寺，清廷遣大将军福安康还击廓尔喀人，也是从这条路进出的。沟内留下许多保家卫国的英勇故事。

吉隆沟

杰玛央宗冰川

雅鲁藏布江的正源

日喀则市仲巴县境内

杰玛央宗冰川是雅鲁藏布江的正源，地势高寒，海拔5590米。此处地形平坦，周围分布着险峻的高山，条条冰川横在山谷之间，长约11千米，宽约1千米。晶莹的冰川姿态各异，融化后的冰川分成上百条小河流，形成网状布局，在冰川下面约10多千米的地方汇入马泉河，为雅鲁藏布江的上游段。

攻略资讯

- 交通
- 住宿
- 美食
- 购物
- 娱乐

交通

飞机

日喀则和平机场位于日喀则市桑珠孜区江当乡境内，距离市区43千米。和平机场于2010年10月正式通航，是西藏第五个民用机场。目前开通了日喀则至成都的航班。

日喀则和平机场目前没有机场大巴，从市区乘坐出租车去往机场费用约100元。

火车

日喀则火车站位于日喀则市桑珠孜区甲措雄乡的占堆村，这是目前我国铁路网连接西南交通大动脉的最后一个铁路枢纽，有往返拉萨的列车。从市区乘出租车前往火车站车费10元左右。

中尼公路风光

汽车

日喀则的长途汽车分为公营和私营两种，主要往拉萨、萨迦、江孜、亚东等地，可分别在汽车站和日喀则长途汽车站乘车。前往拉萨可在贡觉林路的工商局对面候车。

日喀则东郊客运站：位于日喀则市桑珠孜区仁布路4号。

日喀则汽车总站：位于日喀则市桑珠孜区上海中路附近。

住宿

日喀则市是西藏第二大城市，来往游客和商家很多，因此各种档次的酒店、宾馆不少，还有许多私人开的小旅馆。其中珠峰路和上海中路的宾馆较多，且住宿条件较好。但需要注意的是，大多数宾馆的热水供应都有时间限制，并且经常误时，游客用热水需提前问好。

●久木亚美国际大酒店

酒店紧邻高原明珠湖，至后藏商贸一条街步行约5分钟，地理位置很好，交通便利。酒店环境优雅，对面有一个人工湖，还有一些小山坡和亭子。日喀则市桑珠孜区吉林北路3号 8837000

雪山风光

● 上海广场大酒店

上海广场大酒店可以算是日喀则市最好的饭店之一了，不过它的阴面房间比较小一点，阳面也就是靠马路的房间要宽敞些。地理位置相当好，是日喀则的中心地区之一，周围有汽车站、超市、饭店等，出行、购物、就餐都很方便。✉ 日喀则市桑珠孜区珠峰路22号 ☎ 8824120

● 日喀则教育宾馆

日喀则教育宾馆不大，价格较实惠。宾馆环境古朴清新，服务亲切周到。地理位置很好，交通比较便利。✉ 日喀则市桑珠孜区山东路25号 ☎ 8841288

● 金龙宾馆

金龙宾馆设施比较新，旁边有个规模很大的小吃城全天营业，这里出行也很方便。酒店干净卫生，定时打扫，安全可靠。✉ 日喀则市桑珠孜区上海中路23附5号 ☎ 8830888

● 刚坚果园林卡饭店

刚坚果园林卡饭店大堂装修非常有藏族特色，离扎什伦布寺非常近。若赶上晒佛节，藏民们在楼下的扎寺附近街道庆祝，喝酒唱歌，非常热闹，可以感受到浓厚的民族氛围。✉ 日喀则市桑珠孜区珠峰路9号 ☎ 8687526

● 拉孜公寓

拉孜公寓位置不错，交通便利，内部装修简单温馨，价格比较实惠。附近有川菜馆等多家餐馆，还有超市、诊所，出行、购物都比较方便。✉ 日喀则市桑珠孜区珠峰路 ☎ 8820777

● 邮政宾馆

邮政宾馆就在汽车站旁边，交通很方

樟木镇风光

便。楼下还有步行街，所以无论吃住都很方便。宾馆装修很古典，大堂装饰雕刻，很有藏族特色。客房分藏式和汉式两种，明亮干爽。 日喀则市上海中路11号 8839520

●定日珠峰宾馆

定日珠峰宾馆是珠峰附近唯一的酒店，房间比较干净，虽然不大但是在珠峰附近来说，已经很不错了。 日喀则市定日县白坝乡珠峰东路1号 8262775

美食

日喀则餐饮与西藏其他地方相同，多以藏族菜系和川菜为主。在这里可以品尝到传统的灌肠、青稞酒和酥油茶、糌粑以及各种糕点，还有甜茶、酸奶等食品。这里的餐馆无论档次高低，装潢设计大都体现了西藏的民族特色：铁皮火炉、藏式蒲团、吉祥图与壁画等。

酸奶

美食小吃

●朋必

“朋必”几乎是日喀则小吃的象征，在藏区其他地方基本见不到它的踪影。其做法是将豆汁熬成糊状，冷却后即可成形，加上藏葱、咖喱、青油、肉末等不同作料。朋必的吃法也称得上独一无二，手掌就是碗，手指就是筷子。在日喀则的街上，打扮得花枝招展的姑娘们手掌上放着朋必，上面撒着辣椒汁边走边吃，一点也不觉得有失雅观。

推荐店铺：吾尔朵藏餐馆 桑珠孜区扎得德东路8号

●爆焖羊羔肉

爆焖羊羔肉是高原的一绝，也是半农半牧地区民间传统的名贵菜肴。爆焖羊羔肉肉质细嫩，辣酥爽口，色泽暗红，闻之芳香，嚼时柔软，入口不腻，营养丰富，有补益壮身之功。

推荐店铺：牛头藏餐厅 桑珠孜区山东路藏隆广场商品房16号 8841118

爆焖羊羔肉

●藏面

藏面要事先压出来煮熟，然后晾干，吃时放入滚烫的牛肉汤中即可。吃藏面最大的享受是喝汤，清清淡淡的肉汤，加上少量的盐和葱花，就成了一碗难得的美味。

推荐店铺：白雪藏餐 日喀则市桑珠孜区四川路

藏面

美食去处

日喀则市解放北路和珠穆朗玛路一带是藏菜馆的集中地，牛羊手抓肉、凉拌牦牛舌、各类灌肠、各种糕点皆有。解放中路客运站附近有夜市，气氛十分热闹，菜式多样，在此可尝到很多风味小吃，是日落后消磨时光的好去处。

购物

日喀则购物和在西藏其他各地区差不多，以法器、饰物、念经轮等民族手工艺品为主。日喀则各地的旅游景点附近，都设有摊位贩卖旅游纪念品，较有特色的特产是江孜地毯、拉孜藏刀和扎西吉彩手工艺品。

日喀则特产

●江孜地毯

江孜是著名的地毯、卡垫之乡，已有600多年的历史。它的织法十分别致，结构紧密精致，经久耐用，色泽鲜艳，图案新颖，有着浓郁的民族风格和地方色彩，深受区内群众及海外人士喜爱，与波斯地毯、土耳其地毯并称为世界三大名毯。

●拉孜藏刀

拉孜生产的腰刀历史悠久，样式美观，淬火适中，刀刃锋锐。配有精致的刀鞘，鞘由白银、黄铜等金属制作，雕龙、凤、虎、狮和锦花图案，异常美观。拉孜藏刀工艺流程复杂，每道工序的细腻程度和要求之高难以用文字比拟。它蕴含着丰富的科学技术，是一份极其宝贵的历史遗产。

●扎西吉彩手工艺品

扎西吉彩是日喀则市南郊的一个小村子，是著名的手工艺品之乡。唐卡、法器、经轮、木碗、银碗、手镯、头饰等在这里都能买到。据说在七世班禅白尼玛时期，他从尼泊尔请来了金银匠，在现在的扎西吉彩一带设立了加工场地，专门组织加工寺庙用品。

日喀则购物场所

喜格孜步行街：日喀则市著名的购物街，街上店铺林立，五彩斑斓的当地特产让人眼花缭乱，这里的东西比拉萨的八角街更便宜一些，是一个淘宝佳处。商品主要以藏民族工艺品为主，包括日喀则地毯、江孜藏毯、江孜卡垫以及各种法器、饰物等。

藏族舞

日喀则集市：位于桑珠孜区的北部，售卖各种日用品，是当地藏民最常去的购物点，无论是否喜欢购物，这个集市都是值得转一转的。

娱乐

日喀则人民能歌善舞，民间舞蹈以热烈欢快的“堆谐”最为常见，还有场面宏大的“果谐”，各地都有极具特色的民间舞蹈。民歌有情歌、牧歌、酒歌、祝福歌等多种形式，在劳动和生活中男女老少随编随唱，自娱自乐。

藏历年：日喀则一年要过4次年：公历的元旦、农历的春节、西藏的藏历年和后藏的藏历年。其中最隆重热闹的当属藏历年。藏历年期间，各类庆祝活动不断，藏戏更是必出的表演之一。

藏戏：日喀则被视为藏戏的发源地，藏戏创始人唐东杰布就出生在昂仁县，南木林县香曲河上的铁索桥，传说就是他通过表演藏戏募集资金所建。优秀藏戏节目《文成公主》《朗萨姑娘》《诺桑王子》等不仅在西藏长演不衰，在国内外也深受欢迎。

发现者旅行指南

阿里

概览

亮点

神山圣湖

神山冈仁波齐峰素有“阿里之巅”的美誉，朝拜者络绎不绝。圣湖之王玛旁雍错是世界海拔最高的淡水湖之一，美丽得令人窒息。

科迦寺

千年古寺，属萨迦派。寺内建筑保存完好，有十分重要的历史、艺术与科学价值。

札达土林

世界罕见的大型土林，绵延数百千米，天造地设。气势极为雄伟，是不可错失的美景。景区内有千年前古格王朝的遗址，还有东嘎石窟和皮央石窟。

古格王朝遗址

1300年前古格王朝的都城遗址，保留数量众多的精美壁画，古格壁画气势宏大，风格独特，值得一看。

班公错

世界最著名最长的裂谷湖之一。湖中鸟岛景色特别，他处难寻。

必逛小镇

普兰镇：西藏高原西部重要的对外贸易城镇，各国风情云集于此。

狮泉河镇：海拔4300米，是我国海拔最高的城镇，有美丽的高原风光和独特的藏族风情。

线路

神山圣湖二日游

第一天游览尼泊尔大厦、悬空寺和科迦寺，观悬崖上的民居和寺庙建筑群，接受佛教的洗礼。

第二天游览冈仁波齐、玛旁雍错和拉昂错，拜神山，观圣湖、鬼湖。

札达经典二日游

第一天游览札达土林和古格王国遗址，探寻一日间销声匿迹的古城。

第二天游览查宗贡巴石窟壁画和聂普巴石窟壁画，感受精美的壁画艺术。

圣湖

噶尔日土三日游

第一天先游览狮泉河镇风光，然后前往扎西岗寺。

第二天前往日土县，先参观日土岩画，之后前往日土城堡。

第三天游览班公错，观鸟岛、品湖鱼。

为何去

阿里平均海拔4500米以上，被称为西藏的屋脊。这里遍布雪山圣湖，成群的藏羚羊、藏野驴、野牦牛在这里自由奔跑。被藏传佛教徒视为“世界中心”的神山冈仁波齐与纳木那尼遥遥相望，两峰之间是圣湖玛旁雍错和鬼湖拉昂错。还有神秘的古格王国、古老的托林寺和独特的扎达土林等景点，让人惊叹不已，吸引着世界各地的游人前往。

冈波仁齐转山

何时去

阿里海拔较高，自然条件恶劣，道路时常因天气变化而中断。全年降水量极少的阿里，雨水都集中在7~8月初的雨季，到阿里旅游的最佳季节是每年的5~7月和9~10月。

阿里风光

阿里境内的神山圣湖和绮丽的自然风光，吸引着大批朝圣者和冒险的游客。春夏之交和夏秋之交的时候来到阿里，不仅可以避开洪水暴涨的雨季和冬季的酷寒，还可尽情领略“生命禁区”的粗犷雄奇、高原风光的圣洁神秘。

此外，阿里昼夜温差很大，夜间基本在0℃以下，在这里旅行一定要带好御寒的衣物。

区域解读

区号：0897

面积：约30万km^2

人口：约9.6万人

主要少数民族：藏族

地理 GEOGRAPHY

区划

阿里地区下辖7个县（噶尔、普兰、札达、日土、革吉、改则、措勤）。地区行署驻地噶尔县。

地形

阿里旧称“堆阿里”，“堆”为“上部”之意，习惯上西藏将那些高海拔的地方称为“上部”。阿里也因为拥有喜马拉雅山、冈底斯山、喀喇昆仑山这些气势高峻的山脉（平均海拔4500米以上）而被称为“世界屋脊之屋脊”。

阿里地区总的地质趋向是南北高，中间

冈仁波齐

低，中北部广大区域为藏北无人区的边缘地带。该地区不适宜人类居住，人烟稀少，但风光独特。

链接

千山之巅，万川之源

阿里地貌以冰雪、山岩和湖泊为其特征，历史上曾把这种特征概括为“阿里三围”，即冰雪围绕的“普兰”，岩石围绕的“古格”和湖泊围绕的“玛宇”。阿里地区湖泊星罗棋布，全地区有大小河流80多条。源于冈底斯和喜马拉雅山的4条大河狮泉河、象泉河、马泉河、孔雀河分别向西北、西南和东南方向流入印度、尼泊尔，成为印度河、萨特累季河、布拉马普特拉河、恒河支流哥格拉河的上游，最终汇入印度洋和阿拉伯海。

气候

阿里地区属二类风区，大风频率高达8级以上，年大风日数在149天左右。年平均气温0℃，日平均温度变化幅度极大，“晚穿棉袄午穿纱”便是最好的写照。阿里全年降水量相当少，且季节性强。5～9月，雨量集中，占全年降水量的80%以上。

每年的5～6月、9～10月是去阿里最好的季节，可以避免雨季和大雪泥泞道路的困扰。7、8月是雨季，不便行车。冬季新藏公路会大雪封路，所以进阿里的旅游车、货车特别少，该季节特别不适合去气候恶劣的阿里地区。

玛旁雍错和纳木那尼峰

历史 HISTORY

历史大事记

阿里地区古为藏族地区早期的“十三小邦”之一，汉族史籍称为“羊同”。羊同经过逐步发展，在约4~5世纪建立了象雄王国，鼎盛时将地域划分为内中外三部，内象雄大体为今阿里地区所辖范围。

吐蕃时期，阿里地区是东西方商贸交流的中心之一。区内拥有三条丝绸之路，此外还有以日土为中心，通往叶城，与第一条丝绸之路会合，向西经中亚、西亚以地中海沿线国家的第四条东西文化交流的“麝香丝绸之路”。此路线主要用来运输名贵药材，如西藏产的麝香及内地的丝绸，同时也作为一种民族迁徙、文化交流的途径。

9世纪，开始了在阿里乃至整个西藏历史上都有名的“三衮占三围”时期。其中，10世纪中期建立起的古格王朝在阿里地区影响最大，成为藏传佛教后弘期的中心，有700多年的历史。古格王朝在13世纪随西藏一起归属元朝，统属于元朝设立的“乌斯藏纳里速古鲁孙等三路宣慰使司都元帅府”，阿里地区的具体事务则交由萨迦地方政权处理。明清两朝在管理西藏方面基本沿用元朝的旧制。古格于17世纪灭亡后，五世达赖建立甘丹颇章政权，在清中央政府的扶持下，阿里地区逐步归入西藏噶厦地方政府，后又设立宗（县）和管理阿里地区的总管——“阿里基巧”。

阿里地区一直处于噶厦政权统治之下，直到1951年西藏和平解放。

1979年2月5日正式成立阿里地区行政公署。

1997年，地区行政公署驻狮泉河镇。

接近天空的国度——古格王朝

距离札达县城以西18千米扎布让区象泉河畔的一座高300余米的黄土山上，遗落着一片废墟，古老的城堡残迹和土堆结合在一起，让人难以想象这座废墟昔日的辉煌。这就是阿里历史上赫赫有名的古格王朝。

据史料记载，唐会昌三年（843年），吐

古树魅影

蕃王朗达玛实行灭佛政策，引起了王室中的一系列动乱，吐蕃王朝终告崩溃，其中维护佛教的王室后人为躲避灾难，逃到了阿里地区，他的3个儿子又分别在阿里周边建立了3个王国，其中三儿子德祖衮在10世纪前后建立了古格王朝，其统治范围最盛时达阿里全境。另外两个王朝遗址暂时没有发现。

古格王朝的建立在西藏历史上具有重要意义，首先，它是吐蕃世系的延续；其次，佛教在吐蕃瓦解后重新在古格得到了发展，并以此为根据地，逐渐达到全盛。古格王朝的时间大概从9世纪开始，直到17世纪才结束。古格王朝覆亡后，并入拉达克（今克什米尔地区）一段时间，后被以达赖喇嘛为首的西藏地方政府重新收回。

这个拥有灿烂文明、盛极一时的强大王国为什么突然神秘消失在茫茫的史海中，至今仍是个谜。目前主要的说法是17世纪中叶，由于葡萄牙传教士的到来，王室内部产生了对立，引起上层佛教僧人的不满，联合拉达克王朝将之摧毁；另一种说法是由于印度道格拉斯王朝的入侵而毁灭。

从9世纪至17世纪，古格王朝前后共世袭了16个国王，700余年。每个国王都对城堡进行了扩建，因而规模十分庞大。站在古格王朝的遗址山下，抬头看古格王朝的权力中心，可以发现从上而下严谨的布局，王宫、官宅、佛殿、僧舍以及众多的民窟依次分布在四周。城堡依山叠建，居高临下，地势险峻，气势恢宏。

古格王朝遗址

古格在历史上曾经一度被遗忘，最早对这座古城遗址进行考察的是英国人麦克活斯·扬。1912年，他从印度沿象泉河溯水而上，来到这里进行考察。此后便有探险家、旅行者、摄影家和艺术家们源源不断地来探奇访幽。1985年西藏自治区文管会组织的考察队在此展开了一系列收获巨大的考古工作以后，这个消亡了350年的王国突然出现在人们的视野里，并吸引了越来越多的旅行者。

今天的古格遗址，除管理人员外，还有十几户居民，这些人不是古格王朝的后裔，但他们使寂寥的废墟有了些许的生气。当日10万之众的古格人如何消失得无影无踪？看来，这个神秘的古格王朝就像是一座巨大的迷宫一样，依然等待着某天答案的揭晓。

链接

古格王朝遗迹

古格王朝遗址在象泉河畔的一座黄土山上，山上到处都是和泥土颜色一样的建筑群和洞窑，除几间寺庙外，其他房舍已塌顶，只剩下一道道土墙。遗址的外围建有城墙，四角设有碉楼。整个遗址建在一小土山上，建筑分上、中、下3层，依次为王宫、寺庙和民居。古格王朝遗址，分夏宫和冬宫。夏宫建在地面，由于年久失修，仅留残垣断壁。冬宫修在地下，保存完好。红庙、白庙及轮回庙中的雕刻造像及壁画不乏精品。寺庙的周围，有10多个窑洞，其中有的藏着古代兵器，诸如盾牌、盔甲、大刀和长剑之类。围绕古格都城周围的重要遗址还有东嘎、达巴、皮央、香孜等，都有大量文物遗存。

孔繁森援藏阿里

1979年，中共中央第一次提出援助西藏工作计划，要从内地抽调一批干部到西藏工作，时任山东聊城地委宣传部副部长的孔繁森主动报名，并写下了“是七尺男儿生能舍己，作千秋鬼雄死不还乡”的条幅，以此勉励自己。

也就是那一年，孔繁森第一次赴西藏工作，担任日喀则市岗巴县委副书记。在岗巴工作3年，孔繁森跑遍了全县的乡村、牧区，访贫问苦，和当地群众一起收割、打场、干农活、修水利，与藏族群众结下了深厚的友谊。

在西藏工作3年后，1981年，孔繁森奉调回山东任职。但他曾表示，如果有机会，他愿再次踏上那片令他终生难忘的土地。1988年，组织上派孔繁森带队第二次赴藏工作。进藏后，孔繁森担任拉萨市副市长，分管文教、卫生和民政工作。1992年年底，孔繁森第二援藏工作期满，西藏自治区党委决定任命他为阿里地委书记，这一任命意味着孔繁森将继续留在西藏工作。

阿里不比自治区首府拉萨，处在西藏最西部的阿里地广人稀，常年气温在0℃以下，最低温度达-40℃，每年7级至8级大风占140天以上，恶劣的自然环境、艰苦的生活条件使许多人望而却步。年近50岁的孔繁森来到这里后，在不到两年的时间里，全地区106个乡他跑遍了98个。在孔繁森的勤奋工作下，阿里经济有了较快的发展。他为了制订把阿里地区的经济带上新台阶的规划，准备在最有潜力的边贸、旅游等方面下功夫。为此，他带领有关部门，亲自到新疆塔城地区进行边贸考察。1994年11月29日，他完成任务返回阿里途中，不幸发生车祸，以身殉职，时年50岁。

噩耗传到阿里地委行署所在地狮泉河镇，人们纷纷朝着孔繁森同志殉职的方向哭泣默哀。阿里地委行署隆重举行了孔繁森同志的追悼仪式，这个不足5000人的边疆小镇赶来参加追悼仪式的竟有2000多人。那一天，一副挽联十分醒目，上面写着：“一尘不

阿里风光

染两袖清风视名利安危淡似狮泉河水；两离桑梓独恋雪域置民族团结重如冈底斯山。”这副挽联形象地概括了孔繁森的一生，也道出了藏族人民对他的怀念。

作为一名汉族的领导干部，孔繁森带领着藏族同胞发展经济，生活上也与当地藏族同胞融合在一起。当地人们不仅把他视为领导，更把他当成亲人。孔繁森把工资中的相当大一部分用于帮助有困难的群众，平时根本就没有攒下几个钱。他给群众买药，扶贫济困时出手大方，少则百十元钱，多则上千元。孔繁森同志遇难后，阿里地委在清理他的遗物时发现，除了一个袖珍收音机外，再就是几件简单的换洗衣服，还有仅剩下的8块6角钱。谁会相信，这竟是一个地委书记的全部家当，生活如此清贫实在难以想象。

他牺牲后，党中央发出“向孔繁森同志学习”的号召。2009年9月，孔繁森被评为100位中华人民共和国成立以来感动中国人物之一。时至今日，他仍是一批又一批援藏干部的精神符号。每年清明节，很多援藏干部、当地群众以及那些在阿里行走的游客都会特意来到西藏阿里狮泉河烈士陵园祭拜。

文化 CULTURE

天上阿里，象雄文化旅游节

作为象雄文明的发源地，象雄文化旅游节是阿里地区极具当地历史传统、民俗文化和旅游风情特色的标志性节日盛会，每两年举办一次，至今已成功举办多届，成为阿里地区展示发展成就、推动文化旅游发展的重要窗口和平台。

第六届象雄文化旅游节于2015年8月3日至5日，为期3天，主题为“藏西秘境•天上阿里”。期间还举办了第二届象雄文化艺术研讨会、“最美星空”暗夜公园专题活动、“象雄文化古道”线路考察暨阿里最美观景点发布会、文艺主题晚会和各县支线活动等丰富多彩的活动。

8月3日晚，“最美星空”暗夜公园专题活动在世界上海拔最高的观星点之一的阿里暗夜公园举行，来自北京天文馆的专家们为广大来宾举行了“陨石探秘”专题讲座、陨石鉴赏、天幕电影体验等活动。

8月4日，“象雄文化古道”线路考察活动从狮泉河镇出发，沿着古代象雄和古格文明的遗存，先后考察了芝达布日寺、卡尔东遗址、古入江寺、穹窿银城遗址、达巴遗址、托林寺、古格王国遗址、皮央东嘎遗址等体现阿里悠久历史和灿烂文化的古迹遗址，将阿里的历史风貌完整地展现在来宾面前。

8月5日晚，“阿里最美观景点”新闻发布会暨第六届象雄文化旅游节闭幕式在巍巍古格王国遗址前举行。随后，由阿里地区投入大量人力物力制作的“梦回古格”历史情景剧举行了首场正式演出。

近些年来，以象雄文化旅游节为契机，悠久灿烂的象雄文化吸引了越来越多的游客和研究者来到阿里，享有盛誉的“神山”冈仁波齐、“圣湖”玛旁雍错，以及札达土林，古格王朝遗址等世界级旅游资源更是促进了阿里旅游业的发展。

链接

象雄文化的历史沉淀

据史料记载，象雄是西藏早期历史中的一个王国，大约在7世纪时被吐蕃王国统治。阿里地区的象泉河、狮泉河流域曾是象雄的中心地带，这里发祥了本土宗教、文字、医学等流传深远的象雄文化，在西藏文明史上占有重要地位。

9世纪末，吐蕃王朝内乱，吐蕃王室的一支后裔逃往阿里。一支象雄遗民的土王扎西赞收留了逃难的吐蕃王子德祖衮，并将女儿嫁与他为妻，后又让他继承王位，从此就诞生了古格王朝。崇祯三年（1630年）拉达克国王占领古格，古格王朝灭亡。清康熙二十二年（1683年），甘才旺率领藏蒙联军收复古格在内的整个阿里。阿里人民为纪念甘才旺收复失地之功，于每年的8月1日在噶尔雅莎举办噶尔恰青节，一直延续至“文革”时期，这就是阿里象雄文化旅游节的前身。

歌舞表演

景点推荐

神山圣湖

冈仁波齐峰

诸多宗教公认的世界中心

阿里地区普兰县巴嘎乡

从普兰县包车前往

冈仁波齐峰是冈仁波齐山的主峰，又叫冈底斯神山，素有“阿里之巅”的誉称。山峰海拔6721米，峰顶呈橄榄状，终年积雪，白云缭绕，宛如一个白色金字塔。周围如同八瓣莲花四面环绕，山身如水晶砌成，宛如玉镶冰雕。因它的险峻，至今仍是无人能攀登的处女峰。

冈仁波齐峰东边的万宝山，传说是释迦牟尼踏过的山，西边是度母山，南边是智慧女神峰，北边是护法神大山。神山的神秘之处是山的向阳面，不知为何，终年积雪不化，白雪皑皑，在阳光下光彩夺目，洁白无瑕。而神山的背面，常年没雪，即使被白雪所覆盖，也是即照即化，刚好与大自然之背阴积雪相反。

印度教、佛教、耆那教和本教都认为这里是世界的中心，根据已存于世的书籍记载，人们对冈仁波齐神山的崇拜可以上溯到公元前1000年左右。神山周围共有5座寺庙，每年有来自印度、尼泊尔、不丹以及我国各大藏区的朝圣队伍围绕这些寺庙转山。

玩家解说

霍尔是阿里地区一个较为繁华的小镇，距离神山冈仁波齐峰大约50千米。从霍尔出发前往

梦中的神山。早早地就能看见圣湖玛旁雍错的身影，再行驶20千米左右到达巴噶镇，冈仁波齐峰才出现在眼前。

巴噶这个地方很有福气，右手是神山，左手是圣湖，两侧的福气均沾。早点启程前往神山，可以住在山脚下。基乌寺可以说是观湖最棒的地方。湖的左边是刚毅、挺拔的冈仁波齐，而右侧则是另一座神山纳木那尼峰。纳峰属于喜马拉雅山脉，海拔7694米，被藏民称为“圣母之山”。下午5点，簇拥在神山山顶的云朵基本全都散尽。太阳的力量明显削弱了不少。片刻之后，冈峰就完全展现在眼前。这时的神山很安静，隐约有些落寞的感觉。和别的神山不同，冈峰并没有连绵的雪峰，只有一座单峰孤立。山顶上有一层厚厚的雪，略下处的山体拱卫左右，形成连绵不断的山脉。

不少信徒沿途磕头祈祷，转山朝拜，除了西藏本地的藏民外，还有印度、尼泊尔、不丹等国的信徒不远万里来此。只因在几大教的教义中都公认它为世界的中心。

山脚下的纳定勤因神山而繁华起来，除了世界各地的背包客和游人，遍地的帐篷里还有来朝圣转山的、各地的藏民和教徒。晚上可以选择在这里休息。

对藏民而言，转山是件必不可少的人生大事，只有这样才能算功德圆满，了却夙愿。转冈仁波齐峰一周大约得3天。也就是说，要在平均海拔高度超过5000米的地方驻留3日，当然，身体不好的人还是不要尝试。

玩家 解说

藏传佛教认为冈仁波齐是密宗胜乐之无量宫，其周围的群山河流均为胜乐宫的组成部分，蕴藏着深奥的宗教含义。

冈仁波齐又是众多佛、菩萨和高僧大德所加持和修行的圣地。据传，释迦牟尼佛在转法轮时塑3尊佛像，分别供奉于神界、鲁界和人间。罗刹王贡布崩用神变迎请人间的释尊佛像供奉，但没有供奉此佛的特殊坐床，于是想用神变背回冈仁波齐。这时释迦牟尼及五百罗汉立即飞往冈仁波齐，在冈仁波齐南面的“五百罗汉聚盆”或叫“上坛城”的岩石上留下脚印，同时在神山四角各留一脚印，称为“底斯不动四钉”，这样罗刹王无法背走，如今在冈仁波齐背后可看到清晰的绳印及四周释尊的脚印。

8世纪赤德祖赞赞普时，印度著名佛教大师桑结桑巴曾到冈仁波齐修行，印度佛教大师达尔马拉也因患病前往冈仁波齐修行，结果病愈返回，莲花生大师也曾在神山圣湖修行。相传，阿底峡路经此山依据山顶罗汉敲钟擂鼓之声判断时间，据说有福之人依然能听到檀木板敲击之声。后来数以万计的噶举派高僧在此修行，修建了众多的寺庙，留下丰富多彩的宗教遗迹及赞美神山的诗词。为此，中外佛门弟子尤其藏传佛教信徒，都将冈仁波齐山敬当“神山”加以朝拜。

印度教把冈仁波齐神山看做大梵天的驻锡地，印度教的许多寺庙都以冈仁波齐为原型建造。本教发源于冈仁波齐地区，对神山的崇拜由来已久。本教徒认为天像一顶八幅伞盖，地像一朵开放的八瓣莲花，冈仁波齐就像撑伞的把柄和莲花的根茎，它处于世界的中心，是诸天神下凡和升天的天梯，故具有连接天地的绳索功能。本教始祖辛饶·米沃且之化身就从这里下凡。相传，在古象雄王时期神山周围有许多寺庙及城堡，如江扎寺所在地为古象雄王国的“赤俄拉”的都城“甲如坚”所在地。神山圣湖被尊为古象雄王国的“神魂山”和“神魂湖”。可见，冈仁波齐对藏人的影响从古至今。

印度教、佛教和本教等诸多宗教，他们所持的信仰各不相同，所信奉的神灵也不一样，但全都视冈仁波齐山为神山，这就使冈仁波齐山具有多种宗教叠加的神圣，使这座山成为万神殿，成为东方的奥林匹斯山。

玩家攻略

1. 最佳的登山时间是每年5月至6月下旬、9月至10月。

2. 山下有冈底斯宾馆和大金宾馆可供住宿。自带帐篷的游客可以和宾馆商量搭建在院中。山上有可供住宿的寺庙，提供热水和被铺。两家旅馆均无食堂，游客可至附近饭馆觅食，推荐大金宾馆背后的山东水饺店和旁边的阿里高原茶馆。

3. 转山的游客最好在狮泉河或者拉孜准备补给，如食面、香肠和巧克力等；饮用水以净水丸提炼。

链接

冈仁波齐山的传说和故事

关于神山有许多动人的传说故事和著名的宗教人物故事。相传在很久很久以前，有一佛教徒历尽千辛万苦，漂洋过海，来到冈仁波齐脚下。因多日粮米未进，昏昏欲倒，忽见落日生辉，霞光满天，眼前一亮，不由自主地站起来。刹那间，只见众山之中有一座状如乳峰、白如牛奶的雪峰高高耸立，直插云间，似天界仙境；又见一道佛光闪亮其上，耀眼夺目，光芒万丈，而四周山川，肃静环立，鲜亮如珠。一种神圣的感觉从这佛门弟子心中油然而生，便将其取名为神山“冈仁波齐”。

还有一个传说是相传印度高僧曾预言说：在现中国阿里境内有一座非常奇特的雪山，仿佛是新折下的象牙，白色夜莲般的皎洁布满天空，举世无双，名叫“神山”。由此吸引了无数僧人前来寻找均未发现，而误把珠穆朗玛认为“神山”，可有几位意志坚定的人仍不相信，继续坚持不懈地寻找，直到冈仁波齐山脚，才惊喜地发现此山便是“神山”，这才了却了僧人们的心愿。从那以后，神山便这样被确定下来。

后来，神山被圣湖里的龙王发现了，坚决固执地欲将此山搬回龙宫。同时印度的一位神仙也欲将神山搬到印度。正当他俩争议，准备大战一场时，释迦牟尼从天而降，说道：“两位何必相争，神山就是神山，应该有自己的位置。”说完，他在神山的东西南北各踩一脚，从此像钉子般牢牢固定于这个位置了。如今释迦牟尼的脚印还依稀可见。

神山南面有条小溪。相传，这溪水是格萨尔王王后卓玛经常洗头发的地方。西面有一座马鞍形的山峰，那是格萨尔王留下的马鞍。它的神奇之处是：怀孕的妇女到山顶后，爬山至鞍部骑一下，从右边返回可生一女孩，从左边来可生一男孩。东面是凡人的最佳归宿地。人死后，如能在此归葬，可以消尽此生的罪孽，升入天堂。

神山山腰有一巨大的淡红色岩石，边缘呈牙状，像牙轮。齿轮和石头之间有圈凹进去的沟槽，把平岩

冈仁波齐前的经幡

和雪峰明显地分隔开来。相传，印度教主神湿婆喜欢在脖子上缠一条大蛇，后与多玛相爱，因为多玛害怕蛇，湿婆就把蛇从脖子上取下，放在这块石头上，从此神山就留下了这条永恒的沟痕。

曲古寺

曲古寺是转冈仁波齐神山遇到的第一座寺庙。寺内主供曲古佛像和释迦牟尼佛像。寺内藏有《甘珠尔》佛典和噶举派高僧阿旺朗杰的遗骸等。

该寺周围圣迹较多，寺庙所在的岩壁上有那若巴的海螺和铜锅飞向天空时的印迹，其附近有古敦泉水，寺庙下方有象征弥勒佛宫的凸岩、度母脚印和朗钦白浦（大象隐居洞）及“顶髻尊胜宝塔”。据说莲花生大师在此修行，并埋有伏藏。从这里向西北顺着狭长的河谷就到了长寿三尊峰，其附近的7座山峰有的说是75黑天之宫，有的说是80位印度瑜伽行宫，还有的说象征格萨尔的7位父兄。从这里越过拉曲河继续前行，在前方阴面有一股叫“冈底斯甘露”的五彩溪水，其附近的几座同峰象征贡崩宫殿及它的伴神牦牛、猎狗等。

神山上的经轮

尊追普寺

尊追普寺位于冈仁波齐神山的东面，坐西朝东，是一座高低错落、主次分明的古寺，颜色十分古雅，寺内主供银质的米拉日巴像，还有聂拉朗巴、至尊热琼巴、大成就者藏巴加热等人的身像及众多的经籍、佛塔。

此寺历来由南竹巴噶举派名僧任住持，僧额定制为50名，寺周围遍布数不胜数的石刻经文、各种佛像、噶举派名师高僧的雕像等，有颇高的文化、历史、艺术等研究价值。

直热普寺

直热普寺坐北朝南，位于冈仁波齐神山正北面正对的仲隆山的南麓，由竹巴噶举

转山攻略

来自不同地方的朝圣者最常采用膜拜冈仁波齐峰的方式就是转山。普通游客需要2~3天时间，面临最大的困难仍然是适应高原上的气候。

●准备工作

转山必须自己准备食物，最好在狮泉河或拉孜以前购备，饮用水则需净水器净化或净水药片。山上有可供住宿的寺庙，有热水和被褥，现已有食品饮料出售。

转山前应把不用的笨重行李存放旅店，否则容易因负荷过重导致体力透支，在高山上会造成危险的后果。过重的背囊不仅会使你疲惫不堪，还妨碍参观一些需要爬高下低的景点。雇一名背夫是比较好的选择。

●注意事项

上山前应先了解天气情况，因为山上气温差异颇大，而且有时会有大雨甚至冰雹，尤其是在午后。登山的时间一般选择在5月至6月下旬，这段时间好天气多。

每逢藏历马年，转山的朝圣者最多。据说佛祖释迦牟尼的生肖属马，马年转山一圈相当于其他年份转山13圈，且最为灵验和积长功德。

转山道分两条：外线是以冈仁波齐为核心的大环山线路，内线是以冈仁波齐南侧的因揭陀山为核心的小环山线路。外线总长32千米，徒步需3天工夫。转山人一般都是在转足13圈外线之后再转内线。除本教外都顺时针转。

派有名的大师古仓巴创建。寺庙规模不大，寺墙为红色。寺内有供奉古仓巴大师像、众多的佛像、经籍、佛塔及四臂吉祥怙主的殿堂。直热普寺背后高高耸立的山峰，被信徒们视为密宗事部三怙主。离直热普寺不远的东边有一块形状奇特的磐石，被称为乌鸦宫殿。据传，古仓巴大师给主神供奉的酬谢施食被一只怙主化身的乌鸦叼走，古仓巴大师紧紧尾随其后，突然间乌鸦隐没在这块磐石上，故得此名。

直热普寺是转山必经之路，也是观赏冈仁波齐神山日出和日落的最佳位置。

链接

直热普寺的传说

据传，当年古仓巴大师为了探寻神山转道，赶到此地时，一头野母牦牛突然出现在他的眼前。大师惊恐万状之余，心境即刻专心定持，于是，突然领悟到，此野母牦牛乃狮面空行母之化身。此刻，这头体态硕大的野母牦牛步履稳健地朝东而行，刚行到一块颇为显眼的磐石旁，便无影无踪了。古仓巴大师此时迷惑不解，四处寻探，最终在一处洞顶巨石上发现了野母牦牛隐没的清晰足迹，故而此洞称哲日普（母牦牛隐没足迹洞）。大师把这一神奇古洞作为自己的修行静室，重新修筑一番。为了探明洞顶圣石的奇异独到之处，爬在其上，留下了道道足迹。大师还在圣洞内修行多年，其间他以狮面空行母提供的地味大然细泥土充饥。

玛旁雍错

中国湖水透明度最大的淡水湖

阿里地区普兰县霍尔乡，冈仁波齐峰东南30千米

从普兰县包车前往

玛旁雍错海拔4588米，被誉为“圣湖之王”，是世界最高的淡水湖之一。湖面面积400多平方千米，有藏文史料认为玛旁雍错是汉族神话中西王母居住的瑶池。围绕玛旁雍错有8个寺庙，正好分布在湖的四面八方。每到夏秋季节，佛教徒扶老携幼来此朝圣，在圣水里沐浴净身以延年益寿。

玩家 攻略

1.即乌寺山脚的小村，有两家无名旅店，由10间土屋组成。住宿每位每晚收费20元。南面的旅店提供素菜白饭，每顿10元。

2.转湖和转山一样，都沿顺时针方向，需每晚自带食物，沿途均有寺庙可供热水和床铺。

3.最好带足维生素药剂，备足防寒衣服和药品。

玩家 解说

玛旁雍错得名于11世纪湖畔的一场宗教大战。噶举派在这场与本教的争斗获胜后，便将湖名改为玛旁雍错，意为“永远不败之碧玉湖”。在绕湖分布的8座寺庙中，西南和正北都有噶举派的寺庙，一为果足寺，一为朗那寺。

唐代玄奘和尚在天竺取经记述《大唐西域传》中称，此湖为西天王母瑶池所在。该湖有4个洗浴门。东为莲花门，西为垢浴门，南为香甜门，北为信仰门。朝圣者绕湖一周到每个门洗浴，便能消除各种罪过。历来的朝圣者都以到过此湖转经洗浴作为人生最大幸事。传说湖底聚集了众多的珍宝，如能捕得一条鱼、捡到一粒石子，或拾到湖中鸥鸟的一根羽毛，将一生生活美满。另外时常有人取下身上的金银首饰，念念有词地抛入湖中，以示虔诚。

印度教义中也将玛旁雍错列为本教圣地。传

玛旁雍错

说中，创造神梵天从心中造出了玛旁雍错，每年也有大量印度教徒前往转湖朝圣。

链接

玛旁雍错的传说

在民间流传着许多关于玛旁雍错的传说，其中一个说法是，很久以前，这里没有湖，是一个无边无际的沙滩。滩中居住着无数的贫民，他们整天处在饥饿的深渊之中。后来，这里来了个有智慧又善良的人。他为拯救饥饿的人们，从南方运来许多米发给贫民。他年复一年地搬运，众人也年复一年地吃。最后，淘米水积成了湖，民众也终于得救了，因此，这人也做了这里的国王。国王励精图治，从没有亏待过黎民百姓。人们为了纪念国王，给用淘米水积成的湖，取名为无亏湖。“玛旁”在藏语里意思是不败，无人能胜，也可以理解为“无亏”。

玛旁雍错前的经幡

色热龙寺

色热龙寺坐落在玛旁雍错的东岸，由哲贡噶举派大师贡觉久赞按照恩师哲贡其确赤列桑布之托，即藏历阳土猴年（1728年）正式建立。

色热龙寺内主供为赤列桑布塑像，还供藏着四颗释迦牟尼佛的舍利、莲花生大师修炼而成的利佛甘露之五种伏藏、噶当派大师仲敦杰瓦迥鼐的一撮发辫、达布拉杰的坐垫等。

转湖攻略

玛旁雍错圣湖圆周长约60千米，转湖需要4～5天。转湖沿着顺时针方向行走，需带食物。除第二晚要在野外度过外，沿途均有寺庙可供住宿。沿湖边远足虽然不及神山的山坡那样艰巨，不过会路遇河流，有时只能蹚水而过。

●第一天：即乌寺—霍尔

即乌寺到霍尔的小道不是很难走，开始时能看见崖壁上有些废弃的山洞。这些山洞几个世纪以来都是朝圣者修行的场所，其中一些现在已成为平民住房。从兰伯那寺到霍尔的路上会经过一片沼泽，一定要沿着北边的沼泽边缘走。霍尔是附近一带的中心集镇，有几家商店可以买到方便面、啤酒和一些必需品作为补给。

●第二天：霍尔—色热龙寺

从霍尔继续沿顺时针往正南行走，松软的沼泽路上行走2小时后要过一座桥，然后就是下一个投宿点——色热龙寺。色热龙寺附近有几户人家，没有商店和招待所，没带帐篷的话可以寻找居民借宿，只是当地的居民大多听不懂汉话。

●第三天：色热龙寺—楚古寺

离开色热龙寺，有一段路是可以通汽车的简易公路，但是有些好走的路段离湖边比较远。再走12千米左右的时候要穿过一条河，现在已经修了水泥桥。

●第四天：楚古寺—即乌寺

从色热龙寺到楚古寺有23千米，沿途也多是湖边的细沙滩，走起来比较费力。但一路都可看到清澈的湖水，景色迷人。

朗纳寺

朗纳寺坐落在玛庞雍错的北岸，因建在一座形似大象鼻的山坡上而得此名。朗纳寺由竹巴噶举派名僧桑丹平措大师创建，他曾长期在神山周围修行、传法。后来由其转世活佛贡噶罗追宁波，参照哲贡派名寺杨热噶的构造及形状建筑了此寺。寺内主供释迦牟尼、藏巴加热大师等塑像，还有镇魔塔、般若十万诵经。在护法殿内有四臂怙主等护法神，在甘珠尔殿内有全套《甘珠尔》经籍和白玛噶布大师的全集。

曲布水热爆炸区

玛旁雍错的东南方向，距河口7千米的河流左侧，有一座硅质泉华组成的缓丘。丘体四周分布着数以百计的热泉、沸泉和热水沼泽。其中最引人注目的是那些直径有几米至上百米的圆形或椭圆形热水塘，这些热水塘的周边多由沙砾石组成的垣体环绕，垣体的高度不一。塘体的温度由微温到近80℃，塘心一般有一至二处涌水，有的汹涌翻滚，有的平稳和缓，塘体像是一块镶有白边的蓝宝石。1975年11月12日，这里发生过大规模水热爆炸，爆炸时发出震天巨响，一股巨大的黑灰色烟柱冲上天空，高度有几百米，最后变成一团黑云飘走。1997年也曾发生过规模类似的爆炸。这些大大小小的热水塘群就是在不同时期不同规模水热爆炸的产物。

即乌寺

即乌寺是建立在湖边山上的一座小寺，据说莲花生曾在寺内的洞穴中打坐，虽然规模比较小，只是在山坡上有几间藏式佛舍，但它的建筑布局却和布达拉宫如出一辙。不转湖的话，可爬到即乌寺的山坡上，俯瞰整个蔚蓝色的圣湖。还可以到湖边观看不知名的候鸟，偶尔还可跟转湖的虔诚教徒打个照面。

楚古寺和果祖寺

楚古意为“洗头”。楚古寺是这一带唯一属于格鲁派的寺院，是举行沐浴仪式的重要场所。每年八月月圆之日，许多尼泊尔的婆罗门教徒沿古道穿越喜马拉雅山来到这里念经、祈祷，然后赤身冲入冰冷的水中。寺前有2排房子可供大约40人住宿，条件还不错。除了有张床睡觉外，其余一切自理。住的人多是印度的朝圣者。如果走塔钦到普兰的公路，有一条岔路可以乘车到这里。

建在小山崖上的果祖寺，寺内有3位喇嘛，人很热情。寺内一间扎仓的墙壁上镶嵌着百十幅石片浮雕佛像。寺顶的平台是欣赏圣湖美景的绝佳场所。从这里看玛旁雍错，就像一块巨大的蓝宝石，令人心醉。

玛旁雍错

景点推荐

普兰旅游区

公主错

有着神话传说的湖泊

阿里地区普兰县城东北部

公主错海拔4700多米，面积约61平方千米，为咸水湖。湖的周围有天然牧场。相传，从前公主湖有一条身体庞大的鱼，有一天，它浮出水面再也无法游入湖水中。于是这条鱼从公主湖游到玛旁雍错，但是在玛旁雍错湖中这条鱼无法浸没身子。此鱼离开玛旁雍错来到拉昂错，拉昂错湖水虽深，但也只淹没了背鳍。因为和玛旁雍错的这层关系，拉昂错和公主湖沾了光，在世人的眼光里也有了一席之地。目前公主错没有得到开发，是一块风景原始的处女地。

拉昂错

有“鬼湖”之称

阿里地区普兰县巴嘎乡，普兰到新藏公路的路西侧

可从普兰县包车前往，到巴嘎或塔钦下车

拉昂错与玛旁雍错只有一河之隔，面积260多平方千米。拉昂错呈不规则月牙形状，四周没有植物。由于地理位置问题，拉昂错附近往往出现萧萧风声，湖面也起着浪花，当地藏人称之为“鬼湖”。

湖边有暗红色的小山，颜色迷离，旁边的卵石滩就像是一条银白色的亮带，恰好镶在了湖边。湖里有两个小岛，一个叫拉觉托，有鸥雁栖息。另一个叫托布色玛，传说曾有佛僧在上面修行。

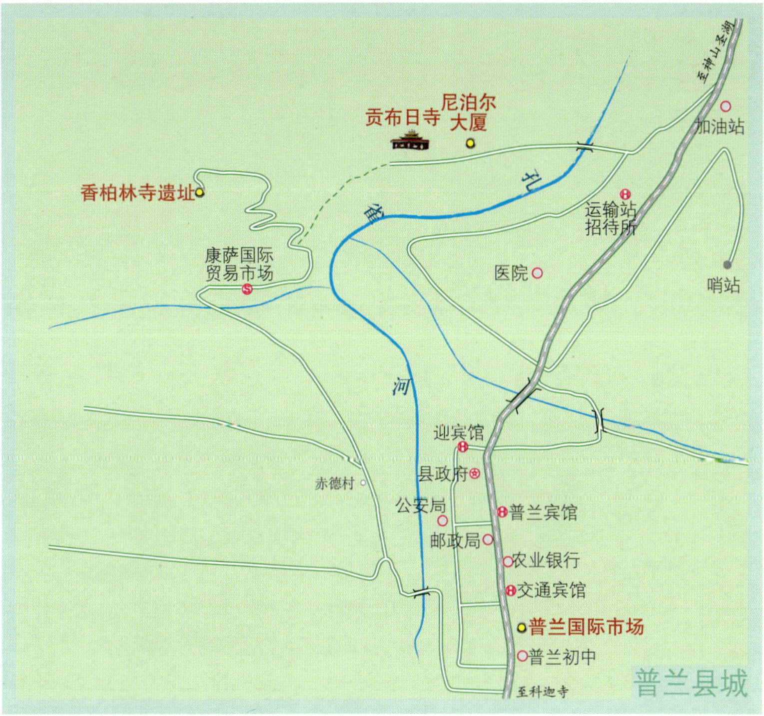

玩家 攻略

1. 普兰县城有几家旅馆，其中陕西饭店比较新且干净，但基本上没热水提供。

2. 普兰城有藏餐及川味餐厅。早餐为纯正川式，价格便宜而且好吃。

玩家 解说

拉昂错是圣湖玛旁雍错的近邻，属咸水湖，湖水苦涩难咽，人畜不能饮用。周围没有什么植物，只有游客会因拉昂错的迷人景色而驻步停留。

拉昂错最令人动心的是湖水的蓝，蓝得如鬼魅一般，迷幻而不真实。和常年平静的圣湖相比，这里无风也有三尺浪。有时夜晚在湖边漫步，会有如雷贯耳的波涛声传来，这时苍天悠悠，大地空旷，周围空无一人，很像是站在了宇宙的尽头。

当地人传说，圣湖和鬼湖的湖底是相通的。他们说，圣湖和鬼湖多年前原为一体，后因气候变化湖水退缩而分开。据说如有一天圣湖之水沿河槽流入鬼湖，且同时会有一条金色的和一条蓝色的鱼游进拉昂错，这样鬼湖的水以后就也会变得像玛旁雍错一样的清甜。如今在吉乌村，还能看到连接圣湖和鬼湖的那条河水，河道细长曲折，夕阳下甚是妩媚动人。

拉昂错

纳木那尼峰
喜马拉雅山的小女儿

阿里地区普兰县城东北部

纳木那尼，意为主妇双鼻（峰），为喜马拉雅山西部较高的山峰，海拔7694米，终年积雪，有冰川。山麓有天然牧场和农田。另说，纳木那尼又叫门木那，藏语意为药材黑漆漆。此山周围草药资源较为丰富。

玩家解说

20世纪80年代初，纳木那尼还是一座处女峰。据资料记载，1864年，试图征服此峰的几位欧洲登山家到达过纳木那尼的6100米处；1907年，欧洲著名旅行家斯文·赫定也曾踏访过此山；1926年，几位欧洲的登山家来此地几乎绕山一周，想寻找理想的登山路线，最终未能得成；1930年，英国登山队突击顶峰仍未成功，直到1985年，中日友好联合登山队首次攀登纳木那尼峰一举成功，异地的人们才对它的名字熟悉起来。

夏格巴林寺
西藏少有的赎罪寺

阿里地区普兰县城西北面，距离县城5千米

夏格巴林寺也被称为“贤柏林寺”。据说这是阿里噶尔本丹策旺为赎罪而建造的寺庙，属格鲁派。当年的夏格巴林寺规模宏大，曾经是阿里规模最大的寺庙，有僧众300人，房屋250间。最大的经堂有300多根柱子，殿宇极为辉煌，也曾是普兰宗政府的冬季驻地。

玩家解说

藏语中的夏格巴林是“赎罪”。据说阿里噶尔本丹策旺在结束戎马生涯时，对自己在战争中杀戮太大感到很愧疚，因此修建了夏格巴林寺以求得宽恕。如今的夏格巴林已成满是残垣断壁的废墟群，但对佛教研究却有极其重要的意义和价值。

普兰口岸
中国通往尼泊尔的边境口岸

阿里地区普兰县普兰镇

从县城搭便车可到

普兰县旅游通票200元（包括神山圣湖及寺庙外的所有景点）

普兰县城与尼泊尔、印度相邻，被称为“雪山环绕的地方”。自古这里就是高原西部的重要对外贸易通道，境外朝圣者和商贩多由此口岸入境。国内的很多旅行者也来此参拜神山圣湖。

县城西北侧山坡上有“尼泊尔大厦”（是个山坡，漫布天然洞穴似高楼大厦，不少尼泊尔生意人在洞穴暂居），附近有贤柏林寺遗址和普兰国际贸易市场（又叫唐嘎市场）。每年夏季，尼泊尔商人带着法国香水、印度香等从普兰入境，在国际市场逗留，冬季时带着收购的羊毛和羊回尼泊尔。

玩家解说

普兰的历史久远，据藏文史料记载，早在公元初始普兰就已成为象雄国中心辖区之一，后来又成为吉德尼玛衮的发迹地。

普兰是典型的边境县。站在普兰县城，东可以看尼泊尔升起的朝阳，西可以看印度落下的夕阳。

虽然整个县的人口不到1万人，不过人员却颇为国际化。你能看到衣着艳丽的尼泊尔姑娘，也能看到衣衫褴褛的尼泊尔背夫；你能看到膀大腰圆的印度商人，也能看到虔诚的印度朝圣者，更不需提那些直奔神山圣湖的诸多各方信徒和其他游客。

值得一提的是，在普兰县有很多木化石。在六号界碑附近，河的两岸都保留着许许多多的木化石，整片区域气势磅礴。这些化石上，侧面的树皮、截面的树木年轮都清晰可见。

斜尔瓦及强拉古商道
中尼边境的国际贸易商道

阿里地区普兰县中尼边境

传统普兰国际贸易市场季节性很强，各

国商人都似“候鸟”群一样来回迁徙。依据大雪封锁山道的时间，活跃的通商季节为每年的6~10月，尼泊尔、印度商人往返此间，由于中尼边境没有通公路，交通不便，往返中尼边境仅有一条条崎岖的羊肠小道，几百年来尼泊尔和印度客商就在这条条古道上携带家眷，随同大批骡帮货物在中印尼边境上进行贸易往来。矗立在半山腰的斜尔瓦边防检查站旁远望，你会隐约听见对面山头那缭绕的歌声和悠扬的驼铃声在山涧里回荡，让人心旷神怡。

马甲藏布
风景秀丽的边境河流

阿里地区普兰县境内

马甲藏布又名孔雀河，发源于喜马拉雅山脉兰批雅山口附近的马羊浦，向北流至茹勒纳布朗玛不加曲后折向东流，纳过拉曲后始称马甲藏布，继续流经普兰、科迦，于谢尔瓦附近汇入尼泊尔王国。

马甲藏布流域内有天然牧场和土质肥沃的农田。夕阳西下，站在河谷举目一望，四周峻峭的雪峰上好像洒了一层金光，雪峰下是风化的砾石和黄沙形成的堆积层，起伏有序，沟壑纵横。大片的绿洲似翡翠般镶嵌在河谷，错落有序的村庄、缭绕的炊烟、赶着牛羊的牧童和转经的老人，这里仿佛世外桃源。

贡不日寺
著名的洞窟寺

阿里地区普兰县西北方向的悬崖之上

贡不日寺属藏传佛教直贡噶举教派，创始人为直贡寺活佛喇嘛坚嘎多增·郭雅岗巴。寺庙坐北朝南，在岩壁上凿洞而建，孔雀河就在山脚下缓缓流过。寺内有独木雕成的木梯连接各处。各殿堂均延伸到洞外，呈悬空之势。洞穴之间有木制栈道（或称走廊）相连。站在悬空的寺庙栈道上，可以俯瞰普兰县全貌，远处的雪山、河流也尽收眼底。

洞窟寺庙由西向东呈一线展开，洞窟高约1.8米，由杜康殿、申厦（住持卧室）、修行室等洞窟组成。临江一面用木桩承板，搭设栈桥。杜康殿高2米，平面较规整，略呈方形，四面壁画环绕。甘珠尔拉康系横长洞窟，面积28平方米，内无壁画。

整座建筑高出河岸台地约30米，沿山坡另辟有阶梯及小路，可从山脚登临寺庙。寺内终年香烟缭绕，朝圣者络绎不绝。

玩家 解说

贡不日，藏语称空琵贡巴。藏族文人形容它是“背依陡壁，上载危岩，下临深谷，楼阁悬空”。

杜康殿内和经堂都保存着比较完整的古老壁画。杜康殿的南壁，西段靠近洞口处绘有该寺护法神仁坚嘎，骑白狮，其上方为雪山；西壁与南壁相接处绘次坚嘎的骑马随从，其后相继绘直贡寺全景图及寺志，莲花生大师及其随从、释迦牟尼佛及八大弟子、十六罗汉画像；北壁绘有金刚持及直贡噶举派活佛转世系统、直贡噶举护法神多吉帕姆；东壁绘有十万佛桑杰冬古以及化佛小像等。经堂内则记载着普兰王与古格王的关系等，对研究普兰的历史和文化有重要的价值。

链接

贡不日寺的神话传说

神话中，贡不日寺亦称故宫。相传，故宫为著名的洛桑王子的宫殿，仙女影超拉姆与王子相爱，遭宿谋陷害，巫师假称北方有敌，诱使洛桑王子出征，影超拉姆在危难时刻从这里飞升天宫。待王子凯旋，与影超拉姆相会于天庭，战胜种种困难惩处了恶人，终获幸福团圆。

这一传说后来被编入八大藏戏之一的《洛桑王子》，流传甚广，故普兰亦传为洛桑王子的故乡，故宫则是王妃的居所。自此贡不日寺名声大振，成为普兰县重要历史名胜寺庙之一。

科迦寺 文
千年佛寺

阿里地区普兰县普兰镇科迦村，需包车前往

古老的科迦寺建于11世纪，由仁钦桑布所建，开始属噶当派，后改宗为萨迦派。

玩家解说

科迦寺建于11世纪的古格王朝。据说，科迦寺和托林寺（札达县）、那玛寺（克什米尔）同为大宗师仁钦桑布主持修建。3个寺院为同一天修建，同一天开光，距今已有1000多年的历史，在当地享有盛名，每年都有阿里地区札达、噶尔等县及境外尼泊尔的信徒前来朝拜。

寺庙建筑艺术风格独特，建造工艺精良，都是十分罕见的古代建筑杰作。寺内文物众多，著名的"三至尊"（文吉菩萨像、银质的金刚持和观世音像）、金质度姆像和响铜释迦像至今仍在。此外，据说还有极为珍贵的"前弘期"翻译的《甘珠尔》经。

链接

科迦寺的传说

故事发生在12世纪的古格王朝拉德王时期。当时，佛教已经传至普兰，拉德王为了弘扬佛法，故而兴建主殿经堂，并从印度迎请珍贵的银质文殊菩萨像供奉。

这时，7个云游的印度僧人来到普兰，居住在噶尔东一带，传法于民。他们在离开普兰时将随身携带的7大包银两赠予拉德王。拉德王随即在噶尔东兴建了宫堡和一座色康大殿，7包银两被供奉在色康大殿中。后来，拉德王决定用这些银两铸造世间罕见的文殊菩萨像。佛像铸成后，拉德王便迎请仁钦桑布大译师为这尊凝聚着先王诚意的佛像开光，而后将佛像运往噶尔东城堡。运送佛像的马车行进到距离噶尔东数10千米的吉玛塘时，受阻于阿莫里噶石块被迫停了下来。拉德王与运送佛像的民众正为车辆受阻烦恼之际，文殊像突然言道："我既依附于此地，便扎根安于此地。"一贯表情严肃、不苟言笑的拉德王在听到文殊像开口说话后，露出了难得的笑容。佛像开口讲话与国王露笑的巧合被视作祥瑞之兆，从此吉玛塘地方也被称为"科迦"，意为"既来之，则安之"。

此后在阿莫里噶石块上兴建了最初的科迦寺，并将银质文殊菩萨像供奉于石块之上，象征坛城及须弥山，科迦寺从此声名远扬，朝圣信徒不远万里来此朝拜。

释迦殿

释迦殿由廊院、门廊和殿身3部分组成，

实为僧众聚集诵经的场所。廊院、门廊较小，殿身巨大。红色外墙，顶部装饰边玛草。

廊院位于觉康的最南部，属20世纪80年代末增建的殿阁。廊院北侧墙壁正中设门，门两侧悬挑斗拱，在门上方形成凸出的屋檐。院内东西两侧及门的两边均为内廊，有6间。廊下设有藏床和卡垫，供人们休息。

门廊由门外敞廊和门内过厅组成。条形门厅内无陈设。殿身平面呈多边“亚”字形，表示密宗的曼陀罗。左右沿南北轴线对称，前后不对称。殿身大门设于殿北墙正中。大门后是平面呈“凸”字形的经堂，与三面边墙间形成转经通道。扇面墙内侧佛台供塑像3尊，均立像，戴冠，通身饰金。两侧面的扇面墙上均绘有壁画，殿身两侧墙壁布满直通屋顶的经书柜。

百柱殿

百柱殿属于复合型建筑，内含多座殿堂和生活用房，藏语中叫“嘎加拉康”。据史料记载，百柱殿应是科迦寺最早建造的大殿。如今，我们还能从殿内遗存构件、壁画看出早期建筑的痕迹，殿堂后期改建较多。目前除了2层僧舍、伙房仍在使用外，主要的聚会、诵经场所已从这里被移到释迦殿。

百柱殿外墙砖红色，顶部以边玛草装饰，一如释迦殿。殿平面也呈多边“亚”字形，沿东西轴线基本对称。首层平面的布局为早期的中央大殿环以小殿的形式。主殿的大门，门框、门楣雕刻精美，构造复杂，是极具价值的建筑艺术品。有些雕塑形式模仿了印度和尼泊尔的佛教建筑。

科迦寺

遗犬洞

遗犬洞是由冰山组成的一个洞，洞内有很多动物塑像包括十二生肖，都是天然形成的。相传每逢狗年的藏历四月十八日洞门会自动打开，并且从洞门可直接到达尼泊尔境内。

还有个有趣的说法，狗年到那里朝拜的人会洗去一生的罪孽，为此，每逢狗年有很多当地人前去朝拜；要是罪孽太重，就会卡在洞口，想进去不容易，出来就更难。

链接

科迦村的男人节

每年藏历二月十一日至十五日，科迦村的男人们都会迎来一个独具风趣的节日——男人节。每年过节前，村中有威望的老者会规定好每家提供的米面、酥油、肉类和柴草的数量，节日当天，村里从18岁至最年长的男人都如皇帝般被侍候着，地位至高无上。过节的男人们都会集中在科迦寺门口广场，喝酒看戏，妇女儿童只能站着围观。每家轮流派女人为男人们倒酒上菜，直至过完节日。节日一过，男女则恢复平等相处的模式。

拉德寺

建在山顶上的古寺

阿里地区普兰县郊西南面西德村的山顶处

拉德寺1700多年前由曲确喇嘛主持修建。寺庙构造特殊，被两层圆围墙包围，用于抵御外侵者。外圈由2层圆形围墙组成，外围面积1.55万平方米。据说外围墙和内围墙中间能住100多户人家，寺内主供吾庆贡嘎热瓦佛。

玩家解说

据说拉德寺是由7个阿扎运用法力变化而来，他们白天准备材料，晚上共同施法修建，修建该寺前后共用了7天时间。

现在的拉德寺为2006年重新修筑的寺庙，每年藏历一月二十二日至二十四日，附近7个村子的村民前往拉德寺，观看藏戏、旋舞，向神灵祈祷风调雨顺和健康平安。

科迦寺

景点推荐

札达旅游区

札达土林

世界少见的大型土林

阿里地区札达县境内，遍布全县

从狮泉河出发，行车12小时可到

札达附近的地貌极其特殊。受该地质带造山运动的影响，札达盆地被自然之力纵向切侵蚀而成了一条条深深的沟壑，形成一大片高低错落的土林。

札达土林在这片土林的边缘，象泉河谷的南侧。札达新路沿途的"土林沟"景色更好。霞光中的札达土林最迷人，宛如置身仙境之中。

玩家解说

札达土林面积达数百平方千米，因特殊地质成名，属地质学的河湖相。地质学家考证，100多

札达土林

万年前，札达和普兰之间原是方圆500千米的大湖。喜马拉雅造山运动使得湖盆升高，水位线递减，数十万年的风雨侵蚀逐渐塑造了土林的奇特地貌。

这里，峡谷与土林层层叠叠，延绵不绝。高处的山顶被纵向切割成条条深壑，看起来就像是土的林海。若是亲身前往，那些层叠的皱褶沟壑，形态诡异的天然雕塑，恐怕除了震撼二字，也说不出其他的形容词。

毛刺沟的土林是其中最为壮观的一景。严整的山体，像是一座座巍峨矗立的土城古堡，浩大壮阔。旁边偶有其他土柱、土塔，交相辉映。

扎西岗寺

吐蕃时期的古寺

✉ 阿里地区噶尔县扎西岗乡

扎西岗寺由拉达喇嘛达仓哇创建，历史已久，于1985年重建。主要建筑有措康、普那贡康、嘎居康和4座扎仓及茶馆等附属建筑。

扎西岗寺的建筑很有些军事特色，其外围围绕一周壕沟，壕沟之内为一略呈矩形的夯土防护墙，墙之四角及两中腰有凸出的角楼及碉楼，西南及西北角上还建有两座圆形的碉楼，碉楼墙体高6~8米，墙上开设有三角形或长条形的射孔。

护墙的中央偏北处为寺庙所在，殿堂平面呈“十字折角”形，象征着佛教须弥山；殿堂四周均有转经复道环绕，是一种典型的吐蕃时期佛殿结构；殿内门道朝东，南北各有一小仓库，西侧为依怙殿（护法神殿）。寺内主供“觉沃”三尊佛像，有各类唐卡1000多幅。

玩家 解说

和西藏其他的古寺一样，扎西岗寺也有着自己的建造故事。相传拉达喇嘛达仓哇到拉萨朝佛，路经夏日山丘时诵经念到“大力倡建佛寺”这一句。回来时又在此地恰好念到这句。因此达仓哇动了在此建寺的心思，于是把盛满甘露的“嘎巴里”藏此山丘内，并祈祷：若是能建成寺庙愿甘露依然，否则干枯。第二年，他又去拉萨朝佛，途中前往寻找当年的甘露，见甘露未干且露出地表。之后达仓哇力邀木匠、石匠、画师等，历经7年建成这扎西岗寺，还从洽米寺迎请13位喇嘛驻寺。

17世纪后，扎西岗寺并为色拉寺吉扎仓分寺，属格鲁派，由托林寺法台管理，该寺堪布由色拉寺直接委派，每届任期3年。

托林寺 文

藏传佛教前弘期代表性的寺庙建筑

阿里地区札达县托林镇西北角

80元

托林寺建于11世纪初，甚为古老。藏语中托林的意思是飞翔空中、永不坠落。由于历史原因，寺院曾多次受到不同程度的破坏，现今保存较好的就只有迦萨殿、白殿、红殿这三大殿，外加一座佛塔。现存的主殿造型典雅，建构奇特，大殿分为内、外圈。内圈包括中心大殿和4座小殿，中心大殿供有主体坛城和如来佛像。外圈包括16座殿堂，中间殿堂有转经道。外圈的四角还建有4座高13米的红砖塔，象征着四大护法金刚。白殿位于集会殿的东北部，殿内墙壁上绘有许多精美的壁画，保存相当完好。

玩家解说

托林寺是藏传佛教前弘期具有代表性的寺庙建筑。原寺建筑规模较大，布局呈带形，主要建筑包括朗巴朗则拉康、拉康嘎波、杜康等三座大殿，巴尔祖拉康、玛尼拉康、强巴拉康等近十座中小殿，以及堪布（寺院住持）私邸、僧舍、佛塔等。

原建筑还含108座佛塔。据说，大译师仁钦桑颇生前随身携带的一串108颗佛珠分别装藏在这108座小塔中。这种塔墙建筑在后弘期格鲁教派寺庙建筑中很难见到。

托林寺周围现存的各种大小佛塔有83座，塔墙2道，大部分集中在寺院西北侧的平地上。佛塔内有大量模制的小泥像和小泥塔，泥像中有佛、菩萨、天王等，属13世纪前精品。

链接

托林寺三宝

三宝托林寺有寺藏“三宝”：一是麋鹿角，有人说是阿底峡从印度带来的，也有人说是当年佛祖讲经地的一只麋鹿角；二是象牙质的五佛冠（象征着五智如来的宝冠），据说是托林寺第一任堪布戴用而流传后世；三是一块黑色的大镀石，上面凹进一个清晰的脚步印，深入石内寸许，掌纹清晰，据说是阿底峡尊者留下的脚印。

托林寺佛塔

托林寺

朗巴朗则拉康

朗巴朗则拉康殿，在藏语意为“遍知如来殿”。殿堂整体呈多棱“亚”字形，实际上是一座大型的坛城，是三大殿中年代最早、形制最奇特的建筑。门向东偏北，中心方殿象征须弥山，四向的4组小殿分别代表四大部洲，四角高耸的四小塔代表朗则拉康，主供遍知者如来。外圈由4大殿、14小殿组成，分别供奉佛、菩萨、度姆、罗汉等塑像。

杜康殿

杜康殿即集会殿，位于朗巴朗则拉康殿的南边。其门向东，由门廊和殿堂两部分组成。殿门框、楣雕饰有兽面、吉祥天、莲珠纹等图案；殿内天花板遍绘飞天、狮、龙、凤、孔雀等图案。殿内遍绘各种壁画，以佛、菩萨、金刚、高僧大德为主体，周围夹绘各种小像，最为精美的为“僧俗礼佛图”和“十六金刚舞女图”。

链接

僧俗礼佛图和十六金刚舞女图

僧俗礼佛图位于西壁东侧下部。图中高僧和古格王室男女施主并坐一排，结印礼佛，下部绘有外邦僧俗人等或坐或立，参加礼佛活动。

十六金刚舞女图位于门廊东壁两侧。图中舞女舞姿各异，或举手过顶或合掌胸前，面容娇美，体态轻盈，赤足踏舞。所用线条为游丝描，流畅精细，这种绘画技法的人物壁画在西藏极为少见。此外，殿内壁上保留有关该寺发展演变的文字，对于研究古格王朝历史有着很高的价值。

拉康嘎波殿

拉康嘎波殿位于杜康东北处。门向南，

古格王朝遗址

平面略呈矩形，此壁正中稍向后凸出部分为供佛座。

殿门外现仅余两厢墙壁。殿门框、楣分内外3层，分别雕饰忍冬卷草纹、缠枝莲花纹图案。殿内有柱42根，柱头及替木雕饰莲瓣纹和忍冬卷叶纹；天花板彩绘莲花、卷草、如意云团等10余种图案，用色用线并不讲究，略显得草率粗拙。

据史料记载，殿内早先供有塑像15尊，北壁正中主供释迦牟尼佛塑像：高螺髻，圆面大耳，着右袒式大衣，结跏趺坐；释迦牟尼像两侧供奉药师八如来塑像，东西壁前原供有无量寿佛、观音菩萨等塑像4尊。殿内四壁遍是壁画，以各类佛母、度母像最为精美。

古格王朝遗址

千年古格王朝的遗址

阿里地区札达县托林镇札布让村

最好包车前往，也可以在县城南面路口搭便车

古格王朝遗址占地72万平方米，1300年前这里是古格王朝的都城。

现存的遗址建在土山上，从山麓到山顶布满泥土色的建筑群和洞窟。建筑分上、中、下3层，依次为王宫、寺庙和民居。除仅存的红庙、白庙及轮回庙外，全部房舍已塌顶，只剩下一道道土墙。遗址的外围建有城墙，四角设有碉楼。

考古中，调查登记房屋遗迹445间，窑洞879孔，碉堡58座，各类佛塔28座，洞葬1处，还发现了武器库、粮仓、供佛洞窑等建筑。遗址还出土了一种用金银汁书写的经书，这种经书以文书写在一种略呈青蓝色的黑色纸面上，一排用金汁、一排用银汁书写，奢华程度无以复加。

遗址中保留最完整、数量最多的是历史悠久的精美壁画。古格壁画气势宏大，风格独特，完整全面地反映了当时的社会生活。所绘人物性格突出，用笔洗练，丰满动感的女性人物尤具代表性。此外，还有部分金银

佛教造像，其中成就最高的是被称为古格银眼的雕像。

玩家 解说

大约15年前，古格还是一个非常陌生的名字。最早对这座古城遗址进行考察的是英国人麦克活斯·扬。1912年，他从印度沿象泉河溯流而上，来到这里进行考察。但真正的科学考察是从1985年西藏自治区文管会组织的考察队开始。在一系列大型考古活动后，这里被证实是古格王朝遗址。越来越多的旅行者被吸引前来探秘。

古格王朝已经消失350年，其前身可以追溯到象雄国。古格王朝建立于9世纪初，实为吐蕃王室在阿里建立的地方性政权。17世纪中期，古格王朝发生内乱，王朝覆灭。其间的数个世纪中，古格王朝一共前后世袭了16个国王。

古格王朝崇尚佛教，多次派人到克什米尔学经，翻译佛经上百部。1042年，印度高僧阿底峡到阿里地区弘法，使阿里成为佛教复兴之地，佛教史称之为“上路弘法”。当时古代印度的其他重要佛教教义，也是从这里传入西藏腹心地区。

香孜古堡遗址

古格王朝的夏宫遗址

阿里地区札达县香孜乡

香孜遗址海拔4400多米，遗址主要分布在山腰及山顶，总面积约1万平方米，包括寺庙，城堡及窑洞遗址等，大体上有东、西两大群落。

山脊顶部一线，为碉楼及防护墙，采用土坯砖用石块混合砌建，在山脊的南坡，分别建有强巴佛殿和护法神殿等寺庙殿堂。

强巴佛殿由大殿和大侧室组成，大殿门向朝西，门廊已毁，殿堂平面形状呈“凸”字形，北壁设有门道，与一面积约8平方米的小室相通，东、西两侧各带一耳室。此殿的后部还有一在山崖上凿出的洞窟，洞窟进深7.5米，高2.4米，窟内尚存有壁画，洞口两侧分别绘有六臂及四臂依怙神，东西两壁绘制八大药师佛，每佛左右均有二菩萨为胁侍，佛座均绘有狮子座，图案精美生动。

护法神殿共2座，一座供奉“红面护法神”，原高2层，现仅余墙体，另一座位于强巴佛殿之西南约70米处山坡上，现亦唯余残壁。

遗址窑洞数量很大，初步统计可达700余孔，在山腰及山顶均有开掘，洞室有单室、双室和多室之分，多遗有烟炱等生活痕迹。

古格王朝遗址

玩家解说

香孜遗址系以香孜寺为中心形成的遗址，据了解香孜寺属托林寺的下属寺院，在15世纪为格鲁教派，据此可知该遗址的始建与废弃，可能与古格王朝的时代相去不远，系古格王朝下辖的治所之一。

多香遗址

古格王朝的治所遗址

阿里地区札达县境内多香河谷

多香遗址坐落在多香河东岸台地上的一个独立土山上，台地高出河床25米，山呈鱼脊形东西横列，建筑遗址主要分布在山顶及西侧、南侧的山腰和山脚下，总面积约1200平方米。

碉堡、防卫墙等防卫设施主要集中在山顶区和西区，民居、僧舍、窑洞散布在南区山腰和西区东侧，佛殿和塔分布在南区山脚下的山坡和台地上，所有建筑均遭受程度不同的破坏，佛殿、房屋等仅余残墙，佛殿中保存稍好的只有杜康集会殿和贡康两座。

杜康位于南区坡下，由前厅和正殿组成，北侧还有附属僧舍4间，右面后加的塑像已毁，仅余须弥座。东壁门两侧分别绘有胜东金刚和六臂依怙及从护法小偈，其他壁画因长期受雨水冲刷已变得模糊不清。

贡康位于遗址南区土崖下，是一座房窑结合的佛殿，由经堂和后殿组成。经堂四壁原均绘有壁画，因长年风雨侵蚀而仅余残迹。后殿实为一窑洞，北壁及东西壁下有一通连的凹形像座，北壁原有三塑像，现残存中、东二像，四周均绘有精美的壁画。

遗址中的佛塔主要集中在南区南侧狭长的台地上，遗址的窑洞大部分为民居，主要集中在土山南侧崖下的南区，遗址中保存最高碉楼是一座平面呈方形的三层碉楼，碉楼的三面墙体开设了6个三角形或窄长形射箭孔。

玩家解说

多香遗址的建筑形式、布局、壁画风格以及遗物特征，都与古格王朝都城遗址有着显见的一致性，从遗址总体建筑规模的配置情况分析，这里很可能是古格王朝的一个下属治所，应设有管理机构并拥有军事力量，其废弃时间与古格王朝都城遗址相当。

玛朗寺

保存众多历史悠久的玛尼石

阿里地区札达县托林镇马纳村

玛朗寺由大译师仁青桑布所创建，是托林寺隶属25个寺庙之一。

玛朗寺历史上曾有2座红殿，1座白殿，现只存红殿1座、房屋建筑13座，其中强巴佛殿较完整，其余存有残墙断壁。有窑洞74孔，殿堂和佛塔周围有玛尼墙11段，各种玛尼石雕刻约400块。

玛朗寺最大的特点是保存有很多用藏文和梵文雕刻的历史悠久的玛尼石，刻有六字真言和佛像、僧人等，远远望去非常壮观。

玩家解说

玛朗藏语意为“疑惑、不确定”之意。相传吐蕃赞普的直系后裔、古格王艾松于996年创建托林寺时为寺庙选址，他向天空抛掷了一片经文，经文所落之处为建寺之地，第一次经文落在今玛朗寺所在地，他纵观四周觉此处虽水草有余，但仍有不足之处，自觉疑惑，第二次抛掷经文果真落在了今托林寺所在地。

东嘎石窟 ⓧ

极具价值的石窟壁画遗址

阿里地区札达县托林镇北郊东嘎村

最好包车前往

与皮央石窟联票100元

东嘎石窟实为石窟壁画遗址，也是中国迄今发现的规模最大的佛教石窟遗址。该石窟现存洞穴近200个，延绵2千米。其中位于半山腰的3个洞窟中的东嘎壁画保存得较好。

东嘎石窟包括礼佛窟、禅窟与僧房窟、仓库窟与厨房窟等不同类型的石窟。礼佛窟内绘制有壁画，内容包括佛、菩萨、比丘、飞天、礼佛图、各种密宗曼陀罗以及动物、植物和不同种类的装饰图案。

玩家 解说

东嘎是札达县一个靠山临水的小村庄，位置略靠近古格遗址。东嘎石窟散布在东嘎村北面断崖上，路上能看到山上密密麻麻的洞窟。

东嘎石窟可分为两个地点。第一地点位于东嘎村北面断崖上，石窟分布由西向东分为3区：第Ⅰ区洞窟分布略呈“U”形，由50座洞窟组成，分为两组；第Ⅱ区洞窟共有61座洞窟，也可分为两组；第Ⅲ区洞窟系东北方向的后山区。其中Ⅰ区第1、2号窟是较大型的礼佛窟。

东嘎第二地点位于东嘎东面山沟中，洞窟开凿在山崖北面峭壁上，从西向东共有9座洞窟。其中1号窟是较大型的礼佛窟，窟门前设狭长甬道通向窟室。窟内中心设一圆形坛，未开凿龛室塑像。

在东嘎石窟的其他礼佛窟中，考古学家还发现有一些形制较小的洞窟，均绘有壁画，有的在窟内两侧壁或后壁上开设有龛。

东嘎石窟的形成及其年代，在西藏历史、宗教、文化档案中都没有记载，是一个尚待破解的文化之谜。初步考证，东嘎遗址属于古格王朝仁钦桑布时期所建的八大寺之一，建于10世纪，一度是古格王朝重要的文化中心。

皮央石窟 文

由寺院、城堡等组成的大型遗址

✉ 阿里地区札达县托林镇北郊皮央村，东嘎村以北约2千米 🚌 从札达县包车前往

¥ 与东嘎石窟联票100元

皮央石窟是一处由寺院、城堡、石窟和塔林组成的大型遗址。山上大大小小散布着约1000个洞窟，总规模比东嘎还要大。石窟中最精美的是壁画，题材多为飞天。

玩家 解说

皮央石窟共有四区，编入洞窟872窟，大体上可划分为前山区与后山区。前山区编为第Ⅰ区，洞窟基本上呈由北向南直线分布，其编号顺序从沟谷北端开始向南，共编433号窟。第90号窟平面近似方形，窟门后接甬道，顶部式样为穹隆顶式，窟内两侧壁的前壁上各设一立像龛，龛内绘制千佛像等。第79号窟也是在侧壁上设有龛室的洞窟，窟内门楣下方绘制壁画。窟内左、右、后三壁上均开有龛，其中后壁龛内残存供置佛像的圆形穿孔，说明该处曾供置佛像。

后山区编为第Ⅱ区和第Ⅲ区，其中第Ⅱ区洞窟的走向由北向南转为由东向西，略呈“U”形分布，共编入洞窟145窟；第Ⅲ区从谷底部折向西侧，直至皮央遗址的最西端，共编入洞窟247窟。在皮央遗址

东嘎石窟

皮央遗址

的山顶，还分布着一些洞窟，编为第Ⅳ区，包括37个洞窟。此外，还有若干位置分散的洞窟未编入。

芒囊寺

西藏艺术史上意义重大的寺院遗址

阿里地区札达县扎布让乡芒囊村

芒囊寺约建于1037年，由仁钦桑被主建，是西藏艺术史上意义重大的一个遗址。殿中大部分壁画为古时克什米尔神像画师所绘。

原先的建筑浩大，由上、下两部分组成。它的上部称为“石堡”和“中间的城堡”。下部分有14座寺庙，称做“芒囊译师寺”。其中大部分已坍塌，但仍保留了一些古时壁画和唐卡。

玩家 解说

芒囊寺中壁画的菩萨基本以大日如来为主尊，身上环绕帔帛，戴双耳环并且上耳环呈90°，菩萨都坐在突出于背光之外的莲座上，略显简朴。

芒囊寺的壁画和唐卡最出彩的地方是它的绘画方式——严格的色彩使用及明暗对照。这种表达方式在西藏的其他壁画唐卡中十分罕见。意大利藏学家杜齐曾经评论道：“它可以和阿旗陀石窟上的天女像相媲美，而且在形态之高雅及线条之优美上更胜一筹。”

达巴遗址

古格王朝时期的达巴古城

阿里地区札达县达巴乡

达巴遗址主体部分大都坐落在象泉河支流达巴曲的西岸，主要的建筑遗迹则分布在两座南北对峙的山坡坡底之上，中间有一条东西走向的河谷相隔。

遗址南山区主要有佛殿、碉堡、洞窟以及防卫墙等建筑遗址，北山区则是在山丘顶部留有建筑遗址，在山腰和山脚一带有不少洞窟的遗址。

分布在南山区最东部的主体建筑为佛殿，共由数十间大小殿堂组成。平面形状有“凸”字形、“十字折角”形以及方形等，开间较大。护墙残存总长度约300米，沿着这组建筑的山脚坡地一线开凿有零散分布的石窟。

北山区大部分遗址是洞窟，较为密集地开凿在山体南面一侧，从上至下至少有5层，总数约200孔。北山区建筑遗址中位置最高、保存状况最好的是该区西部最靠近山体北缘的碉楼。碉楼残存高度约10米，在碉楼的北面和东面两面墙体上开设有数个平面呈三角形或窄条形的瞭望孔。

达巴遗址

玩家 解说

达巴原是一个约有4000人的小王国，当时属于古格王朝管辖，兴于10世纪，消亡于17世纪，其兴衰基本与古格王朝同步。

达巴在藏语中的意思是箭头落地之处。相传当年达巴王为了确定修建王宫和城堡的所在地，于是引弓搭箭，箭落处，即是城堡所在地。一箭飞出，落地后即生出莲花，大片祥瑞景象。达巴王大喜过望，在此处修建城堡和王宫。当地藏族群众传说，在达巴的寺庙原来还保存有达巴曲杰和王后的两座灵塔，内有宝物。

聂普巴石窟壁画

有着明显的克什米尔艺术风格

阿里地区札达县波林村的卡孜河谷

聂普巴壁画系在开凿的天然洞窟中筑土坯泥墙，然后在泥墙的表面绘制的壁画。石窟平面略呈长方形，门道开于东壁，顶部已经坍塌，仅剩有南北两壁，表面绘制有壁画。

南壁满绘菩萨像，壁面中央绘制5尊菩萨形的佛，体量略大于周边的菩萨像。中央的1尊身白色，四面八臂，头戴五佛冠，坐骑为1对白狮，其两侧各有两尊与之体量相同、造型类似的菩萨形佛像，从左至右身色分别为土黄色、蓝色、红色和深绿色，坐骑分别为马、大象、孔雀和金翅鸟。

北壁的构图分为东西两部分，西半部中央绘制1尊菩萨形佛像，均一面两臂，中央的1尊双手作智拳印，其两侧各有两尊，分别是宝生佛、不动佛、阿弥陀佛和不空成就佛。因此这部分构图极可能为金刚界的五佛曼陀罗，居中作智拳印的为大日如来。环绕中央五佛的上下左右另有多尊菩萨和供养女神。

该壁东半部绘制一大幅规模宏大的说法图，中央一佛像着袒右袈裟，左手作禅定印，右手上举，结跏趺坐于仰筱莲座上，身后有椭圆形头光和圆形身光，头光和身光中均有蓝色闪电纹。佛像的四周围绕上百名肤色各异的僧人，多侧面朝向中央的主尊。这些肤色各异的僧人也许暗示着佛法传播所远达的广大区域。

查宗贡巴石窟壁画

迥异于卫藏地区的壁画风格

阿里地区札达县波林村的卡孜河谷

查宗贡巴石窟开凿在山崖断面的中腰

部，距地表高约10米，与地表几近垂直，但有竖井通道可以通上洞窟。

该窟坐北朝南，平面呈不规则长方形，门开在南壁西端，南壁中部开有一窗。窟内壁画保存较为完好，主壁绘制有尊禅坐佛像，其中左起第一尊身红色，左手作禅定印，右手作触地印，应为释迦牟尼佛。第二尊身蓝色，左手持钵，右手施与愿印，应为药师佛。

北壁的主要位置绘制两排佛像，两排分别为菩萨装的五方佛以及顶髻尊胜佛母，中间开有一窗户。门上方绘制3尊蓝色怒相护法神和一排骑乘动物形象。从该窟外墙表施绘红、灰等多种颜色以及窟内绘制的密教双身像、上师像等。

在艺术风格上，该窟继承了从仁钦桑布时期传承下来的艺术手法，尊像面部特征的描绘，尤其是眼睛的画法，双眼平视，上眼睑平直，黑黑的瞳孔点绘于眼睛的正中，仍然可以看出典型的克什米尔风格的影响，与卫藏地区上眼睑弯曲、眼睛微闭的绘制方法迥然不同。

热尼拉康

仁钦桑布修建的独特殿堂

阿里地区札达县底雅乡底雅村

热尼拉康门向大致朝北，平面略呈“亚”字形，由门道和主殿构成。门道左侧残存有土坛，上面塑有尊红色三面六臂的护法神，背后壁面有晚期绘制的壁画。主殿平面呈凸字形，中央立有柱，柱头有托木，上置横梁，梁上架椽，在顶部北侧中央有一天井。主殿沿后壁砌有佛坛，佛坛上有尊塑像，均呈菩萨装，其中中央5尊，朝向主殿，两侧相对各有1尊。中央红色尊像的莲座下有高约0.4米的台座，台座上绘有绿鬃狮子。位于佛坛左端的1尊身色呈粉红色，一面二臂，右手执一金刚杵，左手手指相扣放在左膝上；佛坛右端的1尊身色呈橙黄色，亦是一面二臂，右手手指已残，似乎于胸前施无畏印，左手已佚，置于左膝，结跏趺坐于仰覆莲座上。

除了泥塑，在殿堂的四壁还绘满了壁画，分为几个不同的时期。大部分壁画年代晚于17世纪，另有一部分壁画可能是13～14

查宗贡巴石窟壁画

古格王朝遗址

世纪时绘制，最早的可能属于仁钦桑布初创时期的壁画，位于北壁西侧最下角。

玩家 解说

仁钦桑布传记记载，底雅是其出生地，大译师在这里修建了一座独特的殿堂，即有名的热尼拉康。据称，大译师还把当地的众地方神征服并请进佛殿，使他们成为佛教的护法神。热尼拉康的殿堂内保存有3件珍宝，分别是1尊象牙菩萨像、1尊喜金刚像、1套无上密乘梵文贝叶经。如果有谁将这3样东西带出佛殿，将会带来厄运。

热尼拉康坐落在象泉河与另一条河谷交汇形成的三角形河边谷地上，象泉河在村北自东向西流过，村民的出行必须要绕行约1个小时的山路，再经过一座铁索桥，才能走向外面的世界。热尼拉康不像一些其他的寺院，位于大山深处，它就坐落在村子的中央。至于传记中记载的热尼拉康保存的珍宝，现均已不存，只有1件的仁钦桑布塑像尚存。

普日寺

临近边境的格鲁派寺院

阿里地区札达县境内

据说普日寺是仁钦桑布创建。普日寺建成后，曾分别是竹巴噶举和格鲁派经营的寺庙，现仍是托林寺的属寺，属格鲁派。现存普日寺的主体建筑有杜康殿集会殿、曲吉拉康和贡康护法殿。杜康殿大体坐北朝南，围绕杜康殿有转经回廊。

曲吉拉康大体坐西向东，4柱位于殿内左侧的中央位置。殿内保存有部分噶举派祖师的塑像及佛塔。壁画保存状况较好，绘有密集诸尊像、宗喀巴大师像以及多幅曼陀罗等图像，其年代分属不同时期，多数为竹巴噶举时期和格鲁派时期的壁画。贡康护法殿亦为坐西向东，平面呈方形，殿内中央立柱，外围有一周转经回廊，殿内主要供奉忿怒相护法神及密乘诸尊像。

更多本旅游区景点

拉玉寺：位于札达县萨让乡吉嘎村，该寺的教派是直贡嘎举，主供佛是四臂金刚。寺内还供有一座半身六臂金刚，这尊佛的下身供奉在直贡寺内。

热布加林寺：位于札达县，沃尔庆贡嘎桑布的第一座宫殿，后由本地高僧益卓多杰及拉达巴巴旦森格创建为寺院，属格鲁派寺庙，佛塔造型具有浓郁的印度、尼泊尔佛教建筑风格。

日娃大译师殿：位于札达县萨让日娃村，建于仁钦桑布时期。因在“文革”时期当作仓库，所以除了一些泥塑佛像外其他如壁画等保存特别好，这里有阿里所有的藏传佛教后弘期寺院壁画中最古老的壁画。

白麦迥祖拉康：在札达县底雅乡热尼村，由仁庆桑布大师于11世纪建造，距今有1100年的历史，这座祖拉康历史悠久，而且殿内有好多无法估量价值的一级文物。该殿是阿里所有的祖拉康当中非常重要的一座。

瓦干洞窟：位于札达县达巴乡达巴村，洞内有很多非常精美的古老壁画，大多数是各种佛祖、观世音。瓦干洞窟壁画的画法不同于其他，这种颜料画的风格和技能在阿里其他地方是非常少见的。

琼龙寺：位于札达县达瓦乡曲伦村，由佛学大师洛扎巴·仁青桑布主持修建。主供曲古维巴梅佛，这是一座自然形成的白玉石佛像，未经任何雕琢。琼龙寺最早建在山后，后迁址曲伦村。“文革”时期被毁，主供佛也受到严重损坏，于20世纪80年代重建。

札达风景

景点推荐

噶尔旅游区

巴尔沸喷泉

规模庞大的沸喷泉

阿里地区噶尔县门士乡阿布纳布峡谷

巴尔沸喷泉，阿布纳布峡谷河床附近的沸泉。附近有沸泉水喷出后结成的冰塔。温泉以下至峡谷的河段上，还有数十个沸泉、热泉和小喷泉口，组成使人眼花缭乱的泉群。谷坡上方，有一串串倒垂的冰挂。

玩家 解说

峡谷进口左侧岩壁下的河漫滩上，有着高约1.2千米的钙质泉华锥。锥的底部，河面一侧，一股高温汽水柱伴随着持续不断的吼声越过河床，喷向河对面的山坡上，射程超20米以上，蔚为壮观。

泉华锥顶部原为主泉口，后因泉华增生自行封闭，锥体上部另有两个小喷泉口，一个喷泉口喷向河中，另一泉口喷向河岸。

在海拔4700米以上的高原上，冬季寒冷，沸腾的泉水喷出后在空中很快冷却，逐渐在河岸上堆积起一座晶莹剔透的冰塔，在阳光投射下发出幽蓝的光彩。

阿里草原

野生动物的天然乐园

阿里地区噶尔县狮泉河镇

阿里草原属羌塘自然保护区的一部分，是世界著名的高寒草原。它包括措勤、改则、革吉、噶尔及日土部分区域在内的广大地区。

根据初步调查，这里有哺乳类动物30余种，鸟类90余种及高原特有的鱼类数种，均分布在广阔的阿里草原，以改则县玛依地区

草原风光

最为集中，使该地区成为羌塘自然保护区中著名的玛依核心野生动物保护区。

玩家 解说

草原上的长途旅行，虽然艰苦但并不会单调枯燥。正午时刻，太阳离高原最近，远远地平线上有时会出现草原上的蜃气。成群结队的藏黄羊、野驴、獐子等野生动物，安然、自在地穿梭于公路两旁辽阔的草原上，见人见车只是略微抬抬头，不惊不怕。野牦牛、野驴以及黑颈鹤、斑头雁等，有幸也能碰上。

古如甲寺

阿里地区境唯一的本教寺庙

阿里地区噶尔县门土乡

古如甲寺1936年由本教大师琼钦·晋美朗嘎多杰活佛创建，是阿里地区唯一的本教寺庙。寺内主要建筑有卡洞拉康、祖拉康、藏康等。

寺内主要供奉珍巴南卡大师石塑像、佛母强玛金铜像、敦巴赤祖甲哇和塘玛美珍铜质像、琼钦仁波且泥塑像以及本教始祖善业唐卡12幅。此外，还供奉有佛塔、法器和《本教大藏经》等经典。

古如甲寺在1983年重建，现任住持“革龙”单增旺扎是阿里地区著名的藏医专家，也是阿里地区藏医院的奠基人之一。

链接

本教发源地

古如甲寺坐落在象雄琼钦崩巴山麓，这里有著名的古象雄遗址——古象雄王国上门和象雄琼隆银城遗址。据传，本教始祖辛饶·米沃且就诞生于此。

辛饶·米沃且是公元前5世纪古象雄的王子。藏文文献有记：辛饶·米沃且在各种原始本教的基础上改变了某些仪式中杀生祭祀等劣习而始创了雍仲本教，其一生主要在象雄传道授业，门徒如云；他将原始本教分为恰辛、朗辛、斯辛、楚辛4个分支，在象雄传播，而且还谙熟医术，传于其子不杰布赤协；他精习工巧明，传给噶尔玛利雪。晚年将其法位传给穆曲定珠，享年82岁。

附近还有与古如甲寺颇有渊源的修行洞，雍仲仁钦洞。这里被称为是西藏历史最早的修行洞，因曾为本教大师珍巴南卡的修行洞而成名，距今已有2900多年的历史。古如甲寺的创始人琼钦·晋美朗嘎多杰活佛建寺前曾在此修行。

顿曲寺

象泉河源头寺庙

阿里地区噶尔县门士乡

顿曲寺建于500多年前的五世达赖时期，由山南多吉昌寺派出舍久喇嘛和珠姜喇嘛主持修建。顿曲寺有多位转世喇嘛，主供多巴释迦牟尼佛，信徒众多。由于印度的冈巴河流的源头正是象泉河的源头，顿曲寺又在象泉河的源头处，故而顿曲寺在印度人心目中具有非常重要的地位，藏族人也很崇拜此寺。据说，寺庙周围有一块自然形成的乌龟石，患有关节炎的人，如果在乌龟石前虔诚求拜，会有非常好的治疗效果。

直达布日寺

噶举派著名寺院

阿里地区噶尔县境内门土乡

直达布日寺早年由宁玛派高僧多扎·曲尼桑布始建。该寺曾被宁玛教视为地下八政之一的金刚亥母宫，后改宗噶举派。

寺内主供莲花生大师、空行母益西措杰（莲花生之夫人）、无量光佛塑像及释迦牟尼佛等，且有莲花生、多吉帕姆等人的修行地。

寺前有一座温泉，泉周围形成大理石般的泉华地貌，香客们在这里可捡到叫做“岗提”的石灰石，据说可以祛病消灾。寺庙周围有许多风化的石林，象征大黑天、胜乐父母、药王宫、古如八尊等。

寺西面的河流对岸有一紫色岩石象征十万空行母宫，其下方平地为空行母舞台，江畔的红白相间的岩石为空行密道，相邻的黄色、蓝色岩石分别象征财神和狮面空行母宫。江边岩石山上有一护法神殿，殿内岩洞是果仓哇的修行洞，后被封门，规定一般凡人不得入内，其内供有四壁大黑天（藏语称“贡布”，梵文称“玛哈嘎拉”，古印度把他视为军神或战神）。

狮泉河古镇

高原上的繁华小镇——狮泉河镇

狮泉河镇位于阿里地区噶尔县，海拔4300米，是我国海拔最高的城镇，因境内有狮泉河而得名。狮泉河镇是阿里的政治、经济、文化和交通中心，常住人口加流动人口约2万人。

狮泉镇以环岛为中心，有四条马路向外延伸：南部为商业街，东部和西部为地区政府各部门所在地，北面是通向日土县及新疆方向的新藏公路。镇上主要的旅店、饭馆和商店都位于十字路口一带，贸易活动很活跃。

狮泉河镇面积不大，市内基本没有长途客车，但它是新藏公路的枢纽，经过此处的邮车、货运车辆以及军车就成了进出阿里最便捷的交通工具。

狮泉河镇本身乏善可陈，大多数旅游者将此作为旅途中转站，添置物品并洗澡歇息，有兴趣不妨爬上镇子北面布满经幡的山头俯瞰全镇。

玩家 解说

森格藏布河发源于冈仁波齐的西北麓，其源头地形如狮口，看上去像是泉水从狮子口中汩汩地涌出，这条河就被称为狮泉河。

狮泉河旁的这个小镇，也就因为狮泉河从镇边流过而得名。整座狮泉河镇实际坐落在荒野戈壁滩上，城中的商店、餐馆临街而开，路边楼房、平房错落有致。小镇不大，但在阿里高原空旷的荒野戈壁上却显得繁华，充满生机与活力。

狮泉河镇唯一的公共交通就是出租车，仅在镇内运营；市区面积不大，建议步行。

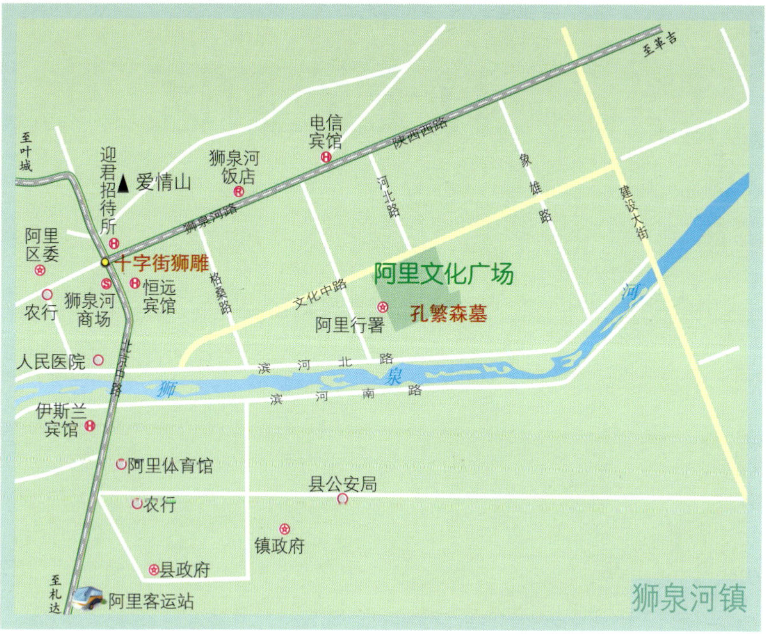

琼隆银城遗址

防御功能完备的大型建筑群

阿里地区噶尔县门士乡

琼隆银城遗址位于门士乡东南一座四面陡峭的山丘顶部，三面环水，遗址分布总面积达8.6万平方米。

遗址是一个居住和防御功能较完备的大型聚落形建筑群，其中密集排列着120多组建筑，包括居住遗迹、古碉楼、防卫墙、祭坛等。遗址内发现的生活用品和工具包括陶器残片、铁铠甲残片等，表明当时这一大型聚落居民众多、规模宏大。

此外，人们还在遗址的建筑堆中发现了大量牛、羊等动物骨骸，似乎表明杀牲祭祀的本教习俗在这里有着长期的延续。

玩家 解说

琼隆银城实为吐蕃六茹之一的象雄东岱的政治中心。山顶与两边山坡建有城堡，山顶为地方神宫殿，两边为王宫，是国王及其家眷居住之地。古格王江绛曲沃时期，在山坡中央修建新密派寺庙。13世纪后半叶的元初时期，第八代王泽巴赞之子拜卧赞在此建立了相对独立的小王国，其后作为达瓦法王的夏季居住地。16世纪的清代改为格鲁派寺庙，后整体搬迁至琼隆村西南侧小丘陵。

琼隆银城遗址

景点推荐

日土旅游区

日土岩画群

西藏最具代表性的岩画群

阿里地区日土县，任姆栋岩画在日松乡

日土岩画群是一个岩画遗址群，位于日土县境内，著名的是任姆栋、鲁日朗卡、恰克桑、阿垄沟岩画点。岩画是用坚硬的石头或其他硬物在岩面或岩石上刻凿而成，线条笔画有深有浅，还有少数彩绘画面，线条简单，造型却生动。

日土县这十几处岩画不仅规模大、数量多，而且有着很高的艺术价值。

玩家 解说

日土岩画主要分布在班公错南部和东部近二三百平方千米的区域内，共有大大小小13处岩画组成，较为著名的是任姆栋、鲁日朗卡、恰克桑、阿垄沟岩画点。

这四处岩画，在题材和风格上都较一致，如早期以单线表现动物的双角和双耳，腿裆间不相连。中期动物身上饰横置的“S”纹；晚期动物身上出现繁缛的旋涡文。制作的方法为凿刻法，先用尖锐的石器砸击，当砸出一个个小点后，再连成线条，有的继续加工，使线条深凹或通体凿成平面。这4个岩画点凿刻的技法是相同的。

日土岩画

夕照班公错

任姆栋岩画

任姆栋岩画比较好找，就在公路旁的陡崖上。岩画分四组，共40多个画面，大小不一，每个画面的图形，少则一个，多则几十个。阿里的先人们用石块在这岩崖上刻出当年的生活印记。他们先用硬石块在崖面上画出细线轮廓，然后沿细线敲凿，形成粗轮廓线，或在轮廓内通体敲凿。

岩画的内容包括太阳、月亮、动物、人物、武器和器皿，其中以动物居多。人物展现各种形态，有双手上举，有搭弓射箭，也有手持带穗长杖、头戴羽状装饰的。器皿的形象最少，有一种长颈圆腹的容器，有可能是陶罐。

鲁日朗卡岩画

鲁日朗卡岩画分布在鲁日朗卡山北面山脚下的6个崖壁上，共有10多组画面，大的画面有23米长，小的只有几十厘米。图形中除动物外，还有持矛或拿弓箭的人物。

最西端的一组刻着人和羊的图像，人在羊的右侧，张开双臂，形态生动，似在驱赶羊群。画幅下部有一牦牛，牛的下面是两个人呈舞蹈状，其中一人着长袍，左臂下垂，右手平伸，其左侧也刻有一动物。这组岩画，上部的图形采取单线刻制的方法，下部的图像轮廓内通体敲凿，形成剪影状，整个画幅展现了当年先人们的畜牧生活。

恰克桑岩画

恰克桑的主峰高5800多米，山脚下是宽阔的答波草场，数股清泉汇成小河，向西流入多玛河。已发现的恰克桑山岩画现有3处，分布在恰克桑山余脉的崖壁上和山洞中。

主要的一处岩画，位于一个突出的山崖上。画面的左方，绘有太阳和残月。太阳的右侧有1棵大树，枝叶之外有若干小圆点。再往右处，绘有西藏本教的符号，线条之间和周围也都有许多小圆点。画面的右下方，又有两个射出光芒的太阳。岩画是用暗红色的粗线条画成，属于涂绘岩画，属西藏首例。

日土城堡

古代日土宗山遗址

阿里地区日土县日土镇日土雪村，朗钦山上

日土城堡依山叠砌、凌空耸峙，其外观极像布达拉宫。虽已成为残垣断壁，但却十分壮观。

城堡周围白塔环绕，上有红宫下为白宫。红宫顶端为伦珠确登寺——阿里著名的藏传佛教寺庙。该寺当年由日土旺巴资助，不丹喇嘛贡列和格鲁派元丹加措共同创建，主供强巴佛、宗喀巴三师徒、释迦牟尼及胜乐护法等。寺内原有东西两殿及热丹寺、卡噶寺和拉康共5座建筑。

玩家 解说

据民间传说，日土城堡原是格萨尔王之大将先巴的驻锡地，后为日土宗政府所在地。院内有一层楼高的先巴之灵塔，故又称“先巴卡”，意为先巴城堡。

日土城堡屹立在朗钦山上，一旁酷似龙王潭的清潭把城堡映衬得格外醒目。该寺原有东殿、西殿、热丹寺等5座建筑，白宫底下是炊烟袅袅的日土雪村。

城堡周围的几座草场及山名与格萨尔王传中的霍固喀王宫的布局极为相似，周围有6大草场，被称为霍尔王“那玛雄朱”。此外，东南的加果雪山原为日土神山，每年要祭祀一次。祭祀时，人们会跳起一种古老的舞蹈，叫做“协巴协玛”。传说是为了纪念格萨尔王的一著名大臣，舞蹈形式为17对男女组舞，身着古代服饰，男子武士打扮手持古代战刀，女子服饰华丽，相对起舞。

班公错
世界最长的裂谷湖之一

阿里地区日土县北部，离狮泉河镇110千米

包车或者搭便车

班公错又称“错木昂拉红波”，藏语意为“长脖子天鹅”，是世界上最长的裂谷湖之一。它位于西藏和克什米尔边境，在我国境内的大部分为淡水，在克什米尔的则为咸水。

湖内岛屿诸多，其中最出名的就是鸟岛。栖息于鸟岛上的鸟类绝大多数为迁徙的候鸟，冬季从班公鸟岛飞往南亚大陆避寒，第二年的5~9月飞回鸟岛栖息，在岛上产卵育幼和繁衍后代。鸥鸟、雁鸭欢舞飞翔，成为阿里的一大奇观。

湖内盛产一种被称为高原无鳞裂腹鱼的鲤科淡水鱼，还有几种国家级保护鱼类。另有传说湖中还有神龙、湖怪出没，神秘莫测。湖区植物种类近300种。岸边红柳簇拥，风景优美。

玩家 攻略

湖边有一个鱼庄，经营着客栈和饭馆，来湖游玩的游客，可以在这里休息进食。店家在湖边有船可租，天气好的话，游客也可以选择在湖边自己搭帐篷。

玩家 解说

班公错湖水咸淡共存，我国境内的那段属淡水湖鱼类众多，克什米尔地区的那段却是咸水湖，湖里鱼虾绝迹。湖水周边景色非常秀美，四周群山环绕，远处雪山点点。措木昂拉仁波湖湖水十分清澈，湖水由于光照、深浅、亮度等因素，呈现出墨绿、淡绿和深蓝等不同的颜色。这里有数不清的海鸥、野鸭以及各种水鸟，停在湖边觅食游动。

班公错湿地风光

链接

班公错的鸟岛

相对于其他湖泊来说，班公错有个奇怪的现象，即迁徙的鸟类只光临鸟岛，驻足栖息，而其他岛上基本上没有鸟类光临。

鸟岛长约300米，宽200多米，面积不大，表面为碎石、黄土和鸟粪所覆盖。岛上只有为数不多低矮的灌木和小草，沿岸还生长着一些叫不出名字的草科植物。小岛到处是石灰石碎块，每年5~9月，是这里鸟类繁殖季节，小岛遍地都是鸟蛋，岩石间、草丛中、湖面上，无处不有，成千上万的白鸟将整个小岛盖得严严实实。岛上的灌木丛里和草丛中，窝与窝相连，非常密集，以至于你行走时不留神，就有可能会踩到鸟蛋。

栖息在鸟岛上的鸟类，主要是鸥鸟，也有小量的灰鸭等鸟禽，它们以湖中的鱼类、水草等为食。每年春天来临，头年冬季从高原飞往南亚大陆避寒的鸟群，又飞回这里，在这里产卵繁殖后代。这个时候，也是观鸟的最佳时节。

伦珠曲登寺

日土县境内的唯一寺庙

阿里地区日土县西部，距县城12千米

伦珠曲登寺是日土县境内唯一一座寺庙，属格鲁教派。16世纪由日土旺巴资助，不丹喇嘛贡列和格鲁派喇嘛元旦加措共同创建了伦珠曲登寺。

寺庙坐落在形同卧象的山顶上，年岁与拉萨色拉寺相当，已有500多年历史。寺庙依山就势，楼台殿宇，玲珑典雅，建筑布局和形式极富特点。主供弥勒佛未来佛，由德钦顿珠格西进行了开光仪式。佛像的高度8米，他的双脚放在莲花上的日月盘里，左右手都成莲花状，冠顶装饰物的主要材料是金、铜，镶着松耳石等珍贵宝石。另外寺内还供奉强巴佛、宗喀巴三师徒、释迦牟尼及胜乐护法等。

玩家 解说

传说中该寺庙的创始人有两种说法。一说伦珠曲登寺的创始人是印度僧人，有两名和尚共建，名是不丹和尚，名为喇嘛贡拉活佛，另一个是格鲁派喇嘛元旦加措；二说伦珠曲登寺为前藏王朗达玛的三位王室兄弟来到阿里，各自占地，一个在普兰创建了科迦寺，一个在札达托林修建了托林寺，一个在日土创建了伦珠曲登寺，这就形成了“阿里三围”的传说。

由于日土历来与拉达克王关系甚密，故此寺于16世纪初以前属于竹巴噶举派。16世纪初，竹巴噶举派高僧竹巴贡列来到日土云游，此时格鲁派的大师元旦加措也在此传教。两位高僧试图争夺寺庙住持，这便引出了一段动人的传说。

据传他们两位商定谁先为寺庙开光或加持，

日土风光

谁将成为名副其实的住持。此时，格鲁派高僧元旦加措住在日土东部轨巴地方，他的随从徒弟们要求他立即前往寺庙所在的日土宗城堡，他成竹在胸。第二日一早，竹巴贡列匆匆赶到弥勒佛像跟前，准备开光。当第一缕阳光照射弥勒佛像的刹那间，元旦加措大师已经开光完毕，就此格鲁派成了寺主。如今部分殿堂内壁画上的竹巴噶举派僧人伸着舌头，状似极度惭愧，便是失去寺主的象征。

温泉湖温泉

西藏西部第三个朝圣点

阿里地区日土县东部无人区

温泉湖温泉是西藏西部的第三个朝圣景点，据说曾有僧人在此修炼成佛，朝圣者来此是希望洗去罪恶。这里的寺庙中有许多佛雕。

玩家攻略

温泉湖温泉可以随团或自己租用吉普车，也可以到门士镇南9千米处搭车。门士以东50千米处便是神山，转山者进山后可在寺庙住宿。来圣湖转湖者，也可在四周寺庙借宿。

可巴加务泉

有着多种益处的泉水

阿里地区日土县日松乡西南60千米处

泉水具体位于日松乡甲岗村一组，据当地农牧民介绍，在遇到盛大节日或重要日子时，有福气的人在此泉中可看见金鱼银鱼，这一年当中此人会有好运相伴、遇事呈祥。可巴加务泉水可以直接饮用，比市场上畅销的矿泉水还要清凉可口。此水能清嗓润喉，对泡治伤口有奇效。在每年盛大节日期间当地农牧民及游客都会到可巴加务泉，想看到金鱼银鱼，祈求平安吉祥，有的特来此泡治伤口，或者饮上几口泉水去烦消灾。

郭孜康玛尔土堡遗址

著名女将巴姆所建的土堡

阿里地区日土县多玛乡多玛村境内

郭孜康玛尔土堡遗址与现代土坯建筑结构有些相似。其底层为石砌墙做基础，大小不等的方形或长方形土块筑其墙，其土质与当地草坝上的土质相同。据当地长者讲，此土堡的真名叫巴姆卡尔，是《格萨尔王传》中的著名女将巴姆所建。在20世纪四五十年代时还有4间没有顶棚的房屋，现只剩南墙残迹，高约1.4米。

丁穹拉康洞窟

西藏西部首次发现的石窟遗迹

阿里地区日土县乌江村境内，班公湖的北岸

丁穹拉康洞窟开凿在一高约10米的砂

郭孜康玛尔土堡遗址

阿里高原风光

砾崖面上，属于班公湖国家森林公园的一部分。石窟口朝西，窟顶为穹隆顶式，顶部中央绘以莲花纹。窟内残存有壁画痕迹，如今仅可分辨出大概图案。

除洞口两侧，其余三壁可分为上、下两层图案；上层为形制比较简单的曼陀罗，下层绘有佛教杂宝以及可能是礼佛听法的场地，1排8人，皆盘坐于地面朝一个方向。洞口两侧的壁画中一组为古代歌舞的场面，舞者3人1排，身着长袍，脚穿长靴，散发披肩，扬臂起舞。

玩家解说

丁穹拉康石窟是西藏西部首次发现的石窟遗迹，填补了西藏西部佛教艺术门类中的一项空白。从开凿方式看，丁穹拉康与新疆克孜尔、敦煌千佛洞石窟十分相似；从壁画风格看，又带有明显的藏密风格，内容题材也是藏传佛教系统壁画中所常见的，如曼陀罗、歌舞、礼佛等，所以其可能是12~13世纪的作品。日土是北接新疆、南连印度的南北干线枢纽，石窟遗迹的发现具有重要的意义，它为研究西藏石窟艺术的起源及其传播提供了宝贵的线索。

加伟雪山

当地人心目中的财神山

阿里地区日土县南面

加伟雪山是当地百姓心目中的财神山，每年当地的老百姓都会去朝拜此山，转此山13圈就等于转神山一圈，在当地老百姓的心目中此山的威望极高。在加伟雪山脚下有个叫萨博的地方，此地有数量惊人、形似古代兵器的铁片，在民间传说中将其带在身上具有避雷的作用；它还是当地老百姓婚礼中必不可少的信物，起到避祸消灾的作用。

甲亚布神洞

险藏于半山腰之上的神洞

阿里地区日土县日松乡德汝村

神洞坐落在甲亚布神山上，相传甲亚布神山是100座神山的父亲，所以来此朝圣的当地农牧民特别多。

神洞位于半山腰，路况非常陡峭，当地农牧民来此朝拜都是一步一拜地到神洞，相当艰难，途中可以看到朝拜者堆积的玛尼石。

神洞外围有大石板堵住，上面有进入口，神洞内部十分宽敞，一眼望下去给人一种震撼感。洞左方有自然形成的佛像、山水、动物，规模宏伟、气势磅礴。神洞底部有朝拜台，左方有隐士修行的地方，供奉着佛像、经书等。还有很多很壮观宏伟的石像，没人能解释这些石像的来历，据说有些石像代表着未来。

更多本旅游区景点

蔡龙拉康：在日土县古巴二村，建造者是日土伦珠曲登寺的一位喇嘛，全部建造资金也都来源于伦珠曲登寺。拉康内主要供奉弥勒佛。“文革”时期被毁，后修复。现在蔡龙拉康是当地信教群众从事宗教活动的一个重要场所。

甲维卡尔堡遗址：在日土县日土镇德汝村境内。由干砌石墙、戍堡、村落、农田等组成，面积约20万平方米。20世纪80年代，其中石构建筑内存有大量箭头和箭杆。现存面积约6万平方米的村落遗址和墙体基石遗址。

果热古墓群：在日土县热帮乡境内。紧临湖水，石山和湖水间徒步勉强通过，果热岩画便在此处，山脊上有个不起眼的石构防御工事遗址，古墓群在其西边的山凹内。墓群坐南朝北，依山傍水，大体呈东西顺序排列，其下方3座，中间一排为5座。

曲嘎尔羌列石：在日土县多玛乡境内的曲嘎尔羌羊圈东南约200米的沙地上，由北向南有三处石圈和石堆，每座石圈的面积约30平方米，这便是曲嘎尔羌列石。

上曲龙列石：在日土县日土镇上曲龙，有大小石堆11个，其最大的占地面积20多平方米，小的10多平方米，其石取自北边的沙石山上。除了石堆周围再无其他遗址遗迹，当地人称门卓，难以确定其为墓葬或是防御工事。

阿里怪云

景点推荐

阿里北线景点

扎西曲林寺
比较完整的噶举派寺庙

阿里地区革吉县盐湖乡

扎西曲林寺，清光绪二十年（1894年）由革吉古如曲旺资助，仓巴·贡噶扎西仁钦始建，属噶举派寺庙。

寺庙占地面积1.2万平方米。该寺大经堂主供镀金的观世音菩萨、释迦牟尼、无量佛和莲花生大师像，并都由众多的宝石镶嵌；银制的第一至十六世嘎玛巴活佛像，并有噶举派众世袭高僧和嘎玛派众世袭高僧的精致唐卡画像，四壁皆是精美绘画。此外，还有一座内供诸多噶举派护法神的护法神殿。

曲林寺设有一座甘珠尔殿，内供整套的《甘珠尔》和《丹珠尔》经籍、般若详部、隆钦七藏、历辈嘎玛巴全集等。

玩家解说

扎西曲林寺建寺后的24年中修建了大经堂、藏经堂、佛堂、僧众住宅等六大拉康。最初修行的有仓巴·贡嘎扎西及其弟子，以后寺内僧人逐年增多。嘎玛益顿典杰白桑布于1955年从印度、尼泊尔请来石匠、画匠对原寺进行了扩建，并购置和制作了大量法器、佛像和唐卡。至此，扎西曲林寺发展成为一个比较完整的噶举派寺庙。

扎西曲林寺时供仪式主要有：藏历正月的祭祀求神，藏历四月的噶举派法会，藏历六月的祭坟法会，藏历九月的救主祭祀，每月初三、初八、初十、十五、三十举行的佛事活动，四月举行的斋戒，六月初十的莲花发光修习，十二月二十九举行的降魔仪式。

扎加寺
供奉有众多佛像

阿里地区革吉县革吉镇

扎加寺由索南措姆创建于1797年，全称扎加传承丹杰林。寺庙原建筑于1987年重

修，建成2座拉康、7间库房和僧众住宅。拉康的壁画及装饰均由阿里地区佛协副会长格龙欧珠完成。

扎加寺供奉有第六世噶玛巴彤瓦顿典像、第八世噶玛巴米举多吉像、第十世噶玛巴曲英多杰像、莲花生大师像和大量唐卡。最大的法会有藏历正月举行的“毛蓝”，十月二十五日纪念宗喀巴的“安木乔”。其他有藏历每月初三、初八、初十等日开展的佛事活动。

玩家 解说

1797年，经西藏地方政府同意，在第十四世噶玛巴提确多杰主持下，修建扎加寺。扎加寺的历代住持均由楚布寺派遣，任期3～4年，新住持上任时，楚布寺随同住持派1名僧官、管家及4名僧人。

中华人民共和国成立前的扎加寺拥有索南措姆所有的牲畜、草场及属民。属民统称“夏邛昂巴”，专为该寺放牧、收集畜产品、捡柴、做糌粑、驮盐等。后经协商，所有属民归邦巴本管理，邦巴本每年给扎加寺派放牧、捡柴、驮盐等人员，扎加寺只管吃、住。

芝热寺

古仓巴大师的修行静室

阿里地区革吉县雄巴乡结克村

芝热寺由古仓巴于1379年创建，海拔5000多米，总建筑面积约7300平方米。寺内供奉古仓巴大师像、狮面度母像及其他众多的经籍、佛塔、四臂吉祥祜主的殿堂。

玩家 解说

据传，当年古仓巴大师为了探寻神山转道，赶到结克时一头野牦牛突然出现在他面前，大师惊恐之余即刻定神静待，此时这头野牛步履稳健地朝东而行，刚走到一块颇为显眼的磐石旁便无影无踪。古仓巴四处寻找，最终在一处洞顶巨石上发现了野牛隐没的清晰足迹，古仓巴遂将此洞作为自己的修行静室，称此洞为芝热普(牦牛隐没洞迹)。此后，竹巴噶举派的众多大师、高僧在此洞内修行。后鼎秦顿珠彤美以此洞为中心修建了芝热寺。

香鲁康寺

相传曾是莲花生大师修行之处

阿里地区革吉县雄巴乡多仁村

香鲁康寺海拔4500多米，唐天祐二年(905年)由珠亲旺扎创建。寺庙占地1.56万平方米。

香鲁康寺主要供奉莲花生大师、释迦牟尼、无亮光佛等佛像，有300余幅唐卡，主要佛经有《甘珠尔》《丹珠尔》《十万颂般若》等。该寺现存的4座佛塔和莲花生大师像，有

900多年的历史。

香鲁康寺每年举行两次法会，分别为藏历元月举办的嘛尼或无亮光陀螺尼咒法会，藏历九月举行的班匝法会，每月初八、初十、十五、二十五、二十九、三十定期举行佛事活动。

玩家 解说

香鲁康一带山石林立，风景优美，并有许多天然山洞，其中最著名的是莲花生修行洞。相传莲花生大师途经雄巴前往桑耶寺时在此洞闭门修行7天，临行时洞顶留下大师足迹。此后有众多高僧前来此地修行。

“文革”时期拉康遭到严重破坏。1990年，嘎尔玛多杰活佛对香鲁康进行了全面修复，建成转经房、僧舍、活佛修行洞、仓库及4座佛塔，整个建筑为土木结构。1992年觉阿才旺继任香鲁康住持。后觉阿才旺对香鲁康进行了扩建，建成禅堂、度母殿、集会大佛殿等。

盐湖岩画

面积宽广、内容广泛的各色岩画

阿里地区革吉县盐湖乡

盐湖岩画面积宽广，内容十分广泛，有狩猎、放牧、农耕、宗教祭祀等。这些岩画对研究阿里地区的历史、文化和人类早期生产、生活情况有重要的价值。

扎麻芒保

解放军先遣连纪念地

阿里地区改则县西北部先遣乡

扎麻芒保是藏北高原当年人民解放军进驻阿里地区是著名的先遣连驻地。扎麻芒保现保存有当年先遣连的40多个掩体，200米长的蛇形交通战壕。阿里地区军分区先遣连陈列馆陈列着先遣连战士使用过的各种工具、衣物、枪支等实物。

玩家 解说

1950年10月，以李狄二为首的135名先遣连战士，经过徒步跋涉，克服难以想象的困难登上了世界屋脊的屋脊扎麻芒保。为了早日解放阿里，战士们在这里修成了40多个掩体，挖了200米多长的蛇形交通战壕。这些工事互相连通，并和营房连在一起，使全连战士随时都可以投入战斗。后人为了纪念先遣连，把扎麻芒保乡改名为先遣乡。

康玛列石遗迹

疑是名门贵族的墓葬

阿里地区改则县洞错乡罗波村境内

康玛列石遗迹面积约17万平方米，共有3组石构遗迹和6处石框遗迹。

3组石构遗迹布局大致相同，由东向西依次由单体立石和石框、石阵、石砌石台组成。立石相对石阵里的列石体积稍大，呈方形石柱。石框由石片排列呈长方形，形成3条线排列状，中间一条排列呈折线，两边两线平行排列。石阵由大小不一的立石组成，排列略呈四方形。此外在石构遗迹西侧发现石框遗迹，由石块排列成方形、圆形，分别有单一的方形和方形组合。当地人称以上这些古遗迹为“门突尔”，意思为门族的墓葬，具体历史背景现在无从考证。

改则风光

门董寺

嘎玛额东旦杰在门董的传教点

阿里地区措勤县东北2千米处

1867年，嘎玛额东旦杰在门董建帐篷传教点。1889年，嘎玛额东旦杰因病逝世，于是当地藏人建造了门董寺以示纪念，历经3年修成。门董寺占地面积1.48万平方米，于1984年重修。

寺内建筑有灵塔拉康、聚合院及各类仓库、住房等。1997年增设千佛拉康2层。门董寺现存文物1100多件，其中有42件重点文物。

夏康坚神山

阿里的六大神山之一

阿里地区措勤县境内，距拉萨约1000千米

夏康坚神山海拔6822米，地处冈仁波齐脉中段，南北连绵着10余座6000米以上山峰。该地区属高原亚寒带干旱气候区，冬春严寒，多风沙，无霜期短，气候干燥。景色壮美，山麓为天然牧场，牧有牦牛、犏牛及藏系绵羊。

扎日南木错

布嘎寺

喇嘛高僧噶玛西热维色修建

阿里地区措勤县达雄乡夏东村

1920年，喇嘛嘎玛西热维色同崩巴九部落的总领头人嘎白一起，组织崩巴部落修建了布嘎寺。噶玛西热维色成为第一世布嘎活佛。1997年，布嘎活佛续建了布嘎寺庙2层。布嘎寺现有聚合院嘎玛西热拉康、度母殿、活佛殿、玛尼拉康、护法神殿等建筑。

玩家 解说

据说喇嘛嘎玛西热维色在朝拜神山冈仁波齐后，经过夏东的布嘎山。他见此地有许多修行洞就留了下来。经过多年修行后，他成为布嘎藏民和崩巴部落总领头人嘎白信仰的高僧。嘎白曾多次提出要求嘎玛西热维色在此地建一所寺庙，弘扬佛法，嘎玛西热维色没有答应。最后嘎白到了拉萨楚布寺，请示了新建寺庙一事，获得批准后，嘎玛西热维色最终答应建寺。

扎日南木错

西藏第三大湖

阿里地区措勤县东北部，距离措勤县城12千米

扎日南木错海拔4613米，湖水面积约1000平方千米，是西藏第三大湖。扎日南木错南北两岸较窄，东西两岸地势开阔。扎日南木错湖水主要靠冰雪融水补给，入湖河流主要有措勤藏布、达龙藏布。

扎日南木错湖体宽阔，暖季风和日丽，远山如黛，湖周岸边芳草茵茵，是良好的牧场，盛产紫绒山羊。沿湖有三五成群的藏羚羊、野驴等野生动物出没，奔驰在湖滨原野上。

玩家 解说

千万年前，扎日南木错这里经历过火山爆发，由红黑相间的火山灰烬、熔岩流和火山碎屑组成的岩层，在后期喜马拉雅造山运动的作用下卷曲扭折，形成造型流动图案。

扎日南木错正北的木诺山孤峰，由亿万年前形成于海底的黑色石灰岩构成，攀上山崖，扎日南木错尽收眼底，是观赏湖光山色最佳位置。

从木诺峰南麓的湖滨向东南方向看，一条弧形沙堤延伸至湖心孤岛，沿沙堤步行即可直抵孤岛。站在岛上环顾，湖天一色，涛声不绝，是观湖的又一佳处。

链接

扎日南木错的由来

传说在遥远的从前，扎日南木错所在地是一片富庶肥沃的大草原，人们丰衣足食，快乐生活。草原上有个村庄，村庄内有眼水井，是全村人的取水处。因井中住着一个水怪，所以每次村民们打完水后，都要把井口盖上。村庄住着一对十分恩爱的夫妻。有一次丈夫赶着驼队到日喀则贩盐。半年后的一天，妻子在水井边打水的时候依稀听到丈夫的声音，于是激动地忘了盖井盖就去迎接丈夫。井水越冒越多，大有淹没村庄之势。正在这时，莲花生大师从天边飞来。于是，在西藏其他地方也曾上演过的莲花生大师斗妖降魔的情景在扎日南木错再次出现。莲花生大师将井水彻底给压了下去，扎日南木错也因此增添了几分神秘的色彩。

更多本旅游区景点

措勤县尼姑寺： 位于措勤县措勤镇门东村，19世纪时期由贡桑卓玛及嘎玛曲尼等创建。寺庙占地面积2600平方米，是门东寺的子寺庙。

边拉寺： 位于措勤县磁石乡加饶村，由索南罗布主持建于1805年。寺内主供镀金如来佛祖像，还有千手观音、三世佛（未来佛、现在佛、过去佛）的泥像等。1987年门东寺的落追喇嘛重建边拉寺，此后门东寺的僧人轮流管理边拉寺。

齐格错： 位于措勤县县城东北，海拔4663米，为内陆淡水湖。湖旁有十余间土屋错落相间，齐格错四周绿草茵茵，宛如天然盆景。

达瓦错： 位于措勤县境内，湖形似一轮初升的新月。达瓦错藏语是月亮湖。达瓦错海拔4636米，面积111平方千米，属咸水湖，产高原裸鲤鱼。达瓦错通有公路，交通方便，周围有天然牧场。

措勤县风光

麻米湖： 位于改则县麻米乡，是冈底斯山脉东北部的一个盐湖。传说中是麻米湖神湖玛旁雍错的右眼所化，具有神奇的力量。十分奇特的是，麻米湖的湖水会根据天气的不同变化而呈现不同的颜色。

麻米寺： 位于改则县麻米乡古昌山谷，距今有近800年历史，是阿里境内历史最悠久的藏传佛教寺庙之一。寺庙依山而建，有修行山洞1处，有经堂、僧舍、佛塔等寺庙建筑。

扎江寺： 位于改则县城，又称改则寺，全称嘎玛协珠旦达曲果林寺，属噶玛噶举派寺院。寺庙外有规划整齐、宏大的佛塔。寺院融合了藏汉建筑的风格。

热加索康岩画： 位于改则县先遣乡那日村。在褐色的硅质岩石上用琢刻法线条造形，素材以牦牛、马、羊、豹等动物为主，另有少数人物图像如狩猎者，以及日、月、植物雍仲等符号。该处岩画存在不同时期重叠凿刻现象。

加吾拉康： 位于革吉县雄巴乡加吾村，创建年代与创建人待考。拉康总面积154平方米，占地面积5000平方米，海拔4800米。现有僧尼4人。该寺庙属藏传佛教噶举派。

攻略资讯

- 交通
- 住宿
- 美食
- 购物
- 娱乐

交通

飞机

阿里昆莎机场于2010年7月正式通航，目前开通有成都—拉萨—阿里和西安—拉萨—阿里两条航线。机场位于阿里地区噶尔县狮泉河镇西南的昆莎乡，可乘坐免费的机场巴士前往狮泉河的民航售票处（古格大酒店），车程大约1小时。

汽车

阿里地广人稀，交通方式以公路为主。进出阿里没有固定班车，一般都是团队车辆或自驾车。狮泉河镇是新藏公路的枢纽，有阿里地区客运站，主要发往阿里周边地区。

阿里地区客运站：位于噶尔县狮昆路5号。

租车

在阿里地区旅行，最便捷的交通方式是包车。包车价格根据线路、时间确定，同时旅游淡旺季价格也有差别。最好在拉萨或日喀则租车，去之前联络好结伴的人。车型以吉普车为佳。备好防潮垫和羽绒睡袋即可在车厢内过夜。

●从拉萨到阿里

从拉萨到阿里有两条道，北道全程约1760千米，南道约1190千米。北道车稍多点，南道几乎只有旅行团车辆。

北道：拉萨—日喀则—拉孜—卡嘎—桑桑—22道班—措勤—洞措—改则—雄巴—革吉—阿里狮泉河镇。

南道：拉萨—日喀则—拉孜—卡嘎—桑桑—22道班—萨嘎—仲巴—帕羊—大金寺。

●阿里到冈仁波齐

从阿里到离冈仁波齐转山道最近的村全程330多千米，需涉水多处，如果司机不熟路，请他小心驾驶。沙石路上的深车辙是其他车辆曾经陷入的地方。去冈仁波齐一定要办边境通行证。巴嘎有检查站查边境证，有时还会有流动的检查哨。

一路上要多喝水，高原空气稀薄，气候寒冷、干燥，旅途中往往在不经意的时候导致脱水。防止感冒，注意饮食卫生，带上足够多常用药。若出现轻微的高原反应，原地休息一两天；若是症状持续或加重，应到医院治疗，并尽快离开高原。

住宿

阿里地区的住宿条件不尽如人意，除狮泉河镇外其余地方基本都没有洗澡设施。各县以及部分景点附近会有一些招待所，或者部队营房，但大多条件简陋。

纳木那尼峰

狮泉河镇

狮泉河现在已有各种档次宾馆招待所可供选择，比较高档的有邮政酒店，中档有三元宾馆、恒远宾馆等，有公共浴室；此外还有各种招待所和客栈可供住宿。

狮泉河宾馆在革吉前往狮泉河的路的右面。狮泉河宾馆旁还有一家私营宾馆，但下面有卡拉OK，比较吵。阿里军分区旁有邮电宾馆，邮电宾馆旁边有一个不错的澡堂，要珍惜在此洗热水澡的机会，因为离开狮泉河后，下一个有热水浴室的地点在1400千米外的日喀则。

羌塘地区

尼玛至安多段住宿（包括前往双湖）：羌塘草原是无人区，住宿多为自带的帐篷。沿途有少数藏民的茶馆，茶馆设有通铺，中间有一个牛粪火炉，挤在茶房内睡觉的舒适度远远超过寒冷的帐篷。

神山圣湖地区

玛旁雍错：住边防武警部队营房，卫生条件较好，还可以在部队伙房用餐。即乌寺附近住宿只有家庭旅馆可选，如白马山庄，不能洗澡，但附近有温泉。

冈仁波齐：塔钦位于冈仁波齐峰脚下，是转山的起点，也是过往行者的食宿点。冈底斯宾馆是当地较好的宾馆，宾馆的条件相对较好，有开水供应，宾馆有发电机供电，院子内有水泥砌的平台供搭帐篷。也可以在转山途中在山上寺庙住宿，提供热水和被铺。

冈仁波齐神山

美食

阿里地广人稀，能提供的餐类选择很少，路上吃的几乎都是川菜和藏餐。从拉萨出发去阿里的一路上都是川菜馆，不管是米饭、面还是菜，都要经高压锅加工后才能上桌。

另外一种就是藏餐，如常见的酥油茶、糌粑、风干肉、酸奶等。值得一提的是，阿里地区的风干肉被公认为西藏最好吃的风干肉。

美食小吃

●古突

类似于饺子，像内地的饺子或包子中包硬币一样，古突里面也会包石子、辣椒、毛线等。而且吃到什么都有各自特定的含义。吃时一定要小口咬，吃到包的东西必须即席吐出，与众人一同分享新年的快乐。

古突

●久玛

将刚宰杀的牛、羊的血加入糌粑以及盐、野葱等作料，搅拌均匀后再灌入洗干净的牛、羊肠子里，放进锅里用水煮熟即可食用。食用时，血肠不碎、不脱皮、不掉渣，软嫩清香，不腻不柴。

久玛

●帕杂莫古

将面粉加温水捏成小圆面疙瘩，放进沸水锅里煮熟后捞出沥干，然后放进另一加热的酥油锅内，同时加适量的红糖和碎奶渣，慢慢搅拌均匀即成。这道食品颜色微红，味酸甜，是藏族节假日必备食品。

●甲不热

将没有炒过的青稞晒干，再用石磨磨细，掺入提炼酥油、奶渣后剩下的酸水，搅拌均匀，揉成饼状，用火烤一会儿，再在上面放上白糖、酥油，继续烤熟即可。

美食去处

狮泉河镇有不少川菜馆，阿里招待所前面的十字路口附近有许多餐馆。这里还能找到一些新疆菜馆换换口味。狮泉河菜市场附近的新疆烤肉馆，供应新疆风味的食物，非常可口。

购物

西藏的大部分特产，在狮泉河镇都可买到，如木碗、氆氇、青稞酒等，狮泉河南岸的贸易市场有各种藏药和皮毛制品出售。

阿里特产

●纯血白绒山羊绒

日土县的纯血白绒山羊素有“软黄金”之称，日土县的山羊绒的细度、长度、拉力等较优，绒色光泽明亮，产品稀少，十分珍贵。交易中以克论价，如碰到白绒山羊绒的话，千万不要错过机会。

●普兰木碗

阿里地区最享有盛名的特产是普兰木碗，因产于普兰县而得名。普兰木碗一般在底座、碗盖套镶银圈；喝青稞酒的木碗底部和里层及上部还会镶银。吃主食和副食都用木制的“果颇”碗，形状像僧人的钵。

阿里购物场所

狮泉河南岸有一个贸易市场，阿里土特

普兰木碗

产品种较多，值得一逛。普兰县城或神山下面塔钦的市场里可以买到普兰木碗、藏药等土特产。此外，普兰的贸易市场也值得逛逛，或许会有意外的收获。

娱乐

早些时候的阿里地区几乎没有现代娱乐设施，只有县城里有一两个简易卡拉OK厅。随着游客的大量涌入，阿里各县城也逐渐能看到网吧、咖啡厅、酒吧，不过数量不是很多。如有时间，可以去当地的藏族茶馆坐坐，体验不一样的生活。

●噶尔恰青

噶尔县每年都会举行噶尔恰青活动，这是一场包含赛马、射箭、马术等内容的大型活动，也是阿里地区规模最大的官方组织的年度传统活动。

噶尔恰青最初在每年藏历七月十二日开始，藏历七月十六日结束。后来在恰青期间印度商人和拉达克商人蜂拥而至。随着双边的贸易逐年增多，交流频繁，恰青的时间改为藏历八月一日开始，八月八日正式结束。

参加恰青的各地参赛选手、附近农牧民群众和国内外商人都会选择藏历八月一日前到达噶尔亚萨，并选址搭帐篷。这时的噶尔亚萨草原绿草如茵、野花遍野，气候变得格外宜人，可以说是噶尔亚萨的黄金季节，处处呈现着一派祥和的节日景象。

●跳神

跳神是在藏区各地喇嘛寺举行法会庆典时，由喇嘛僧侣表演的一种宗教仪式舞蹈。这种舞有单人舞、双人舞和集体舞3种形式。跳舞时戴假面具，穿长袍，佩彩带和刀盾。伴奏的乐器有舞钹、牛角号、唢呐等。

●卫藏藏戏

阿里的藏戏属卫藏藏戏，表演形式以歌唱为主，以大鼓和钹伴奏，对白较少。曲调高昂豪迈，舞蹈节奏刚健优美。唱词大都是应和曲体，一人领唱，集体应和。各类角色面部化妆，不戴面具。男演员身着长袍，腰间束带，女演员穿藏裙。演出场地多为草滩，没有舞台布景，观众四周围观，演员在中心表演。每年藏历七月农业丰收时为演出季节，多在科迦寺、协培林寺处等演出。

藏戏

索引

我们的理念

做发现者，才能走得更远。发现秀美景色、探寻历史痕迹、体验文化脉络、寻找地理起源等深层次的旅行知识，是我们不停脚步的动力。我们不仅是在做一本旅行指南，能为旅途上的行者做出一部内容丰富、态度严谨、值得边走边读的行囊书，是我们永恒不变的追求。

《发现者旅行指南》编辑部

总 策 划 丁海秀
执行策划 李荣强 安颖侠

项目统筹 周国宝 龚道军
内容编辑 刘 挺 王叶青 方明杨 刘秀红 丁天丰 张文齐 商子微 张亚飞 苏雪莹 沈 皓 魏建飞 张灵燕 许晨晨 杨康健 张 鑫 刘晓璐 刘慧慧 王春雪 刘智勇 李荣强
美术总监 左小文
美术编辑 侯心如 王春晓
图片编辑 朱盼盼 马志鹏
插图绘制 尚祖山 李秋红
排 版 水长流 赵媛媛

图片提供 微图网 汇图网 中国图库网 全景网 锐景创意 集成图像 站酷海洛 shutterstock fotoe dreamstime 孙西国 马林宏 徐 行 高应胜 薛 冬 西部老马 钱多多

出炉过程

在编辑部成员的共同努力下，这套耗时两年有余的旅行指南终得以付梓。其间，我们亲历景点，翻遍资料，只为确保撰写的内容准确有效；我们实地考察，联系景区，只求绘得一幅精美的景区图；我们花尽心思，几易版式，只为呈现出前所未有的阅读体验。如今，这套精心打造的旅行指南，能放到您的行囊或书架；我们深感荣幸。我们期待与您一起走向远方，重新发现旅行的价值。

联系我们

我们的成长需要您的支持。您对本书的每一条意见我们都会珍视。同时也欢迎您与我们一起分享旅游体验，稿件一旦被采用，您将会获取相应稿酬。您可以将意见和稿件投递到我们的邮箱（tepfx@163.com）。

丛书策划 丁海秀
责任编辑 李荣强

图书在版编目（CIP）数据

西藏 /《发现者旅行指南》编辑部编. -- 北京：旅游教育出版社，2016. 6（2019.8）
（发现者旅行指南）
ISBN 978-7-5637-3388-0

Ⅰ. ①西… Ⅱ. ①发… Ⅲ. ①旅游指南—西藏 Ⅳ. ①K928.975

中国版本图书馆CIP数据核字（2016）第088693号

西 藏（第2版）

《发现者旅行指南》编辑部 / 编

出版单位 旅游教育出版社
地　　址 北京市朝阳区定福庄南里1号
邮　　编 100024
发行电话 （010）65778403　65728372　65767462（传真）
本社网址 www.tepcb.com
E-mail tepfx@163.com
印刷单位 北京华联印刷有限公司
经销单位 新华书店
开　　本 905毫米×1100毫米　1/32
印　　张 12
字　　数 386千字
版　　次 2019年8月第2版
印　　次 2019年8月第1次印刷
定　　价 78.00元

图书如有装订差错，请与发行部联系

特别提醒

本书信息在出版前已经认真核实过。但由于现实发展太快，旅游信息随时可能发生变化，我们无法承诺保证本书信息的准确性和完整性，并只能在法律规定范围内承担责任。如因此给读者带来不便，我们深表遗憾。

中国地图

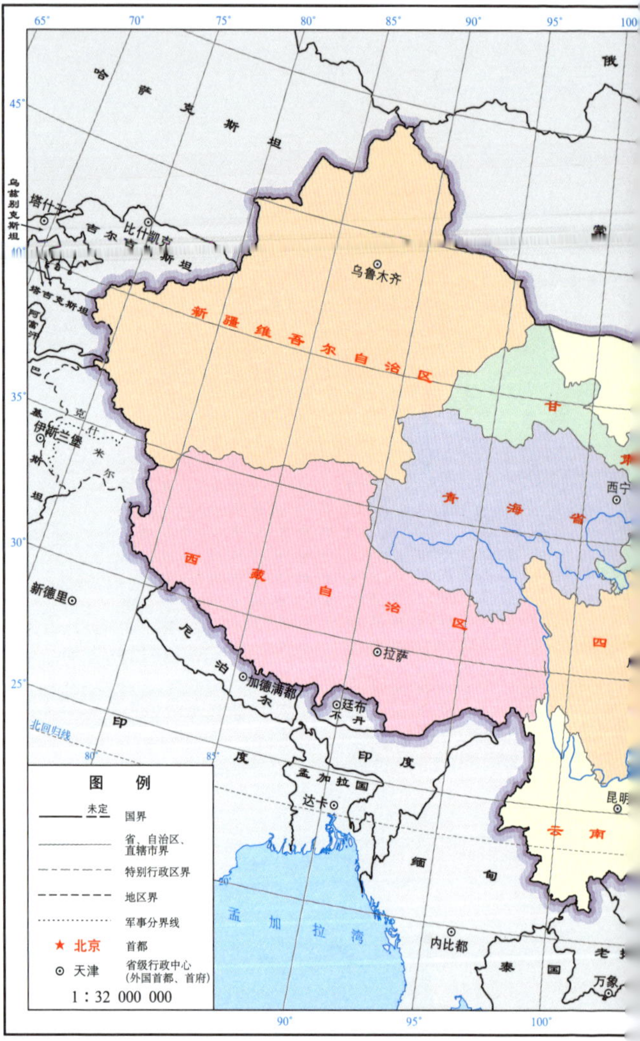

审图号：GS(2016)1582号